九州の中世 II

高志書院

武士の拠点 鎌倉・室町時代

大庭康時・佐伯弘次・坪根伸也 編

刊行のことば

中世（一一世紀〜一六世紀）は、地方が成長し地方の自我が目覚めた時代である。あらゆるモノが基本的には中央（奈良・京都）に収斂し、中央から放射された古代とは異なり、中世は地方に核ができ、文化的にも政治・経済的にも自己主張した時代であった。それでは、中世の九州とは、どんな世界だったのだろう。畿内や関東などとはひと味ちがった九州らしさ、九州の個性は、あるのだろうか？　ないのだろうか？その答えに一歩でも近づきたい、そのための企画である。

この企画では、全国の歴史愛好者や研究者に、九州の中世とはどんなところなのかを知っていただくために、各地域に残る遺跡・文化財を活用して、地域に根ざした歴史像を具体的に描いてもらうことにした。ここでいう歴史像とは、文献史学がつみかさねた史実をふまえたうえでの、武士の拠点、寺社や墓所、町場や集落、古道や旧河道といった諸要素がおりなす景観、中世の風景をいう。言いかえると、歴史景観の復元である。

すべてを描ききることは難しい。しかし、遺跡や文化財は歴史を語る物証であるから、各論者には地図や写真、図版などもフルに利用しながら、「わたしはこの地域の歴史像をこう描きたい」と目に見えるかたちで提言していただいた。もちろん、文献史学や考古学、美術史、宗教史などの最先端をゆく成果も、各々のテーマにあわせて提示してもらっている。

九州各地のこまやかな歴史像をときに大胆な仮説を交えて叙述する本シリーズの試みは、ほかの地域とくらべることではじめて生きてくる。その視点は九州にとどまらない。日本列島やアジアの世界に広げてゆけば、将来的には九州の個性を発見できるときが必ず来る、と信じて本シリーズをおくる。

はじめに

本シリーズは、考古学と文献史学の融合を目指している。考古学の調査では、生活の場や遺物そのものが出土する。それに対して、中世の文献史料は、権力者側が記す史料が大半である。したがって、発掘資料と文献史料はまったく性格が異なっており、それらを総合的に把握することはなかなか難しい。また、考古資料には、編年や形式分類など固有な方法があり、文献史料には、古文書学・古記録学といった史料学が存在する。歴史の復元という観点からみても、それぞれに得意な分野と不得意な分野がある。

しかし、いずれも人々の生の痕跡であることは共通するし、それぞれが得意とする分野の成果を持ち寄り、それらを総合化することによって、より包括的で豊かな歴史像が復元されるはずである。

ただ言うは易く、行うのは難しい。たとえば、中世の博多には、「息浜」(おきのはま)という地名が存在した。その文献上の初見は、『蒙古襲来絵詞』の文永の役(一二七四年)の部分である。これに対し、発掘成果によると、息浜は一一世紀にはすでに陸地化していたことが明らかになっている。すなわち、約二世紀のタイムラグが存在する。こうしたタイムラグや資料としての性格の差を認識しながら、両者の関係を考え、その上で歴史の総合化を図ることが望まれる。本企画は、そうした試みの一つでもある。

本巻では、鎌倉時代から室町時代における武士の拠点に焦点を当てた。中世九州の武士たちの多様性を感じ取っていただきたい。

佐伯　弘次

目次

九州の中世II　武士の拠点 鎌倉・室町時代

鎌倉幕府と九州

野木雄大

はじめに

中世という時代、京都や関東からはるか遠く離れた九州の動向が、幾度となく時代の節目となり、この国の歴史に大きな転換をもたらした。このような九州の特徴の一端を明らかにするには、鎌倉幕府と九州との関係性について知ることが重要である。従来の研究では、北条氏によって西国守護の独占、専制化がなされ、鎌倉幕府が積極的に九州を支配していったことが前提となっているように思われる。しかし、鎌倉幕府は、本当に九州を支配することを望んだのだろうか。幕府による上からの九州支配という視点だけではなく、九州という地が、幕府あるいはこの時代にどのような影響を与えたのかという逆の視点が必要なのではなかろうか。本章では、鎌倉幕府が九州という地域によって動かされていったという視点を軸に、幕府の九州に対する諸政策を検討することで、他地域にはない九州の特徴を探っていきたい。

1　治承・寿永の内乱と九州

九州は平氏の強力な勢力基盤であった。平清盛・頼盛は大宰府を実質的に統べる大宰大弐を歴任することで大宰府を支配し、日宋貿易を掌握したが、特に、仁安元年（一一六六）一〇月、大弐となった頼盛が慣例を破って自ら現地に赴任したことの意義は大きい。頼盛赴任の二か月後には、宇佐大宮司公通が権少弐となり、さらには、養和元年(一一八一)四月、府官中の最有力者である原田種直が権少弐に補任されて、平氏の大宰府掌握は一応の完成をみる[石井 一九五九]。

平氏の九州支配の特質として、原田種直をはじめ、板井氏・山鹿氏などの大宰府の府官層を家人として組織したこと、また知行国主ないし受領として国衙の職員(在庁官人・国衙在庁)を組織したこと、その際に平氏家人が国衙の受領・目代のほかにも、荘園の預所や下司(現地の責任者)となったことが指摘されている[飯田 一九六九]。平氏の九州支配は、在地勢力の一部のみをその末端に組織することで展開したため、組織されずに不利益を被った勢力との対立を激化させた。治承四年(一一八〇)から養和二年にかけて、各地で平氏の支配に不満を抱く在地勢力による「養和の内乱」が勃発する。これは大規模な反乱だったが、平氏家人の追討使平貞能によって鎮圧される[水崎 一九六三、波多野 一九七三、工藤 一九七八]。

治承・寿永の内乱において、源頼朝軍と九州とが軍事的に直接関係するのは、平氏の主力が屋島に陣取る文治元年(一一八五)からである。当初、頼朝は源義経に平氏を追討させる構想を持っていた。しかし、畿内近国に対して公権による軍事動員が行われるのを嫌った権門勢家や在地の荘官層からの抵抗に遭い、方針転換を余儀なくされる。

そこで、義経には平氏残党・強盗から京都を守らせ、源範頼を平氏追討の中心とする計画を打ち出した。頼朝は安徳天皇・平時子の降伏、神器の奪還を期待し、軍事的に圧倒しながら包囲する長期戦を想定していた。元暦二年＝文治元年正月、頼朝は追討使範頼に対して、九州の武士を軍事動員して平氏を攻めるようにと命じている(『吾妻鏡』文治元年正月六日条)。

文治元年の範頼軍の動きをみると、正月の段階で周防国より赤間関に至り、平氏を攻めるため九州に渡海しようとしたが、兵粮米・兵船が不足したため数日間、赤間関に逗留することになった。豊後国住人臼杵惟隆とその弟の緒方惟栄とが味方するという風聞が範頼のもとに届くと、軍勢は一旦周防国に戻り、兵粮米・兵船の準備が整うのを待って、正月二六日に豊後国へと渡海する(『吾妻鏡』文治元年正月一二日条・二六日条)。一方、義経は、正月八日、兵粮米が尽きて範頼が引き返してくることになれば、武士たちが再び平氏に付いてしまうと院へ奏上、正月一〇日に京都を出陣し(『吉記』文治元年正月八日条・一〇日条、『百錬抄』文治元年正月一〇日条)、二月一六日に屋島へ向かった(『吾妻鏡』文治元年二月一六日条)。

義経は範頼軍の動きを把握していたものの、頼朝・範頼によって長期的な追討計画が立てられていることまでは知らなかった。そのため、範頼軍の九州渡航の情報を手に入れた義経は、四国へ渡り平氏を追討する決意をし、単独で屋島を奇襲、さらに、同年三月、壇ノ浦で安徳と平氏一門を滅亡させてしまったのである。

義経の勝手な行動で平氏が滅亡するという結果に対し、頼朝は範頼・義経の二人による平氏追討があたかも当初からの計画であったかのような態度をとらなければならなかった。そのため、後に編纂された『吾妻鏡』では、範頼を総大将として平氏を追討する本来の計画と、義経を四国、範頼を九州に派遣する計画という矛盾する二つの計画が混在して記されることになる。『吾妻鏡』を読むと九州へ渡航しようとする範頼軍が苦戦しているという印象を受けるが、範頼軍の面目を保ちながら義経の出陣に矛盾を生じないようにするため、歴史的事実を知る『吾妻鏡』編者が、原史料を取捨選択して範頼軍の苦戦を強調したのである[宮田 一九九八]。

しかし、実際のところ、周防国から豊後国に渡った範頼は、九州において本来の頼朝の平氏追討計画を遂行すべく、「葦屋浦」での合戦で原田種直らを破り、成果を上げていた。この「葦屋浦」は、筑前国遠賀郡の「芦屋」(現福岡県遠賀郡芦屋町)ではなく、豊前国下毛郡仲津(現大分県中津市)周辺に比定される。平氏方は、豊後・豊前の国境に板井種遠、仲津付近に原田種直と二手に分かれて布陣していた。豊後国に上陸した範頼軍は、再度渡海して国東半島を廻って豊前国の「葦屋浦」に上陸、後方の種直に奇襲攻撃をかけ、平氏方は完敗したのである[金澤 一九九二]。

範頼はその後大宰府を掌握したと思われるが、それを具体的に示す史料は見つかっていない。その間、義経が壇ノ浦の戦いで平氏を滅亡させてしまった。義経はすぐに京都へと帰ったが、範頼はそのまま九州に留まったため、範頼軍の武士たちが各地の荘園で狼藉を行っていると訴えられてしまう。しかし、範頼は平氏に味方した者たちから没収した所領の処置を行い、また壇ノ浦で紛失した「重宝御剣」の「鵜丸」を捜し出し、同年九月に上洛、一〇月に鎌倉へと帰っていった(『吾妻鏡』文治元年七月一二日、九月二一日、一〇月二〇日条)。

2 鎮西奉行天野遠景と武藤氏

鎌倉に帰った範頼に代わり、中原久経・近藤国平が九州下向を命じられた。両人は、武士の狼藉を停止し、荘園の年貢を元の通り国司や領家に納めることを後白河院から命じられた。院から命令を受けたということは、大宰府および大宰府管内諸国の在庁官人を支配する地位に任命されたこと、実質上、鎌倉幕府の大宰府支配が公認されたことを意味する[石井 一九五九]。さらに、文治元年末には、伊豆御家人天野遠景が「鎮西奉行」として九州に派遣され、義経および平氏残党の追捕、鎮西御家人の統率にあたった。彼は大宰府の最高責任者でもあり、「鎮西奉行」は大宰府と一体のものであった[佐藤 一九四三]。

遠景は、大宰府府官と連署した下文を発給して御家人に地頭職を安堵し(『鎌倉遺文』一一九号、一七九号、二四〇号、三一八号、以下、[鎌〇〇〇]と略す)、所領争いの裁判を大宰府庁で実施している[鎌五四五]。遠景が任命された「鎮西奉行」は、少なくとも初期の段階においては、九州全域を管轄する権限を持っていた(「九国地頭」=鎮西九国の国地頭の別称)とする見解もある[大山 一九七八]。

しかし、遠景の狼藉停止措置は、在地の武士たちが行っていた荘園領主に対する抵抗行為を妨げることになり、彼らの反発に遭ったようである。義経探索の目的もあって貴海島(喜界島)に出兵しようとした際に、鎮西御家人が非協力であったことはそれを如実に物語る(『吾妻鏡』文治四年二月二一日条)。また、遠景の武断的な九州支配は、荘園領主からも強く反対され、建久年間に「鎮西奉行」を解任される要因となった[瀬野 一九七五]。

遠景の「鎮西奉行」の権限は武藤資頼に受け継がれたとされるが、両者の権限の相違をめぐって、数多くの議論が積み重ねられてきた[佐藤 一九四三、相田 一九五八、石井 一九五九、竹内 一九五九、川添 一九七三、瀬野 一九七五など]。意見が分かれる大きな要因は、「鎮西奉行」天野遠景が持っていた九州全域に及ぶ鎮西御家人の統率権を武藤資頼が継承したと評価するかどうかという点にある。仮に九州全域に対する訴訟準備手続指揮権を有するという佐藤説に立ったとしても、従来指摘されているように、天野遠景の権限に比べて武藤氏のそれはあまりにも弱体である。

大隅国では、建久六年(一一九五)に「守護所」から図田帳の作成が命じられている[鎌二四三]。しかし、薩摩・大隅両国の守護(家人奉行人)補任は建久八年であり、六年段階では大隅国に「守護所」は存在しない。そのため、この「守護所」に対して九州諸国全体の守護所＝鎮西守護所・鎮西奉行所とみる見解もある[石井 一九五七・一九五九]。これは文治元年一一月のいわゆる守護・地頭補任の勅許とともに、頼朝が国衙在庁を指揮する権限が朝廷から承認されたことを前提として、「鎮西奉行」が国衙に図田帳の作成を命じたという理解である[石井 一九五七]。

図田帳作成を命じた「守護所」について考える際に、「宰府守護所」という用語が注目される。豊前国宇佐宮領香丸名をめぐる対立が発生したとき、宇佐宮神官の言輔が、僧永尊・明円による作物の刈り取りや在家を荒らす行為を「宰府守護所」に知らせている。これに対して武藤資頼は、「執行」の肩書で大宰府府官の筆頭として署判し、永尊らによる妨げを停止することを命じる「大宰府政所帖(牒)」を発給している[鎌一一七六]。豊前国は武藤氏の守護管国ではあるが、宇佐宮領に対する裁許は、大宰府の権限によって行われたものであろう。

すなわち、言輔が僧永尊らの非法を報告した「宰府守護所」とは、武藤氏の守護管国(筑前・豊前・肥前・対馬・壱岐)の守護所としての意味をもつ[瀬野 一九七五]だけでなく、九州全域を管轄する大宰府府官筆頭としての武藤氏の機構も指す、両義的な意味合いがあるのではなかろうか。そうとすれば、建久六年に大隅国図田帳作成を命じた「守護所」も、実態は「宰府守護所」と呼ばれるべきもので、従来の大宰府の権限によって図田帳の作成を命じた可能性もある。他に例がない武藤氏の両義的な側面が「宰府守護所」という用語に現れているように思われる。

これらのことから、九州全域および鎮西御家人全体を統べる「鎮西奉行」は、鎌倉幕府の成立まもない時期に限定された権限であり、天野遠景一代で終了したと考えたい。だからこそ、武藤氏は古代以来の大宰府機構を利用し、掌握していかなければならなかった。

3　武藤(少弐)氏による大宰府支配

大宰府では、一二世紀初頭に在京する権帥・大弐・少弐と在府する監典以下の在庁官人とに分離し、府機構が変質した。これによって、それまでの文書様式に代わり大宰府政所牒、大宰府政所下文・庁下文、大宰府在庁解などの新たな文書体系が現れる［石井一九五九］。この文書体系を鎌倉時代の大宰府も踏襲しており、さらにそれは武藤氏の守護所が発給する文書にも影響を与えた。武藤氏の守護所牒と守護所下文は、差出に大少監典などの大宰府府官らが連署し、守護武藤氏が袖判を加えるという極めて特異な形式なのである［佐藤一九四三］。

大宰府の機能は古代に比べて縮小・限定されつつも、大宰府政所と守護所による二元的な支配権は鎌倉時代を通して継続するが［藤田一九八一・一九八三］、二元的機構が全く別に機能したり対立関係にあったりしたわけではない［本多一九九〇］。また、軍事面だけではなく外交の権限も守護所の管轄下にあったとされ、倭寇による高麗との軍事的緊張から、従来の大宰府牒に替わり、外交文書として大宰府守護所牒が登場するように、守護所牒の管轄範囲は守護管国を超えるのである［高二〇一二］。

大宰府府官の筆頭としての武藤氏の地位は「執行」の肩書で表れる。執行職は大宰府の既往の権限が及ぶ範囲内において裁許権を持つ職掌とされる［釈迦堂一九九二］。また、「執行」資頼とともに署判する「大監」惟宗為賢は、「宗たる府官」と称され、資頼が府官を守護所機構の構成員として利用するにあたって、為賢が大きな役割を果たした可能性が考えられる。資頼と為賢とは協同して大宰府政所および守護所を運営していたのであろう。とはいえ、守護としての武藤氏が主宰する機構と、大宰府府官筆頭としての武藤氏が主宰する機構は、実態としては同一であった。武藤氏の拠点は詳らかではないが、観世音寺の東側に残る字名の「御所ノ内」はその有力な比定地とされ［山村二〇〇八］、やはりその拠点も一つであったろう。

実態としては同じであっても、武藤氏は、大宰府府官と守護という異なる立場を発給文書により使い分けていた。現存史料のなかで、大宰府と守護所の発給文書の時期をみると、次のとおりとなる。

大宰府政所帖（牒）文治二年～建長五年（一二五三）
大宰府庁下文　文永三年（一二六六）～元徳二年（一三三〇）
守護所牒　建永元年（一二〇六）～文永九年（一二七二）
守護所下文　建保五年（一二一七）～弘安二年（一二七九）

全体として、牒から下文へ、下文の中でも守護所下文から大宰府庁下文へという大きな変化がある。発給文書の変化は、大宰府における武藤氏の地位と関係しているのだろうか。

安貞二年（一二二八）八月二五日に資頼は没したとされ（「筑後国史」）、資能がその跡を継ぐ。嘉禎二年（一二三六）以降、幕府は資能を「豊前々司」と呼称している。資能は、正嘉元年（一二五七）七月段階では「筑後守」を名乗っており〔鎌八一二七〕、翌正嘉二年の関東御教書の充所でも「筑後守殿」となっている〔鎌八一九〇〕。ところが、この関東御教書を受けた資能は、自ら「少弐」の肩書を使用して御教書の内容を施行している〔鎌八二一四〕。これが資能が「少弐」を称した初見であり、文永二年（一二六五）に「沙弥」〔鎌九二八四〕となるまで資能は「大宰少弐」を名乗るのである。

さらに、寛元二年（一二四四）〔鎌六三六三〕から文応元年（一二六〇）〔鎌八五三〇〕までの守護所下文に連署する府官の顔ぶれをみると、資頼時代の大監が消え、ほぼ権少監が最高位となり、さらに府官の人数も減少している。守護所下文に署判する府官の固定化は、大宰府機構の掌握が一段階進んだことを示しているのではなかろうか。資能は、資頼期よりも大宰府の掌握を強化し、正嘉二年に自らの地位を「少弐」として位置づけるのである。正嘉二年以降に資能は守護所を主宰するだけでなく、名実ともに大宰府機構の頂点に立ったものと思われる。

文応年間以降、守護所下文は例外的な二例を除き確認できなくなる。「少弐」資能は、正嘉二年以降は直状形式による書下を発給するようになる〔鎌八三六三・八五四一・八六五五・八九六七・九〇一四〕。書下とは、大宰府や守護所の機構を通さずに、資能自身が直接命令をする形式の書状で、前代の資頼はほとんど書下を発給していない。大宰府府官の連署を伴う大宰府下文や守護所下文ではなく、「少弐」の地位にある資能一人の権限でもって文書を発給できるようになったのである。資能の書下が後年「宰府前守護少弐資能催促状」と呼ばれているが〔鎌二二六七三〕、この表現こそ資能の地位を象徴するものであろう。資能の書下は文永年間までは確認できるようだが、その地位は、経資に継承される。

経資は、文永一一年(一二七四)の「武藤経資書状」ですでに「大宰少弐」を名乗っている〔鎌一一六七四〕。翌年には、異国警固番役の担当国を春夏秋冬によって分担させる結番も定めている〔鎌一一八〇五〕。経資期には大宰府庁下文が多く発給されるが、ほとんどが肥前国武雄社の当年の沙汰人職を任命するもので、差出の連署も「執行藤原」以外を省略しているものが多い。また、すでに述べたように守護所下文は発給されなくなる。すなわち、経資の時代において、大宰府庁下文・守護所下文ともに、実質的な役割を終え、経資の書下で統一されるのである。

また、文永年間以後、少弐氏が「鎮西西方奉行」、大友氏が「鎮西東方奉行」と呼称された形跡がある〔田北一九四二・一九六三、石井一九五九、川添一九七三〕。確かに蒙古襲来以降、異国警固番役を差配する権限をもった両者は「鎮西東・西方奉行」と呼ばれるにふさわしい立場にあった。しかし、両氏の九州全域に及ぶ権限強化は認められても、それらに付属する訴訟機関が存在したわけでもなく、かつての天野遠景のような「鎮西惣奉行的性格」をもつわけではない〔瀬野一九七五〕。

大友氏は、少弐氏よりも九州下向が遅れたため、自ら「東方奉行」と称して少弐氏に対抗したとの指摘もある〔瀬野一九七五〕。少弐氏の場合は、蒙古襲来以降の権限強化により「鎮西西方奉行」と呼称されたのではなく、すでにそれ以前の資能の代に大宰府を掌握して、その象徴としての「少弐」の地位を獲得したことが大きいものと思われる。ここに少弐氏が「鎮西西方奉行」と称される背景があった。

4　蒙古襲来と異国征伐計画

　鎌倉幕府と九州との関係を考える上で、蒙古襲来は最も重要な出来事であった。蒙古襲来の経緯は諸書で明らかにされているため、概略のみを示そう。

　文永一一年一〇月、蒙古軍は対馬・壱岐を襲う。対馬守護代の宗助国や壱岐守護代の平景隆をはじめ、おびただしい数の死傷者を出して、蒙古軍は博多湾へと迫った。一〇月二〇日、蒙古軍は上陸を開始し、日本軍は総大将少弐景資(経資弟)の指揮の下、博多湾岸の各所で激戦を繰り広げる。蒙古軍は麁原(祖原)山へ陣取り、日本軍は戦況が不利とみて大宰府まで撤退する。一夜明けて水城から見渡すと、蒙古軍の姿がなくなっている。蒙古軍の襲撃は一日で終わり、撤退していったのであるが、この撤退は予定通りで、その途中で暴風雨により壊滅したという。

　弘安四年(一二八一)、高麗から出航した東路軍は、対馬・壱岐を経て六月六日に博多湾の志賀島に到着した。本来は壱岐で中国南部を出発する江南軍を待つはずが、志賀島で日本軍との戦闘が開始された。東路軍は長門国を襲うが失敗し、壱岐に撤退していく。江南軍は出発が遅れ、七月初旬平戸から五島にかけての海域で東路軍と合流し、総兵力一四万、艦船四四〇〇艘ともいわれる大船団が集結した。ところが、そこで約一か月滞留し、七月下旬にようやく博多上陸をめざして東進する。主力が伊万里湾口の鷹島(長崎県鷹島町)に到着した閏七月一日に暴風雨に遭い、壊滅的な打撃を蒙った。直後に日本軍の掃討戦が開始され、閏七月中旬には終結した。

　近年、蒙古襲来研究の一級史料とされてきた『八幡愚童訓』の記述を批判し、文永の役は一〇月二四日に大宰府で合戦が行われていることから(『関東評定伝』『鎌倉年代記裏書』)、蒙古軍が一日で帰国していなかったこと、弘安の役では、東路軍の本隊は志賀島を死守し続け、江南軍と博多湾で合流して上陸しようとしたこと、暴風雨の後の掃討戦は志賀島(閏七月五日)と鷹島(閏七月七日)で行われたことなどが明らかにされている[服部二〇一四・二〇一七]。

　文永の役をしのいだ幕府は、再度の蒙古襲来に備え、建治元年(一二七五)、九州の御家人に異国警固番役を命じる。

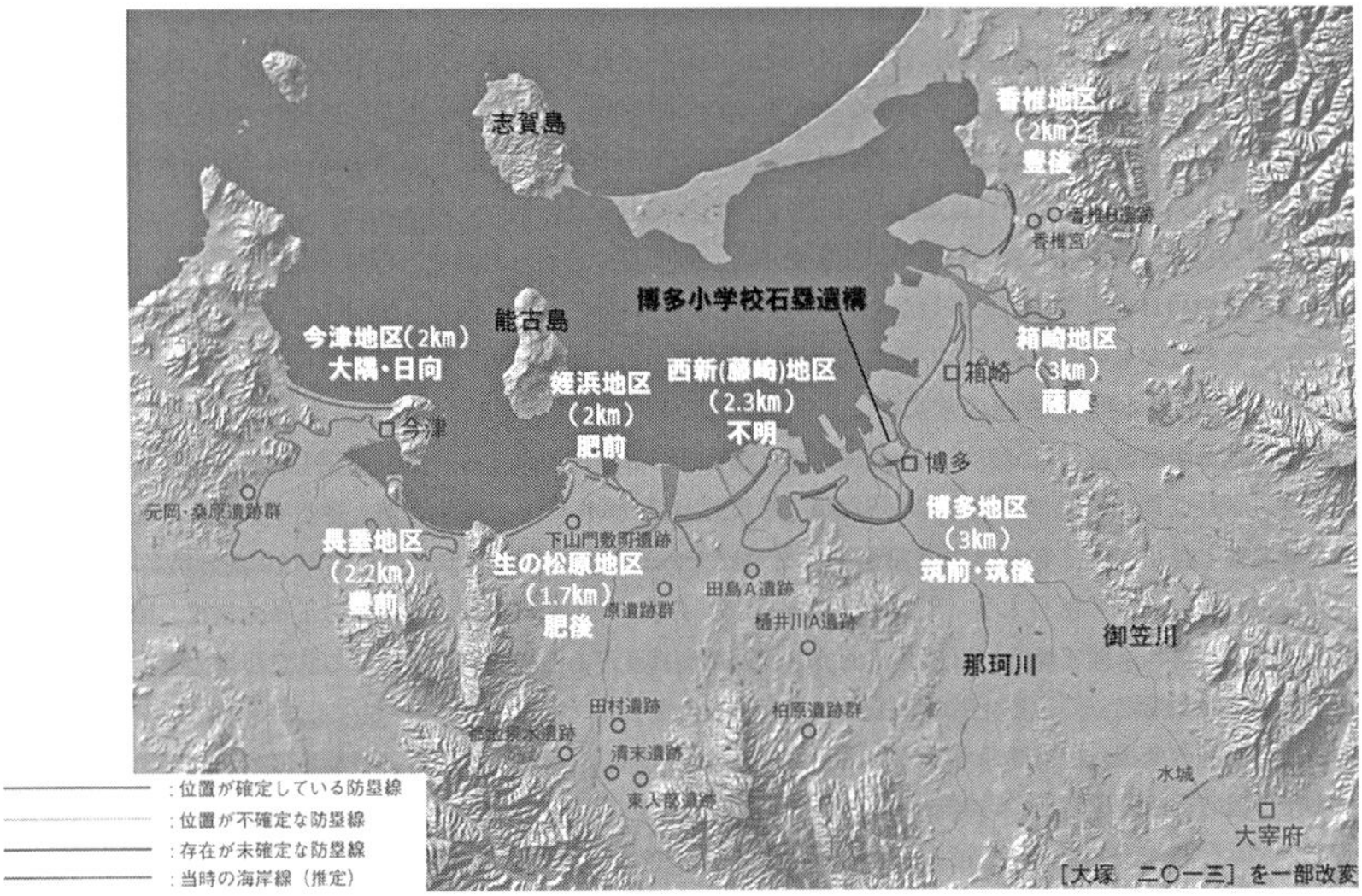

図1　元寇防塁線

春は筑前・肥後、夏は筑前・豊前、秋は豊後・筑後、冬は日向・大隅・薩摩が異国警固を勤めることになった。建治二年三月頃には、石築地(防塁)の築造が始まり、地区ごとに担当国が割り当てられた。今津は大隅・日向国、長垂は豊前国、生の松原は肥後国、姪浜は肥前国、博多地は筑前・筑後国、箱崎は薩摩国、香椎は豊後国であり、所領一段(反)ごとに長さ一寸の石築地築造を負担することとなった。

各国の御家人はそれぞれ石築地築造を負担する場所において異国警固番役も勤めるようになる。嘉元二年(一三〇四)になると、九州の国々を五番に割り振って、順番に一年を通して異国警固を勤仕することとなったが、一番が筑前国、二番が大隅・薩摩国、三番が肥前国であるほかは不詳である[相田一九五八、川添一九七一、井上二〇〇八]。

幕府が異国警固番役を御家人に賦課していく上で重要な変化が生じた。本来、幕府の管轄外であった公家や寺社の所領に住む人々(本所一円地住人)に対しても軍事動員する動きが、少なくとも文永一一年から開始されるようになる(鎌倉幕府追加法四六三条、以下、[追加法〇〇〇条]と略す)。

一方で、建治二年(一二七六)には、異国警固のための石築地建設が、武家・公家を問わず全国で一律に賦課される課役(平均役)とされ、人夫を伴って博多に向かうよう少弐経資が肥前国深江村の地頭に命令している〔鎌一二二六〇〕。このとき、石築地の建設は、「高麗発向輩」以外の人々に賦課された。この「高麗発向」とは、「異国征伐計画」のことを指す。

異国(高麗)を征伐しようとする計画は判明しているだけで、建治二年、弘安四年、正応五年(一二九二)の計三回計画されている(『親玄僧正日記』正応五年一一月二四日条)〔鎌一四四二二〕。「異国征伐」のため領内の大小の船や梶取・水手、兵士人数、兵具などの注申が命じられ〔追加法四七四・四七五条〕、実際の動員も実行されたようである〔鎌一二二七一・一二二七五など〕。

この計画の目的について、抑圧された九州の中小武士団が異国征伐に活路を求め、幕府は御家人を中心とする武士の家単位だけでなく、水手・梶取・人夫などの一般民衆を平均役として動員したこと〔海津 一九九四・一九九八〕、九州諸国の海賊の軍事力を「異国征伐」のために組織することで幕府の統制下におくこと、さらに、この水軍動員方式がその後の幕府の海上警固でも採用されており、その先蹤をなしたことが指摘されている〔網野 一九七三〕。また、建治元年末、長門・周防・筑後・豊前・肥後・石見・越前・伯耆・能登・播磨・備中の一一か国で守護の交代がなされ、そのうち八か国の守護を北条氏一族が取得していったが、その契機が「異国征伐計画」にあり、北条氏の専制体制の強化に大きな役割を果たしたとされる〔村井 一九八八、小林 二〇〇九〕。

ところが、「異国征伐計画」は結局中止されることになった。中止の要因として、異国警固との両立が困難であったことや御家人が消極的であったこと〔網野 一九七四、黒田 一九七四〕、当時の和船が外征に不適であること〔新井 二〇〇七〕が指摘されている。しかし、これらの理由だけでは、「異国征伐」が少なくとも三回企図されたことの説明がつきにくい。

注目したいのは、「異国征伐」が実際に実施されたかどうかということよりも、文永一一年以来、幕府が目指してきた管轄外の「本所一円地住人」の動員が「異国征伐計画」において初めて実現したという事実である。これは、平安時代以来、朝廷が持っていた国家的な軍事動員権(御家人の範囲を超えた軍事動員権)を幕府が掌握し、実際に実行したことを示すのである。

さらに、弘安四年、異国合戦の兵粮米として九州と因幡・伯耆・出雲・石見国の国衙領や本所一円地に対し得分の徴収が命じられた〔追加法補遺四条〕。同年の後宇多天皇宣旨では、九州を警固する幕府軍を「九州官軍」と呼称している(『勘仲記』弘安四年閏七月一七日条)。また、安達泰盛が滅亡した霜月騒動後に、おそらく岩戸合戦への対策として、「九州官軍」に岩戸と大宰府に城郭を構えるように命令が出されている〔追加法五八三条〕。このように、弘安の「異国征伐計画」と軌を一にして、幕府の軍勢が「官軍」と称されるようになる。そして、朝廷からも「本所一円地住人」の動員を承認されるに至るのである〔高橋 二〇〇八〕。

つまり、「異国征伐計画」は単なる異国警固番役の一環でも、「外征」でもなかった。「異国征伐計画」によって、幕府は、現実に国家的軍事動員を司る地位へと浮上したのである。

そして、それは、北条氏が西国の守護を独占し、専制化を強めていくという幕府の支配強化の文脈だけではなく、対外危機という異常事態・緊急事態に直面した幕府が、異国警固のためやむなく「本所一円地住人」(非御家人)までも掌握せざるを得なくなった状況を認識する必要がある。

なお、最初に「異国征伐」が計画された建治年間は、それまで西国を管轄していた京都の六波羅探題においても画期が指摘されている。六波羅の訴訟審理の方式が「問注記」型から「評定事書」型へ転換し、建治三年一二月の制度改革により六波羅が独自の訴訟機関として確立する〔熊谷 二〇〇二〕。また、六波羅の管轄領域が西国全体から畿内近国に限定され、それと並行して遠国は守護へと権限が分化していく〔熊谷 二〇〇三〕。

さらに、北条時宗邸「山内殿」での「御寄合」により六波羅の政務内容全般が明文化されたこと、それまで若年だった探題に三六歳の時村が就任したこと、六波羅南方に時国が就任することで北方・南方の両探題が揃ったことから、六波羅探題の制度的発展過程は建治年間で前後に分けられる〔森 一九八八〕。また、建治以後に探題被官の検断頭人が篝屋を直接に管轄するようになり、「六波羅探題↓検断頭人↓篝屋守護人」の体制が整った［塚本 一九七七］。

このように、一回目の「異国征伐計画」と符合する建治年間に六波羅探題の画期があることは、鎌倉幕府という存在が大きく転換していったことを考える上で看過できない。九州では、異国警固のため少弐氏・大友氏の九州全体に対する権限が強化されていく時期にあたる。しかし、両氏の権限は最終的に「鎮西探題」に取り込まれていくことになる。

5 鎮西探題の成立

執権北条時宗の死後、安達泰盛が主導した「弘安徳政」の中で、弘安七年七月の「鎮西神領興行回復令」と同年九月の「鎮西名主職安堵令」は、それまでの幕府法と比べて画期的で異質な法令であった。

「鎮西神領興行回復令」は、幕府法の原則である不易の法（三代将軍や歴代の執権による判決に対して再審を認めない）と知行年紀法（本来の権利とは関係なく、事実的な支配が二〇年を過ぎた所領については現状を変更しない）とを否定し、本来は幕府の管轄外であった人々の土地所有を裁定することとなった。そうすることで非御家人などに渡った神領を神社に取り戻させ、幕府が神領を統制下に置こうとしたのである［上横手 一九七六］。また、幕府法では初めて下知の執行にまで踏み込んだ法令で、それが幕府派遣の使節によって行われた［古澤 一九八八］。

「鎮西名主職安堵令」は、父祖の時代に御家人に対する課役（御家人役）を勤めていたことが、守護の発給する文書によって証明できれば、所領を安堵することを規定した［追加法五六二条］。この法令の適用範囲として、西国御家人のみとする見解［佐藤 一九五五、網野 一九七四］と「本所一円地住人」（非御家人）も含まれるという見解［村井 一九七八a、高橋 一九九八］とがある。そもそも、西国御家人は、守護に従って大番役などの御家人役を勤めているものの、鎌倉殿からの下文を受けて所領を知行している者は少なかった［追加法六八条］。すなわち、鎌倉幕府の成立以来、西国では明確な御家人認定が行われなかった場合が多いのである。

「鎮西名主職安堵令」が安堵の対象とするのは、御家人役を勤めてはいるが、幕府からの安堵の下文を受給せずに守護人の文書のみを所持する人々の「名主職」である。「本所一円地住人」の動員を朝廷から承認され、国家的軍事動員権を取得した当該期の幕府の動向を鑑みれば、「鎮西名主職安堵令」の適用範囲が、非御家人まで及ぶとみてよいだろう。異国合戦や警固番役に動員された「本所一円地住人」への行賞が幕府にとって最も緊急の課題であり、同令によって大量の新御家人が創出されていったのである［村井 一九七八a］。

弘安七年一一月末頃、関東から三名の「東使」が派遣され、それに九州の有力守護三名を合奉行として一名ずつを組み合わせた「特殊合議訴訟機関」と呼ばれる最終訴訟裁断権を有する組織が設置された。三班の東使―守護の組み合わせと所管する国は、次のとおりである［佐藤 一九四三］。

明石行宗――大友頼泰　筑前・肥前・薩摩
長田教経――安達盛宗　豊前・豊後・日向
二階堂政行―少弐経資　筑後・肥後・大隅

「特殊合議訴訟機関」は、神領興行令・名主職安堵令を所掌し、弘安八年九月までに任務を終了して幕を閉じたとされている［上横手 一九七六］。

「特殊合議訴訟機関」が執行した二つの政策の意義は、全ての武士階級を幕府の主従制下に組織しようとした、すなわち、幕府を全国的な統治権力に高めようとしたことにあると評価されている［村井 一九七八a］。すなわち、異国警固番役のために「本所一円地住人」を動員せざるを得なかったが故の政策であった。

霜月騒動で安達泰盛が滅ぼされたため「弘安徳政」は失敗に終わってしまう。九州では、守護の上に立つ、より強力で、一般的な訴訟機関の設立が求められることになり、弘安九年七月から正応五年七月まで、「鎮西談議所」が博多に設置された。少弐経資(浄恵)、大友頼泰(道忍)、宇都宮通房(尊覚)、渋谷重郷(本仏)の四人の合議により裁決される機関で、彼らは「鎮西奉行人」あるいは「頭人」と称された［佐藤 一九四三］。鎮西談議所の設置によって、「弘安徳政」の神領興行令・名主職安堵令は撤廃されることになる［追加法六〇二条・六〇五条］［上横手 一九七六］。

「鎮西特殊合議訴訟機関」は、時宗を頂点とし安達泰盛と平頼綱の勢力均衡の上に成立していたが、鎮西談議所は、

「鎮西特殊合議訴訟機関」を継承しながらも、その東使の下知の効力を一切否定する政策を打ち出した［川添 一九七三］。ただし、談議所の権限は所務沙汰に限られ［佐藤 一九四三］、御家人の軍事統率権も有していなかった［瀬野 一九七五］。

そして、正応六年三月に六波羅北方探題の北条兼時と名越時家が九州に下向するのである。兼時・時家の下向の目的は「異賊警固」であり、合戦の統率は兼時の任とし、彼が掌握した守護人の催促に御家人と寺社領の「本所一円地輩」が応じるよう命令が下された［追加法六三四条］。

「鎮西探題」の成立時期については、兼時・時家の下向とする正応六年＝永仁元年説［佐藤 一九四三、相田 一九五八、村井 一九七八b・一九八八、築地 二〇〇八など］と金沢実政の下向とする永仁四年説［久米 一八九八、川添 一九七二・一九七三、瀬野 一九七五・一九七九、友成 一九八五など］とが対立している。両説は歴史概念である「鎮西探題」の定義とその権限についての評価の相違と思われる。特に、兼時・時家が軍事統率者としての権限のみならず、聴訴＝裁判の権限を有するか否かが争点となっている。

重要なことは、兼時・時家は、再度の蒙古襲来を想定していた幕府によって、「異国打手大将軍」として派遣されたことである（『親玄僧正日記』正応五年一一月二四日条）［村井 一九七八b、佐伯 二〇〇三］。兼時・時家の臨戦的性格の強さが、鎮西談議所及び「鎮西探題」との基本的な相違点である［川添 一九七二］。また、兼時・時家は鎮西談議所の権限を完全に吸収しておらず、鎮西談議所の機能は実政の下向まで継続したとする見解もある［瀬野 一九七五］。「異国征伐計画」などの緊急の軍事課題に対応することがより優先される目的であったことを考慮すれば、兼時・時家の権限は「鎮西探題」の成立とは分けて考えた方がよいかもしれない。

いずれにせよ、実政以降、その機構が名実ともに充実することは疑いない。鎮西探題は一番から三番の引付によって構成され、一番頭人に北条氏一族、二番頭人に少弐氏、三番頭人に大友氏が任じられた。職員は各番一〇～一一名、所務沙汰を鎮西探題が担い、雑務沙汰・検断沙汰は守護が担当することになった［佐藤 一九四三］。四代三六年間における鎮西探題の裁許状は、実政一五通、政顕八五通、随時二六通、英時一〇二通、計二四二通に達する［瀬野 一九七五］。鎮西探題は九州全域に及ぶ軍事統率権と最終訴訟裁断権を行使する統治機関として成立したのである。

その所在地は、鎮西談議所と同様、博多にあった。ただし、具体的な場所については、博多の櫛田神社付近とする見解もあるが［佐藤 二〇一〇］、詳細は不明である。発掘調査では、博多浜の中央部に長方形街区が並ぶ様子が復原されているが、このような街路整備を行うことが可能だったのは鎮西探題の他には考えにくい［大庭 二〇〇八、本田 二〇〇八］。

（本田浩二郎作成）

図２　鎮西探題比定地周辺（大塚 2013 を一部改変）

鎮西探題の裁許は、寺社荘園領主対御家人の相論は荘園領主に、御家人対非御家人の場合は御家人に、惣領対庶子の場合は惣領に有利な判決を下すという傾向にあったため、調停者としての幕府に不満が集中する結果となった［瀬野 一九七五］。元弘三年（一三三三）三月一三日、菊池武時は大友貞宗・少弐貞経と謀り、鎮西探題北条英時を襲撃しようとしたが、貞宗・貞経が時期尚早として探題に味方したため、武時は敗死した。

しかし、五月七日、六波羅探題が滅亡、五月二四日に新田義貞により鎌倉が攻撃され、鎌倉幕府が滅亡すると、同年五月二五日、貞宗・貞経・島津貞久が探題を攻め、英時は自害、鎮西探題は滅亡したのである(『太平記』・「博多日記」)。

むすびにかえて

以上、鎌倉幕府と九州との関係を駆け足でみてきた。鎌倉時代の九州を鎌倉幕府との関係で大きく分けると、①治承・寿永の内乱と鎮西奉行、②武藤(少弐)氏による大宰府掌握、③蒙古襲来、④鎮西探題の成立、となろうか。

①については、平氏追討の中心であった範頼軍が九州の軍事動員を前提としていたことを重視したい。結果として、頼朝の構想は義経の独断によって実現しなかったが、範頼は九州で軍事活動を行い、一定の成果を収めた。平氏の拠点であったことが、内乱期における頼朝の構想、そして、九州全域の御家人統率権をもつ鎮西奉行天野遠景の派遣へとつながるのである。

しかし、遠景以降は、鎮西奉行の権限は継承されなかったと考えたい。そこで、②武藤氏による大宰府機構の掌握が行われていく。ただし、これは守護としての権限を補完する意味合いがあり、最終的には三前・二島の守護少弐氏の権限に集約されていく。その時期は、蒙古襲来以前の資能の時代としたい。

③鎌倉幕府と九州との関係のみならず、日本という国家に大きな衝撃と影響をもたらしたのが、蒙古襲来である。これに対応できるのは、幕府をおいて他にいなかった。再度の襲来に備え、異国警固番役を担わざるを得ない幕府は、本来の制度に反して「本所一円地住人」(非御家人)も動員してゆく。「異国征伐計画」によって「本所一円地住人」の動員を実現し、国家的な軍事動員権を獲得するのである。蒙古襲来以降、九州が幕府にとっての政策の「中心」となるといっても過言ではないだろう。

「鎮西特殊合議訴訟機関」、鎮西談議所を経て、④九州全域に及ぶ軍事統率権と最終訴訟裁断権を行使する統治機関として、鎮西探題が成立した。鎮西探題は、天野遠景の鎮西奉行以来の九州全域を司る権限をもっていたが、これが実現したのは、幕府が国家的な軍事動員権を獲得していることが前提であった。幕府がこの権限を有した要因は、蒙古襲来への対応、すなわち、異国警固を遂行せざるを得ない状況に帰結するのである。

九州は、古代以来、海外からの窓口であった。常に人やもの、文化が九州に入り続けた。戦争もその一つで、鎌倉時代は蒙古襲来というかたちでやってきたのである。鎌倉時代後半の幕府は、蒙古襲来への対応に追われていたといえるだろう。

その過程で北条氏による在地守護からの権力簒奪、専制化が行われたのは事実である。しかし、幕府、あるいは北条氏が望むと望まざるとに関わらず、幕府をおいて異国警固を担うことができるものはいなかった。九州という特殊な地によって鎌倉幕府の政策が規定され、日本という国全体に大きな転換が生じたことの意義を今一度思い返すべきであろう。

南北朝内乱と九州

山本隆一朗

はじめに

南北朝の内乱は日本史上において最も広域化・長期化した内乱のひとつである。その特徴としては、社会の広汎な階層が分裂・対立し、その紛争が朝廷の分裂や幕府の内訌という形で顕在化したことがあげられる。九州も当然その影響を強く受けることになった。

九州には他の西国諸国同様に、承久の乱を経て次々に東国武士が所領を得て入部し、彼らは「西遷御家人」とよばれた。なかでも九州に移った御家人たちは他の在地領主とは区別される存在であった。

九州の西遷御家人として勢力を拡大した武士には、少弐（武藤）・大友・島津・千葉・宇都宮氏などの守護級の勢力をもつもののほかに、深堀・安富・伊東・小代・相良・渋谷・二階堂氏などの東国の地名を姓とする一族があげられよう。さらに、その下に「小地頭」として存在したのが鎌倉幕府成立以前からの在地の武士たちである。彼らの中には、菊池・大村・高来・草野氏などのように御家人身分を獲得したものもいた。鎌倉時代の九州の武士たちの支配構造は非常に複雑であった。

さらに、九州にとって政治的に重要な契機となったのがモンゴル戦争（文永・弘安の役）である。この対外戦争において最前線となった筑前・長門国は、異国警固番役によって集まった御家人や近隣荘園の住人たちによって急速に防備が固められた。この異国警固番役の勤仕は、在地の武士たちに惣領と庶子の対立を先鋭化させ、また九州に所領のある東国御家人の下向が推奨され、彼らの在地領主化も進んだ。守護職をもつ大友・島津氏や北条一門も九州に下向し、幕府の訴訟機関である鎮西探題も博多に設置された。

以上のように、対外戦争の最前線であり、西国でも特に御家人の在地化が進んだ地域という特徴を持つ九州は、南北朝内乱の経過も他地域とは趣を異にした。以下、その経過を概観したい。

1　博多合戦と建武新政の崩壊

①博多合戦

九州の南北朝内乱の前提として、元弘三年(正慶二年・一三三三)の鎌倉幕府討幕に触れる必要がある。元弘の乱に敗れ笠置山で捕縛された後醍醐天皇は元弘元年(一三三一)に隠岐国に配流されたが、元弘三年二月二八日に同国を脱出、伯耆国の名和長年に保護された。後醍醐天皇を奉じた名和長年は幕府方の追手であった隠岐判官らを船上山合戦に破った。

九州でも討幕活動の嚆矢ともいえる事件が起こった。これが博多合戦(菊池合戦)である。この事件については「博多日記」(東福寺の僧良覚が博多滞在中に記した日記)に詳しい。正慶二年三月一二日に博多息浜の宿所から鎮西探題北条英時の館に出仕した肥後国の武士・菊池武時(寂阿)が着到(出仕した武士の名前を帳簿に記すこと)をめぐって担当者と諍いになり、翌日武時と阿蘇惟直が探題の館を襲撃したという事件である。事件に際して菊池武時は大友貞宗・少弐貞経と反探題の密約を結んでいたが、貞宗・貞経は武時の襲撃に協力しなかった。結果、武時の計画は失敗、武時はじめ多数の一族が討ち取られた。

この事件については、菊池氏が少弐・大友両氏と密約を結んでいたこともあり、後醍醐天皇の討幕活動の一環と位置づけられよう。「博多日記」には肥前国の彼杵荘千綿に尊良親王が潜伏していたという記事もあり、九州での有力武士による探題攻撃は討幕計画の中で早くから検討されていた可能性が高い。

その後、北条英時は菊池残党の掃討、肥前や豊後国日田の兵を召集するなど、九州にも戦乱の兆しが見え始める。

②建武政権の成立と九州

後醍醐天皇の籠る船上山攻撃のために、鎌倉幕府は名越高家と足利高氏（尊氏）を派遣する。しかし、名越高家と別行動をしていた高氏は丹後国篠山において鎌倉幕府を離反し、討幕軍へと転じた。この際に、足利尊氏が全国に発した軍勢催促状（召集状）が数多く残されている。なかでも絹布に書かれた密書である髻文に書かれた尊氏の軍勢催促状は、阿蘇・大友・島津氏という九州の武士宛のものしか確認されていない（足利高氏軍勢催促状「阿蘇家文書」「立花家文書」「島津家文書」『鎌倉遺文』三二一二一・三二一二二・三二一三八号）。

同年五月七日には六波羅探題が、二一日には鎌倉が陥落、幕府の滅亡は避けられない様相となった。鎮西探題・北条英時も、博多合戦では探題方であった少弐・大友氏と島津貞久の攻撃を受け、二五日に自害した。この後、後醍醐天皇の長子・尊良親王と中院定平が大宰府原山に入り、三守護を中心に事態の収拾が図られている。

九州は全国的に見ても武家文書が濃密に残されている地域であるが、北条英時の「誅滅」と元弘の乱の戦後処理についても多くの史料が残されている。遠方では肥後国の相良頼広も大宰府原山に参上した。その際の着到状（報告書）が残されている。頼広は原山で宿直の警固を行い、尊良親王に随行した中院定平と少弐貞経の二人の証判（確認の署判）を受けている［九州歴史資料館 二〇一五：九四・九五頁］。少弐貞経は大宰府に強い影響力を持ち、九州三守護家の中で早くも強いリーダーシップを発揮しつつあることをうかがわせる。

くわえて、元弘の乱の終結に向けて非北条系の守護正員の少弐貞経・大友貞宗・宇都宮冬綱・島津貞久が武士たちの戦功を認定、足利高氏に対して注進が行われた。元弘三年以降、尊氏と九州の有力武士たちの間に構築されたネットワークは非常に緊密で、後醍醐天皇もこれらの武士に対して尊氏を仲介としていることなども指摘されている［吉原 二〇〇二］。

建武政権においては、守護・国司の補完による地方統治の体制が取られた。菊池武時の息子である菊池武重・武澄・武茂が対馬・肥後・肥前国の国司職を得るなど、その権限は大きく強化された［吉井 一九八八］。

また、新政権の成立は九州の在地状況にも甚大な影響を与えた。得宗領をはじめとする幕府関係者の旧領が闕所となり恩賞として宛がわれる中で、後醍醐天皇の綸旨による宛行・安堵を求めて多くのトラブルが発生することとなった。鎮西においても筑後国小家荘をめぐる島津氏と志田氏の争いに対する建武政権の対応など、著しく一貫性を欠く所領政策を確認することができる〔山口 一九八八：五四・五五頁〕。

このような建武政権の統治の姿勢は、著名な二条河原の落書でも知られるように、武士たちの心に大きな不安の種を蒔くこととなった。さらに規矩氏・糸田氏などの幕府の残党勢力の蜂起も度々起こり、九州の情勢は決して安定したものではなかった。

足利尊氏は広い権限を有し膨大な所領を給付された一方で、恩賞給付などは後醍醐政権下の一人の担当者にすぎず、天皇により意図的に政権中枢から遠ざけられてもいた。しかし、北条高時の遺児・時行の乱を鎮圧すべく関東に下向したのち尊氏は、自ら主体となった宛行状を次々発給、後醍醐天皇との対決姿勢を示すこととなる。結果、尊氏は竹下の戦いで新田義貞らを破り上洛を果たすが、北畠顕家の反撃により畿内から逐われることになった。尊氏は鎮西を目指すことになる。

③多々良浜の合戦

尊氏の下向以前から、九州においても建武政権と尊氏方の武士たちの対立がひきおこされていた。主にその対立は上洛していた惣領の菊池武重の弟である菊池武敏・阿蘇惟直らと、少弐氏らの間で大宰府周辺をめぐる争いとして表面化しつつあった。武敏率いる建武政権方は尊氏の下向後に活動を活発化させ、筑前国有智山に少弐貞経を敗死させた。武敏の軍と尊氏の軍は同国筥崎において激突、尊氏は大勝した（多々良浜の戦い）。この後、尊氏は楠正成・名和長年などの政権の重要な支持者を敗死させて上洛を果たし、後醍醐天皇を吉野へと追い南北朝時代が始まった。

南北朝初期の九州の争いは、ほぼ足利尊氏方と建武政権方の対立構造を継承する形で始まった。鎌倉以来の御家人クラスの武士たちの多くは守護の手に属して、「兇徒」（建武政権方）を鎮圧した。

一方で、南朝方(宮方)勢力は在地(主に南部九州)において武家方と対立する武士たち、たとえば谷山隆信・肝付兼重や、守護級武士に反抗的な有力庶子家である伊集院忠国(島津氏一族)・恵良惟澄(阿蘇氏一族)を主力としながら抗戦した[江平 一九七四]。しかし、南朝方が優位に戦況を推移させた地域はごく一部で、その勢力は九州の在地の対立構造につけこむ形で編成した不安定なものにすぎなかった。

さて、幕府方(武家方)・南朝方(宮方)双方にとって、九州地域の重要性は先述の足利尊氏の九州下向にも見えるように明らかであった。そこで、双方からさまざまな施策が行われることになる。次節では九州における幕府方と南朝方の戦いについて説明したい。

2 「観応の擾乱」と反幕府勢力

①九州管領による南朝勢力の制圧

南北朝期の合戦については、軍功を認定し上申する大将の存在が欠かせない。通常、地方での戦闘では守護・守護代級の有力武士たちが指揮者を務めるが、戦闘が大規模化するにつれてそれらの有力武士たちをも束ねる存在が必要となる。九州全域に飛び火した戦乱に対応するため尊氏は、一色範氏(道猷)を九州探題(鎮西管領)に任じることにした。その職務は幕府方の武士に対する軍事指揮、訴訟の調査内容の注進・施行(係争地の引き渡し)であった。その権限は鎌倉幕府の鎮西探題に比して小さいと言わざるを得ないが、足利一門の武将が鎮西に赴任し、鎮西を統括する嚆矢となった。

一色氏は九州にさしたる勢力・所領をもつ武士ではなく、自らが尊氏によって与えられた権限を梃子として武士たちを動かし、南朝方の勢力を制圧しなくてはならなかった。また、九州において自らの勢力基盤を強化することは、九州の三守護をはじめとする鎌倉以来の有力武士たちの権益と競合することにもなる。範氏は、博多の聖福寺に仮寓しており、与えられた料所なども事実上不知行であるなど、軍事活動以前の問題が存在した。

範氏はこの困難な状況を前に何度も「参洛」(＝辞職願)を申し出たが「九度」も「御教書」によって慰留されたという(一色道猷目安状「祇園執行日記紙背文書」『南北朝遺

文九州編』一四八一号)。就任当初の範氏にとって、南朝方よりも非協力的な少弐氏をはじめとした鎮西の有力武士たちが敵のように思えたかもしれない。事実、暦応三年(興国元年・一三四〇)二月の範氏の目安状には、南朝方との戦況ではなく、自分の苦境と少弐・大友・島津氏への不満が延々と述べられている。

多々良浜の合戦の敗戦は、九州南朝方の主力たる菊池氏にも甚大な被害を与えたが、幕府方は一気に菊池氏を無力化することができずにいた。その大きな要因として、新田義貞軍に属して竹下の戦いで敗れた惣領・菊池武重が肥後国に帰還したことがある。武重は阿蘇氏の有力庶子である恵良惟澄と協力し、延元二年(建武四年:一三三七)には犬塚原の合戦で一色範氏らを破るなど、肥後国南朝方を勢いづけた。

南朝方は薩摩・大隅・日向での南朝方支援のため、「五宮」という皇族や公家大将・三条泰季を派遣して島津氏に対抗させていた(五宮令旨写「伊東文書」『南遺』八六一号)。南朝中枢は肥後での南朝勢力が強まっていることを受けて、南九州の南朝方を活性化させ肥後国の南朝方との連合を可能にするため、懐良親王を征西将軍宮として下向させることになった。

懐良親王には五条頼元・良氏をはじめとする侍臣たちが伴い、一行は伊予国忽那島での潜伏を経て熊野水軍の協力により薩摩国谷山に入り、初めて九州に実質を伴う南朝の地方政権が成立した[山内 二〇一一]。さらに、煮え切らない態度を見せる阿蘇大宮司・阿蘇惟時を薩摩守護に任ずるなどして誘引し、薩摩・肥後国から勢力を伸張させることを期した。

薩摩国谷山を拠点として島津氏と対抗関係にある武士たちを指揮し、先行して九州入りしていた三条泰季などと連携しながら、南朝勢力の九州における核へと成長した懐良親王を中心とする地方政権は、征西将軍府(以下、征西府と略す)と呼ばれた。

征西府は侍臣が懐良親王の意を受けた形で令旨という指令書を発給し、恩賞給付以外の九州統治に関する権限を後村上天皇によって与えられている点にその特徴があった[川添 一九九四:二一二~二一三頁]。この点において、その支持勢力を確かなものとすれば、強力な権力へと成長する可能性をはらんでおり、南朝中枢からは上洛を期待されていた。

一方で、菊池武重が延元四年(暦応二年：一三三九)に死去して以来、肥後・筑後国の南朝方の勢力は後退しつつあった。菊池武重の後継者となった菊池武士は強い主導力を発揮することができず、興国四年には大友氏に本拠地菊池城を攻撃されるなど、劣勢に立たされた。結果、菊池武士にかわり、肥後南朝勢力を支えた恵良惟澄を後ろ盾とした菊池武光が菊池氏の惣領となった。また、正平三年(貞和四年：一三四八)に征西将軍府が肥後国宇士を経て菊池に入ったことにより、征西将軍府と菊池氏が深く結びつくことになった[川添 二〇一三]。

②足利直冬政権とその勢力伸長

九州探題と征西府の戦いは、およそ幕府方優位に展開していたようだが、それを揺るがす事態が発生した。

それは、九州にとって台風の目というべき足利尊氏の息・直冬の下向である[瀬野 二〇〇五]。紀伊国における南朝方との合戦に勝利し名声を高めていた直冬は、長門探題として赴任することになる。ところが、備後国鞆において直冬は杉原氏らに攻撃され、肥後国河尻に逃れることになった。

この事件の背景には、尊氏の弟直義と高師直による幕府内の対立があり、直義に扶養された直冬はこの政争に巻き込まれて命を狙われた。しかし、直冬は肥後国の重要な港である河尻津を抑える河尻幸俊の保護を得ることに成功、すぐさま有明海沿岸の近隣領主たちを糾合することとなった。

この際に直冬は武士たちに対して「尊氏・直義の御意を息め」るため、つまり緊張状態にあった実父と養父の問題を解決するための軍事活動である旨を強弁し動員を行っている[瀬野 二〇〇五：二四頁]。しかし、尊氏自身は阿蘇惟時に対して直冬を出家させ上洛させるように指示するなど、直冬の政治生命を絶つ意思を持ち、貞和六年(正平五年：一三五〇)正月には島津貞久に対して直冬討伐令を下した(足利尊氏書状案「比志島文書」『南遺』二六八五号)。

本来であれば早急に政治的な地位を失うべき存在であった直冬であったが、実際はそのようにはならなかった。筑前・肥後・肥前・日向・大隅国などの多くの武士たちが直冬の軍勢催促に応え、その勢力は幕府方・南朝方に割って入りうる、第三極といえる存在となった。さらに、同年九月には少弐頼尚が直冬支持を表明し、直冬を大宰府に迎え入れた。くわえて、宇都宮冬綱、日向国大将の畠山直顕らの一国規模の権限を有する武士たちも続々と直冬方与同を表明した。

足利直冬の勢力が急激に拡大した理由としては、幕府内部の対立が非常に根深いものであり、九州の武士たちが直冬の背後に幕府内で絶大な権力を持っていた足利直義の姿を見たことが大きい。また、直冬自身も異色の政治姿勢を打ち出したことも勢力拡大の大きな要因となった。さらに、征西府と一色直氏・範氏らを共通の敵とすることで、休戦に近い状態を作り出していた。

足利直冬が求心力確保のために重視したのが、所領政策である。直冬は九州にとどまらず、西国の広範に広く文書を発給している。なかでも、下文形式で所領を給付していることが注目される。下文は武士にとって主従関係を確認する証拠ともなる、源頼朝以来特別な意味を持つ文書形態である。特に、観応擾乱期に全国の武士たちに対して下文を発給していたのは尊氏・直義だけであり、それを直冬が用いたのは非常に示唆的である［川添　一九九四：二二四・二二五頁］。

直冬は武士たちが内乱期に得た所領を含めた「当知行」の保護を申請させ、それを容認することによって新しい支配秩序を生み出した。さらに、直冬は膨大な所領を給付しているが、その多くは現状では処分できていない敵方の所領を「空手形」的に与えたものであった。しかし、この政策は中世では給付の事実そのものが「由緒」（領有を主張する根拠）となる武士たちにとっては魅力的であり、所領を闕所（敵方の所領を恩賞地にすること）にされることを恐れた武士たちを構造的に味方に引き入れる効果もあった［山本　二〇一八］。くわえて、九州探題・一色氏と権限が競合していた守護級の武士たちにとっても直冬の存在は利用価値が高く、その支持を取り付けることができたことも、直冬の活動を大きくたすけた。

このように、軍事基盤を九州に持たなかった九州探題一色氏、征西将軍宮懐良親王、足利直冬の三者が外来の政治権力を形成し九州の覇を争うことになる［山口 一九八八］。

③足利直冬の九州脱出

九州探題・征西将軍府・足利直冬の勢力は中央情勢の煽りを受けながら、合従連衡を繰り返すこととなる。在地勢力たちはこの複雑な状況に振りまわされながらも、生き残りを模索する。

少弐・大友の離反を受けて足利尊氏は、武士たちに直冬に与同しないように訴えているが、一方で直冬は着実に九州の有力武士を糾合していた。この情勢に、自身が九州の兵を率いて上洛した経験から直冬の勢力伸長に危機感を感じたであろう尊氏は、軍勢を率いて直冬討伐に向かうことを表明する。しかし、尊氏らは備前国福岡まで進んだところで、貞和五年（正平四年：一三四九）九月に失脚していた足利直義が出京し南朝に降伏したという報に触れ撤退、摂津国打出浜の合戦で敗れた尊氏は、高師直・師泰を失った。結果、尊氏は直義と講和し、直義の政界復帰を認めざるを得なくなった。

尊氏の出兵による状況の好転を期待していた一色範氏は、少弐頼尚の離反により肥前国草野城へ逃れざるを得なくなった（『祇園執行日記』観応元年一〇月一七日条）。さらに南部九州においても、畠山直顕が探題方・島津方を攻撃し戦闘を繰り返した。直義の政界復帰を受けて、足利直冬は正式に鎮西探題に任じられた。鎮西探題は先述の北条英時以来任じられていなかった武家政権における九州統治の要職である。一色氏は一見すると事実上幕府から見捨てられる形となった。

この混乱に南朝側も反応し、政治状況を利用しようという動きを見せ始める。南朝の北部九州への進軍に呼応し、一色範氏とその与党は征西府と結び直冬方に対抗していくことになる。一方で、征西府の進出に対する援護として後村上天皇は綸旨を発給して、一色範氏を支持していた大友氏・島津氏の有力庶子家たちを直接誘引した（たとえば、後村上天皇綸旨「入江家文書」「島津家文書」『南遺』三〇一六・三一四二号）。この南朝方の誘引は、直冬という共通の敵によって連携しただけの征西府と九州探題の関係がいずれ破綻することを見越して、早い段階から切り崩しを図ったとみられる。

正平六年（観応二年・貞和七年〔直冬方の使用年号〕一三五一）九月には、懐良親王自身が出陣するなど、征西府も活発な動きを見せるようになる。直冬は筑後には今川直貞、豊後には新田貞広、大隅・薩摩には尾張義冬を派遣して戦闘を繰り広げた。同月二八・九日には筑前国月隈・金隈の戦い、筑後河北荘の合戦で一色氏は敗退した。月隈の合戦では、後に大隅国守護となる島津氏久も負傷したことが知られる〔瀬野 二〇〇五：六三〜六七頁〕。範氏は豊後国日田に逃れ、その敗勢は挽回し難いものに思われた。

しかし、中央政局は直冬に不利な情勢となりつつあった。足利直義が京を脱出し、足利尊氏と義詮が南朝に降り、直義追討の綸旨が発された。さらに、駿河国薩埵山での戦いに敗れた直義は尊氏に降り、文和元年（観応三年・正平七年：一三五二）二月二六日に死去した。

直義を失った後、九州の直冬政権の勢いにもかげりが見え始める。そもそも直冬政権の軍事力は、「空手形」的な所領給付・安堵によって成立した不安定なもので、求心力を保持するためには国人領主たちの危機感を煽り、所領獲得への欲望を刺激するだけの軍事的な成果を上げることが必須であった。しかし、それが難しくなり始めていた直冬方は、一色氏の反撃に遭うこととなる。

一色氏は直冬方の勢力の減退につけこむ形で、大宰府周辺で積極的な活動を起こした。また、南朝と足利尊氏・義詮の決別を受けて、再び征西府とも対立するようになっていく。このような情勢を受けて、足利直冬は観応三年一一月ごろに大宰府をめぐる戦いの最中に九州を脱出、長門国豊田城へ転戦した。

直冬の九州脱出については、後に大内氏・山名氏らが直冬を支えて二度にわたって上洛を果たしていることからもわかるように、直義亡き後の与党を糾合する一手であったとみられる。しかし、直冬を支えた少弐頼尚が一色勢の立て籠もる浦城攻めのため菊池武光に援軍を求めたように、直冬を失った九州の直冬支持勢力はほとんどまとまりを失ったといえよう。直冬の下向は圧倒的だった幕府方を大きくかく乱し、戦いの行方を予測不能なものにしてしまった。

④針摺原の合戦と大保原の合戦

足利直冬が九州を脱出したことにより、九州の南北朝内乱は探題と征西府の争いへと収束しつつあった。なかでも北部九州での戦いは、少弐氏が一色氏と強く対立していたこともあり、南朝勢力と元直冬方武士たちが連合することになった。

正平八年(文和二年・一三五三)二月、菊池武光は筑前国針摺原の合戦で一色範光を破った。この勝利の後、征西府は肥前・筑前・筑後・豊前を転戦、幕府方の勢力をしらみ潰しに攻撃した。針摺原の合戦は、九州における幕府方が南朝方に対して守勢にまわる契機となり、九州の政治情勢の風向きが変わったことを感じさせる事件となった。

その後、南朝勢力は急激な伸張を遂げる。この時期には、征西府の軍事活動に従った筑後・肥前国の武士が提出した軍忠状が増加する(たとえば「木屋文書」「草野文書」「有馬文書」「多久文書」など)。その中には足利直冬の旗下にいた武士も多く、少弐頼尚も針摺原の合戦後に南朝勢力と協調していたとみられる。

正平八年五月には直冬は南朝に降っていたこともあり、九州の勢力は幕府方か南朝方のいずれかを選択する必要に迫られたようである。反幕府方として直冬のもとで多くの所領を得た武士たちは、もはや幕府方に復帰することもかなわず、まさに「引くに引けない」状態であった。

この時期に注目すべきは島津氏久の動向である。氏久は島津貞久の息で、大隅国守護を務めていた。島津氏は直冬の下向によって圧迫され、薩摩守護の島津師久に至っては自らの窮状を訴え上洛を希望したこともあった。しかし、氏久は畠山直顕と熾烈な合戦を戦い抜き、直冬政権が求心力を失うと反撃に転じた。氏久は南朝勢力との共同戦線により、畠山直顕を没落させることに成功する。なかでも氏久が南朝と協調関係にあった時期、南朝年号を用いて所領の一時給付を行っていることは特筆すべき点である[山口一九八八:四三九~四四〇頁]。

守護級の武士とはいえ、恩賞については上位権力との協議が必要なはずであり、氏久の求心力は幕府に対して反抗的な行動をとっている時期に蓄えられたといえる。まさに、山名氏や大内氏に代表される南北朝期の守護たちが『太平記』の中で「多く所領を持たんと思はば、只御敵にこそ成べかりけれ」と評された現象は、九州でも確認できる。

文和四年(正平一〇年:一三五五)には一色範氏が九州を

脱出し、九州の幕府方は幕府中枢の意向を九州で実現する回路を失いつつあった。よって、本来探題との対立関係から南朝との連合を必要としていた大友氏・少弐氏は、当初の目的を達成しつつあった。また、島津氏も畠山直顕を排除することに成功しており、次いで南朝勢力を駆逐する必要が生まれつつあった。

九州三守護家は足利直冬の下向の混沌とした政治状況の中で、自らの勢力伸長を阻む勢力の排除に成功し、南朝勢力との雌雄を決する必要が生まれていた。

征西府も幕府方の内紛が勢力拡大の好機であることを重々認識していたとみられ、総力をもって少弐頼尚を攻撃することとなった。そして、両軍は九州の幕府方・南朝方を広く集め、まさに総動員といった陣容となり、筑後国の大保原で衝突した。これが日本三大合戦にも数えられる大保原(筑後川)の戦いである。

この戦いは懐良親王自身も傷を負うほどの激戦であったと『太平記』は伝える。両軍の被害は甚大で、双方が勝利を喧伝している。少弐頼尚は筑前に撤退したものの、征西府方もこれを追撃する余裕はなかったようである。

大保原の合戦に参加した南朝方武士の中には、直冬の与党であった武士たちも数多く含まれている。また、少弐頼澄など守護家の中にも南朝方についたものも確認され、多くの武士が幕府・南朝双方に分かれて戦ったとみられる(深江種重軍忠状写「藤崎マリ所蔵文書」『二丈町誌　平成版』八四八頁)。このような混沌とした状況は、観応擾乱によって引き起こされた複雑な対立関係などに起因していたとみられる。

3　征西将軍府と九州探題今川了俊

①征西将軍府の隆盛

征西将軍府は大保原の合戦以降、幕府方の勢力を追いこんでいく。もちろん、幕府も征西府の勢力伸長を、手をこまねいて眺めていたわけではなかった。

一色直氏の召還にあたり新探題として足利一門の斯波氏経が下向した。氏経は一色氏が守護家と対立的だったことを踏まえて大友氏・少弐氏・島津氏と協調する路線をとったが、筑前国長者原の合戦で敗れ大内氏を頼って九州を脱出した。さらに、氏経に代わって探題に任命された渋川義行は結局九州に入ることすらかなわなかった。

氏経の探題就任で重要なのは、氏経が備後国守護職を有しており、幕府が九州の在地の勢力だけでは南朝勢力を打倒できないと判断した点である。また、この判断には、九州守護家と探題が対立し、南朝方へと転向することを防ぐ意図も看取できよう。くわえて、山陽の軍勢を九州での戦闘に動員することは、貞治二年(正平一八年:一三六三)に大内氏・山名氏が幕府方に帰参したことにより、西国の南朝・直冬方の勢力が低調化したことを背景としている。九州南朝方の勢力は盛んではあったものの、全国的に見れば連合すべき勢力を失い孤立しつつもあった。

筑前での軍事的優位を確立した征西府は、正平一六年(康安元年:一三六一)に大宰府入りを果たし、九州における軍事的・政治的な優位を確立することになった。大宰府征西府期とも呼ばれる黄金時代の征西府は、菊池氏や五条氏らを守護・国司に任じるなど、九州の支配構造を大きく変化させた。また、激しく征西府と争った少弐・大友氏は惣領を南朝方で活動していた少弐頼澄や大友氏継に交代させた。

征西府が発給したこの時期に主たる文書様式は、将軍宮令旨が武家文書に近似していくことが指摘されている。なかでも五条頼元・良氏親子など親王の近臣によって占められていた令旨奉者(将軍宮の意を受けて実際に文書を発給する人物)の中に、高辻道准や饗庭道哲などの少弐氏の被官が確認されており、征西府が積極的に武家方の支配機構を取り入れようとしていることがわかる[三浦二〇〇九:一二六〜一三六頁]。征西府は下向当初は未熟な地方政権に過ぎなかったが、九州探題や足利直冬との戦いの中でその基盤や機構を取捨しながら整備したと見られる。征西府が観応擾乱に端を発した激しい戦いを生き抜いた理由の一つにこの柔軟な体制があげられよう。

さらに、肥前・筑後国などに数多く存在した幕府方→直冬方→南朝方と陣営を遷った武士たちの存在も見逃せない。彼らはおそらく確固たる政治的な意思のない浮動的な存在で、このような武士は多数派であったとみられる。この浮動的な領主たちの多くは、直冬下向による突然の闕所を活用した所領政策に踊らされ、新しい所領を守るために旧来の秩序を取り戻そうとする幕府との対決を宿命づけられてしまった。このような武士たちを幕府方攻撃に転用したのが征西府であったと評価できよう。

②今川貞世(了俊)の九州支配

幕府は内乱の収束にむけて、大きな懸案であった九州南朝方の本格的な攻撃にとりかかる。

貞治六年(正平二二年:一三六七)一二月には阿蘇惟村に対して、山名師義が「大将」として鎮西に下向することが報じられている(斎藤素心書状案「阿蘇家文書」『南遺』四七一一号)。山名師義は丹後・伯耆・但馬国の守護を務めていた人物で、次期・山名氏の惣領の有力候補であった。実際に師義が九州に出陣することはなかったが、実力ある守護大名が九州へと下向することが決定したことは、幕府の九州制圧への意気込みを感じさせる。さらに応安元年(正平二三年:一三六八)、今川了俊(諱は貞世。本稿では著名な了俊と統一)が九州探題に推薦された。

今川了俊は山城国守護・侍所・引付の頭人を務めた人物で、遠江守護であった〔川添 一九六四〕。また、了俊は冷泉派の歌人でもあり、一級の文化人でもあった。了俊は備後・安芸などの山陽の武士を率いて九州へと渡ることとなる。この軍事活動を大内・山名氏も支援した。

了俊の戦略は弟の仲秋や氏兼、息子の義範(貞臣)らを武将として登用し、各地の有力武士たちを指揮させるというものであった。応安四年(建徳二年:一三七一)には仲秋を肥前、義範を豊後に入国させて征西府の軍勢を陽動し、自ら本隊を率いて赤間関を超えて豊前より九州入りを果たした。また筑前国をめぐる戦いの中で征西府の軍事的支柱であった菊池武光が死去したことなどもあり、翌五年八月には大宰府を陥落させ征西府は筑後国の高良山まで撤退した。

征西府は菊池武光の跡を襲った武政らが中心となり高良山で抵抗を続けたものの、本拠地・菊池への撤退を余儀なくされた。また、武政も次いで死去したため、その息子の賀々丸が幼少ながら菊池氏の惣領となった。了俊は菊池氏に対しても誘引を行っており、征西府にとって非常に苦しい戦況となった(今川了俊書状写「阿蘇家文書」『南遺』五一三四号)。

しかし、快進撃を続けていた今川了俊の陣営に重大な事件が発生した。菊池氏を攻撃するために肥後国水島に陣取っていた了俊は、宴の場で少弐冬資を暗殺したのである。冬資は南朝方の少弐氏の惣領であった頼澄と対立し続けていた人物で、了俊が征西府を筑前から追ったことにより勢力を盛り返しつつあった。了俊が冬資を暗殺した理由については確かなことは不明ではあるが(了俊は冬資が南朝に通じたと弁明した)、九州探題と少弐氏の権限がどうしても競合する性質を帯びていたことは無視できないだろう[川添 一九六四:一二〇・一二一頁]。

さらに、冬資の暗殺は了俊と冬資の間を仲介していた島津氏久に疑心を抱かせることとなり、氏久は密かに菊池氏と政治交渉を持った。島津氏久が了俊に対して対立的な動向をみせるようになったことは、今川了俊にとって後に障害となる。

了俊の探題としての軍事基盤は、中国地方国人層と今川氏の軍勢を主力に据えたもので、三守護家との対立を避けた編成であったとみられるが、南朝勢力の制圧で多大な戦果を挙げる中で三守護との協力体制を失ってしまった。了俊は島津氏久に筑後守護職を与えるなど慰留を図ったが、状況の不利を察して一時肥前国に撤退を余儀なくされた。

今川了俊は、少弐冬資を暗殺することで守護大名たちの反感を買った一方で、少弐氏の持っていた北部九州における権限の多くを手中に収めた。なかでも肥前国については弟の仲秋を守護に据えただけでなく、中小の国人領主たちに「公方(将軍)」の存在を背景とした支配を行った。

了俊の九州における国人領主の軍事政策については、「一揆」という連合を結ばせていたという指摘がある[川添 一九六四]。一揆を動員の単位とする軍事活動は南北朝時代に普遍的に確認できるが、度重なる戦乱や所領トラブルに対処するための領主たちの安全保障という意味合いと、上位権力により設定されたという二つの側面があろう。肥前の松浦党の一揆は了俊の探題期にも度々結ばれており、対征西府戦線においても重要な戦力となった。

一方で、肥後・日向・大隅・薩摩の武士たちを中心に結成されていた南九州国人一揆は松浦党の一揆とは異なり、非常に複雑な背景を持っていた。そもそも、南九州国人一揆は大宰府征西府期にも結ばれており、これは南部九州の国人たちが島津氏との対立の中で自主的に結んだものであった〔服部 一九八三〕。

島津氏と対立することになった今川了俊はこの構造に注目、南部九州での軍事動員に活用しようとした。そのためこの一揆に加わっていた大隅国の禰寝氏や薩摩国の渋谷氏らに対して、了俊はおびただしい量の書状を発給し、細やかな報告・指示を行っていたことが確認される。永和二年(天授二年:一三七五)に幕府が島津氏久・伊久の守護職を没収したのを契機に、了俊は南部九州の自らの代官として今川満範を下向させた。

また、翌三年の一〇月二八日付の一揆契約状を結び、対島津への妥協の余地を残しながらも、基本的には将軍とその分身たる探題を背景とした六三名による一揆が結成された(一揆契状案「禰寝文書」『南遺』五四二二号)。この一揆結成は、同年六月ごろに島津氏が幕府方に帰参したことを受けたものである。

島津氏と一揆はあくまでも対立関係にあったにも関わらず、了俊は一揆の面々に対して島津氏の討伐の留保を主張する(今川了俊書状案「禰寝文書」『南遺』五四三四号)。これを聞いた国人領主たちは自分たちの考える「公方の為」と了俊のいう「公方の為」との間に隔たりを感じたことは想像に難くない。一揆に加わった武士たちは、その結束を了俊・島津氏に断固として示すことで自らの利益を守ろうとしたのであろう。

今川了俊は一方で、北部九州で着実に成果をあげた。水島の陣の撤退以来、挽回を狙い肥前に出兵してきた征西府の軍勢を、永和三年(天授三年:一三七六)蜷打・千布の合戦で破り、阿蘇惟武や菊池武義らを戦死させた。翌年には詫摩原の合戦で乾坤一擲の決戦を挑んだ菊池武朝に敗北するも、永徳元年(弘和元年:一三八一)征西府の拠点であった隈部城と染土御所を陥落させた。この際に征西将軍府は肥後国宇土の村上(伯耆)顕興を頼り、後には同国八代へと逃れた。

征西府は南九州国人一揆にも名前が見えた相良氏・牛屎氏・禰寝氏などを誘引し、相良前頼を肥前守護に任ずるなど策動するものの、劣勢を覆すことはかなわなかった〔服部 一九八三〕。明徳二年(元中八年:一三九一)二月に菊池武朝らは降伏し、征西将軍宮良成親王は筑後国矢部へと逃れた。翌年には南北朝の合一を迎えるのである。その後も度々将軍宮は襲撃を受けるが、攻撃側の勢力には「道徹」こと菊池武朝の姿もみられる(良成親王書状「五条文書」『南遺』六三一八号)。

南朝を圧倒した今川了俊はついに、島津氏や大友氏の勢力にメスを入れる準備を始める。特に応永元年(一三九四)には島津氏久の息・元久と島津伊久の討伐令を幕府から受け、今川貞兼らが積極的な軍事活動を行っていた。くわえて、今川氏と大友親世との対立も応永元年の吉弘氏郷殺害事件などの形で表面化していた[堀川 二〇一六]。一方で、「分国化」とも評される一族による領国統治の深化を図っただけでなく、肥後国守護代に菊池武朝を採用するなど、元南朝方の武士をも支配体制のなかに含みこもうとする意図も確認できる[山口 一九八八:三三七・三四二頁]。

しかし、了俊は応永二年(一三九五)には京都に召喚される。この解任劇については、近年了俊の南九州の経営でのつまずきや大内氏・大友氏との不和に原因を求める見解も出てきている[新名 二〇一五、堀川 二〇一六]。了俊の解任を契機に、九州では菊池武朝・少弐貞頼(頼澄の子)と新探題渋川満頼・島津氏・大友氏・大内氏との抗争が勃発するのである。

おわりに

九州における南北朝内乱は大きな意味を持った。幕府方と南朝方の対立に加えて幕府内の混乱が在地に持ち込まれた結果、混沌とした政治状況が生まれた。

国人領主たちの在地の矛盾と上位権力の対立が結合し、九州は結果として全国的にも最も長く内乱状態が継続した地域の一つとなった。一方で、幕府への離反・従属を繰り返しながら、少弐・大友・菊池・島津氏などの守護家が統治の実質を獲得していった。そして、彼らが自らの存在を室町幕府内で確かなものとしていく中で、今川了俊や渋川満頼らの九州探題とも政争を繰り広げることになる。また、従来の惣地頭―小地頭制という秩序がほとんど形骸化し、有力国人領主が幕府小番衆に組み込まれるなど編成が進んだ。

南北朝内乱を経て在地領主たちは安全保障を血縁的結合から地縁的結合へと依存するようになっていったという。

このような潮流は、南九州国人一揆や応永期の肥後国人一揆など九州においても確認できる。一方で、九州では今川了俊の探題解任時に元南朝方武士が抗議活動を行ったり、阿蘇大宮司家が北朝方大宮司家の惟郷・南朝方大宮司家の惟兼が家督をめぐり争うなど、内乱の影響がその後の政治史にも大きな影響を与えた。結果として、九州地域は室町時代を通して絶えず政治的に不安定な地域であり続けることになった。

九州の守護大名

佐伯弘次

はじめに

室町時代の九州の政治史の中でも、大きな位置を占める守護大名の動向について概観する。かつて、守護大名は、中世社会を切り開く旗手として位置づけられた時代があった。その延長上に、「守護領国制」という概念が提唱され、守護大名の先進性が強調された。しかし、その後、特に荘園制との関わり等に関して、守護大名の限界性・後進性が強調されるようになり、守護領国制という概念は使用されなくなった。それと対応して、室町幕府権力の強さを強調する見解が主流となり、室町幕府―守護体制という概念が提唱されて今日に至っている。

確かに、守護大名が中世社会の主たる担い手であるという理解は間違っているが、中世後期の地域政治の実態を見ると、守護職が世襲化し、守護による領国形成が進展するところが多く、「守護領国」自体は各地で形成される。ただし、一概に守護大名といっても多くの大名があり、また地域の多様性があるため、個別の守護研究をさらに進展させ、それらの個性や地域性を検証することが必要である。

九州の場合、九州を統括する役割を持つ九州探題が任命された点に大きな特徴がある。しかも九州探題（鎮西管領）が南北朝初期に博多に設置され、南朝との対立抗争の中心にあったことが、その後の九州政治史を大きく規定した。とくに今川了俊の探題就任が九州政治史に与えた影響が大きい。九州探題を抜きにして、南北朝・室町期の九州政治史は語ることができない。

本章では、具体的な守護大名として、渋川氏・少弐氏・大内氏・大友氏・菊池氏・島津氏を取り上げる。

1 九州探題今川了俊の罷免と九州国人

元中九・明徳三年(一三九二)の南北朝の合一によって、対立していた南朝・北朝が和睦し、室町幕府中心の政治体制が固まった。九州では、南北朝合一後も今川了俊が九州探題として在任したので、島津氏との対立関係は解消されず、南北朝期的な状況が続いた。

応永二年(一三九五)閏七月、今川了俊が足利義満によって九州探題を罷免され、京都に召還された。この了俊の罷免は、大きな混乱を生じさせた。「上洛路次難儀」であるため、博多から直接上洛することができず、千葉介の媒介によって、その本拠地である肥前国小城に落ち集まるという状況であった(『旧記雑録前編』応永二年八月一六日大友親世書状)。この時、少弐貞頼と菊池武朝が了俊の上洛に協力している。少弐貞頼は、南朝側であった少弐頼澄の子で、南北朝後期に了俊に帰順した。菊池武朝は、九州南朝の支柱であった肥後菊池氏の当主である。南北朝合一後に北朝に帰順し、了俊とも近い位置にあったと考えられる。

この少弐氏と菊池氏は、足利義満期から義教期まで、ともに行動することが多かった。

この時期に、室町幕府と九州探題の職務の分担が見られた。応永二年ごろ、九州の地頭御家人諸侍の「安堵・恩賞」は、京都(室町幕府)に注進せず、探題の沙汰とし、「御感」すなわち感状の発給は、幕府に注進して、将軍(御所)が沙汰をすることが決められた(祢寝文書応永二年京都不審条々)。感状の発給が、地頭御家人の所領安堵・恩賞給与に優先したのである。

また、同時期に、国地頭御家人から、百余人の「小番衆」が決められた。九州では、豊後の戸次・日田・佐伯・田原・吉弘各氏、日向の伊東・宮崎・土持・財部・和田・高木の各氏、薩摩の渋谷・牛屎・和泉・谷山・阿多等の各氏、大隅の税所・加治木・平山・祢寝の各氏など三十余人がその構成員であった。

この他に小番衆になりたいと望む人がいるならば、忠節により、探題が注進したならば、取り立てるとあり、地頭御家人側の意向と忠節の実態を踏まえ、九州探題の注進が条件にされている。実際には、探題の意向が大きく左右したのではなかろうか。この小番衆は「御所奉公の名字」とあるように、後の奉公衆の前身であるが、奉公衆の構成とは大きな隔たりがあり、編成方針が変更されたものと考えられる。

2 探題渋川氏の下向と活動

今川了俊の罷免後の応永三年(一三九六)、足利一門の渋川満頼が新探題に任命され、博多に下向した。満頼の最初の仕事は、今川了俊に属して上京した九州の地頭御家人の本領・新恩地の安堵であった。今川了俊に長く抵抗していた島津氏も渋川氏になびき、九州は和平に向かうと思われた。

渋川満頼は、九州の国人や寺社に対して、自分が京都(室町幕府)への注進を行うことを強調している(たとえば、深江文書応永一一年正月九日渋川満頼書状)。応永四年九月一一日、阿蘇惟政は小代広行に対して契約状を書き、「京都上意」すなわち将軍の意志を第一として二心なく忠節を致すべきことを述べている(小代文書応永四年九月一一日阿蘇惟政契諾状)。この文書の主たる内容は、私的に不慮のことが起こった場合、小代氏や阿蘇氏が合力すること、この衆中に大儀が生じた場合、衆中内で協議して解決することを決めた一揆契約であるが、冒頭で将軍への忠節を述べている点が注目される。

この将軍への忠節を肥後国人に語らせたのは、新探題渋川満頼の媒介があったためであろう。渋川満頼は、将軍権力を背景として九州の国人掌握を意図したのであり、渋川氏は、室町幕府の九州支配のまさに代行者であった。

しかし、応永四年、少弐貞頼と菊池武朝が渋川氏に反旗を翻し、九州は混乱に陥った。渋川満頼の施策は、「あまりに探題御沙汰のやう、もっての外」であるため、別人が探題に任命されるという風聞が流れていた(詫摩文書三月二〇日吉弘了曇書状)。渋川満頼の施策に問題があったようである。少弐氏・菊池氏の反乱もこうした事情によるものと考えられる。

少弐貞頼・菊池武朝の九州探題への反乱は応永六年まで続いたが、同八年になると終息し、九州探題（渋川満頼）―筑前守護（少弐貞頼）という上下関係が復活した。それは同九年まで継続したが、同一一年になると少弐氏が再び反抗し、対立関係に戻った［川添 一九七八a］。

渋川満頼は、前代以来の探題が守護を兼補する肥前の守護となった。吉見氏が守護代として肥前支配を担った。少弐氏や千葉氏等の抵抗を受けたが、河上神社・実相院・東妙寺などに文書を発給し、寺社領の安堵や寄進等を行った。肥前国人に対しては、幕府命令の施行の他、所領の安堵、軍勢催促等を行った［川添 一九七八a］。満頼の願いは、天下泰平・九州静謐・凶徒等誅伐であった（武雄神社文書応永一一年八月一五日渋川満頼寄進状、実相院文書応永一二年正月二三日渋川満頼寄進状）。

応永一九年一一月、渋川満頼は上洛した。この時の「御留守博多結番」は、肥前国の彼杵庄南方一揆中が番立をもって勤めた（深堀文書応永一九年一一月二一日深堀時清言上状）。これは、南北朝時代の探題一色氏の身辺警固を行った博多警固番役の延長上にあるが、肥前では室町期までこれが継続していた［佐伯 二〇〇九］。九州探題と肥前国人の密接な関係がうかがわれる。

この他、渋川満頼は、筑前・筑後・豊前・豊後・肥後などでも、幕府の命令の施行の他、軍勢催促、所領の安堵・預け置き、官途の吹挙、社領・社職の安堵、寺院への乱妨狼藉禁制、所領の打ち渡し命令、所職・所領安堵の幕府への吹挙などを行っている。かなり広範な活動を行ったことがわかる。

特に渋川満頼は、肥後阿蘇氏や阿蘇神社と関係が深く、阿蘇文書の中に多くの関係文書が残っている［柳田 二〇一九］。九州下向後、渋川満頼は肥後守護に任命された。応永一一年一〇月二日、「九州対治料国」＝「凶徒対治料国」として、肥後国守護職を阿蘇大宮司惟村に預け置いた（阿蘇文書応永一一年一〇月二日渋川満頼書下）。肥後守護を阿蘇氏に預け置くことによって、阿蘇氏を懐柔し、少弐氏・菊池氏討伐の推進を意図したと考えられる。

応永一一年の少弐氏・菊池氏の挙兵は、肥前千葉氏の内訌が直接のきっかけであった。この肥前に端を発した戦闘は、肥後・筑後・筑前・豊前など広範に及び、大規模な抗争となった。同一二年、渋川満頼は、肥前国佐賀方面にお り、探題方の大内盛見は豊前国田川付近に出陣した。豊後大友氏は探題方として筑後に出陣し、肥後の阿蘇氏・詫磨氏も探題側であった。反探題方としては、少弐氏・菊池氏の他、大村・平井・渋江・後藤・波佐見といった肥前国人が多くいた。

両者は、応永一二年一二月、豊前国猪嶽《いのたけ》で激突し、探題方が勝利した［有川 一九八一］。室町期の九州にとっても重要な合戦であり、これ以降、渋川氏有利のまま、事態は推移した。応永二五年六月五日、渋川満頼の子義俊は、肥前国河上神社に所領を寄進したが（河上神社文書応永二五年六月五日渋川義俊寄進状）、その寄進の名目は、「天下泰平」「九州静謐」であり、先の満頼の寄進状に見える「凶徒等誅伐」の文言が消えていた。

博多を在所とした渋川氏は、探題就任直後から、朝鮮に遣使し、外交・貿易を行った［川添 一九九六］。とくに応永二六年六月の応永の外寇で、対馬と朝鮮の関係が断絶すると、渋川氏の朝鮮通交は活発化した。渋川氏一族では、満頼・義俊父子が多く通交した。被官では、板倉満家・同宗寿・同満景・吉見昌清などが活発に通交を行った。応永二一年に探題の補佐と監視のため九州に派遣された上使小早川則平も活発に朝鮮通交を行っている。

彼らの朝鮮への献上品―輸出品には、国内産物資の他、多くの東南アジア産の物資が含まれていた。これは、貿易港博多にそれらが集積されていたからである。渋川氏とその関係者の朝鮮貿易は、宗金などの博多商人によって支えられていた。応永三二年の渋川氏の肥前没落後も、渋川氏や博多代官板倉満景の朝鮮通交が見られる。これは、渋川氏の朝鮮貿易が実質的に博多商人の貿易であったことを示している。

応永二六年六月の応永の外寇、すなわち朝鮮軍による対馬攻撃は、短い期間で終了したが、当時の日朝関係に大きな影響を与えた。朝鮮軍の襲来の報を受けた探題渋川義俊は、博多商人宗金を室町幕府に派遣し、外寇を報告した。応永の外寇の真相を探るため、同年一〇月、日本国王使として博多妙楽寺僧・無涯亮倪《むがいりょうげい》と博多商人・平方吉久が朝鮮に派遣された。その顔ぶれから見て、この日本国王使の派遣を担ったのは、室町幕府ではなく、渋川氏であったと考えられる。

翌年、朝鮮から回礼使として宋希璟《そうきけい》が日本に派遣された。博多でその接待を担当したのが渋川氏であり、回礼使一行と対面している(『老松堂日本行録』)。渋川氏は、応永の外寇時に朝鮮で拘留された対馬島人の送還にも熱心で、ある時期から宗氏と連携したようである。

応永三二年、渋川義俊は、少弐氏・菊池氏に敗れ、博多から肥前に没落した[本多 一九八八]。しかしその後も、肥前において勢力を一定度維持し、遣明船を派遣したり、九州探題としての役割を果たすこともあった[川添 一九七八b、黒嶋 二〇一二]。

3 少弐氏の動向

少弐貞頼は、南朝方であった頼澄の子であるが、今川了俊に味方し、北朝方についた。応永二年の今川了俊の上洛時には、了俊方として活動し、菊池武朝とともに奔走したが、新探題渋川満頼の下向後、菊池武朝とともに反探題的立場にあって、たびたび反乱を起こし、室町幕府から追討を受けている。こうした反幕府としての活動は、貞頼の死の応永一一年まで継続した。貞頼は、筑前・豊前・肥前・対馬等に文書を残している[本多 一九八八]。とくに筑前国怡土郡・志摩郡を基盤としていた[川添 一九七八a]。一時的に筑前守護職を回復した。

貞頼の跡を継いだのは、子の満貞である。応永一二年一二月には、豊前猪嶽合戦で渋川・大内方に敗れた。この合戦以降、しばらく満貞の動向は不明である。応永一九年正月に朝鮮に遣使し、その後、活発な朝鮮通交を行った。朝鮮側も、少弐満貞を九州の有力者と認識し、優遇した。

応永二四年一二月、少弐満貞は、将軍足利義持に鳥目万疋と麝香《じゃこう》皮一枚を献上し、義持は太刀一腰・馬一疋を満貞に遣わした(『後鑑』)。このやり取りから、この時にはすでに幕府から赦免されていたと考えられる。

応永の外寇の翌年の応永二七年、回礼使宋希璟が来日した。帰路、博多で、宋希璟は少弐満貞と外交交渉を行った。その過程で、満貞が対馬攻撃に対し、怒っていることを知る。宋希璟は、博多商人宗金や少弐氏家臣を介して、満貞と交渉し、その誤解を解くことができた。満貞は、応永の外寇は対馬が勝利したと考えていた(『老松堂日本行録』)。

満貞は、応永の外寇の直後、室町幕府に外寇に関する報告書を送っている(『満済准后日記』応永二六年八月七日条)。報告書の内容は、虚実入り交じったものであったが、とくに朝鮮軍とともに明軍が攻めてきたという内容に、将軍足利義持は大きな影響を受けている。当時、義持は明への朝貢を止めたため、明との関係が悪化していたからである。

また、満貞は宋希璟に対して、「去年六月に対馬島に出兵した。もし対馬島が勝たなければ、対馬島は滅びただろう。今、私が壱岐等の所に兵船を請えば、三百余隻が一朝にして集まるだろう。その船を朝鮮に送り、人民を殺掠し、五六の州郡に放火したならば、我が胸は少し心地よいだろう。しかし、両国使臣が往来する時であるから、行わないのである。また、壱岐・対馬の間において、一二船を送って、これを留め、今、使臣が回帰の時に、捕らえてその跡を消滅させることもできる。しかしこれも行わない」と述べている。

この時の満貞の発言や幕府への報告書から、満貞が宗氏を代官と捉えており、対馬を自領のように考えていることがうかがえる。また、少弐氏の水軍力を述べているが、必ずしも誇大な発言ではないと思われる。少弐氏の勢力とその基盤が推測される。

しかし、宋希璟が、強く反論した結果、少弐満貞も納得し、「和好を修することを願っている」という満貞の言葉を引き出した。このような応永の外寇に対する少弐満貞の不満は朝鮮政府にも伝えられ、朝鮮使節が大宰府の少弐邸を訪問することにつながった。

応永三二年七月、室町幕府は筑前国御牧郡の頓野・広渡・底井野・香月・上津役等の地を渋川満頼に給与し、これらの土地を満頼に沙汰し付けるように命じた(蜷川家文書応永三二年七月一〇日室町将軍家御教書・同年七月二二日管領施行状)。この文書のやり取りから、当時、満貞は筑前守護であったことが判明する。幕府から赦免された後、守護に復帰していたのである。

しかし、それとほぼ同時期に満貞と菊池兼朝が蜂起し、渋川氏を筑前から追い出したが、京都から下ってきた大内盛見によって、逆に筑前を追われることになった。永享元年(一四二九)には大内盛見は室町幕府料国となった筑前の代官となり、筑前との関係を深める。また、豊後の大友持直は、旧領博多息浜を回復し、朝鮮通交を行っている。このように、九州探題と少弐氏の没落は、周辺の大名に影響を与えている。

正長元年(一四二八)、少弐氏は本国を失い、菊池の地に寄生していた(『世宗実録』一〇年一一月甲戌条)。永享二年(一四三〇)七月、少弐小法師丸が、朝鮮に遣使し、去年冬より対馬州に来寓しているため、保護を加えてほしいことと、京都(室町幕府か)に挨拶をしたいことを述べ、大量の綿紬・苧布と米穀を要求した(『同』一二年七月乙丑条)。少弐氏は大内氏に圧迫され、肥後国菊池や対馬に逃れ、朝鮮からの庇護を受けようとしたのである。

永享三年六月二八日には、少弐満貞は大友氏・菊池氏と連合し、大内盛見を筑前国怡土郡で敗死させた。その後、大内氏の後継者争いが起こるが、それに勝利した大内持世は、室町幕府に接近し、少弐氏討伐を画策する。この時の抗争が応永期までと異なるのは、大友氏(持直)が少弐氏・菊池氏に味方したことである。これは、大内盛見が筑前の立花城以下の大友氏の要害・所領を強引に奪ったことが直接の原因と考えられる。

4　大内氏の九州進出と少弐氏の動向

室町幕府の当初の基本的方針は、大内氏と大友氏が和睦することによって九州が「無為」となることであった(『満済准后日記』永享三年六月九日条)。大内氏は、「大友治罰御教書」の発給を願ったが、幕府は和睦を優先した。これが当時の足利義教政権の基本的姿勢であった。しかし、大内盛見の敗死によって、状況が大きく変化した。室町幕府は、菊池氏を味方にするため、筑後守護職を与え、大友氏の分断を図るため、大友親綱を取り立て、豊後守護職を与えた。このことによって菊池氏は幕府側につき、大友氏は持直方と親綱方に分裂した。

大内持世が家督を継承した当初は、まだ幕府料国筑前国の代官であった。その後、持世が筑前国守護職を獲得したかどうか、判断が難しい。

九州は、明・朝鮮・琉球との交流の拠点であったため、こうした国々との交流において、守護が何らかの形で関与することが多かった。永享四年には遣明船の派遣があり、硫黄の調達と遣明船警固が問題となった。明への献上品・輸出品としての硫黄は、領内に火山がある豊後大友氏と薩摩島津氏が調達を行った。

この時、少弐満貞に対して、遣明船の警固を命じる御教書を出すべきか否かが、幕府内部で議論された。醍醐寺三宝院主満済は、満貞は将軍から「切諫」(強くいさめる)されているのであり、「勘気」(主君の怒りにふれてとがめを受ける)をこうむったわけではなく、また「唐船(遣明船)警固第一簡要」であるとして、御教書の発給を主張した(『満済准后日記』永享四年七月一二日条)。

永享五年になると、室町幕府は急速に大内持世擁護に方向転換する。すなわち三月には、持世が何度も要求していた幕府の「治罰御旗」を持世に与え、四月には大友・少弐治罰を決定した。持世は豊前に渡海して、少弐氏を攻撃したが、これには幕府が派遣を命じた安芸・石見・備後三カ国の軍勢が同行していた。

このような室町幕府の大軍が治罰のため九州に派遣されるのは初めてのことである。同年八月一六日、少弐氏の筑前国二嶽城が陥落し、八月一九日には同国秋月城が陥落し、少弐満貞や子の小法師丸(資嗣)は討たれた。室町幕府や守護大名にとって、旗と治罰御教書の発給が大きな意味を持っていた。

永享七年には、少弐氏・大友氏が蜂起したが、永享八年六月、大友持直の拠る豊後国姫岳城が陥落し、両氏の抵抗は弱まった。満貞の子少弐嘉頼は対馬に逃れ、宗貞盛の庇護を受けた。「ここに至り少弐殿は敗戦し、対馬島に奔った。島主宗貞盛とともに朝鮮に遣使し、米や塩を請うことしばしばである。」「今、少弐殿は勢力が尽き、対馬島に奔った。すでに根本の地を失い、至って困窮している。」(『世宗実録』一八年〔一四三六〕一二月丁亥条)といった状況になっていた。大内氏との抗争に敗れ、対馬に逃れ、宗氏や朝鮮の援助を受けている様がわかる。

こうした中で、少弐嘉頼は、永享一二年二月二五日、室町幕府から、大内持世の取りなしによって赦免されるという不可解な出来事が起こる〔佐伯 一九九二・一九九三〕。この異例の出来事の背景には、第一に倭寇禁圧を要求する朝鮮使節の外交交渉があった。少弐氏の弱体化による倭寇活動の活発化を警戒した朝鮮側が、少弐氏の赦免を室町幕府に要請したのである。第二に、将軍足利義教から大内持世に上洛命令が出されたことから、少弐氏から攻撃されることを恐れた持世が嘉頼の赦免を義教に要請したという事情があった。嘉頼は、赦免の翌年正月九日に没した。

嘉頼の跡は、弟の教頼が継いだ。嘉吉元年(一四四一)の嘉吉の乱において、大内持世は傷を負い、死去した。その直後、少弐教頼は対馬から九州本土に戻り、嘉吉元年八月から同三年三月にかけて筑前・豊前・肥前関係の文書を残している[佐伯 一九七八]。大内持世の死に乗じて、勢力を回復したのである。しかし、大内氏を継承した大内教弘の働きかけによって、嘉吉元年一〇月一四日には、幕府から少弐教頼治罰の御教書が発給された。永享一二年に赦免された少弐氏は再び追討を受ける存在となった。嘉吉二年一二月には、少弐教頼らの所在を探すように御教書が出ているので、すでにこのころには所在不明となっていた。

ところが、文安二年(一四四五)六月ごろ、少弐教頼は筑前守護に任命された。その理由はよくわからない。文安二年には、少弐教頼の発給文書が三通、宗氏の博多商人宛の文書が一通あり、守護としての活動を行っていたことがわかる。しかし、それも長く続かず、文安四年ごろには、大内氏が筑前守護に任命されたと考えている[佐伯 一九七八]。申叔舟編『海東諸国紀』日本国紀筑前州条には、少弐氏の記述がある。その室町期の部分を示そう。

「小二殿　宰府(大宰府)に居住している。あるいは大都督府と称している。西北、博多を去ること三里である。居民は二千二百余戸。正兵五百余。源氏が代々これをつかさどっている。筑・豊・肥三州総太守太宰府都督司馬少卿と称し、小二殿と号して、源嘉頼に至る。今の天皇の嘉吉元年辛酉の年、大臣赤松が乱を起こし、国王、兵を諸州に徴したけれども、小二殿は来なかった。国王は大内殿に命じてこれを討たせた。嘉頼は敗れて、肥前州平戸源義のところに奔った。ついで対馬州に行き、美女(三根)浦に居住した。対馬もまたその所管する所である。大内殿はついに小二殿の所管する筑前州博多・大宰府の地をすべて領有した。その後、嘉頼は旧地を取り返そうとして、兵を挙げて、上松浦に到った。大内殿は迎え撃ち、これを破った。嘉頼は奔って対馬に帰った。

嘉頼が死んで、子の教頼が継いだ。丁亥年（一四六七）、教頼は再び対馬島の兵をもって博多・宰府の間、見月（水城）の地に到った。大友殿・大内代官可申（家臣か）のために破られて死んだ」。

ここで嘉頼とするのは、教頼の誤りである。嘉吉の乱後、少弐教頼が幕府の命によって大内氏に攻められたことは、日本側の史料と同様である。教頼は平戸にまず逃れたという記述は、日本側の同時代史料には出てこない。その後、対馬に逃れ、宗氏の庇護を受けて、三根の地で生活していた。応仁の乱が起こると、対馬兵を率いて博多から大宰府の地を目指したが、大宰府を復することはできなかった。

文安五年から、大内氏の筑前守護代仁保盛安の活動が確認される。盛安は、大内氏から筑前国内の諸事について命令を受けたり、大内氏の命令の遵行を行ったりしている。康正二年（一四五六）からは、筑前守護代でありながら、奉行人として奉者となり、奉書の発給も行うようになった。筑前在国から、在山口に変化したものだろう。太宰府天満宮関係の文書が多く、寺務職、神領、和歌料田、修理行事職等に関して文書を受給ないし発給した。この教弘の時期に、大内氏による太宰府天満宮の支配が進展している。また、筑前国の高鳥居城の軍事力が強化され、那珂郡内に城料所が設定された。さらに筑前国内の所領を防長国人に給与する事例も多い。

康正二年一一月には、大内氏は筥崎松を伐採することを禁止した（田村文書康正二年一一月日大内氏家臣連署禁制）。それは、筥崎松が筥崎宮の神木であるからであり、代々禁止していたが、門松や祇園会以下の作物《つくりもの》にするために、筥崎松を勝手に伐り取る者が出てきた。今後は罪科を六親に懸けるという厳しい刑罰にすると述べている。

こうした禁制の筥崎松を伐採するのは、博多や箱崎の町衆たちであった。社会的なタブーをものともしない町人たちの姿を見ることができる。筑前守護となった大内氏は、都市博多と関与せざるを得なくなった。正月行事や博多祇園山笠の実施に際して、先例を無視する町人たちを規制したのである。

宝徳度の遣明船は、享徳元年(一四五二)に博多に到着し、使節一行は禅寺妙楽寺に滞在した。この時の遣明船は、遣明船史上最も多い一〇隻で構成されたが、その中の四号船は九州探題(聖福寺造営船)、五号船は島津氏、六号船は大友氏、七号船は大内氏が派遣する貿易船であった。四号船の九州探題船は、博多聖福寺を造営するための造営料唐船であった。なお、五号船の島津船は派遣されなかった。この時初めて遣明船を派遣した大内氏は、その後も遣明船派遣を希求し、遣明船派遣をめぐって細川氏と熾烈な抗争を繰り広げる。そして、天文期には大内船のみで独占するに至った。

こうした大内氏による筑前支配が応仁の乱まで継続した。

5　豊後大友氏の動向

豊後大友氏にとって、室町時代は試練の時期であった。まず南北朝期になると、大友氏は、両統迭立時代を迎える。

六代大友貞宗の跡を氏泰が七代を継ぎ、弟の氏時が八代を継いだ。氏時の子氏継が九代を継ぎ、その弟親世《ちかよ》が一〇代となり、氏継の子親著《ちかあき》が一一代となり、親世の子持直が一二代を継ぐ。その後、親著の子親綱が一三代、親世の子親隆が一四代、親著の子親繁が一五代となった。このように、氏継系と親世系が交互に家督を継承したが、家督継承の実態はかなり複雑である。

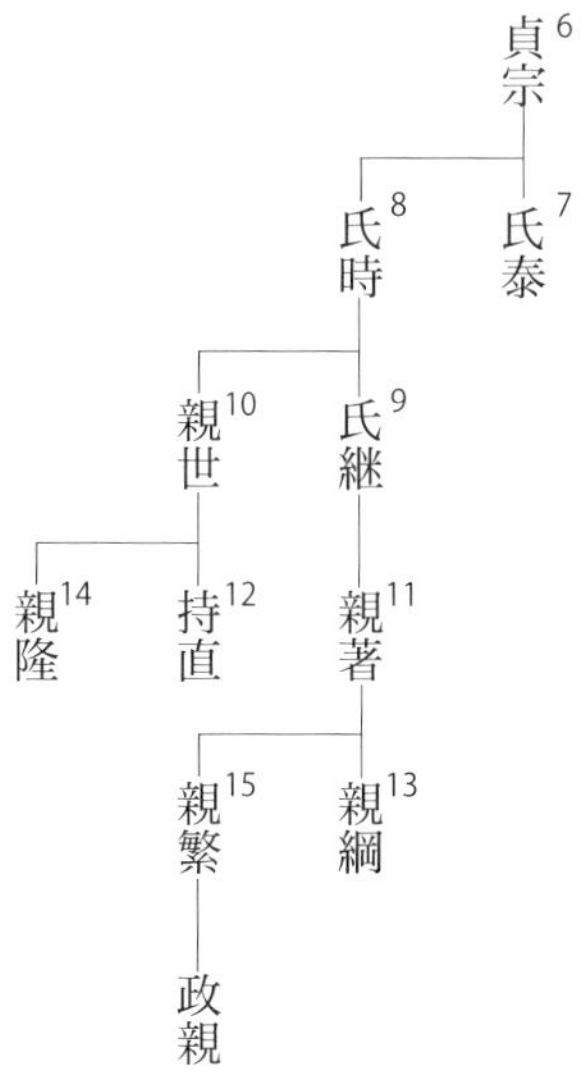

大友氏略系図

一般的に「両統迭立」という場合、対立する両系統の家が、妥協の産物として交互に家督を継ぐことが多い。大友氏の場合、氏継系と親世系が交互に家督を継承しており、典型的な両統迭立と考えられそうであるが、実はそうではない。室町初期の当主は大友親世であった。その跡を、氏継の子親著が継承する。親著は、応永八年以降、応永一九年まで領国支配のための文書を発給した［大分県編 一九八五］。親著の跡は、応永三〇年、親世の子持直によって継承された。持直は、応永三二年、三角畠の合戦で、親著の子孝親を討ち、家督を確立した。永享期になると、持直は大内氏と対立し、少弐氏・菊池氏と連合して大内盛見を敗死させた。その後、永享四年に、幕府から追討されることとなり、幕府によって、大友氏の家督は親著の子親綱に移った。親綱は豊後守護に任命される。しかし、持直は豊後国人の支持を集め、親綱に対抗したが、永享八年の豊後国姫岳合戦で敗れた。永享一一年、家督は大友親綱から親世の子（持直の弟）親隆に譲られた。これは、親綱が両統迭立の原則を守ったというよりは、親隆は兄持直と不仲であり、親綱と親しかったという理由によると考えられる。親隆は、娘婿にあたる、親著の子（親綱の弟）親繁に家督を譲ったとされる。以後、大友氏の家督は親繁の系統に伝えられ、両統迭立は終わった［以上、大分県編 一九八五］。

大友氏の家文書である大友家文書が現存しているので、その中から、室町期の守護職の補任についてみてみよう（表参照）。

表　室町時代の大友氏への守護職補任（大友家文書）

日　付	西暦	任命者	大友氏	守護職
応永 1・12・18	1394	足利義満	大友親世	豊後
応永 23・11・13	1416	足利義持	大友親著	豊後・筑後
応永 30・7・5	1423	足利義持	大友持直	豊後・筑後
文安 1・7・19	1444	畠山持国	大友親繁	豊後
寛正 3・10・25	1462	足利義政	大友政親	豊後・筑後半国
寛正 6・7・30	1465	足利義政	大友親繁	筑後

この中の文安元年の文書は偽文書とされる［大分県編 一九八五］。これを除外すると、将軍の発給文書は、いずれも袖判の御判御教書である。大友氏は、南北朝時代には、本国豊後の他、豊前・肥前・筑後・肥後等の守護職を有していた。室町期に入ると、それらの守護職は、豊後と筑後に限定されるようになった。また、補任年代が実際の活動時期とずれている文書もある。

持直の時期の永享元年、大友氏は、旧領の博多息浜を回復し、対外貿易の拠点を掌握した。同年、持直は朝鮮に遣使した。博多息浜には代官が置かれた。室町後期の博多息浜代官は、田原貞成で、博多を拠点に活発に朝鮮通交を行った。彼は、図書（朝鮮通交権と保証する銅印）を朝鮮からもらい、毎年一〜二船の使船（実質的には貿易船)を朝鮮に派遣する権限を獲得していた(『海東諸国紀』)。博多息浜商人と結びつき、活発な朝鮮通交を行っていた。

大友氏は、宝徳度の遣明船を一艘派遣し、日明貿易に参画した。また、明への重要な献上品・輸出品であった硫黄を領内で調達し、提供していた。

室町期の大友氏の領国支配であるが、親世の時期に、奉行人機構が整備された。奉行人として登用されたのは、弱小国人たちであった。国内の荘園支配機構として、有力国人を政所に任命して所領の打ち渡しを行わせた。親著期にも奉行人がいたが、親世期の奉行人を継承することはできなかった。持直期には、奉行人機構の整備が行われた。有力国人の取り込みも進んだ。持直に代わり、幕府から家督に指名された親綱の時期には、国人層の取り込みができなかった。むしろ、親綱と対抗していた持直が多くの国人を味方に引き入れていた。親隆末期の奉行人は、次の親繁期にも登用されており、親隆から親繁への権力の継承をうかがうことができる。親繁期には、奉行人の発給文書の機能が拡大したし、荘園支配においては、弱小国人を打ち渡し機構として組織した。この親繁の時期に、大友氏による領国支配が進展した〔以上、吉永 一九八二〕。

6　肥後菊池氏の動向

肥後の菊池氏は、鎌倉御家人として蒙古襲来などで活躍したが、南北朝期になると、南朝方として活動し、征西府を支える軍事的・政治的支柱となった。南北朝が合一すると、菊池武朝は九州探題今川了俊に降り、その支持者となった。南北朝期の肥後守護は、大友氏・少弐氏・一色氏・阿蘇氏・今川氏などが頻繁に変わり、菊池氏が南朝方の守護であったが〔山口 一九八九〕、室町期になると、阿蘇氏が一時期任命された他は、菊池氏が世襲した。室町時代の菊池氏の家督は、武朝―兼朝―持朝―為邦―重朝と代々父子で継承された。守護所はその本拠地・隈府に置かれた。武朝は、少弐貞頼と結んで新探題渋川満頼と対立した。たびたび反旗を翻している。

室町期においても、阿蘇氏は、南朝系の大宮司と北朝系の大宮司が対立していた。応永一三年に北朝系の阿蘇惟郷《これさと》が大宮司となったが、菊池兼朝と惟郷は不和であった。応永一九年に探題渋川満頼から惟郷に対して安堵状が出て、応永二四年五月一三日に将軍足利義持から阿蘇四ヶ社大宮司職・神領所々を安堵する御判御教書が出された。これをうけて、同年八月一七日に渋川満頼の施行状が出された。しかし、これによっても押妨が止まなかったため、応永二五年一二月二日、渋川満頼は菊池兼朝に対して、それらを惟郷に対して厳密に沙汰し付けるように命じた。このことから、当時、菊池兼朝は肥後守護であったことがわかる。応永二一年の上使小早川則平の博多下向は、この阿蘇氏の内訌や菊池氏との対立を解消することも目的としていた。応永二六年六月、菊池兼朝は阿蘇惟郷に対して契約状を作成し、万事、等閑にしないこと、惟郷の相続を承認することを述べ、和睦した［以上、川添 一九九六、柳田 二〇一九］。

菊池氏は永享三年に筑後国をめぐって大友氏と対立した。大友持直・少弐満貞の反幕府・反大内氏的活動の結果、同年、大内盛見が筑前で敗死したことをうけて、大友氏の筑後守護職は没収され、永享四年一〇月二六日、菊池持朝が将軍から筑後守護に任命された。これは有力大名であった山名時熙《ときひろ》の意見によったものである。こうして菊池氏は筑後に進出する公的な保証を得た。持朝を継承した為邦は、文安年間に太宰府天満宮領筑後国水田庄に関連して、安堵状を出している。寛正三年になると、大友氏が筑後半国守護職を獲得した。菊池氏も半国守護となったのである。これに菊池為邦は反発し、大友氏との間で抗争が起こったが、寛正六年には、大友氏が筑後全体の守護に任命されることとなった。

菊池氏の勢力範囲は、肥後国玉名郡から筑後国南部という限定された地域であったとされるが［木村 一九七三］、これに加えて、守護職を根拠とした肥後国阿蘇郡及び南部の国人衆への調停権行使領域という二重性があったことが指摘される［稲葉 二〇一九］。

菊池氏は学芸・文芸を愛好した大名でもあった。菊池為邦・重朝の二代はとくに好学で知られ、その名声は京都まで聞こえていた［川添 二〇〇三］。文明一三年（一四八一）の菊池重朝による隈府での万句連歌興行はその延長上にあるものである。

守護所隈府に近い川湊・高瀬津は、南北朝後期には日元交通上の拠点となっていたが［橋本 二〇〇五］、室町時代には港湾都市として繁栄しており、菊池氏は一族高瀬氏や家臣を介して、港湾の支配を行っていた［青木 二〇一五］。高瀬津は、菊池川流域、有明海さらには東アジアに通ずる重要な港湾であり、ここの掌握は大きな意味を持った。

7 島津氏と南九州

島津氏は、鎌倉時代初期以来の守護家であり、その後も南九州に君臨した。南北朝時代になると、島津氏は北朝―室町幕府に味方した。貞治二年（一三六三）四月一〇日、当主島津貞久は、子の師久（総州家）に薩摩守護職と同国内外の所領を、同じく子の氏久（奥州家）に大隅守護職と同守護領他を譲ったことにより（島津家文書島津氏久譲状）、島津氏の総領家は総州家と奥州家に分裂した。譲状で師久を「総領」と称しており、総州家が総領として位置づけられていた。

九州探題今川了俊の下向後も、島津氏は武家方として了俊の九州経営に協力したが、永和元年（一三七五）八月、了俊による少弐冬資謀殺事件（水島の変）によって、島津氏は反今川了俊として行動するようになった。その結果、了俊は島津氏が持つ両国守護職を剝奪し、自身が両国守護となったが、島津氏の背反は止まず、応永二年の了俊の探題罷免まで続いた。

総州家・奥州家に分かれた島津氏は、抗争することが多かったが、奥州家の元久は総州家の伊久《これひさ》と戦った。応永一一年六月二九日、島津元久は日向・大隅両国守護に任命され、応永一六年九月一〇日、薩摩守護に任命され、三国守護職は奥州家の手中に帰した（島津家文書）。奥州家が従来のように三国守護を兼帯するようになった。元久の跡は、弟の久豊が継承し、以下、久豊―忠国―立久―忠昌と久豊の系統が奥州家の家督を世襲した。しかし、その後も総州家との抗争は続き、奥州家内部の抗争や伊集院氏などの国人領主との抗争も続き、政情は安定しなかった［以上、鹿児島県 一九三九、新名 二〇一五］。

島津元久は、応永期に薩摩・日向に進出し、三国守護職を獲得したが、家督を継承した久豊は、伊集院氏・総州家と抗争を繰り広げた。永享期・文安期には薩摩に国一揆が形成され、島津氏と抗争を行った。嘉吉期以降、島津氏の内訌が生じた［新名 二〇一五］。また室町期には、島津氏の領国支配機構として、老中が形成され、家臣団が形成されて、知行制が進展していく［福島 一九八八］。

島津氏は辺境の守護大名であるが、守護である以上、室町幕府との関係も深く、応永一七年六月、島津元久は上洛し、将軍足利義持と対面した。この時、多くの物品を将軍や諸大名・奉行人に贈った。贈品の中心は、太刀と銭であり、武家儀礼に則ったものであった。それ以外に多くの唐物も含まれており、中国・朝鮮・東南アジア産の物品が含まれていた［関 二〇一五］。島津氏はその後、朝鮮・明・琉球との貿易を志向するが、とくに中国や東南アジア産の物品が入手できる琉球貿易に力を入れていく。一四五〇年ごろ、島津氏の勢力はトカラ列島の臥蛇島付近まで及び、北方への勢力拡大を意図する琉球との間に軋轢が起こっていた。その影響を受けて、島津氏は、琉球渡航船の拿捕を行っていた［佐伯 二〇〇三］。

おわりに

室町時代の九州の探題や守護大名について概観した。室町幕府との関係が重要で、守護であるためには、守護職の獲得が大きな要因としてある以上、室町幕府への求心性を持たざるを得なかった。また幕府権力を背景とした大内氏が優勢であり、幕府から追討・治罰を受けた少弐氏は、守護大名の位置から転落したことは、室町幕府の意味を考える上で示唆的である。

ただし、少弐氏や一時期の大友氏のように、守護職を剝奪されても、知行安堵・宛行を行い、国人層を配下に入れたりして、領国化の進行を行っている。この時期の九州地方には、室町幕府―守護体制の枠内のみでは説明できない現象も同時に起こっていた。守護大名は必ずしも領国全体を均質に支配・掌握していたのではなく、領国内でも精粗があり、とくに有力国人の領内への権力浸透は困難であったことも特色である。

また九州が東アジアに近い位置にあったことから、九州探題や守護大名は東アジアへの志向性が強かった。たまたま上使として博多に派遣された小早川則平が、活発な朝鮮通交を行ったことは象徴的である。明・朝鮮・琉球・東南アジアと関係があった。これも、対象国・地域・時期によって関係の様相は多様であった。

九州の室町時代は、平和な時代ではなく、多くの地域・時期において戦乱や抗争が相次いだ時期であった。その帰結が応仁の乱である。

九州の国人領主

山田 貴司

国人領主が注目されはじめたのは、中世後期における地域的封建領主制の担い手を守護に措定し［石母田 一九四六］、守護領国制から大名領国制へという変遷でとらえようとした一九五〇年代にかけての研究動向に［永原 一九五五］、やがて批判が寄せられ［黒川 一九六一・一九六三など］、地頭の系譜を引き、地域支配に優位性を有する国人領主こそが在地領主制の基本であり［上村 一九六七］、彼らや、彼らの結成する国人一揆が戦国大名に転じるもうひとつの道だとみなされはじめた一九六〇年代以降のことである［永原 一九七五］。かくして、南北朝時代から室町時代にかけて成立する国人領主は、戦国時代に大名領国制へ転じていく在地領主制の過渡的形態としてとらえられ、荘園制や室町幕府・守護との関係、在地領主法の変遷をめぐる地縁的結合のあ

はじめに

本章の課題は、鎌倉時代以来の地頭の系譜を引き、南北朝時代から室町時代にかけて自立性（自律性）の強い領域支配を確立・展開していった荘郷規模から郡規模ほどの在地領主を「国人領主」ととらえ、九州におけるそのあり様を大づかみに概観することにある。

周知のように、国人領主については、これまで多くの研究と議論が積み重ねられている。用語・概念として使用するにあたり、まずはその経緯と要点を整理しておきたい（なお、以下の国人領主に関する研究動向については、［菊池他 二〇〇六、平山 二〇一八、水林 二〇一八］等を参照）。

り様の問題(国人一揆論)、家臣団編成の様相、支配領域の形成経緯と構造、流通とのかかわりなどを論点に、研究が進められていくこととなった。

ただ、一九七〇年代から一九九〇年代にかけて、幕府―守護体制論や戦国期守護論が提示され、守護の政治的役割・地位が改めて評価されたことと[田沼 一九七〇、矢田 一九七九、川岡 二〇〇〇]、史料上に記された「国人」が、実際には外様衆・奉公衆を含む幕府御家人を意味する身分的用語であることが解明され、概念と史料文言の意味内容の乖離が指摘されたこと[石田 一九八八]、戦国時代に独自の「家中」と排他的な「領」を形成し、戦国大名に従属しながらも自立的・自律的な領域支配を展開したとする戦国領主論[矢田 一九八二、村井 二〇一二]、国衆論が活発となったことなどにより[黒田 一九九七]、国人領主から戦国大名へという在地領主制の路線は相対化されてもいく。そして、その結果であろう、在地領主制の展開過程論としての国人領主研究は、(武士団の個別研究や奉公衆論等を除くと)一九九〇年代以降やや停滞気味と指摘されている[水林 二〇一八]。

とはいえ、南北朝時代から室町時代にかけてみられた在地領主の展開をとらえるための適当な概念は、いまも国人領主の他には思いつかない。それに、幕府や守護といった上位権力と地域社会の間に位置するそのあり様の解明は、地域の秩序や、人々が結集・結合する構造の理解はもとより[菊池 二〇〇七、田中(大) 二〇〇七]、戦国時代の領主権力(戦国大名、国衆、戦国領主など)の成立を考えるうえでも、欠かせない作業となっている。

九州の国人領主に関する研究に目を転じると、おもなものだけでも、筑前の麻生氏[川添 一九七五]、宗像氏[桑田 二〇〇三]、秋月氏[岡松 二〇一六]、原田氏[丸山 一九九七]、筑後の田尻氏[松原 二〇〇三、大城・田渕 二〇〇八]、豊後の田原氏[外山 一九八三、荒川 一九九二・一九九六]、肥前の千葉氏[川添 一九六九、野口 一九九七、龍造寺氏[藤野 一九七七、堀本 一九九八、川副 二〇一八]、有馬氏[外山 一九九七]、大村氏[松田 一九七八、外山 一九八六]、松浦氏[外山 一九八七・二〇一二]、肥後の阿蘇氏[阿蘇品 一九九九、柳田 二〇一九]、相良氏[服部 一九七七・一九八〇、小川 二〇一八a・b]、日向の伊東氏[宮地 二〇一二、新名 二〇一四]、樺山氏[新名 二〇〇三]、大

隅の禰寝氏［鈴木 一九八四・一九八五］、種子島氏［屋良 二〇一二］、菱刈氏［新名 二〇〇七］、薩摩の渋谷一族［新名 二〇一二］など、枚挙にいとまのないほど個別研究が進められており、地域的な偏りはみられるものの、豊かな成果が蓄積されている。

もっとも、中世を通じて、政権サイドからは物理的にも政治的にも「遠国」と評される一方で［瀬野 一九八一、山田徹 二〇一五］、東アジアに近接し、地域によっては倭寇や海外貿易の拠点として繁栄を示すという、九州独特の地理的・政治的特性を踏まえ、当地に所在する国人領主の総括を試みた本章のごとき研究は、いまのところ管見に入らない。

前置きが長くなったが、本章では、かかる研究史と九州の地理的・政治的特性を踏まえ、また先行研究の成果に多くを学びつつ、地頭の系譜を引き、室町幕府から直接的に把握されていた、あるいは、されるようになった荘郷規模以上の支配領域を有する在地領主を「国人領主」ととらえ、①分布の状況、②出自の問題、③地頭領主から国人領主へ転じたプロセス、④領域支配の実態、⑤幕府や守護といった上位権力との関係、⑥諸地域との関係を論点に、九州にそれらが成立・展開していった様相をみていきたい。そして、その重心は、「九州の中世」シリーズ中における本章の位置に鑑み、九州に所在した国人領主の活動をなるべく広く紹介するところにおきたいと思う。

なお、行論にあたっては、早くから守護と主従関係を結んでその権力構造の内部に食い込み、重臣等の位置づけを得ていた国人領主と、「対馬島主」として海外貿易に独自の動向をみせた宗氏については、今回は原則的に対象から除外した（宗氏については、［荒木 二〇一七］を参照されたい）。それと、史料的制約と筆者の知見の限界から、とり上げる事例は北部九州と肥後に集中している。また、本シリーズが戦国時代の国衆論を欠いていることを念頭に、同時期の事例にも触れていくつもりだが、もとより充分な準備も紙幅もないことを、あわせてご了承いただきたい。

1 九州の国人領主の分布と出自

そもそも九州には、どのような国人領主がいたのであろう。そして、彼らは、どういった出自を持っていた(主張していた)のであろう。本節では、国人領主の実像に迫る前提として、これらの疑問を検討してみたい。

(1)『全国国衆ガイド』に掲載された九州の国衆

九州に国人領主はどれほどいたのであろう。定義次第でカウントの対象が変化するので、一概にはいえないが、室町時代の国人領主と系譜的に連続する存在とみなされ、所在地等は重なるであろう戦国時代の国衆をとりまとめ、一書に網羅した大石泰史編『全国国衆ガイド』(星海社、二〇一五年)を、参考までにここで開いてみよう。同書に掲載された国衆を整理すると、所在状況は表1のようにまとめられた。史料的な制約等もあるのだろうが、数字だけでいえば、九州には比較的多くの国衆が所在している。戦国時代後半まで、強大な大名権力が登場しなかった政治的・軍事的状況を反映してのことであろうか。

表1　地域別の国衆分布数

地域名	国衆の数	国名(九州のみ)	国別の内訳(九州のみ)
東北	49		
北関東	38		
南関東・伊豆	42		
北陸	36		
甲信	33		
中部	13		
東海	41		
畿内	72		
中国	70		
四国	25		
九州北部	68	筑前	6
		筑後	12
		豊前	5
		豊後	12
		肥前	16
		肥後	13
		壱岐	2
		対馬	2
九州南部	27	日向	8
		薩摩	10
		大隅	9

註／ここに示した数値は、大石 2015 に掲載された国衆の数にもとづくものである。

　さて、「まえがき」によると、同書は国衆の認定にあたり、その議論の先駆者というべき黒田基樹の定義に加え〔黒田 一九九七〕、宣教師の記録にみえる叙述にもとづいた定義も採用し、基準にしたという。それを整理したものが、次頁の表2である。

　むろん、かかる定義にもとづいて同書でとり上げられた国衆は、同様のクラスの武士のすべてではない(たとえば、筑前の麻生氏は含

表2　戦国時代の国衆に関するふたつの定義

〈黒田説〉　※黒田説のまとめについては、大石 2015 の整理によった。
1　国衆は自ら郡規模の領域を持つ。
2　平時における国衆の領域は独立性が保たれ、基本的に大名の介入を受けない。
3　国衆は大名と起請文を交換し、証人（人質）を提出して契約関係を結ぶ。
4　大名は国衆の存立を認める代わりに、国衆が軍事的な奉公を大名に対して実践するという、双方が互いに義務を果たす。
5　特に3・4との関連で大名とは従属的な関係となるが、その際には特定の取次という人脈・ルートによって統制される。
〈大石説〉　※宣教師の史料にもとづくもの。
a　大名クラスの許で、その領国下に存在する氏族。
b　大規模な郡規模の領域を有する氏族。
c　地方の支配者で、「殿」と呼ばれて、大名クラスの「王国」と間違われるほどの「国＝郡」を領土・領域として有する＝自立的な氏族。
d　「国王」である守護クラスの人物と誤認されるほどの権力を有する、身分の高い家臣や諸城主、地方の支配者＝自律的・自立的な氏族。
e　大名領国下で、大名に対して謀反を起こしやすい氏族。

まれていない)。また、逆に同書の国衆には、本章では叙述対象としない武士も含まれている(たとえば、豊後の吉弘氏や田北氏など)。その意味で、ここに掲げた数値や分布はあくまで参考に過ぎないのだが、そうだとしても、本章の検討対象となる在地領主が、戦国時代にはこれくらいはいたのだという、当面の目安にはなろう。

なお、本章に登場する国人領主については、所在を図1に落とした。適宜参照いただきたい。

(2) 九州の国人領主の出自

前項でとり上げた国衆の多くは、南北朝時代から室町時代にかけて各地に成立・展開した国人領主と連続性を有するものと思われるが、そもそも彼らは、どういった出自を持つ人々なのであろう。あるいは、どういった出自を主張していたのであろう。そして、そこには、九州なりの特質はあったのだろうか。

本章で検討対象とする国人領主を含め、九州の武士が有した出自(主張した出自)については、伊藤幸司が当地の地理的・政治的特性を踏まえ、分析・整理を進めている[伊

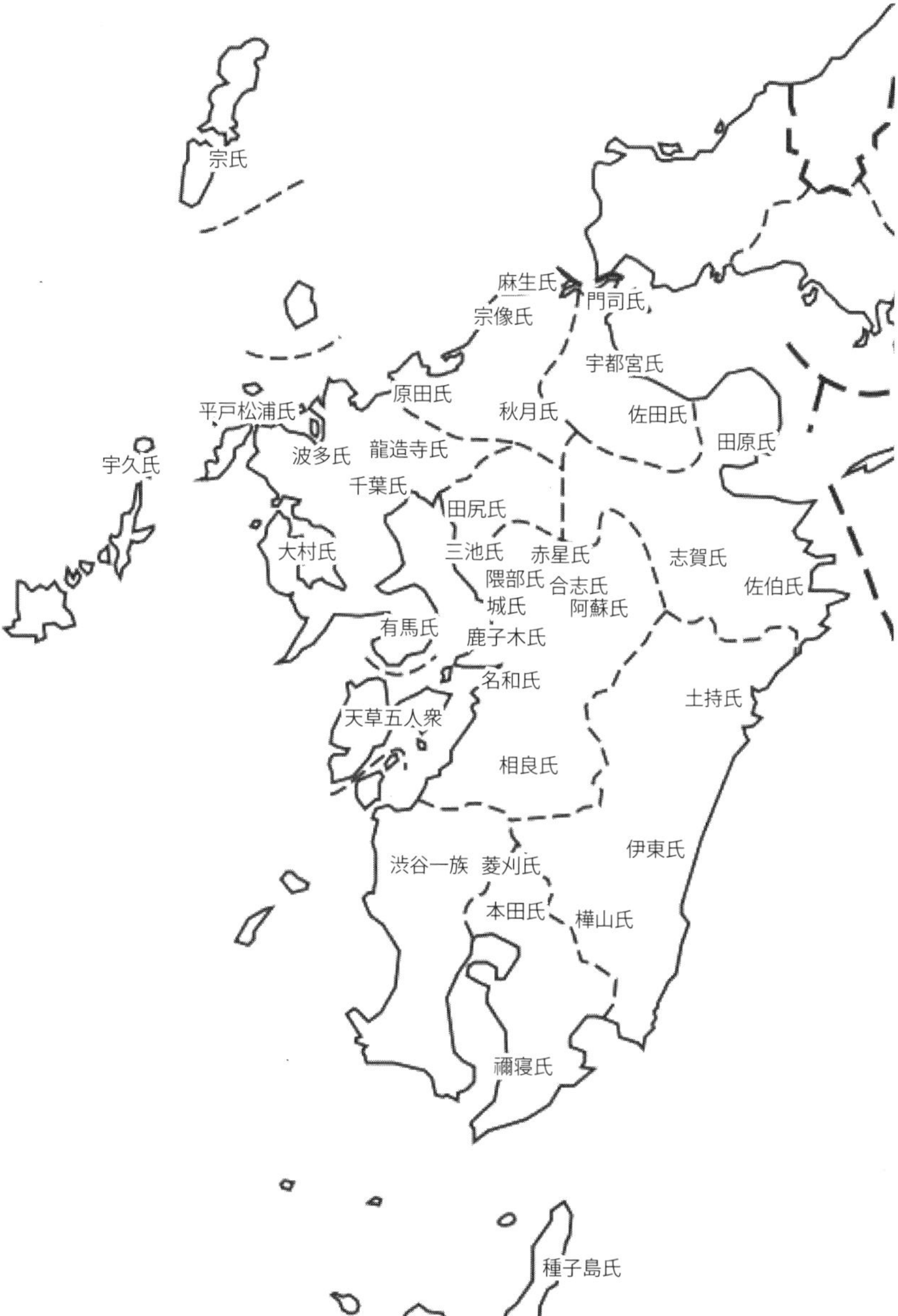

図１　九州の国人領主の分布
※本章の文中に登場するもののみを掲載

藤二〇〇八]。伊藤によると、東アジアに近接する九州では、「異国」の存在が彼らの系譜認識に大きな影響を及ぼしたという。また、伊藤論文[二〇〇八]に掲載された表「中世後期九州地域を中心とする主な諸氏が主張した始祖」をよくよく参照すると、右のごとき地理的特性に加え、大宰府という九州全体の統治機関が置かれていたことや、平氏政権と関係が深かったことなどの政治的特性にも規定され、他の地域とは異なるユニークな状況がみてとれる。本項では、そうした成果に学びつつ、九州の国人領主の出自について述べてみたい。

① 府官系武士を出自とする国人領主

九州の国人領主の出自について、特筆すべき点のひとつは、大宰府の府官を出自とする人々がみられることだ。府官とは、大監・少監・大典・少典といった役職につき、政務を担った大宰府官人の総称。彼らは大宰府とのつながりを背景に、管内において勢力拡大に努める存在でもあった[小川二〇一五a]。その出身は、郡司等の有力者の子弟であったり、京都から赴任しながらも、帰洛せずに土着した官人であったりしたようだが、とりわけ後者には、治承・寿永の乱や承久の乱、南北朝内乱を潜り抜け、中世後期まで命脈を保った武士団の祖とされる人々が少なからず含まれていた。

その代表格は、天慶の乱のおりに追捕使の主典として下向し、大宰府を占領していた藤原純友との戦いで名をあげた大蔵春実《はるざね》の子孫であろう。九州に土着した大蔵一族は、筑前の原田氏や秋月氏、筑後の田尻氏、豊後の日田氏、肥後の天草氏など、北部九州を中心に武士団を分出。やがて各地の有力な国人領主として活動をみせていく。

また、刀伊の入寇のおりに活躍したという藤原蔵規《まさのり》(政則)を祖とし、大宰権帥藤原隆家《たかいえ》の「郎頭」「第一之者」にして、肥後の「国人」でもあった藤原則隆《のりたか》・政隆《まさたか》の子孫は、肥後に多くの一族を分出する。菊池一族である。その本流は、南北朝時代に九州の南朝勢の中心となって活躍し、室町幕府のもとで肥後守護を世襲した菊池氏であるが、菊池郡の赤星氏や山鹿郡の城氏、天草郡の志岐《しき》氏など、肥後各地の有力国人領主もまた、菊池一族の出身であった[工藤一九九八]。

② 東国御家人を出自とする国人領主

九州の国人領主の出自について、二つ目の特筆すべき点は、西遷してきた東国御家人(西遷御家人)を出自とする人々がみられることだ。周知のように、平安時代末期に成立した平氏政権は大宰府を掌握し、各地に巨大荘園を確保するなど、九州と深いかかわりを持っていた。その平氏政権が治承・寿永の乱を経て滅亡すると、鎌倉幕府は「平家没官領」を再編。一部を、軍功のあった東国御家人に給与した。ここに、彼らは九州との接点を持ちはじめるのである。

九州に所領を得た東国御家人は、同地における鎌倉幕府の支配体制において、やや特殊な政治的立場を与えられてもいた。幕府は、在来の領主や名主クラスの者を「小地頭」に任じ、御家人として把握する一方、「小地頭」を「所堪」(監督・管理)する「惣地頭」に東国御家人をあてたのである[瀬野 一九八二]。この措置は、平氏の影響下にあった在来の領主の監視のためであったともいい、やがて「小地頭」「惣地頭」の間では訴訟が頻発。後者による前者への圧迫が進みつつ、併存する状況が展開すると指摘されている[清水 二〇〇二]。

さて、そうした西遷御家人の代表格は、各国の守護職を世襲する大友・少弐・島津氏などであろう。ただし、本章でとり上げる中世後期の国人領主にも、西遷御家人を出自とする者は数多くみられた。たとえば、豊前の宇都宮氏、筑前の麻生氏、筑後の三池氏、肥前の千葉氏、肥後の相良氏、日向の伊東氏、薩摩の渋谷一族(祁答院《けどういん》・東郷《とうごう》・入来院《いりきいん》氏)などである。

また、田原《たわら》氏や志賀氏といった大友氏の庶子家が豊後に所領を得て、後に国人領主となっていくように、西遷御家人の一族が分出・定着し、現地の有力者となるケースも少なからずみられた。それらの多くは惣領の統制を受け、やがて家臣団に組み込まれていくが、田原氏のように、独自に上位権力と結びつき、自立性を保ち続けたケースも生じている[外山 一九八三]。

③ その他の出自

むろん、古代以来九州に根づいていた氏族が、そのまま中世後期まで命脈を保ったケースもみられた。たとえば、豊後の有力者であった大神氏を出自とし、同国海部郡佐伯荘の地頭職を務め、南北朝時代末期には室町幕府の「小番衆」となり、豊後南部に勢力を広げた佐伯氏は、大友氏に従いつつも、戦国時代まで独自の政治的地位と所領を保ち続けている［佐伯市教委 一九八九］。

また、筑前の宗像社や肥後の阿蘇社など、在来の豪族が地域の信仰拠点と結合し、大宮司として一郡規模の社領を経営する領主権力になった事例もある。阿蘇大宮司を世襲した阿蘇氏は、阿蘇国造を系譜上の遠祖とする一族。阿蘇郡を社領とする阿蘇社とのかかわりが看取されるのは平安時代からといい、神主、宮司の呼称を経て、一〇世紀初頭に大宮司となった。ただ、中世の阿蘇大宮司は、阿蘇谷から南郷谷、益城郡矢部へと拠点を移す中で、祭祀への関与を希薄化させ、やがてかかわりを持たなくなっていく。阿蘇社とその神領における最高権力者であったものの、活動はもっぱら領主権力としてのそれに特化され、戦国時代末期まで肥後の有力な国人領主として続いていくのである［柳田 二〇一九］。

2　国人領主への転換

前節では、九州の国人領主の分布と出自について概観した。次に2節では、彼らの父祖の世代が南北朝内乱の中で領域支配を展開しはじめ、国人領主と呼ばれる存在になっていったプロセスをみていくことにしたい。

(1) 東国御家人の九州下向と定着

九州の国人領主の中でも、有力とみなされる人々の出自に、西遷御家人が小さからぬ割合を占めることは、周知のとおりである。ただ、もともと彼らは東国に本貫地を有しており、鎌倉への出仕や京都での大番役等もこなすとなると、九州のような遠隔地所領の経営は、一族や代官の派遣により支えられることとなる［宮島 二〇〇九］。当初は、みずから下向・定着する必然性はなかった。

それではなぜ、東国御家人は九州の所領へ下向し、最終的に定着していったのであろう。南北朝時代における国人領主成立の前提として、この点から確認していきたい。

早くから指摘されてきたように、東国御家人に九州下向を促したのは、二度にわたるモンゴル襲来であった。文永五年(一二六八)二月に鎌倉幕府はモンゴル襲来への「用心」を御家人に触れはじめ(「新式目」『鎌倉遺文』九八八三号。以下、〔鎌 史料番号〕)、同八年九月には、九州に所領を持つ御家人に下向を指示〔鎌一〇八七三〕。そして、文永の役の直前から、「異国之事」により「鎮西地頭御家人等」の(鎌倉等への)「参向」が禁じられ〔鎌一一三三二〕、弘安四年(一二八一)には「自由に任せ、上洛・遠行あるべからざ」ることが〔鎌一四四五六〕、同九年には九州の人々の京都・鎌倉への訴訟禁止が通知された〔鎌一五九四五〕。すなわち、文永の役直前から弘安の役後まで、「異国警固」や「異国征伐」のために彼らは駐留し続けることを期待されたのであり、その結果、下向してきた東国御家人は、九州の所領への定着を余儀なくされていったのである。

たとえば、遠江相良荘を本貫地とする相良氏の場合、文永の役までに、一族が九州の所領へ下向していた形跡が確認される。当時の惣領であり、人吉荘惣地頭でもあった多良木《たらぎ》相良頼氏《よりうじ》の「往生極楽」を願うべく、その妹比丘尼妙蓮と子息頼宗《よりむね》が建立した文永六年七月一四日銘の逆修碑と(「多良木蓮花寺石塔群第一〇四号笠塔婆」『多良木町史』)、「現世安穏、後生善所」を祈念し、頼氏とその一族により埋納された同一〇年一一月四日銘の青銅製経筒が(「多良木東光寺出土経筒」『同』)、いずれも球磨郡多良木に所在するのである。その後、相良氏はモンゴルとの戦いに参陣し、「異国警固番役」も担当している(「相良家文書」『大日本古文書 家わけ第五』三〇～三二号。以下〔相良 史料番号〕)。

そして、球磨郡への定着を示唆するのが、永仁三年(一二九五)の多良木相良頼宗による青蓮寺建立である。同寺は多良木にもうけられた菩提寺であり、その本尊《国指定重要文化財 木造阿弥陀如来三尊像》は、京都の有力仏師院玄《いんげん》が手がけた格調高いもの。庶子家の佐牟田《さむた》相良家に対して惣領権を主張するための象徴的な造寺・造像とも評されるが〔小川 二〇一五b〕、いずれにしてもその前提には、多良木相良家の面々の球磨郡への下向・定着があったとみられる。

(2) 九州における南北朝内乱と国人領主

府官系武士団に出自を持つにせよ、東国御家人に出自を持つにせよ、荘園の地頭であったり、在庁官人であったりした九州の武士に、支配領域の拡大機会と、国人領主に転じていく契機を提供したのは、鎌倉幕府の滅亡と建武政権の成立、そしてその後に約六〇年間続いた南北朝内乱であった。ここでは、引き続き肥後の相良氏を例に、小川弘和の諸研究に学びつつ、そのプロセスを押さえてみたい。

① 鎌倉時代の相良氏

そもそも相良氏は、遠江相良荘を本貫地としながらも、鎌倉時代初期に肥後球磨郡多良木村および人吉荘、山鹿郡泉荘、筑後三池荘等の地頭職を与えられ、九州に拠点を得た武士である（ただし、人吉荘北方は、寛元元年〈一二四三〉に没収される）。所領を得た直後、時の惣領相良頼景《よりかげ》が多良木へ下向したという伝承もあるが、確証はない。その一方、人吉荘の経徳《けいとく》・常楽《じょうらく》名の地頭職を得た頼景の庶子・頼俊《よりとし》の系統（後に多良木相良家と対立する佐牟田相良家）は、鎌倉時代中期あたりには下向・定着し、開発を進めていた可能性が指摘される［小川二〇一五b］。いずれにせよ、鎌倉時代末期の時点で、球磨郡に話を限れば、相良氏は多良木相良家が多良木村と人吉荘惣地頭職を、佐牟田相良家が人吉荘経徳・常楽名等の地頭職を保有するに過ぎない存在であった。

② 国人領主への転換

ところが、鎌倉幕府の滅亡と建武政権の成立、南北朝内乱の勃発という混乱の中、相良氏では、庶流の佐牟田相良家が嫡流の多良木相良家を圧倒し、球磨郡をほぼ勢力圏に収め、周辺地域にも影響力を発揮する国人領主へと転じていく。それでは、どうして彼らは、それほど勢力を拡大しえたのであろう。先行研究に学ぶと、その要因は次の三点にまとめられた。

要因のひとつは、所領回復運動の成功にあった。鎌倉幕府が滅亡すると、佐牟田相良頼広《よりひろ》は、多良木相良経頼《つねより》の協力を得て、没収されていた人吉荘北方の回復運動に着手。南北朝内乱にともなう武家方の糾合策もあり、建武五年（一三三八）には回復を実現する［相良六二・八〇など］。その結果、佐牟田相良家は一〇〇町以上の権益を手に入れるのだが、余慶はそれに留まらない。頼広の子息定頼《さだより》は、回復した人吉荘北方等を一族や縁戚の中小領主へ給与し、「鎌倉時代のうちに人吉荘南方を分与されて分出していた庶子家と同列に「一分地頭」として編成」。「九州特有の惣地頭―小地頭」関係を再構築したうえで、彼らを佐牟田相良家を中心とする人吉相良勢に取り込んだのである［小川 二〇一五b・二〇一八b］。すなわち、南北朝時代に下球磨（球磨郡西部）の一円支配と中球磨（球磨郡中部）進出を実現していったプロセスには、人吉荘北方回復にともなうかかる体制づくりが寄与したものと思われる。

二つ目の要因は、南北朝内乱にともない、戦闘とその軍功に報いる所領宛行が頻発した影響である。内乱の勃発後、相良氏では、人吉相良勢が武家方に、多良木相良勢が南朝方に、後に足利直冬方につくなど、一族が分裂して合戦を繰り返す状況となった。人吉相良勢は、征西府の台頭にともなう南朝方の勢力拡大までは九州探題一色道猷に与し、球磨郡の内外で、南朝勢や足利直冬に与する一派と交戦。「当郡においては、一筋憑み入り候」と頼りにされていた［相良一五九］。そして、南北朝内乱の終盤に南朝方へ転じた後は、肥後南部に拠点を移した征西府を支え、武家方と戦い続けている。

このように戦闘が続く中、佐牟田相良家は徐々に周辺へ勢力を拡大していった。「相良家文書」をめくり、この間みられた戦場を拾い上げると、それは本拠地にほど近い下球磨の荒狩倉城・「永吉庄山田城」・「人吉庄村山」・原田城に留まらず、中球磨の木枝城・築地原・西村東方城・目田（免田）河原・永里村・深田城、上球磨の多良木・久米郷、八代郡の八代荘・原田、葦北郡の「葦北庄田河内関所」「湯浦太郎秀基城」・二見・隈牟田城・池辺城・松尾城・赤山城、天草郡の「上津浦若狭入道城」、日向の真幸院・田上城・稲荷城・三俣院に及んでいる［相良八二・九〇・九五・一〇二・一〇八・一一二・一二一・一五一・一六二・一六九・一八三・一八五など］。大半の戦場は、もともとの支配領域・人吉荘の外なのである（なお、球磨郡の地名のおおよその所在については、後掲の図2を参照）。

むろん、右の各地が戦場になったことと、支配領域の拡大は、必ずしもイコールではない。ただ、戦闘にともなう

表3　南北朝時代に佐牟田相良家関係者が受給した宛行状類　※球磨郡での宛行については、ゴチック体で示した。

年月日	文書名	宛名	内容	出典
暦応2年12月17日	一色範氏宛行状	相良兵庫允(定頼)	**多良木村田地30町地頭職**	相良85
暦応2年12月17日	一色範氏宛行状	相良八郎(景宗)	**多良木村田地3町地頭職**	相良86
観応2年12月17日	一色範氏宛行状案	相良孫次郎(定長)	**多良木村田地4町地頭職**	相良162
貞和3年9月12日	少弐頼尚預ヶ状	相良兵庫允(定頼)	八代荘三ヶ村郷弥松村内田地41町4段・同郷大村内田地30町1段・太田郷杭瀬村内29町・同郷内福生原村田地5町5段余・同郷萩原村内田地15町7段・同郷吉王丸村内田地1町・同郷内京泊半分田地5段	相良128
正平2年11月12日	中院定平ヵ御教書	(相良兵庫助定頼)	遠江国相良荘・肥後国人吉荘北方・山北郷・播磨国須河荘	相良129
観応2年7月18日	一色範氏宛行状	相良孫次郎(定長)	**久米郷西方下村内田地15町地頭職**	相良140
観応2年7月18日	一色範氏宛行状	相良孫五郎	**久米郷西方下村内田地5町地頭職**	相良141
文和4年4月5日	一色範氏宛行状	相良孫次郎(定長)	日向国三俣院南方内田地40町地頭職	相良155
文和4年4月5日	一色範氏宛行状案	相良孫次郎(定長)	日向国玖仁院内田地30町地頭職	相良162
文和4年4月5日	一色範氏宛行状	相良式部丞跡	**久米郷東方田地20町**・日向国三俣院南方田地30町地頭職	相良156
延文3年以前	相良定頼并一族等所領注文(一色殿御下文目録)	(相良六郎三郎入道長氏)	**人吉荘北方半分50町100石**	相良161
		(相良遠江守定頼)	**永吉荘半分175町500石** 日向国島津荘北郷160町300石 **人吉荘北方半分50町100石** 日向国真幸院内田地75町150石 **久米郷西方上村35町80石** 日向国飫肥北郷弁分・同国島津荘北郷弁分	
		(相良六郎)	**久米郷西方下村田地10町30石** 日向国三俣院内南方田地40町	
		(相良孫四郎)	**久米郷西方下村内田地10町** 日向国北郷南方内田地15町 日向国三俣院南方内田地20町	
		(相良左京亮)	日向国三俣院南方内田地50町	
		(相良彦三郎)	日向国三俣院田地30町	
		(相良彦四郎)	日向国三俣院田地15町	
		(相良杢公左衛門尉)	**久米郷東方田地25町** 日向国財部郷田地25町	

		(相良中務丞)	久米郷東方田地15町 日向国三俣院南方田地25町	
		(相良新三郎)	久米郷東方田地15町 日向国財部郷田地15町	
		(須恵彦四郎)	須恵荘三分一田地45町	
		(平河又三郎)	日向国真幸院引田20町 日向国三俣院南方田地50町	
		(木野太郎左衛門尉)	久米郷西方下村田地10町 日向国三俣院南方内田地15町	
		(岡本又次郎)	肥後国合志郡内高永田地15町 永里村	
		(牧伯耆左衛門四郎)	久米郷西方下村田地10町 日向国三俣院南方内田地27町・肥後国高橋郷内早瀬小中嶋田地3町	
		(野口平次入道)	日向国島津荘北郷内田地20町・同国真幸院西郷内田地75町	
		(斎藤十郎)	肥後国隈庄内有安名田地5町 肥前国佐賀郡内田地5町・同郡田地5町・同国大田荘内田地5町 筑前国穂波郡内大豆村田地25町・同郡内河津村田地25町	
		(湯浦四郎次郎)	肥後国葦北荘内湯浦田地20町	
		(山田左衛門次郎)	肥後国八王子荘内田地30町・同国六箇荘内田地5町・同国田地5町・同国 鹿子木東荘内亀井田地5町・筑前国長淵荘内田地5町 肥後国江田村田地20町	
		(平河小三郎)	日向国三俣院南方内田地15町	
		(税所孫兵衛尉)	日向国三俣院南方内田地15町	
		(薭田了仙房)	日向国真幸院西郷吉田村田地10町	
延文4年11月14日	畠山直顕預ヶ状	相良遠江守(定頼)	日向国北郷領家職	相良165
延文5年11月13日	一色範親預ヶ状	相良孫五郎	日向国国富荘北加納郷三分一地頭職	相良166
康安2年8月27日	一色範親預ヶ状	相良孫五郎	日向国飫肥北郷山東本政所方四分一地頭職	相良167
康安2年8月27日	一色範親預ヶ状	相良豊前々司	日向国飫肥郷内山西星倉方半分地頭職	相良168
弘和3年4月14日	征西将軍宮令旨	相良近江守館(前頼)	玖麻郡内并葦北荘	相良176
元中4年7月11日	征西将軍宮令旨	相良近江守一族等中	肥前国小瀬荘	相良184

軍勢の派遣・駐屯は、いうまでもなく「当知行」に向けた第一歩。したがって、かかる出兵・戦闘の状況は、南北朝内乱の中、佐牟田相良家が下球磨から中球磨以東へ、さらには郡外へと、勢力拡大の足がかりを得ていった様子を反映するものとみられる。

そして、右のごとき出兵・戦闘行為を受け、九州の政治的・軍事的統括者として派遣されていた九州探題の道猷や、その一族で球磨郡を拠点としていた一色範親《のりちか》、九州の武家方の有力者であった少弐頼尚《よりひさ》、南北朝内乱の終盤に佐牟田相良家を味方に引き入れた征西府は、その軍功に報いるべく、佐牟田相良家当主をはじめとする人吉相良勢の面々に所領宛行状を発給した。表3は、それを整理したものである。このうち、日向をはじめとする国外での宛行状は大半が空手形に終わったとおぼしいが、球磨郡の分については、応永三四年(一四二七)に「永吉庄深田内」が平河式部の「給分」として承認されているように(「平河文書」『熊本県史料中世篇第三』九号)、室町時代までに宛行や寄進の対象となっている。すなわち、先ほど示した出兵・戦闘の状況に加え、上位権力から所領宛行状を受けたことにより、実効支配に結びついた地域もあったのである。かくして佐牟田相良家は、名実ともに球磨郡最大の領主に成りあがっていったと考えられる。

三つ目の要因は、九州における南朝方とのかかわりである。周知のように九州では、正平三年(一三四八)に懐良親王が肥後へ入った後、観応の擾乱で武家方が混乱したのも作用し、征西府が勢力を拡大。同一六年に大宰府を陥落させ、一時は九州を半ば制圧する。新たに九州探題となった今川了俊が応安四年(一三七一)に下向すると、征西府は戦線を後退させ、最終的には降伏を余儀なくされるが、それでもその間の抵抗は二〇年にわたり続いた。南朝方のこうした動向は、九州の武士の去就に影響を与え、さまざまな形で彼らに分裂・対立の契機を提供し続けたと思われるが、相良氏権力の展開を考える場合、重要なのは、南北朝時代末期に至り、佐牟田相良家が改めて南朝方に転じたことである〔相良一七九など〕。

かかる判断は、島津氏への対抗上、了俊のもとで編成された南九州国人一揆に参加しつつも、さらなる「新恩地の獲得」を目指し、くすぶっていた佐牟田相良家に、征西府が誘引工作を重ねた結果とも評される〔服部 一九八三、小川 二〇一九〕。南九州国人一揆に名を連ねている限り、多良木相良家の押さえる上球磨の制圧や日向方面への侵攻は不可能。そんな中、征西府が提示した「玖麻郡内、同葦北庄」支配の承認は、佐牟田相良家にとって魅力的なオファーであったのだ〔相良一七七〕。そして、その結果、彼らは球磨郡の支配者としての地位を確定させ、さらには葦北郡にも勢力を伸ばしていくのである。

しかも興味深いのは、了俊に降伏した後も、佐牟田相良家に、球磨・葦北両郡の権益を削られた様子がみられないことだ。このような処遇は、長く南朝方に与しながらも降伏後に菊池郡を回復した菊池氏、八代郡を回復した名和氏も同様であったとおぼしい。小川弘和が指摘するように、肥後の場合、結果的に「末期征西府の枠組」が南北朝合一後も温存され、「室町的秩序」を形成していくのである〔小川 二〇一九〕。こうした事象は、南朝方の影響力が強かった肥後ならではのことかもしれないが、南朝方との関係が各地の武士に大きな影響を与えていたという九州の政治的特性を示すものでもあり、看過しえない。

支配領域の規模に限った話ではあるが、かかるプロセスを経て、佐牟田相良家は人吉荘南方の一地頭という立場から、球磨郡の過半を勢力圏に収め、さらには葦北郡まで進出する国人領主へと転じた。つまり、鎌倉幕府の滅亡および建武政権の興亡、南北朝内乱にともなう地域秩序の動揺・再編と、九州探題や征西府のような、地域ごとに派遣・設置された政治的・軍事的統括者との関係性、そして、右の動きにリンクしつつ繰り返された一族の分裂・内紛、近隣の諸領主との戦闘が、九州においては国人領主の成立を促していたのである。

③ 本貫地や荘園領主との関係

ちなみに、相良氏の場合、本貫地の相良荘との関係がほぼみえなくなるのは、この間のことである（「相良庄」が話題になったのは、〔相良一二九〕が最後）。肥前の千葉氏もまた、南北朝時代に本貫地との「縁」が切れるという〔野口 一九九七〕。史料的な制約もあるのだろうが、南北朝内乱が遠隔地所領の維持や一族との連絡に支障をきたしていた可能性は高い。

その意味では、荘園領主との関係も論点となる。相良氏の場合、球磨郡の荘園年貢関係記事は建武元年(一三三四)を最後に確認されない[相良六七]。南北朝内乱にともなう「押領」「濫妨」の拡大のためであろう。たとえば、九州各地に所在した太宰府天満宮の神宮寺安楽寺の所領の多くは、「御方」や「凶徒」に「押領」「濫妨」されている(「太宰府天満宮文書」『大宰府・太宰府天満宮史料 巻一一』三九八～四〇八頁)。こうした状況は武士の遠隔地所領も同様であり、筑後の三池親元《ちかもと》が球磨郡に保有していた久米郷西方は、多良木相良経頼や橘遠江入道といった郡内勢力の「濫妨」にあっていた(「武家雲箋所収文書」『南北朝遺文九州編』二五七七号、「新編会津風土記」『大日本史料第六編之一四』八五二頁)。

ただ、九州に所在した諸荘園や遠隔地所領のすべてが南北朝時代を経て機能不全に陥ってしまったのかというと、必ずしもそういうわけではない。たとえば、奉公衆となった筑前の麻生氏は、室町時代以降も室町幕府へ年貢を送付し続けている[川添 一九七五]。京都の六条八幡宮の荘園で、醍醐寺三宝院が管轄していた筑前若宮荘は、応永九年(一四〇二)から同三一年にかけて宗像氏が代官職を引き受けていた[桑田 二〇〇三]。先述した太宰府天満宮安楽寺領のうち、灯明料であった肥後合志《こうし》郡富納荘では、天満宮留守職の大鳥居氏が現地の合志氏等に働きかけ、支配の維持を目指す動きが続けられたと指摘されている[柳田 二〇〇五、大山 二〇〇八]。

すなわち、地域によっては、室町時代に荘園制が再編・機能していた場面も確認された。そして、その場合、鎌倉時代以来の地頭の系譜を引く国人領主は、当然ながらそうした動きにも密接にかかわっていたのである。

3　領域支配の実態

九州の国人領主は、当地に特有の政治的・地理的要因に規定されつつ、鎌倉幕府の滅亡から建武政権の興亡、南北朝内乱を経て、室町時代にかけて成立していた。

それでは、その領域支配の実態は、どのようなものであったのだろう。本節では、支配領域とその周辺の人々(一族や地域の中小領主、土豪層、村落の人々)との関係と、支配領域の生産構造等に注目し、検討してみたい。

⑴ 一族一揆的なあり様の克服を目指して

ここでは、引き続き肥後の相良氏を事例に、南北朝時代から室町時代にかけてみられた支配領域の人々との関係を確認しよう。結論を先取りすると、その特徴は、一族一揆的なあり様を克服し、家臣団編成を進めんとする試みにあった。

小川弘和によると、南北朝時代に球磨郡を席巻していく人吉相良勢は、頼広・定頼・前頼《さきより》と継承される佐牟田相良家当主を中心に、近い親族や、地縁・血縁を有した郡内外の中小領主(とその一族)が一揆的に結合する構造を持っていた。そして、「一分地頭」職の給与にともない再構築された「惣地頭—小地頭」関係が、「外枠」としてそれを支えていたのだという。いま少し具体的にいえば、佐牟田相良家当主が一揆の盟主として、あるいは「惣地頭」としてイニシアチブをとり、一族や郡内外の中小領主と共同する軍事活動を統括し、彼らと上位権力(一色氏や少弐氏)の文書の授受を取りまとめたりする体制であった[小川 二〇一八a・b]。

そうした一族一揆的なあり様は、南北朝時代後半に佐牟田相良家が球磨郡の最有力者になっていく中でも、大きくは変化しない。そのことは、正平二三年(一三六八)に相良前頼・氏頼《うじより》兄弟が、後に佐牟田相良家を簒奪する有力一族「なかとみとの」に宛てた「契状」に象徴されよう[相良一七〇]。ここで前頼・氏頼は、①一族の患いになりそうな輩は、親子兄弟といえども関係を絶つこと、②一族間で不慮の口説が生じた場合は、互いに申し開きすること、③「庄内」で「所務以下」の相論に及んだ場合は、「一そく」で相談し、理運に任せて沙汰することを定め、「契状」という形で申し入れている。すなわち、一族間のトラブル予防・解決の手法は、相互の合意を得てはじめて有効となったのであり、とりわけ「所務以下」の紛争にあたっては、一族の談合が重視されていた。かかるあり様をみる限り、この時点でも佐牟田相良家が一族一揆に支えられていた(規定されていた)様子は明白であろう。

相良氏の場合、そうした関係に変化が生じていくのは、応永年間以降のようだ。佐牟田相良家当主以外の人物と上位権力の直接的なやり取りがみえなくなる一方、一族および郡内外の中小領主(とその一族)を対象とした当主の一字書出や給分関係文書の発給が確認されはじめるのである(「永池文書」『熊本県史料中世篇第三』三号、「平河文書」八・九号など)。このような動きは、南北朝内乱を経て球磨郡の支配者としての地位を確立した佐牟田相良家が、一揆的に結合してきた一族および郡内外の中小領主(とその一族)との関係を、主従関係に転じ、彼らを家臣として再編成すべく採用した手続きととらえることができよう。

もっとも、だからといって、すべての一族および郡内外の中小領主(とその一族)との間に、そうした変化が生じたわけでもない。実際のところ、相良氏の歴代当主にとって彼らとの関係は、にわかに克服し難い政治的課題であり続けていく。有力一族とおぼしき永富長続《ながつぐ》が佐牟田相良家を簒奪したとされる「文安の内訌」なども〔鶴嶋 二〇一五〕、そうした関係の延長線上でとらえるべき出来事なのであろう。それに球磨郡や、室町時代後期以降に支配領域となった八代郡では、中小領主が郡規模で一揆的に結合して「郡中惣」を形成し、戦国時代まで当主権力を規制する存在として活動していたと考えられているのである〔勝俣 一九六七〕。

他の国人領主にも目を転じておこう。たとえば、筑前の遠賀郡を拠点とし、室町時代には奉公衆に編成された麻生氏もまた、同様の事情を抱えていた。

〔史料1〕

(花押《足利義満》)

麻生上総介義助庶子の山鹿遠江守仲中・同北麻生筑前守資家・小倉・上津役以下輩の事、惣領所勘に随わずんば、彼等の所領、悉く義助知行すべきの状、如の件し、

応永二年六月六日

〔史料1〕は、麻生氏「庶子」の山鹿《やまが》仲中や北麻生資家《すけいえ》、「小倉・上津役以下輩」が、「惣領所勘」すなわち麻生義助《よしすけ》の指示に従わない場合は、彼らの所領をすべて義助のものとせよ、と通知した足利義満袖判の室町将軍家御教書(「麻生文書」『中世史料集　筑前麻生文書』〈北九州市立博物館〉一六号。以下〔麻生 史料番号〕)。詳細はわからないが、南北朝時代には一族が分裂して争っていたこともあり、名指しさ

れるような「惣領所勘」に従わない輩がいたものと考えられる。かかる内容からは、南北朝時代から室町時代にかけて、麻生氏「惣領」も「庶子」等の統制に苦慮していた様子がみてとれよう〔川添 一九七五〕。

なお、ここで興味深いのは、「惣領」義助が幕府に働きかけ、〔史料1〕のごとき将軍義満の意向を引き出し、課題の克服を試みていることである。実際のところは、相良氏にせよ麻生氏にせよ、その後も一族の内紛は絶えないのだが、そうであったとしても(そうであるからこそ)、領域支配と家督継承の安定化のために、彼らは一族一揆からひとつ抜きんでた政治的・儀礼的立場を形成する手段を模索し続けていた。そのひとつが、〔史料1〕に示されるような、上位権力との関係構築策であった。そして、後述する栄典の獲得運動もまた、そうした意味あいで理解されるのである(栄典獲得の詳細については、4節(2)項を参照)。

(2) 土豪及び村落との関係

ところで、九州の国人領主は、膝下の村落や、そこに拠点をおく土豪、いわゆる中間層と、どのような関係を築いていたのであろう。九州の場合は史料的制約が大きく、このあたりの解明はあまり進んでいないが、吉良国光が近年紹介した「盛岳文書」は、豊後の佐伯氏が戦国時代までに同国大野郡三重郷宇目村の盛岳氏および「宇目村各中」と緊密な関係を結んでいた様子をよく伝えており、注目される〔吉良 二〇一九〕。

吉良によると、宇目村酒利を中心に所領を形成していた盛岳氏は、村の有力者で構成される「宇目村各中」の中心的存在であった。宇目村は大友氏の「御公領」であったというから(「盛岳文書」二一号〔吉良 二〇一九〕。以下〔盛岳 史料番号〕)、同村の盛岳氏と佐伯氏がどういった経緯で結びついたのかは不明なのだが、一六世紀前半に活動をみせた佐伯惟常《これつね》が盛岳藤九郎に所領を付与していたり〔盛岳一三〕、天文年間には、佐伯家臣とおぼしき長田氏や泥谷氏が盛岳氏から「段銭」「夫銭」「わた」「切銭」等をうけ取っていることを踏まえると〔盛岳四二～四四〕、この頃には被官化していたとみられる(といっても、盛岳氏は豊後府内に「在府」することもあったらしく〔盛岳二五〕、佐伯氏と一元的な主従関係を結んでいたわけではないのかもしれない)。これ以後、両者の関係は、大友氏と対立した佐伯氏が拠点栂牟礼《とがむれ》城を離れ、伊予に亡命していた弘治二～三年（一五五六～一五五七）から永禄一二年（一五六九）の間も含め［橋本（操）一九八四］、少なくとも戦国時代後半までは続いている。盛岳氏は「村中」と「申談」じつつ、佐伯氏に「音信」「合力」「馳走」しているのである［盛岳一五～一九・二一・二三～三一など］。

こうした盛岳氏との関係を介してのことであろう、佐伯氏は「宇目村各中」宛にも文書を発給していた。現状では二通あり、その内の一通を左に掲げる［盛岳二〇］。

〔史料2〕　※文中の○数字および傍線は筆者註

尚々、等閑なく存ぜられ候する衆へハ、此よし内談あるべく候哉、申迄もなく候、

便宜之条、染筆し候、①仍爰元之衆、其許おいて稠しく法式之□（由カ）、その聞え候、案中事に候間、苦しからず候、②各御公用等油断なく、下地職以下別儀なく才判肝要に候、□（山カ）方之事、かつて気仕いあるべからず候、③皆々代々之儀と申、公私之間、心中において何故隔心あるべく候哉、是以新たに申すに及ばざる事に候、猶飛司申べく候、恐々謹言、

十一月廿七日　惟教（花押）

宇目村各中

〔史料2〕は、戦国時代に活躍した佐伯氏当主で、弘治二～三年から永禄一二年まで伊予に亡命もした佐伯惟教《これのり》が「宇目村各中」へ宛てたもの。時期ははっきりしないが、以下に示すような文面をみる限り、亡命中に発給されたもののようにも思われる。

発給の時期がいずれになったとしても、注目されるのは傍線部①～③である。これらを解釈すれば、①宇目村に佐伯氏の関係者「爰元之衆」を派遣し、（山の使用に関するものと推測される）「法式」を徹底させたこと、②「御公用」（おそらく大友氏への貢納・奉仕義務）を疎かにせず、「下地職」（現地における耕作・用益権）を問題なく維持すること、③「宇目村各中」と佐伯氏の関係は代々のものであり、隔心をいだくわけがないことを、惟教は伝えようとしている。つまり佐伯氏は、土豪や村の人々の上位に位置する権力者として、法度の順守、貢納・奉仕義務の履行、耕作権の維持を「宇目村各中」に促し、村の秩序と勧農にかかわる立場にあったわけである。

そして、それはなにも惟教一代のことではなかった。佐伯氏はそうした行為を通じ、「宇目村各中」と「代々」関係を積み重ねていた。亡命中も「音信」「合力」「馳走」されるほどの強固な結びつきは、こうして築かれたとみられる。

(3) 郡規模の領域支配の様相

内部にさまざまな課題を有していたにせよ、南北朝内乱を経て成立した国人領主の中には、支配領域を郡規模にまで拡大し、室町幕府や守護といった上位権力の介入を受けることなく支配を展開するケースがみられた。

わかりやすいのは、文明四年(一四七二)に肥後一の宮の阿蘇社で企画された「阿蘇十二之御社并本堂修造」の一件である。修造費には国内の棟別銭があてられることとなり、阿蘇大宮司の阿蘇惟忠《これただ》は、肥後守護菊池重朝《しげとも》にその徴収通知を依頼。重朝は同年一〇月二〇日前後にそれを履行するのだが、興味深いのはその手法である。というのも、徴収通知が、宇土《うと》氏・高瀬氏・菊池肥前守家・詫磨氏・名和氏・相良氏といった各地域・各郡の国人領主に宛てられているからだ(「阿蘇家文書」『大日本古文書　家わけ第一三』二七三〜二七六号、「阿蘇文書写　第九　菊池書翰」『同』二五三〜二五四頁など)。そして、同年一〇月二三日付書状で重朝は、「求磨・八代・天草以下」から返事が届いたら、改めて転送する、と惟忠に伝えている(「同」二五三頁)。「天草」の担当人物はわからないが、ここでいう「求磨」とは相良氏、「八代」は名和氏のことであろう。つまり、肥後守護菊池氏は、みずから使節を派遣し、棟別銭を徴収していたわけではなく、各地域・各郡の国人領主にそれを一任していたのである。

では、各地域・各郡の国人領主は、どのようにしてそれを徴収したのであろう。阿蘇・益城両郡で棟別銭を徴収した阿蘇大宮司の事例を参考までにみておくと、村落を徴収単位に、阿蘇大宮司から派遣された使節と現地の土豪クラスの武士が協力して徴収し、納付していたようである(「阿蘇文書写　第二二　本堂」四八五〜四九三頁)。もし、これと同様の徴収手続きを相良氏や名和氏も展開していたとすれば、彼らは棟別銭の賦課対象となる家屋の数を郡規模で把握し、かつ、郡内に所在する土豪等に徴収業務を割り当て

表4　良峯（平河）師高譲状案に記された永吉荘の貢納品

地名	田数等	特産物
横瀬	12町　36石	
青山之村	26町　84石　30貫	
目田之村	14町5反　39石　10貫	
山田之村	40町1反　110石　50貫	
黒田之村	39町5反　100石　40貫	
原田之村	27町4反　49石　30貫	
深水	6町　39石	
をうかき	8町2反　□□5石　10貫	
平野之村	13町2反　47石　12貫	
永池之村	8町5反　35石　13貫	
中神之村	19町　56石2斗　30貫	
渡之村	5町　19石　9貫	
目良生之村	40町7反　330石　60貫	
深田之村	50町　300石　50貫	
河辺之村	8町　59石　30貫	いた300
尾瀬之村		さつし10束　くす5升　いた50
高野瀬之村		さつし20束　あつかみ3帖　いた100 くす5升
五木之村		さつし300束　いた1500　うるし300
田代之村		鹿かハ3枚　いた1000　茶50斤 うるしつつ150
はし(つ)かミ之村		鹿かハ3枚　いた590　うるし250　茶50斤

うる公権的な立場を確立していたことになる。

なお、相良氏の場合、建武年間には佐牟田相良頼広が「相良庄司」を自称していたが［相良六八・六九］、寛正六年（一四六五）作の《木造虚空蔵菩薩坐像》の銘文で相良長続は、仏師恵麟《えりん》から「当郡主」と呼称されている［中西 二〇二〇］。南北朝内乱を経て郡規模の領域支配を確立し、地域の公権力と認知されていた様子は、こうした呼称の変化にもみてとれよう。

(4) 支配領域の生産構造と特産品流通

それでは、こうして成立してきた国人領主の支配領域は、どのような生産構造を有していたのであろう。まずは、鎌倉時代に平河氏が地頭を務め、南北朝時代以降は相良氏の権益となった肥後球磨郡永吉荘の状況をみてみよう。

表4は、永吉荘内に所在していた平河氏の所領を村ごとに書き上げた建久二年（一一九一）五月三日付良峯《よしみね》（平河）師高《もろたか》譲状案の内容を整理したもの（「平河文書」一号）。なお、この文書は建久二年の日付を持つが、実際には、鎌倉時代後半に訴訟のために調えられた一通という［工藤 一九八八］。

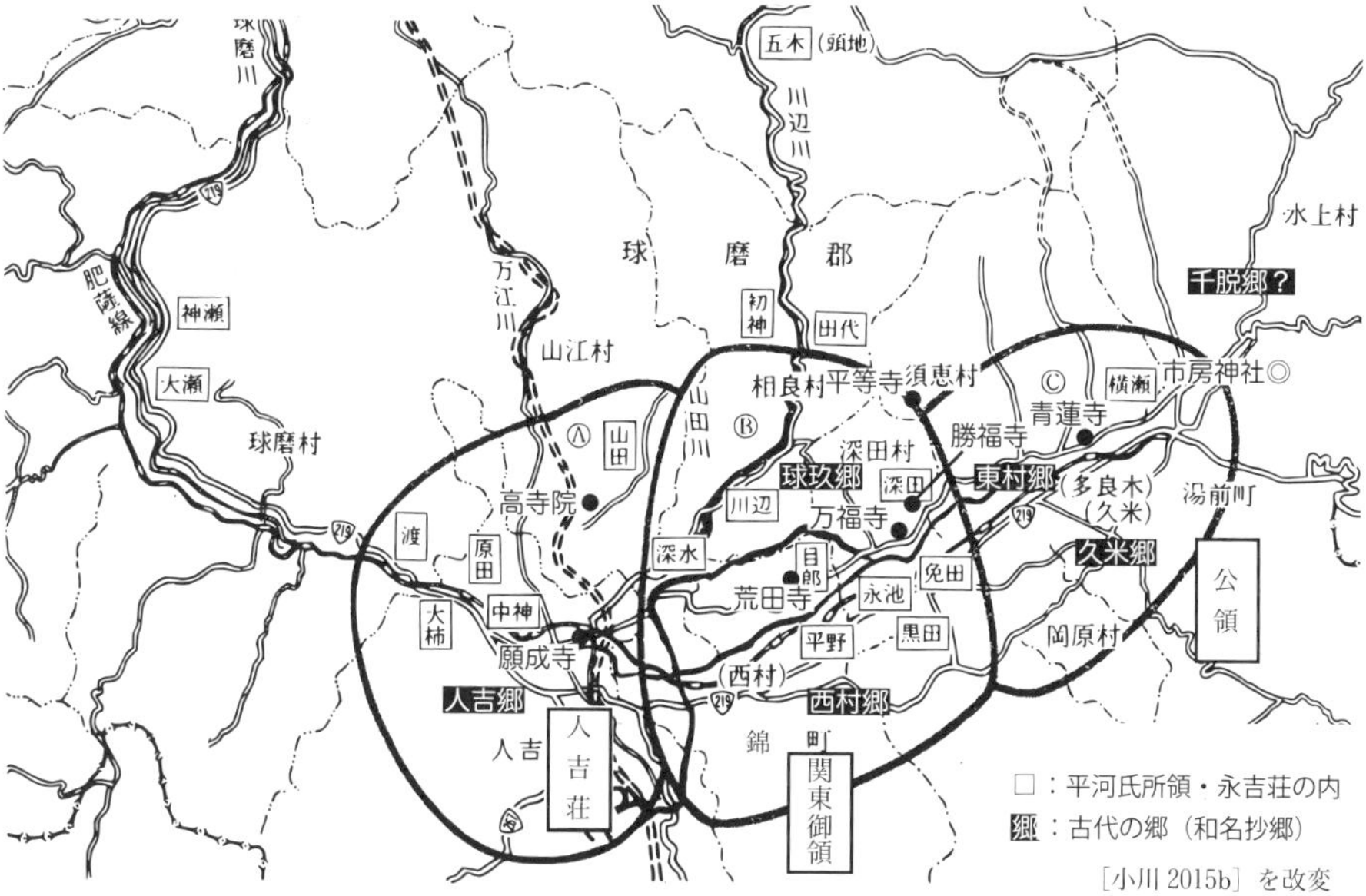

［小川 2015b］を改変

図２　中世球磨郡と永吉荘

永吉荘は、球磨川とその支流・川辺川の流域に分布していた荘園である(図２)。特徴のひとつは、球磨川中流域の「尾瀬(大瀬)之村」「高野瀬(神瀬)之村」や川辺川流域の「はし《(つ)》かミ(初神)村」「田代之村」「五木之村」といった山間部に田地がみられないこと。それらの村々の産物として書き上げられているのは、「いた」「さつし(紙のことヵ)」「あつかみ」「くす」「うるし」「うるしつつ」「鹿かハ」「茶」などであった。そして、先述のごとき文書の作成状況からみて、記述内容は鎌倉時代後期の状況を反映したものと考えられるのだが、地理的環境に規定されたかかる生産構造が、南北朝時代から室町時代にかけて大きく変化したとは思えない。中世後期に至っても、同様の産物が生産・貢納されていたとみてよかろう。このように考えると、当然のことながら、相良氏の支配領域にみられた産物には、米や麦に留まらない、土地柄を踏まえた山の産物や商品作物が含まれていたとみられる。

相良氏の支配領域における特産物として、もうひとつ指摘したいのは、鉱山資源の問題である。天文一四年(一五四五)から翌年にかけて、球磨郡宮原で銀山開発が試みられているのである。時の当主相良長唯《ながただ》は、大内氏を通じて石見銀山の大工洞雲《どううん》を招聘し、灰吹法による銀製錬を実施。「但州石にも勝候」との評価を得ていた〔相良四一七〕。海外貿易の輸出品となる銀を領内で調達できたとすれば、経済的に大きなメリット。相良氏の期待は大きかった。銀山関係の史料はこの両年に留まり、異なる鉱物を含む鉱脈だったのか〔鹿毛 二〇一五〕、けっきょく安定供給には至らなかったのかもしれない。ただ、それでも国人領主が鉱山資源の開発にかかわっていた様子を示すものとして、注目すべき事例である。

　次に、沿岸部の国人領主の事例として、筑前の麻生氏の様相をみよう。文安五年（一四四八）に書き上げられた同氏の所領目録をみると〔麻生八三〕、「若松塩浜」「本庄塩浜」「藤田塩浜」と「山鹿芦屋津」「麻生庄内金屋」の存在が注目される。川添昭二が指摘するように、前者は製塩業の営みを示すもの〔川添 一九七五〕。おそらく、これらの塩浜からは塩年貢が貢納されたのであろう。そうすると、麻生氏には、塩の流通にかかわっていた可能性が浮上する。

また、後者は、一三世紀後半から一六世紀半ばにかけて賞用された茶の湯釜「芦屋釜」を手がけた鋳物師の拠点とみられる。原田一敏によると、「芦屋釜」は地元で二〇〇〜三〇〇文で購入され、京都では五〇〇文ほどになったという〔原田 一九九七〕。その発注・流通・贈答をおもに担ったのは大内氏の関係者や、芦屋津から遠賀川をさかのぼった金剛三昧院領粥田荘の荘官等であり、いまのところ麻生氏とのかかわりは明らかになっていないが、現地の領主がノータッチだったとは考えにくい。川添のいうように、生産・流通へのなんらかの関与を想定すべきであろう。

　このように、九州の国人領主の支配領域では、地域の特性に即したさまざまな特産物がみられた。そして、現地の国人領主が、それら特産品の生産・流通にかかわっていた可能性が指摘された。

(5) 周辺の国人領主との関係

　本節の最後に、周辺の国人領主との関係にも触れておこう。その論点の第一は、国人一揆である。九州探題や守護といった上位権力との関係や近隣の領主との対立、逃散した百姓・下人のとり扱いなど、さまざまな課題を共有していた国人領主は、自己の支配領域の保全と地域秩序の維持を目的に、南北朝時代から室町時代にかけて地縁的に結合する様相をみせていた。いわゆる国人一揆である。

九州の場合は、肥前西部や肥後・日向・薩摩・大隅の境界領域に事例が多いようだ。それでは、これらの国人一揆に、九州ならではの特徴を多少なりとも見出すことはできるのだろうか。筆者には難しい課題だが、あえていうなら、たとえば永享・文安年間にみられた薩摩国「国一揆」が、室町幕府の「直勤御家人化」を志向する国人領主たちによって起こされた、島津氏の封じ込めを期待する肥後の相良氏や菊池氏と連携しての反島津闘争であったように［新名一九九九］、とりわけ南九州の場合、南北朝時代以来の地縁を前提に、隣国勢力の思惑や北部九州の政治的・軍事的状況、九州探題や室町幕府との関係性にも規定されつつ、時には国境を越え、強い政治性を帯びて成立・展開していた点にあるのかもしれない。地縁をベースとし、薩摩・大隅・日向守護の島津氏への抵抗を共通目的に掲げていたとはいえ、彼等を結び付ける要素や背景は、思いのほか多様なのである。具体的には、肥前の松浦一揆や彼杵一揆、九州南部の南九州国人一揆、薩摩国「国一揆」、日向南部国人一揆などが知られている［服部 一九八三、外山 一九八六、新名一九九九・二〇〇三、呉座二〇一〇］。

なお、国人一揆という形をとらなくても（あるいは、呼称されなくとも）、国人領主同士で婚姻を結んで盟約を交わし、その連携をもって特定の政治目的の実現に動いたケースもみられた。興味深いのは、松原勝也が明らかにした、天文年間における肥後の阿蘇・相良・名和氏の三氏盟約である。天文二年（一五三三）四月に相良長唯の娘が阿蘇惟前《これさき》に輿入れし、時期や背景は不明ながら、名和武顕《たけあき》の娘も惟前に嫁していたという状況の中、長く紛争を繰り返してきた名和氏と相良氏の間でも天文四年六月に和睦が結ばれ、翌年一二月に武顕の娘が長唯の子息為清《ためきよ》に輿入れ。かくして血縁で結ばれた三氏は連携し、実の兄弟でありながら激しく対立していた豊後守護の大友義鑑《よしあき》と肥後守護の菊池義武《よしたけ》の和睦斡旋に着手、両者の関係を改善させることで、「基本的には義武支持ながらも、大友氏との関係も保持し続けているという微妙な立場」の是正と、「国内情勢安定化」を図ったのである［稲葉二〇〇三、松原二〇〇五］。

けっきょく和睦斡旋は天文八年後半までに失敗に終わり、同一一年には、相良・名和両氏の婚姻も解消された。ただ、それでもこの事例に示される一連の経緯は、対立と融和、そして離散集合を繰り返した国人領主間の関係性をよく示していよう。

4　上位権力との関係、諸地域との交流

ここまでは、おもに国人領主の支配領域内部とその周辺の問題に焦点をあて、話を進めてきた。ただ、彼らの動向を規定していたのは内部の事情だけではない。室町幕府や守護といった上位権力との関係、そして支配領域の外にあった諸地域との交流もまた、いうまでもなく重要な要素であった。

最後に本節では、これらの事柄について検討しよう。

(1) 上位権力との関係

まずは、上位権力との関係をみてみたい。惣領であれ庶子であれ、地頭・御家人の系譜を引く九州の武士は、南北朝時代になると、室町幕府や九州探題、征西府、守護といった上位権力から安堵状や宛行状、軍勢催促状、感状等をそれぞれ受け取っていた。惣領は「一族等」の申請を取りまとめ、上位権力との間を仲介する立場にはあったが、かかる関係性を独占し、「一族等」と自身の政治的・儀礼的立場の差異を決定的なものとするには至っていなかった。

ただ、室町時代に入るとそうした状況は、幕府サイドの関係の持ち方の変化もあり、国人領主それぞれの出自や政治的立場に即しつつ展開をみせていく。そのあり様はケースバイケースだが、ここでは違った事例を三つとり上げよう。

① 奉公衆となった麻生氏の事例

最初にとり上げるのは、現地の守護の影響を強く受けつつも、その家臣団に包摂されず、室町幕府と密接な関係を保ち続けた直属的な国人領主である。典型的な事例は、先述のごとく、応永二年(一三九五)に将軍足利義満より「惣領所勘」に従わない者への所領没収措置の通知を受け(史料1)、幕府との関係を梃子に惣領の統制強化を図ってい

た筑前の麻生氏であろう［川添 一九七五］。

　麻生氏の場合、永享一一年（一四三九）に麻生弘家《ひろいえ》が「麻生上総介家春一跡」を継承したおりや、将軍足利義教が横死した直後の嘉吉三年（一四四三）、応仁・文明の乱にともない生じた弘家と麻生家延《いえのぶ》の内紛に決着がついた文明一一年（一四七九）など、節目ごとに幕府の安堵状を受けている［麻生七九・八二・二七］。将軍直臣として幕府を支える奉公衆に名を連ねていたためとみられる。

　その麻生氏は、当主自身や一族がしばしば上洛して幕府に出仕し、将軍へ奉公していた様子が判明する、九州の国人領主では珍しいケースでもある。たとえば、家督を相続する以前に弘家は、永享八年から同九年にかけて勃発した信濃守護小笠原氏と村上頼清《よりきよ》の紛争解決のため、幕府上使として現地に出張［麻生八四］。応仁・文明の乱のおりには西軍に与し、足利義視《よしみ》の側近として、西国の国人領主との関係や、周防・長門・筑前・豊前の守護で西軍の主力だった大内政弘《まさひろ》との関係をつなぐ働きをみせている（「小早川家証文」『大日本古文書　家わけ第一一』三八〇・三八一号など）。長享元年（一四八七）の将軍足利義尚《よしひさ》の近江出陣にあたっては、麻生孫次郎が参陣し、着到を付けていた（「長享元年九月一二日常徳院殿様江州御動座当時在陣衆着到」『群書類従二九』一八一〜一九〇頁）。

　幕府との関係は、在国中にもみられた。ひとつは、「九州所々年貢」の幕府への貢納である。これは、その輸送のために、文安二年（一四四五）と同四年、宝徳元年（一四四九）に幕府が発給した過書により判明する奉公［麻生一二一〜一二四］。他に関連史料がなく、「料所」の実態や継続性など詳細はわからないが、北部九州の国人領主が幕府の経済基盤を支えていた事実は興味深い。

　それでは、右のごとき政治的・軍事的・経済的な奉公は、どういった基準で実施されていたのであろうか。ヒントになるのは、先ほど少し触れた文安五年の所領目録である［麻生八三］。それは、麻生氏がこの時期に当知行していた二九ヶ所一三八七町余の所領を書き上げた「内々帳面」と、「内々帳面」掲載の知行地一一ヶ所六四五町のみがピックアップされ、しかも、各知行地の面積が「内々帳面」の数値よりも抑える格好で記された「京都之公役、西国方よりの公役之時之答分」とに書きわけられている。すなわち、いつ、どういった格好で、かかる「公役」負担の数値が合意形成されたのかはわからないのだが、麻生氏に期待された「公役」は、当知行地の全域に懸けられたわけではない。幕府や守護への申告により確定されたとおぼしき後者の所領目録に即し、行われていたとみられる。

さて、右に示した奉公とは別に、麻生氏は、将軍の「御判始」や「入洛」といった政治的・儀礼的な節目にあたり、祝儀を進上してもいる［川添 一九七五］。これらはおもに応仁・文明の乱以降の史料に確認され、幕府の衰退が進む時期にあっても、両者の関係が継続していた様子を示唆する。驚くべきは、天文一〇年（一五四一）に「いわば奉公衆の上級身分をなすもの」とされた御供衆の家格を得たおりの事例。幕府から御供衆許諾の条件として提示されたのであろうか、この時に麻生興益《おきます》は、「内侍所御修理料三万疋金十両」という、莫大な額を禁裏へ献上していた（「大館常興日記」『増補続史料大成』天文一〇年八月一七日条）。

文明年間に生じた弘家・家延の内紛のおりなど、現実的な強制力を必要とする場面では、支援を仰ぐ様子がみられたり、栄典獲得のために推挙を得たりと、麻生氏は守護の大内氏に依存する部分も大きかった。しかし、それでも奉公衆としての立場や振る舞いは、戦国時代まで揺るがなかったのである。

②「宇佐郡衆」の筆頭・佐田氏の事例

二つ目は、当初は室町幕府との関係がみられたものの、やがて守護への従属性を強め、主従関係を結んでいった国人領主の事例である。

宇都宮氏の一族で、豊前・豊後国境の宇佐郡の佐田荘地頭職を継承し、郡内の小領主により構成される「宇佐郡衆」の筆頭であった佐田氏の場合、室町時代前期までは、幕府の軍勢催促状や、九州探題の安堵状の受給が確認された（「佐田文書」『熊本県史料中世篇第二』四七・五七号など。以下、［佐田 史料番号］。なお、同時に、大友氏や大内氏とのやり取りも生じているのだが）。ところが、嘉吉の乱の直後に北部九州で起こった戦乱にあたり、大内教弘への「合力」を賞した嘉吉元年（一四四一）一〇月五日付室町将軍家御教書の受給を最後に［佐田六九］、幕府や九州探題と佐田氏との直接的なやり取りはみえなくなり、文安元年（一四四五）の「当知行之地所々事」の安堵以降［佐田七四］、同氏の家督相続の承認や所領安堵は、豊前守護の大内氏が担いはじめた。そして、佐田氏は、享徳三年（一四五四）までに宇佐郡代に任じられ、大内氏との関係をより深めていくのである［松岡 一九六四］。

かかる変化は、永享年間を通じて継続した大内・大友両氏の紛争にともなう、大内氏の影響力拡大を背景とするものであろうか［山田（貴）二〇一四］。たしかに、大内・大友領国の境界領域に所在するという軍事的リスクの高さが、現地の守護との結合を促したのかもしれない。ともあれ、一五世紀半ばにかけて、佐田氏は大内氏と主従関係を結び、その権力を支える家臣団に編成されていた。

③ 守護とも、室町幕府とも関係を結んだ相良氏の事例

三つ目は、現地の守護とやり取りしつつ、室町幕府と関係を持ち、さらに大内・大友両氏といった西国の有力守護大名とも接触を有した国人領主の事例である。ここでは、肥後の相良氏の様相を確認しよう。

相良氏の場合、幕府との関係は、南北朝の合一以後、応仁・文明の乱が勃発するまでみられない。なぜであろう。近隣の阿蘇氏に目を転じると、応永二〇年（一四一三）頃に大宮司職をめぐる内紛が起こった際に、幕府が仲介の動きをみせている［柳田 二〇一九］。同国内の国人領主に幕府との関係がみられるのであれば、相良氏だけに対幕府関係が断絶する特別な事情があったとは思えないのだが、史料的制約によるものなのか、とにかく管見に入らない。なお、文安五年（一四四八）に永留長続《ながつぐ》による佐牟田相良家の簒奪事件「文安の内訌」が起こった後については、しばらく幕府とのパイプを失っていた可能性が想定されよう。

一方、肥後守護菊池氏との関係では、応永年間の前半頃に軍事行動をともにしていた様子や（「詫摩文書」『熊本県史料中世篇第五』二四二号）、葦北郡をめぐるやり取りが確認される［小川 二〇一九］。また、「文安の内訌」の後、長続は菊池為邦《ためくに》から宝徳三年（一四五一）に「当知行之地」を、長禄四年（一四六〇）に「肥後国葦北郡」を安堵されている［相良 一九二一・一九五］。イレギュラーな形で家督を継承した彼としては、眼前の上位権力であった守護との関係を重視し、その安堵を得ることで、自身の立場を正統化する必要性が

あったのだろう。領域支配に直接介入された様子はみられず、政治的・軍事的に対立する場面もあったものの、戦国時代まで相良氏は菊池氏を「屋形」として仰ぎ続けるのである〔『八代日記』〈青潮社〉天文二三年一〇月二一日条など〕。

ただ、応仁・文明の乱を皮切りに、中央政局にたびたび混乱が生じると、こうした相良氏と上位権力の関係は変化をみせていく。分裂した将軍権力が自派を増強すべく誘引工作を企図し、「遠国」の国人領主にまで誘いの手を伸ばしていった結果、幕府とのやり取りが明確にみられはじめたのである。いくつか例をあげると、応仁・文明の乱のおりには「東幕府」から大内領国への侵攻が〔相良二〇三など〕、明応の政変のおりには「細川右京大夫政元」「退治」への「忠節」が〔相良二三六など〕、周防山口へ下向していた亡命将軍足利義材《よしき》が永正五年(一五〇八)に上洛する際には、「在国之方」として境界領域での「無為」が求められている〔相良二七六〕。そして、その反対給付として、相良氏はつどつど官位の獲得を実現する〔山田〔貴〕二〇一五b〕。相良氏のみならず、九州の国人領主は、このようにして室町時代後期以降に幕府と関係する頻度を増すのである。

ちなみに、かかる幕府との関係を仲介したのは、肥後守護の菊池氏ではない。幕府との太いパイプを駆使し、九州の国人領主に強い影響力を及ぼしていた豊後・筑後守護の大友氏や、周防・長門・豊前・筑前守護の大内氏であった。つまり、室町時代後期以降の相良氏は、肥後守護の菊池氏のみならず、分裂を繰り返した将軍権力、そして、北部九州をめぐって対立していた大内・大友両氏も対象に、やり取りを展開していたのである。

(2) 京都との交流

前項で室町幕府との関係に触れたところで、ここでは、その幕府が所在した京都との交流に目を転じよう。九州といえば、東アジア世界と密接な関係を有したことで知られるが、一方で当地の大名や国人領主は、京都との政治的・儀礼的・文化的な結びつきを意外なほどみせていた。

① 文化的な結びつき

まずは、文化面の結びつきに触れよう。この点については、川添昭二の一連の研究に多くを学ばなければならない

〔川添 二〇〇三a・b・c〕。川添によると、九州の国人領主の場合、関係史料が増加していくのは応仁・文明の乱以降。とくに永正年間のこととされる。早い事例は、文明八年（一四七六）以前から京都の連歌師に添削を請うていたという相良為続の連歌愛好。大内政弘に仕えた「御同名」相良正任《ただとう》のアシストもあり、彼は明応四年（一四九五）に成立した准勅撰連歌集「新撰菟玖波集」への入集まで果たしている〔鳥津二〇一五〕。

　源頼朝に仕えた中原親能を祖とするといい、一六世紀には衰退する菊池氏を支えながら肥後飽田・詫磨両郡を支配した鹿子木《かのこぎ》親員《ちかかず》がみせたやり取りもまた、京都と国人領主の文化的な結びつきを示す興味深い事例である。永正一三年（一五一六）から翌年にかけて九州を遍歴した連歌師月村斎宗碩《げっそんさいそうせき》と交流を持っていた親員は、その関係を伝手に、領内に鎮座する肥後の総社藤崎八幡宮の再建勅許を公家の三条西実隆に打診。さらに、彼が所有する『源氏物語』五四帖の譲渡を求めた。依頼を受けた宗碩は、弟子の宗牧《そうぼく》が九州へ下向する直前に、これらのことを実隆に申し入れ。実隆は逡巡するが、けっきょくは勅許を手配し、二〇〇〇疋の礼銭で『源氏物語』五四帖を手放すことも決意した（『実隆公記』〈続群書類従完成会〉享禄二年七月三〇日条・同八月七日条・同八日条・同二四日条）。

　なお、親員はその後も三条西家とのつながりを活用していく。天文一一年（一五四二）に三条西公条《きんえだ》（実隆の子息）を通じて、今度は藤崎八幡宮への「勅額」下賜を朝廷に働きかけているのだ。この時の申請は無事みとめられ（「藤崎八旛宮文書」『熊本県史料中世篇第三』三七・三八号）、「八旛藤崎宮」と刻銘されたその勅額は、同社にこんにちまで伝えられている。

　九州から上洛し、数年にわたり在京した国人領主としては、大隅の種子島氏と禰寝氏の動向が特筆される。屋良健一郎の研究によると、大隅半島からさらに南の種子島を所領とする種子島氏は、その地理的な位置とは裏腹に、文正・応仁年間に法華宗へ転じたことをきっかけに、京都とのつながりを示しはじめる。そして、明応五年（一四九六）の種子島忠時《ただとき》の上洛を皮切りに、恵時《しげとき》・時堯《ときたか》と三代続けて上洛。その目的は法華宗の本山・本能寺参詣にあったが、忠時は在洛中に小笠原宗信《むねのぶ》から弓術を、飛鳥井雅康《まさやす》から和歌や蹴鞠を指導され、連歌師の宗祇《そうぎ》とも交流している。恵時は幕府の政所代であった蜷川親俊《にながわちかとし》と交流し、時堯は剣術を学んで帰ったという［屋良二〇一二］。

大隅国衙の在庁官人にルーツを持ち、種子島氏と縁戚関係を持っていた禰寝氏の場合は、一六世紀初頭に禰寝尊重が上洛を果たす。文亀三年（一五〇三）以前に上洛した尊重は、朝廷に献じた「旅ながら　旅にもあらぬ　心かな　花になぐさむ　志賀の山越」という一句が後柏原天皇の目にとまり、「尊」の一字を与えられたという人物。飛鳥井雅康に和歌を学び（「禰寝文書」『九州史料叢書』七〇四号）、実隆にも「百首歌の合点」を依頼するなど（「再昌草」『桂宮本叢書第一一』文亀四年三月五日条）、在洛中に「京都歌壇の第一人者の指導を受け」たことで知られる［川添二〇〇三b］。

かかる上洛・在京の様相は、物理的距離の面からいえば、ずいぶん思い切った行動のようにも思える。ただ、琉球との通交や遣明船の南海路との関係、貿易品の献上・流通といった面を勘案すると、当事者にとってその距離感は克服可能なものであったのだろう。右の他にも、戦国時代に九州の武士が上洛した事例は少なくない（肥前の大村氏、有馬氏、肥後の名和氏、薩摩の島津氏など）。今後、さらに注目したいところである。

②政治的・儀礼的な結びつき、栄典の獲得

政治的・儀礼的な結びつきに話を移そう。室町幕府との関係の変遷、そのあり様のパターンについては本節第⑴項でも述べたが、ここではとくに、頻繁に将軍権力の分裂が起こり、中央政局が混乱していく応仁・文明の乱以降、とりわけ一六世紀以降にみられた政治的・儀礼的な関係性、栄典授受の問題について考えてみたい。

室町時代中期にかけて没交渉になりがちであった幕府と九州の国人領主の間で、応仁・文明の乱以降、再びみられはじめた政治的・儀礼的なやり取り。それに関する幕府の当初の思惑、というよりも分裂した将軍権力の思惑は、各地に味方を増やして内紛を優位に進めようというものであった。そして、天文元年（一五三二）の「堺公方」崩壊により分裂状況が一応の収まりをみせると、幕府の思惑は、より経済的なものへとシフトしているようにもみえる。

その一方、九州の国人領主の思惑は、幕府の（分裂した

表5　天文年間にみられた九州の国人領主の栄典獲得

人名	獲得した栄典	獲得の時期	地域・備考	出典・参考文献
宗像氏男	従五位下 近江権守	天文3年12月	筑前 大内義隆の周旋	歴名土代
阿蘇惟前	従五位下	天文5年12月	肥後	柳田2019
原田隆種	従五位下 弾正大弼	天文6年正月	筑前 大内義隆の周旋	歴名土代
伊東義祐	従四位下	天文6年4月	日向	宮地2012
伊東義祐	将軍偏諱「義」	天文6年8月	日向	宮地2012
阿蘇惟前	従四位上	天文8年2月	肥後	柳田2019
菱刈重州	相模守	天文8年3月	薩摩	新名2007
有馬晴純	将軍偏諱「晴」 修理大夫	天文8年7月	肥前 連歌師周桂が関与 大村純前が関与	外山1997
種子島時堯	弾正忠	天文10年4月	大隅	屋良2012
伊東義祐	大膳大夫	天文10年8月	日向	宮地2012
麻生興益	御供衆	天文10年8月	筑前 大内義隆の周旋	川添1975
宗晴康	将軍偏諱「晴」 讃岐守	天文11年正月以前	対馬	荒木2017
宗義調	将軍偏諱「義」	天文11年7月	対馬	荒木2017
阿蘇惟豊	従三位	天文13年9月	肥後 大内義隆の周旋 勅使が下向	柳田2019
相良長唯	将軍偏諱「義」 従五位下 宮内大輔	天文14年12月	肥後 大内義隆の周旋 勅使が下向	山田2015b
相良為清	将軍偏諱「晴」 右兵衛佐	天文14年12月	肥後 大内義隆の周旋 勅使が下向	山田2015b
秋月晴種	将軍偏諱「晴」	天文15年以前	筑前 大内義隆の周旋	麻生文書
本田重親	左京大夫	天文16年9月	大隅	林匡2005
阿蘇惟豊	従二位	天文18年8月	肥後	柳田2019
名和行興	修理大夫	天文22年5月	肥後	名和文書

註／参考文献の詳細については、巻末の参考文献を参照

将軍権力の）要請に応える姿勢をみせ、あるいは別途に礼銭を積み上げることにより、官位や偏諱を獲得してそれを誇示し、支配領域に所在する人々との政治的・儀礼的な立場の差別化を進めるところにあった。天文一四年一二月に実現し、翌年五月に七日間で八〇〇人もの人々が八代での「御官位之御祝」に参集した相良長唯《ながただ》・為清《ためきよ》父子の官位・偏諱獲得などは、まさにその典型といえよう〔山田（貴）二〇一五b〕。

こうした両者の思惑にともなう政治的・儀礼的なやり取りの早い事例は、先述した、応仁・文明の乱のおりにみ

られた「東幕府」「西幕府」と相良氏の交渉〔山田（貴）二〇二〇〕。他の国人領主では、明応の政変により失脚しながらも、越中・越前・周防で亡命生活を続け、永正五年（一五〇八）に返り咲いた将軍足利義材（義尹、義稙とも）と肥後の阿蘇氏のやり取りが知られる（「阿蘇家文書」二九二号など）。また、この間には、明証はないものの、日向の伊東氏も接触の機会を持っていたようだ。明応七年（一四九八）から永正一〇年の間に用いられた義尹の名乗りの一字を拝領したとおぼしき伊東尹祐の活動がみられるからである（「荒武文書」『宮崎県史史料編中世1』三一号など）。

天文年間に入ると、九州の国人領主の多くが幕府に（あるいは朝廷に）働きかけ、場合によっては一族や家臣を上洛・在京させ、官位や偏諱、さらには御供衆といった家格まで、さまざまな栄典の獲得を目指している。そうした動きをまとめたものが、表5である。

それでは、九州の国人領主のかかる動向は、どのように評価されるべきなのであろう。自立・自律した地域権力としての到達点のようにも思われるが、実際には、大内氏の仲介を経たケースや、永禄年間の事例だが、大友氏の掣肘により名乗りを保留せざるを得なくなったケースも生じており〔小久保二〇一六〕、すべてがそうとらえられるわけでもない。

ただ、ひとつ間違いなさそうなのは、栄典の獲得により、一族一揆的に結集し、構成されてきた家臣団や「一族等」と当主との間に、儀礼的な立場の差異がより明確に設定されたことである。実際に差別化が徹底できたかどうかはともかく、官位や家格の上昇は、周辺の人々に、当主に対する厚い儀礼的振る舞いを促すものであるからだ。国人領主が当主を頂点とする権力構造の確立を志向し、それを達成するための「権威表象の技法」のひとつとして、右のごとき影響が期待される栄典の獲得を目指したことは疑いないところであり、そういう動向は、国人領主の政策論としても重要である〔山田（貴）二〇一五b〕。

ところで、なにゆえ天文年間に、かかる動きが集中してみられるのであろう。詳細はよくわからないが、将軍足利義晴の上洛要請に呼応する（しようとする）動きがあったように、西国社会に大きな影響力を有する大内・大友両氏が幕府と密接な関係を築いていた時期にあたること〔山田（貴）

二〇一四、川岡二〇一九〕、幕府が礼銭獲得を優先し、栄典下賜のハードルを下げていたことなどが、右のごとき動向を促していたのかもしれない。

加えて、天文九年に筑前の麻生興益が大内義隆の推挙により幕府の御供衆に加えられた話を耳にし、同国の秋月文《もん》種《しゅ》もこれを望んだという逸話が示すように〔麻生三〇〕、この時期には、ある国人領主の栄典獲得が近隣の国人領主のそれを刺激するというサイクルが生じてもいた。こういった競争意識もまた、栄典獲得運動の活発化を招いた要因と思われる〔山田〔康〕二〇〇六〕。

(3) 海外貿易へのかかわり

東シナ海に接する九州の場合、国人領主をはじめとするさまざまな人々が海外貿易にかかわっていたことは、周知の事実である。ここでは、朝鮮・中国・琉球・ヨーロッパ勢力と国人領主の関係に的をしぼり、その様相を簡単に整理しておきたい。

① 朝鮮王朝への使節派遣

まずは朝鮮との関係について。朝鮮の歴史書『朝鮮王朝実録』や、申叔舟《シンスクチュ》が一四七一年に刊行した日本・琉球に関する書物『海東諸国紀』には、一五世紀から一六世紀にかけて九州の国人領主とおぼしき人物が、朝鮮王朝へ使節を派遣していた様子が数多く登場する。朝鮮王朝が倭寇懐柔政策として使節を受け入れ、利益を供与する形で通交が進められていたために、さまざまな勢力が使節派遣を企画していたのだ。たとえば、ここまでの叙述に登場した国人領主との関係でいえば、一四五九年と一四七三年に「肥前州小城千葉介元胤」の(『海東諸国紀』、『朝鮮王朝実録』成宗四年六月己丑条)、一四六二年以降に「宗像朝臣氏郷」の〔佐伯一九九四〕、一四六八年に「筑前州糸島太守大蔵氏道京」(原田氏)の、一四六九年に「筑前州聡政所秋月太守源成直」の使節が確認される(『海東諸国紀』)。

それでは、記録にみえる右のような使節は、本当に彼らが仕立てたものであったのだろうか。近年の研究では、一五世紀後半以降にみられた使節は、大半が「真使」ではなかったと考えられている。というのも、来朝する使節を抑制し、下賜品の経費を削減したいという朝鮮王朝の思惑と、島内の諸勢力がそれぞれ使節を派遣する状況を是正し、通交窓口を自身のもとに一本化したい宗貞盛《さだもり》の思惑のもと、一四三九年に「島主文引《ぶんいん》制度」（宗氏による渡航証の一元的発給制度）が、一四四三年に「島主歳遣船《さいけんせん》制度」（対馬からの使節派遣回数を年間五〇回に制限する制度）が導入され、結果的に派遣船舶数の減少に直面した宗成職《しげもと》（貞盛の後継者）が、解決策のひとつとして、九州の諸勢力の通交権益を集積し、偽の使節を仕立て、派遣数の確保に努めていたからである〔長 二〇〇二、荒木 二〇〇五、伊藤 二〇〇五〕。したがって、「深処倭《しんしょわ》」と呼ばれた対馬以外の地域権力の通交については、①「対馬で名義を創作し最初から対馬が完全な通交権を得ていたもの」、②「名義人から歳遣船の権利を買い取ったもの」、③「名義人と歳遣船数を折半するなど通交権を共有していたもの」、④「歳遣船の派遣は対馬でおこない名義人に名義料を支払っていたもの」などの実態が想定され〔長 二〇〇二〕、たとえば、先に示した一四七三年の千葉元胤《もとたね》の事例でいえば、彼を取り巻いていた当時の政治・軍事状況的にも「偽使」であった可能性が指摘されている〔荒木 二〇〇五〕。

こうした事実が明らかになった以上、一五世紀半ば以降に登場する九州の国人領主の使節については、その多くを「偽使」とみなすべきなのであろう。名前が語られていたということは、朝鮮王朝へ使節を派遣してもおかしくない海洋性を有していた証左なのかもしれないが、実際に船を仕立てていたのか、どれほどかかわっていたのかという点については、慎重な評価が必要なのである。

② 遣明船へのかかわりと密貿易

次に、中国・明との関係について。公的な（国家的な）交流であった遣明船の場合、派遣の主体は、本来的には室町幕府およびその周辺の有力大名、中央の大寺社に限られていたが、九州の国人領主は、おもに派遣の前後や資源提供についてかかわりをみせていた。たとえば、応仁度の遣明船では、門司氏が押さえる九州最北端の港町・門司の船舶がチャーターされた。また、遣明船やその荷物の往来にあたっては、しばしば近隣の国人領主に「警固」が指示されていた〔佐伯 二〇一五〕。種子島で造船したり、艤装したりするケースもみられ、同地の種子島氏に至っては、明へ持ち込む貿易品を琉球から確保するよう求められた場面まであったという［屋良二〇一二］。

加えて近年、橋本雄は、天文一二年（一五四三）から同一五年にかけて大友氏が企画した遣明船に相良氏が加わり、船を仕立てていた可能性を指摘している。橋本によると、明応の政変にともない将軍権力が分裂する中、文亀元年（一五〇一）に大友親治《ちかはる》が将軍足利義澄《よしずみ》から獲得した「弘治勘合」三枚の内、一枚を大友氏から付与されたとおぼしき相良氏は、天文一二年から種子島で儀装されはじめた大友船団に参加。その船「三号船」は同一四年中に寧波へ到達し、一〇年一貢の原則を理由に入貢はかなわなかったものの、舟山列島で密貿易を行い、帰国したというのだ［橋本雄二〇一五］。

ただ、いまのところ遣明船への直接的なかかわりを指摘できそうなのは、この事例くらい。九州の国人領主の場合、中国・明との関係は、やはり倭寇や密貿易とのかかわりが主であったとみられる。明証はなかなかあげがたいが、そのことを示唆するのは、一六世紀半ばに倭寇の頭目王直《おうちょく》が平戸に滞在したり、ポルトガル人と鉄砲を載せた船で種子島を訪れたりしていた事実［外山一九八七］。倭寇勢力が沿岸部の国人領主の支配領域を活動拠点にしたり、訪問・滞在することにより、略奪や密貿易等で得られた文物がもたらされていた可能性が指摘されるのである。

遣明船とは別に、国人領主のチャーター船やその支配領域の商人が渡海する場面もみられた。天文一四年に大友氏との合同遣明船に参加した可能性が指摘された相良氏は、肥後八代郡の球磨川河口の港町・徳淵《とくのふち》を拠点に、その後も所有船「市木丸」の中国・明への派遣を継続（『八代日記』天文二三年三月二日条など）。一〇年一貢の原則を無視した派遣のあり様は、その目的が密貿易であったことを示唆する。また、徳淵から渡海した船舶には「かさ屋」「森」といった商人とおぼしきものも含まれており（『同』同二四年三月四日・同二〇日・弘治二年三月四日条など）、この頃には密貿易が恒常化していた様子もうかがえる［田中〔健〕一九九二］。

③ 琉球との通交

ちなみに、相良氏は、琉球とも通交関係を結んでいた。天文一一年(一五四二)以前に、相良長唯は琉球へ使節を派遣。それを受け、琉球の外交僧であった円覚寺全叢《ぜんそう》が送った書状では〔相良三五〇〕、「国料之商船」渡来の旨と献上品を琉球国王の「上聴」に達したことが伝えられている。なお、「国料之商船」とは、相良氏直営の船舶「市木丸」であろう。すなわち、相良氏は、琉球とは正式ルートで通交する関係にあったわけである〔伊藤二〇二〇〕。

琉球との通交といえば、大隅の種子島氏の事例も知られる。屋良健一郎によると、両者の通交が明確にみられはじめるのは、正徳一六年(大永元年、一五二一)のこと。種子島氏の「前々」の「忠節」を認めた琉球国王が、年に船一艘分の「荷口」を「免許」すると伝えた一通以来という(「旧記雑録前編二」『鹿児島県史料』一九五三号)。

右の文面で「前々」の「忠節」が話題となっているように、種子島氏と琉球の間では、むろんこれ以前からやり取りがあったのだろう。ただ、この時に種子島氏が「荷口」「免許」という貿易特権を得たことは重要であった。これにより同氏は、京都の関係者へ献上したり、流通させたりできるような貿易品の入手ルートを正式に確立できたばかりでなく、「胡椒」「蘇木」といった遣明船の積荷調達の面でも有利な立場に立つことになったのである。

なお、かかる正式ルートの構築は、琉球と種子島氏の関係に留まらない側面を有していた。というのも、右に示した種子島氏の動向は、遣明船の派遣を予定する細川氏の動きにあわせたものとみなされているからだ。琉球との関係が、細川氏や大内氏といった遣明船派遣勢力の目論みとも密接にリンクしていた点には、注意が必要であろう〔屋良二〇一二〕。

④ 南蛮貿易の展開と九州の国人領主

一六世紀も後半になると、右記のごとき海外貿易のあり様は大きく変化する。公的性格を帯びた(装った)遣明船の派遣がみられなくなる一方、ヨーロッパ勢力の東アジアへの到達と中国・明の海禁政策の緩和により、いわゆる南蛮貿易がスタートするのである。時代的にも分野的にも、本章の(筆者の)守備範囲を大きく超えた問題だが、九州の国人領主の特質にかかわる事柄でもあるため、少しだけ触れておきたい。

東アジアの貿易構造の転換は、その担い手であり、享受者でもあった九州の国人領主にも大きな影響を与えた。大友氏の豊後府内だけでなく、各地の国人領主が押さえる港町がその拠点になったからだ。彼らは南蛮船が大きな利潤をもたらすことを知ると、こぞって領内の港町を開港し、これを歓迎した。その結果、一六世紀後半には各地で南蛮船の到来事例が確認され、そうした港町の代表は、肥前西部の諸港、平戸松浦氏が押さえていた平戸、大村氏がイエズス会に提供した横瀬浦・福田浦・長崎などであろう。

平戸では、天文一九年（一五五〇）のポルトガル船来航をきっかけに、ポルトガル人との貿易がスタート。永禄四年（一五六一）にポルトガル人の死傷事件が起こるまで、定期的に貿易船が来航した。その後、イエズス会と大村純忠《すみただ》の接触により、貿易の拠点は横瀬浦へ移行。同五年、同所が肥前武雄の後藤貴明《たかあき》により焼き討ちされると福田浦へ移り、元亀元年（一五七〇）には長崎が開港され、天正八年（一五八〇）にイエズス会へ寄進された。キリシタンとなった純忠とイエズス会の強固な結びつきもあり、こうして長崎は南蛮貿易の拠点として内外に認知され、繁栄期を迎える［外山二〇一一］。

⑤キリスト教と九州の国人領主

なお、こうした南蛮貿易へのかかわりは、周知のようにキリスト教の受容と表裏の関係にある。ゆえに、大友氏の周辺や肥前西部、肥後の天草にはキリシタンとなった国人領主が少なくない。早い時期に洗礼を受けた人物としては、肥前の大村純忠・有馬義貞《よしさだ》・晴信《はるのぶ》父子、五島列島の宇久《うく》純定《すみさだ》、「天草五人衆」と呼ばれた志岐《しき》麟泉《りんせん》（ただし、まもなく棄教）・天草鎮尚《しげひさ》の名があげられる［五野井二〇一七など］。

キリシタンとなった彼らの支配領域には、教会だけでなく、やがてコレジオやセミナリオもつくられることとなり、指導者の育成も進められた。そして、その過程では、活版印刷や西洋絵画の描法など、限定的ながらヨーロッパの進んだ技術の導入もみられた［岡本一九五二］。布教が許された地域に限ってのことではあるが、一六世紀後半に至り、九州はヨーロッパにもっとも近いエリアとして、新たな位置づけを得ていくのである。

おわりに

ここまで、九州の地理的・政治的特性を踏まえつつ、①分布の状況、②出自の問題、③地頭領主から国人領主へ転じたプロセス、④領域支配の実態、⑤室町幕府や守護といった上位権力との関係、⑥諸地域との関係を論点に、九州の国人領主のあり様について述べてきた。彼等の活動の様相と論点をなるべく広く紹介することを重視してきたつもりだが、事例のフィールドが偏り、また、深みに欠ける叙述ばかりになった面は否めない。本章には、こうした限界があることを、改めて了解いただきたい。

(1) 九州の国人領主に特徴的な論点

だが、それでも本章の試みにより、九州の国人領主の特徴を、あらあら整理する材料を得ることはできた。以下、列記してみよう。

a　モンゴル襲来や倭寇の活動、海外貿易とのかかわりなど、東アジアとの近接性と、その時々の政治的・軍事的状況にリンクした対外的な関係性を有していたこと。

b　政権との物理的距離感により、中世を通じて「遠国」と称されていたうえ、南北朝時代には南朝方の征西府が強い勢力を築き、室町時代に入ってからも室町幕府の統制が及びにくい地域とみなされるなど［山田徹 二〇一五］、政治的にも「遠国」性を有していたこと。

c　そうした「遠国」性にもかかわらず、室町時代後期に将軍権力が分裂すると、彼らが展開した誘引工作や、栄典獲得を目指す国人領主の思惑もあり、改めて幕府と関係する機会が設けられ、文化的・儀礼的にも京都との結びつきが求められ続けるという、中央への求心性を併せ持っていたこと。また、右記aともリンクして、貿易品の確保・献上・流通等の面や、遣明船派遣にともなう奉公の面でも結びつきがみられたこと。

d　なお、右記したaやcへのかかわりにあたっては、周防・長門・筑前・豊前の守護職を有した大内氏と、豊後・筑後の守護職を有した大友氏という、西国の二大大名の動向・意向に影響されてもいたこと。

時期や地域により偏差やウェイトの違いがあるにしても、右のa〜dは、室町時代から戦国時代中盤までの九州の国人領主の多くにある程度共通する要素であり、傾向であったと指摘できるように思う。九州からみた東アジア世界への求心性aと、中央からみた九州の「遠国」性b、中央政権や京都への求心性cは、一見相反するようにもみえるが、実際のところは、彼らのあり様としても、活動の方向性としても、違和感なく構造化されていたのである。

その一方、ここまで本章で述べてきた、彼らが荘郷の地頭から国人領主へ転じていったプロセスや、その間にみられた一族一揆的な結合のあり様、国人一揆結成の状況、支配領域の生産・流通への関与、土豪や村の人々との関係性、上位権力との関係性は、他地域の国人領主論や戦国時代の国衆論においても共通する事象であり、課題であった。近年の国人領主論や国衆論では、九州の事例はあまり参照されていないようだが、相互に比較検討することにより、議論は一層深まり、実像はより豊かなものになると思われる。

(2) 残された課題

最後に、本章でとり上げきれなかった事柄について述べておこう。それは、国人領主論を、戦国大名論や国衆論にどう架橋していくか、という問題である［平山 二〇一八、水林 二〇一八］。冒頭で示したような在地領主制の議論からいえば、戦国大名は国人領主の中から生まれてくる存在。また、近年の国衆論では、室町時代に国人領主とみなされてきた面々が、戦国時代になり、戦国大名と同様の権力構造を有する国衆へ転じていったと考えられている。

戦国大名論については、そもそもその定義についてさまざまな見解が示され、いまだ確定的ではない。ただ、丸島和洋によりよくまとめられた「①室町幕府・鎌倉府をはじめとする伝統的上位権力以外には従属せず、②政治・軍事行動を独自の判断で行い（他の権力の命令に左右されない）、③自己の領主権を超えた地域を支配下においた権力」という定義にひとまず従った場合［丸島 二〇一三］、戦国大名に転じたとみなされる国人領主は、はたして九州にどれほどいるのだろうか。現時点では、肥前の龍造寺氏や肥後の相良氏が、そうした可能性を指摘できる存在であり、先行研究でもそうとらえられている［服部 一九七七・一九八〇、堀本 一九九八］。

相良氏の場合、支配領域拡大の動きと、「相良氏法度」の発布により進められた（進められようとした）支配の実態、守護菊池氏の没落、自律的な政治・軍事・外交活動の展開状況などを踏まえるならば、たしかに、一六世紀後半には国人領主から戦国大名へと権力的に転換したとみなすことも可能なのであろう。

ただ、豊後の大友氏からみれば、一六世紀前半の時点で相良氏は「被官」と呼称されており（「大友家文書」『大分県史料二六』［大友記録］一一号）、永禄七年（一五六四）に相良頼房が「義」の将軍偏諱を獲得したおりには、大友宗麟の強い抗議を前に、名乗りを一〇年以上控えざるを得なくなってもいた［小久保 二〇一六］。勢力を拡大したとはいえ、儀礼的には守護なみの家格とは認められていないのである。こうした側面を有する相良氏を、はたして戦国大名ととらえてよいのであろうか。個人的にはやや躊躇を覚える。ともあれ、有力な国人領主から戦国大名への移行の指標については、いまだ検討の余地が残されている。

次に戦国時代の国衆論との架橋について。国衆の定義については、表2にまとめたとおりである。それでは、本章で触れてきた九州の国人領主は、戦国乱世の中、そうした特徴を有する国衆に転じたとみなされるのであろうか。その答えは今後の研究に委ねるより他ないが、イエズス会関係史料をもとにした大石泰史の整理は（表2）［大石 二〇一五］、戦国時代の九州の国人領主理解に適用できる部分が大きいように思う（そもそも、イエズス会の宣教師の活動範囲からいえば、彼らの国衆認識自体、九州を含む畿内以西の地域の事例をベースに構築されているはずだ）。

また、時期は限定されるが、永禄年間から天正年間にかけて進められた島津氏の薩摩・大隅・日向統一戦、肥後以北への侵出プロセスと、龍造寺氏の肥前統一戦、筑前・筑後・肥後への侵出プロセスでは、国人領主とも国衆ともとらえられる人々が、島津氏や龍造寺氏に起請文や人質を提出したり、支配領域の一部を割譲したり、軍役への従事を誓ったりすることで、領主としての立場をそのまま安堵され、上位権力に従属していくというケースが生じている（たとえば、相良氏が島津氏に従属した時のプロセス。詳細は

〔林千寿二〇一三、山田〔貴〕二〇一五ａ〕を参照)。そうした実態には、黒田基樹の国衆論と(とくに従属国衆論と)符合する部分もみられよう(表2)〔黒田一九九七〕。したがって、本章で示してきたような九州ならではの特徴と、近年明らかにされてきた国衆のあり様を併せて検討していくことで、戦国時代における当地の領主権力の性格と、彼らが治めた支配領域の様相は、さらによく理解できるはずである。

なお、かかる議論は、戦国時代で終わらせることなく、最終的には豊臣秀吉の九州征伐後まで視野に入れ、進める方がベターなのであろう。いわゆる九州国分の後、国人領主の系譜を引く人々は有力大名の「寄子」に編入されたり(筑前の原田氏や肥後の城氏、名和氏、「天草五人衆」など)、さまざまな理由で取り潰されたりするものの(「肥後の国衆一揆」に参加した隈部《くまべ》氏、文禄の役の最中に処分された肥前の波多《はた》氏など)、筑前の秋月氏、肥前の松浦氏、宇久氏(五島氏)、有馬氏、大村氏、肥後の相良氏などは大名として存続していくからだ〔大石二〇一五〕。

そうした各氏のもとで進められた家臣団の再編や検地といった動きには、以前はみられなかった領域支配への上位権力の介入行為も含まれていたが、彼らからすれば統一権力の意向は、中世的な結合関係を打破する梃子であり、それまで踏み込めなかった一族や重臣の所領まで含めて、自己の支配領域を詳細に把握する大義名分でもあった〔山田〔貴〕二〇一五ａ〕。豊臣政権のもとでみられた政策には、南北朝時代以来国人領主が抱え続けてきた政治的課題を克服するものも、じつは含まれていたはずなのである。

〔付記〕本稿は、科学研究費補助金・基盤研究(B)「中世後期守護権力の構造に関する比較史料学的研究」(15H03239、研究代表者／川岡勉)による研究成果の一部である。

少弐氏の拠点

山村 信榮

1　守護武藤少弐氏と大宰府

関東御家人の武藤少弐氏は武蔵国戸塚辺りを本貫とする元平氏方の武士で、初代武藤資頼は三浦氏預かりとなった後、建久六年(一一九五)の頼朝上洛に従って京に入り、同年に鎮西奉行の命を受け九州に下向したとされている。正治二年(一二〇〇)には大宰府政所との併任で宰府守護所を預かるところとなったとみられる。初代資頼に始まる一門は南北朝期までは大宰府に本拠を構え、九州を代表する守護としてこの地を治めていた。資頼は大宰府の官僚機構中の少弐の官職を受け、嫡流が代々これを継いだため、後に武藤家は「少弐氏」と呼称されるようになった。

大宰府は古代にあっては畿内の都城とは異なり、一貫して同一の場所に政庁と条坊が展開した都市遺跡であり、その萌芽は七世紀第4四半期の大規模整地や部分的な直線道路の施工に見ることができ、終焉は政庁跡における一一世紀中頃の政庁建物の廃絶に象徴される。

古代における大宰府跡と条坊跡、観世音寺や天満宮安楽寺(現太宰府天満宮)などの大規模寺院から成る政治・宗教と都市的な場の関係は、中世になっても新たな展開を遂げて継続し続け、九州島内にあって一定の求心性を保持していた。寺社では九州全域に展開した荘園や貿易港博多との活発な物資の交流が下支えとなり、観世音寺や天満宮安楽寺は境内地とその周辺に鋳造や鍛造の金属加工業者、陶磁器を商う商人などを取り込む形で商工業圏を形成し、それ

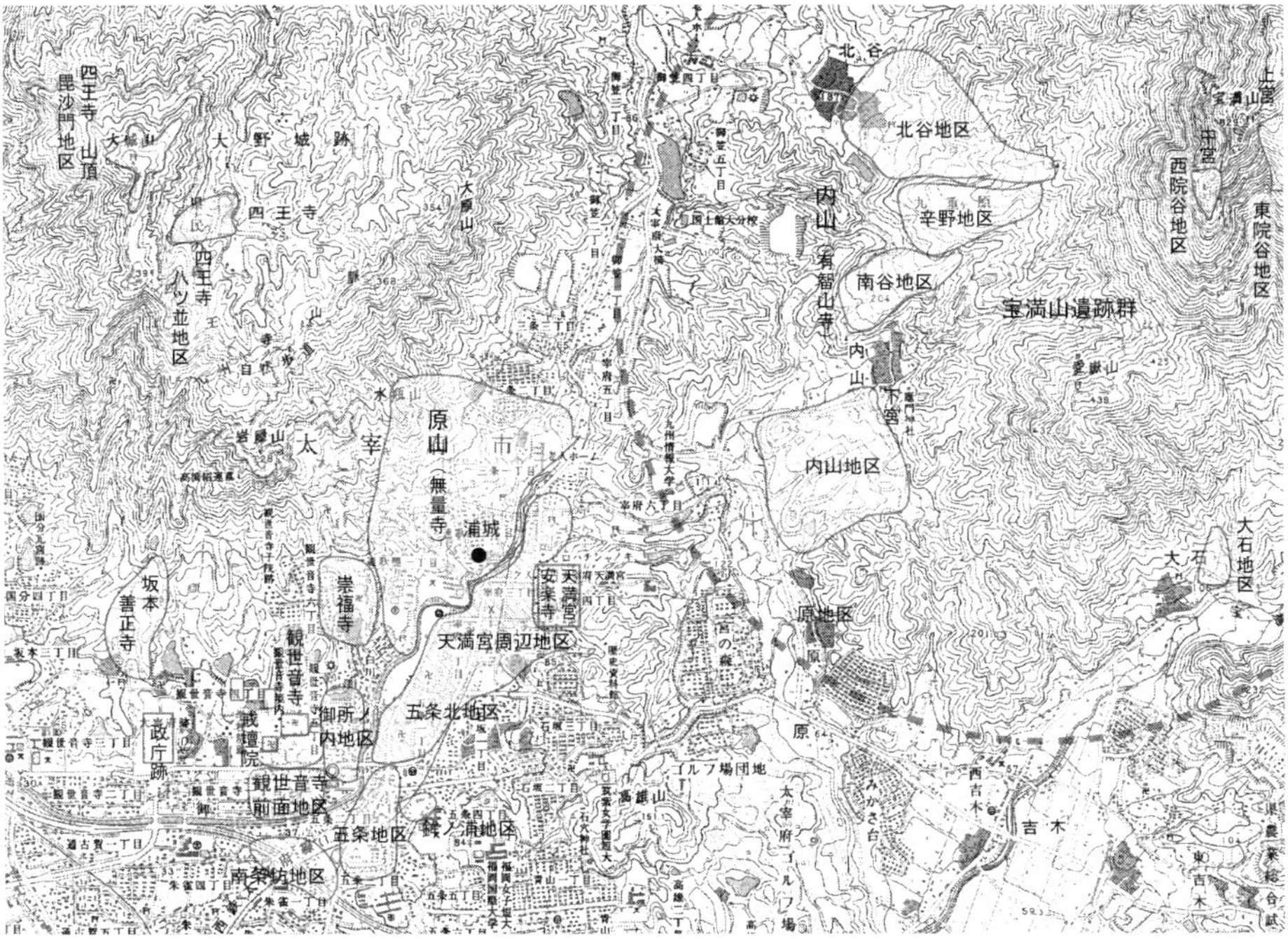

図１　中世の大宰府　遺跡の展開

らが連続、不連続で旧条坊域の北東部に新たな都市空間を創出している(図1)。

鎌倉時代になると、関東から九州に下向した大友氏と武藤氏(後の少弐氏)は大宰府に入り、それぞれに東西の守護所を設営していたとされる(『元史』至元八年(一二七一)九月条。武藤少弐氏は西守護所)。筑前・肥前・豊前・対馬の守護職であった武藤氏は土着化し大宰府の官職である少弐を兼ね、武家、公家両政権の権威を背景に北部九州の中での政治的な求心性を持った大宰府を領して居を構えることとなった。

2　武藤少弐氏と守護所

中世の大宰府は、古代の大宰府政庁のあった辺りは耕作地化していたと見られ、遺跡の集中する箇所は観世音寺周辺から現在の西鉄五条駅、太宰府天満宮にかけてであり、その中でも立地や遺跡の構成要素で小域が設定される。なかでも太宰府市役所のある観世音寺東隣地の字「御所ノ内」から「露切」にかけての一帯は、道路、礎石建物、倉

図2　『一遍聖絵』巻五　筑前武士の屋形

遺構が存在して明確に他の小域とは異なる優位性を持つエリアである。遺物においてもさし銭の埋納銭、磁州窯系鉄絵壺・ベトナム青花大皿などの奢侈品も出土し、他地域とは一線を画している。現状ではこの場所が「朝日」や「横岳」といった武藤少弐氏傍系の家名の地名があることや、菩提寺である横嶽山崇福寺(臨済宗)の寺域が北奥に控えることから、武藤少弐氏本宗家の館と守護所があった場所に比定している(図9)。

『一遍聖絵』第五巻の冒頭、建治二年(一二七六)のこととして、筑前国のとある武士の屋形に招き入れられた一遍が描かれている(図2)。ここに描かれた屋形には主殿と脇屋、馬屋からなる建物群、板塀の中央にある矢倉門、それらを取り巻く方形の溝が主な構成要素として描かれ、屋敷の奥には猿や鷹の止まり木や目隠しの板塀などが見られる。主屋は礎石建ちで脇屋は板葺屋根として描かれている。文永の役の二年後の筑前の武士の居館であり、矢倉門など物々しい雰囲気が感ぜられる。この場面には『聖絵』制作者である一遍の弟子聖戒が同道していたものと思われ大変興味が持たれる。

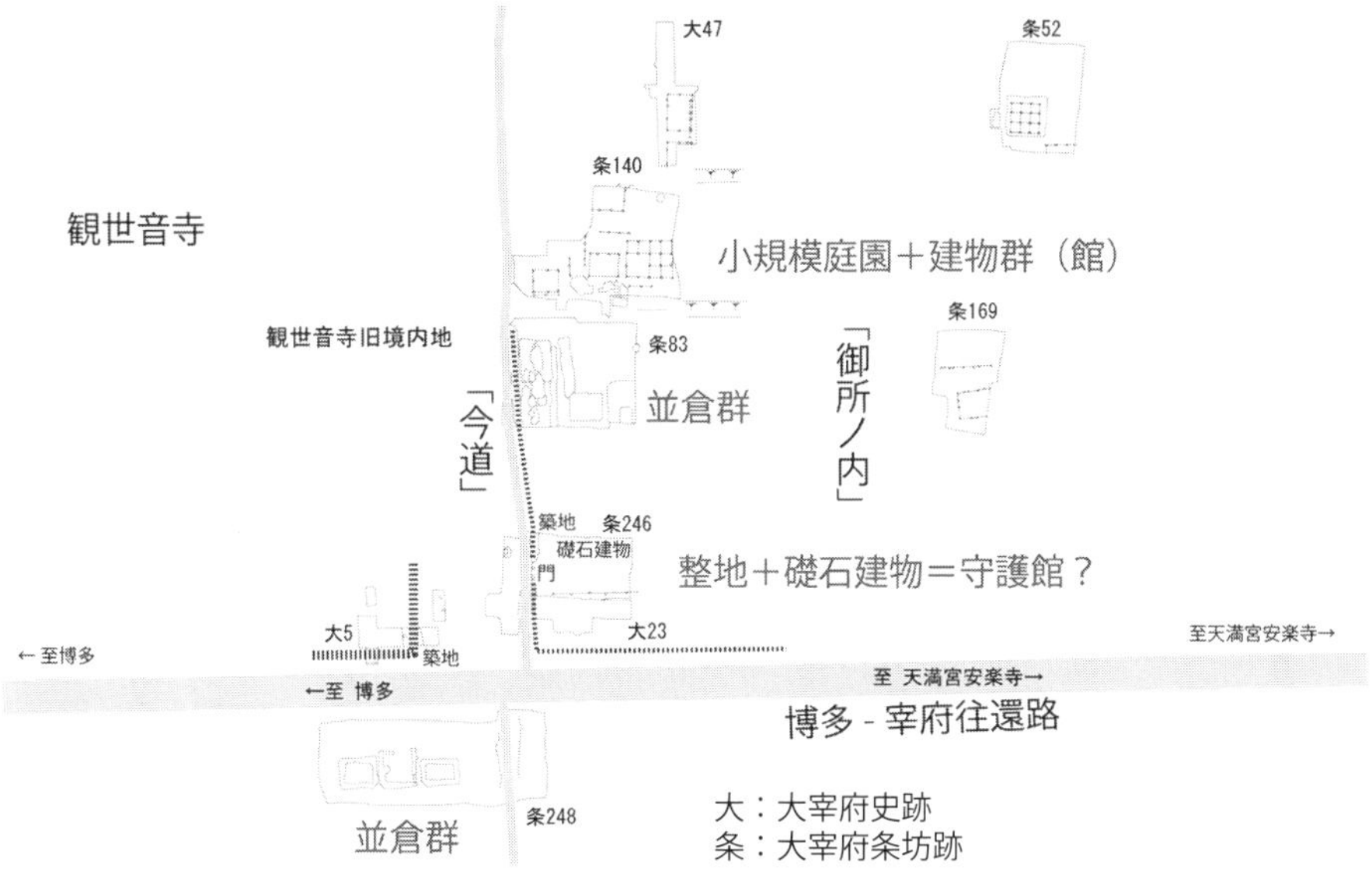

図3　御所ノ内地区の遺跡から復元される守護所周辺の街区

再度、大宰府の御所ノ内周辺での鎌倉後期頃の遺跡の様子を整理してみよう。

港湾都市博多と大宰府間の約一五キロは、御笠川西岸を並走する古代官道の旧水城東門ルートを踏襲する道筋が「太宰府往還」「博多往還」として機能していたと見られ、その道は太宰府の関屋で東に折れて御所ノ内を通過し、天満宮安楽寺に至る。現在もこの位置に県道太宰府関屋線が走っている。

この筋は古代大宰府条坊四条にほぼ相当し、観世音寺旧寺域の南東角付近を掘った大宰府史跡第5次調査では、この道路沿いで東西に延びる築地壁が検出されている。遺跡はこの東西に走る基幹道路の南北に広がり、ちょうど太宰府市役所の西側にある南北道路に並走する形で、鎌倉期の礫と瓦を敷き詰めた幅二メートルほどの南北路が大宰府条坊跡第83・140・246・248次および大宰府史跡第23次で確認されている（図3～5）。

基幹東西路（博多往還）の南北で発見されたこの道は、多少東西方向の位置にずれがあることから少しクランクして東西路とアクセスしていたかも知れない。

図4　推定守護館西の築地跡と南北道路跡
（条坊246次）

図5　連棟式の倉庫群と道路跡
（条坊248次）

北側の南北路に沿って大宰府史跡第23次では両脇に築地壁が確認されている。西側築地の下層からも道路遺構が確認され、その北の大宰府条坊跡第246次では鎌倉後期以降に道路がかさ上げされて瓦敷きになるなど、発展的に整備されていた様子がうかがえる。

また、246次では東側の築地が一部途切れ、その箇所に小規模な一×一間、二㍍四方の礎石建ちの門が確認されている。門を入ると八㍍ほどの空間があり、正面に目隠しの柵があり、その奥に山から運んだ白色、橙色系の土壌を積んだ基壇状の整地の上に礎石建物がある（図4）。

この建物がこの御所ノ内地区で最も手厚く造作された建物であり、往還路に面することもあり、守護館の政所などの主要建物と目される。246次地点においても当該期の瓦の大量出土はなく、御所ノ内地区の鎌倉期の建物は基本的に瓦を使用しない板葺などの構造であったといえる。

この御所ノ内の土地は北にある大城山（通称、四王寺山）からなだらかに下る緩傾斜地であり、北に行くほどレベルが高いために約二〇㍍間隔で雛段状の造作が行われている。246次の北にある83次地点では矩形に溝を掘って礫を敷きつめた「倉」と考えられる建物が群で検出され、さし銭の埋納遺構が存在する。倉の桁行きは五～六㍍、梁行きは四～五㍍の規模のものである。南北道路沿いの築地壁の延長に桁方向の壁が連続して設えられた倉もあり、街区と建物が一体的な構造となっている。

その北の140次調査地点は南の83次地点とは高さ〇・五㍍ほどの段差があり、建物配置は一転して掘立柱建物群により構成される。南側の段落ち付近には建物のない東西一〇

㍍、南北四㍍ほどの空間があり、ここに花崗岩角亜礫を用いた集積遺構と暗渠状遺構がある。集石は洲浜状の景石とみられ、家屋に付随する小規模な庭園遺構と見られる。掘立柱建物は東西に長い九㍍以上×六㍍の主殿と五㍍×四㍍の副屋、目隠しの塀を挟んでまた別の掘立柱建物が展開している。遺跡は整地層が重なった重層的な構造で二度以上の建物レイアウトの変遷が見られる。

東西往還の南側で調査した大宰府条坊跡第248次調査では、南北の礫敷き道路の西に三つ並んだ倉が確認された(図5)。倉は東から小、大、中の並びであり、大きいもので六㍍四方の規模となる。三棟とも南側に庇と見られる柱穴があることから往還路と反対側の南側に開口する扉があったようで、街路からの視覚を意識した配置となっている。政所とおぼしき建物のある246次地点より北東側は間歇的な調査となっているが、約一〇〇㍍北東の52次調査では五㍍四方の三間堂があり、仏堂などの堂舎が地区内に含まれていたと考えている。

このように鎌倉後期を中心とする御所ノ内地区では東西の往還路を基軸に南北の舗装された小径が整備され、土地も二〇〜三〇㍍ピッチに雛段状に造作して半計画的な街区が成立していた。その外周は土壁の築地によって囲まれ、その中は段ごとに政庁、倉所、居宅などのすみ分けがなされている。その空間の中には仏殿などの宗教施設を取り込んでいた。

3　少弐氏にかかわる城

遺跡として少弐氏とのかかわりで知られる城には太宰府市の原遺跡内にある「浦ノ城跡」、宝満山遺跡群中にある「有智山城跡」があり、参考遺跡として太宰府市内の五条遺跡内にある「峯の薬師堂跡」の郭、武藤景資とのかかわりのある那珂川市岩戸の「岩戸城跡」などがあげられる。

①　浦ノ城跡(図6)

天満宮安楽寺(現太宰府天満宮)の西正面の丘の上、四王寺山裾の標高八〇㍍にあり、『太平記』の「大宰少弐古浦城」がこれにあたり、正平七年(文和元年:一三五二)の少弐頼澄と一色氏との「宰府合戦」時の記事にもその名が見

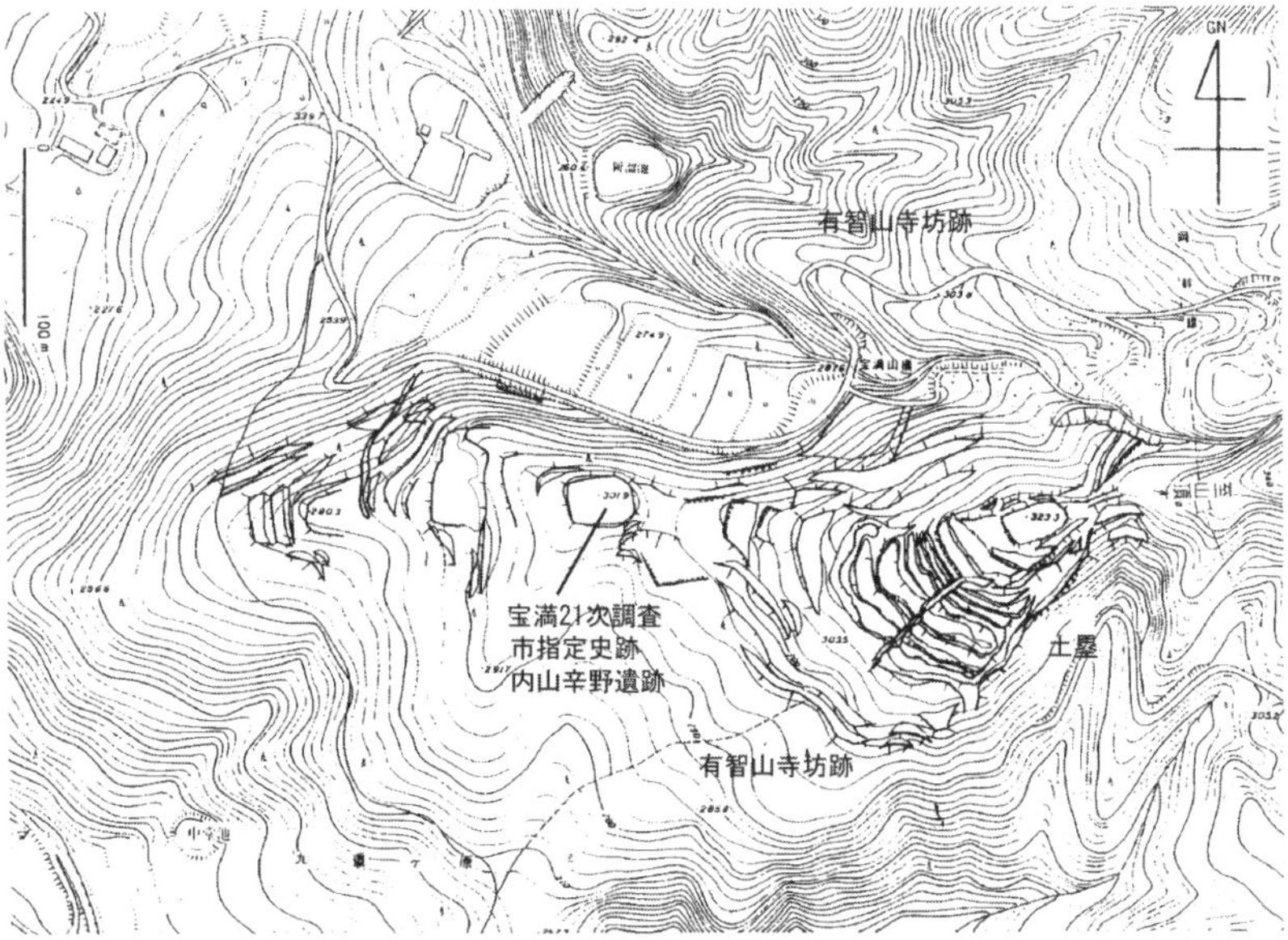

図７　有智山城跡周辺の遺構

図６　浦城跡

図８　内山辛野遺跡（宝満 21 次調査）
の数寄屋風建物と枯山水遺構

られる。『鎮西要略』の少弐氏の持ち城「大宰府城」がこれに当たるとされている。尊良親王や足利尊氏が陣所とした原山はこの一帯にあった山岳寺院で、寺域の一部が臨機に要害として使用された可能性がある。ウラと呼ばれていた一帯で一九六九年に福岡県がトレンチ調査を行い、一三〜一六世紀頃の遺物が出土している。南に開くコ字形の丘陵に囲まれた中に五段の段造成がある形状で、この地形を郭として城郭とみなす説がある。

② 有智山城跡（図7）

宝満山の南西裾の標高三一〇㍍九重原（ココノエバル）という箇所に空堀と土塁があり、古来これが少弐氏の居城とされてきたが、現在では天正期頃との評価を受けている。むしろその西標高三〇〇㍍付近で発掘調査された内山辛野遺跡（図8、宝満21次調査）において二段の石垣と筋違式の階段、その上に建物空間と枯山水式の庭園と数寄屋風建物からなる一三世紀から一四世紀にかけて使用された寺院ないし居館跡が発見され、こちらが『梅松論』のいう内山の寺の要害、『太平記』のいう内山ノ城とみられている。

庭園と数寄屋風建物は一三世紀後半頃のもので建物は焼失しており、中央に火葬墓らしい石組が建物遺構を穿って形成されている。『梅松論』建武三年（一三三六）二月条の武藤貞経（妙恵）の有智山城落城記事との関連が指摘されている。また、この場所から四〇〇㍍南に「オタテ」と呼ばれる段状造成の最高位面があり、その横の丘が郭状に造成されている箇所がある。『筑前国続風土記附録』所要の絵図には「太宰少弐城址」と記載され参考となる。いずれの地も天台系山岳寺院有智山寺の中に存在する。

③ 峯の薬師堂跡の郭

「峯の薬師」の名が残る五条遺跡では、福岡女子短期大学西側の丘陵上で郭状の段造成が確認された。しかし、この段の一部は鎌倉から室町時代の墳墓として利用され、天正期に構築された高尾山城の縄張りにも含まれる可能性があることから、個別の城郭としての詳細は摑めていない。西蓮寺があったとされる場所でもある。正平七年（文和元年）の少弐頼尚と一色範氏との「宰府合戦」時の記事にその名が見られる。

④ 岩戸城跡

筑前国那珂郡岩戸（現那珂川市岩戸）の城山（標高一九五・四㍍）がその地とされる。郭のある箇所が発掘調査され、一三〜一六世紀にわたって使用されたとされている。平家没官領として原田種直が有した岩戸荘を武藤資頼が九州下向後に拝領したとされるが、武藤景資の岩戸合戦との具体的な関係はわかっていない。

武藤少弐の持ち城としては浦城と有智山城が主たるものであったと考えられるが、要害化した時期は調査所見から鎌倉後期以降と考えられる。いずれも天台系の山岳寺院の一角を占拠するもので、軍事力として寺社勢力との結託を諮った結果の選地であった可能性が指摘される。

4　まち場（市）・寺社・墓

発掘調査の成果によれば、武藤少弐氏の居所や守護所のあったと考えられる「御所ノ内」に対して、観世音寺の南前面地区、さらに南の御笠川を挟んだ対岸側の自然堤防上にある南条坊地区、御所ノ内とは御笠川を挟んだ東対面の五条地区、現在の太宰府天満宮の門前に続く五条北地区が一三世紀から一四世紀前半にかけてのまち場と考えられる。

観世音寺前面では一一世紀後半頃より鋳造を主体とする工房が現れ、その後、南条坊地区、五条地区（鉾ノ浦遺跡）に広がっていく。鉾ノ浦遺跡では梵鐘や仏像などの大型仏具が恒常的に生産される工場として成立していた（図1）。

各まち場は幅一㍍ほどの基幹道路が通され、まち場全体として古代と異なる開発軸を曖昧ながら共有しつつ存在していた。少弐氏が大宰府から退転した大分後の永禄年間には、まち場の中心は現在の五条交差点から北の通り筋にあり、六座といわれる商工業者の座元が集住し、祇園社をいただいて寺社や為政者から一定程度独立した形で市町を経営していた。

六座の平井氏は鎮西鋳物師の棟梁であって九州一円の同業者の営業権に一定の権力を有していたが、遺跡としての中世大宰府の鋳物師の居所は平安後期から鎌倉初期には観世音寺境内からその前面、南条坊地区、その後の鎌倉後期には五条地区に中枢が転移している（図1）。このことから

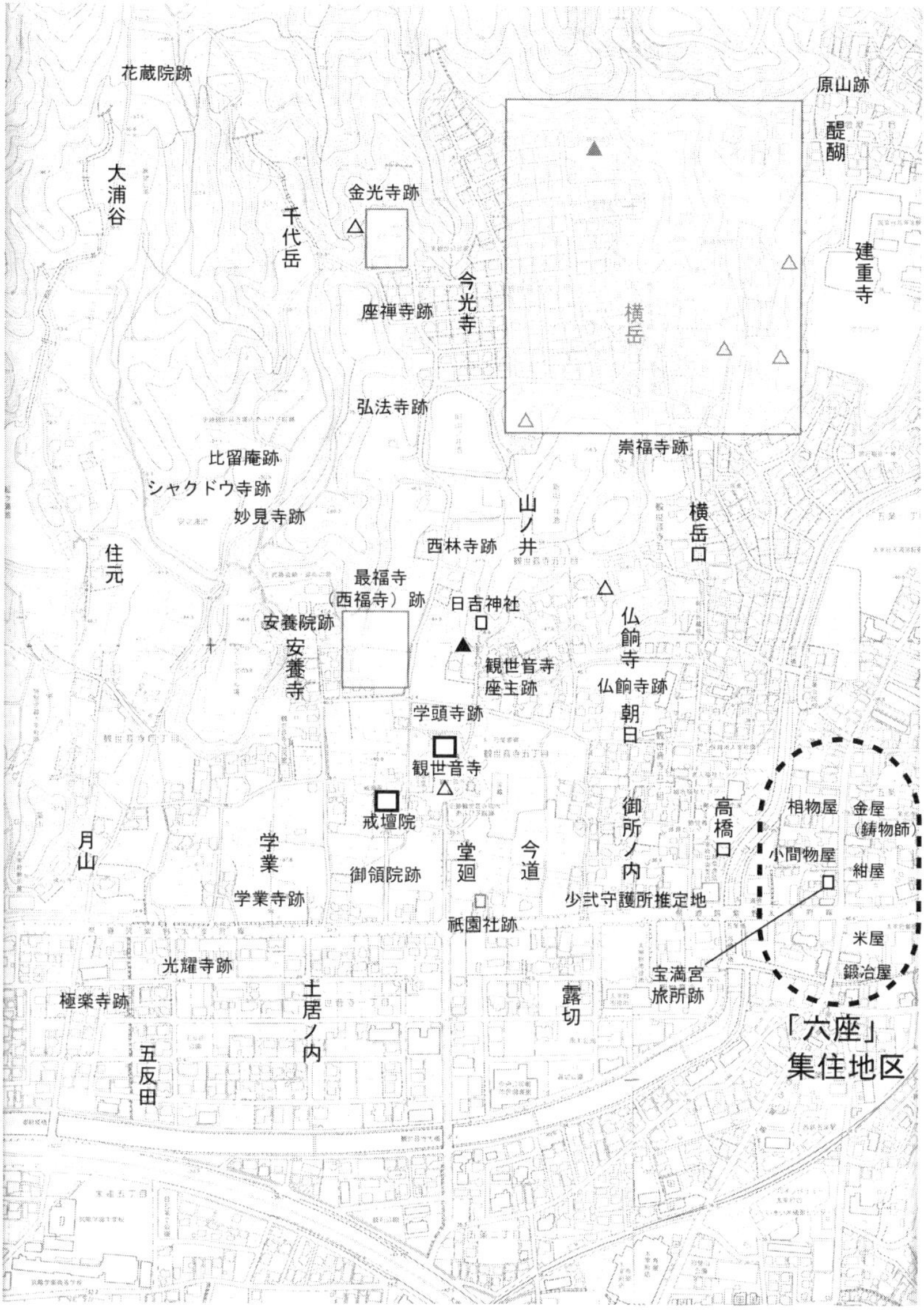

図９　観世音寺周辺の地名と寺社推定地

寺社に依拠した形態から鎌倉後期以降は独立的な形態に移行していたことが読み取れる(図1)。

平井家の独占的な営業権保持の背景には「頼朝の判物」が長く根拠とされ、当然、鎌倉から室町期においては、守護たる武藤少弐氏の後ろ盾あっての営業であったことは言うまでもない。他業種の座元も同様な背景で成立していたと考えられる。

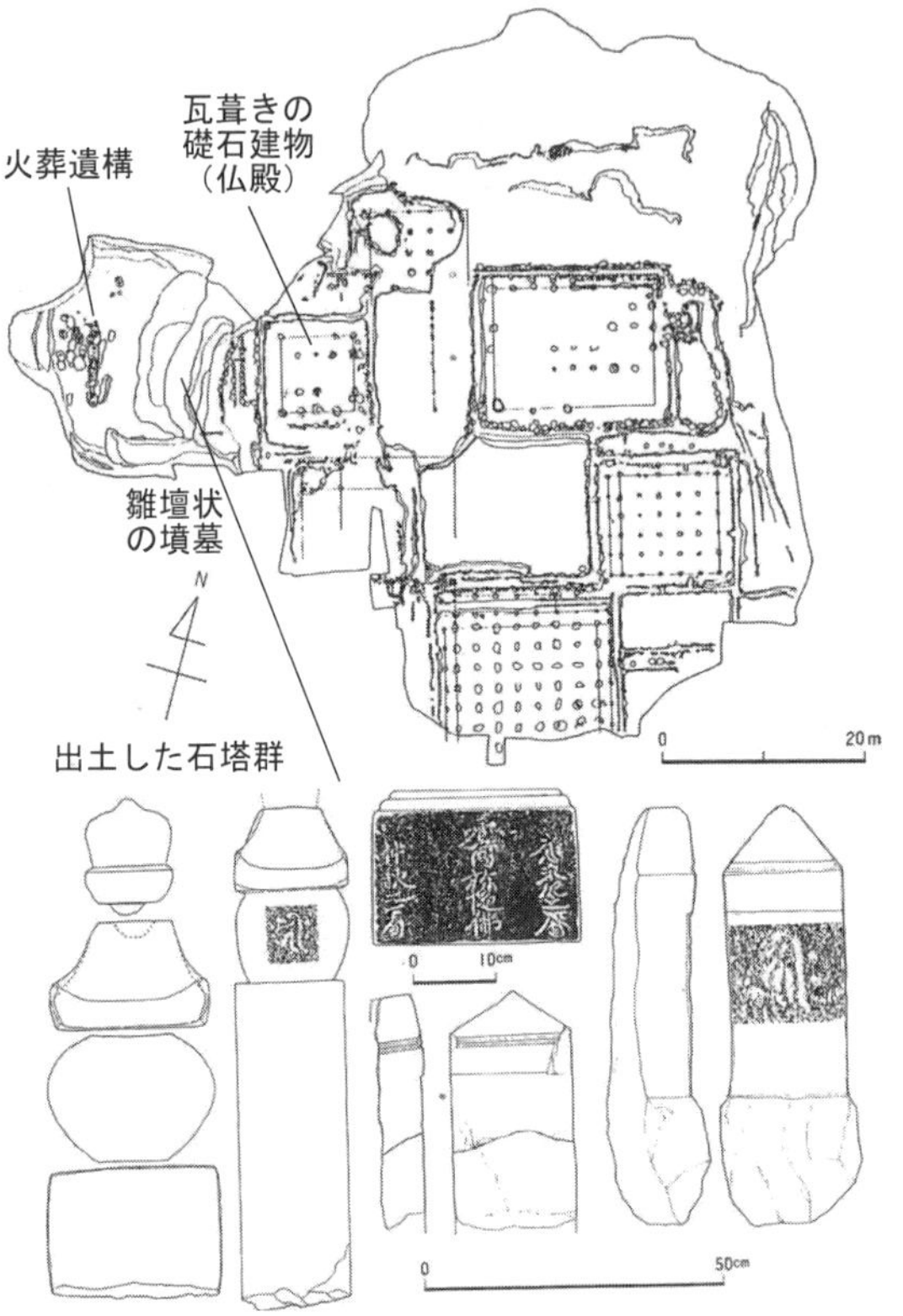

図 10　推定金光寺跡の遺構と石塔

寺院は観世音寺後背部の四王寺山裾に四十九の子院が、その東隣に武藤宗家の菩提寺であった臨済宗の初期禅宗寺院崇福寺、その東に天台系山岳寺院の原山が連続して山地を占拠する様相であった(図9)。観世音寺子院四十九院中には武藤貞経(妙恵)の葬儀を行った安養院(安養寺)や武藤傍系の朝日氏にかかわる金光寺跡などが含まれる。

崇福寺は歴代の住持に円爾弁円(聖一国師 東福寺派)、南浦紹明(大応国師 大徳寺派)、宗峰妙超(大燈国師 大徳寺派)などが迎えられ、武藤少弐氏の政治・外交ブレーンとして位置づけられたことは想像に難くない。崇福寺の寺域北限付近の横岳池畔で武藤資能の供養塔が発見されており、武藤宗家の菩提寺であったことが知られる。

推定金光寺跡は一三世紀から一六世紀の居館ないし寺院跡と評される遺構が発見されている(図10)。四王寺山裾の丘陵に囲まれた谷地を利用し、南北に大床の礎石建物が三棟並び、北側の山裾に苑池、北西に唯一瓦を所要する仏殿と考えられる堂舎があり、その建物に面する西側の山の法面が火葬墓群（五輪塔三四基・板碑二一基・宝篋印塔一基、宝塔一基含む）、その頂部に火葬土坑群があった。

苑池から「さいふいつミの　たゆふとの　ち□とのに」「とう四郎」など武家とかかわる（武藤盛経傍系の孫朝日家が和泉守と称す）とされる木簡が出土していることから、この建物群に武家の居館の性格があったことが指摘されている。

また、金光寺は時宗宰府衆の道場であった。観世音寺四十九院の小規模寺院のうち四王寺山裾にある安養院（安養寺）や仏餉寺などは金光寺と同じ南に開口する谷地を選び、谷に館や堂舎を丘の法面を墓所とする通有の形態を持っており、周辺に「横岳」「朝日」「山の井」などの武藤家傍系家と同じ地名を残すことから、傍系家の館とその菩提寺としての小規模寺院がセットでユニットを形成しながら宗家の「御所ノ内」を取り巻いて展開する様相であったと見て取れる（図9）。

5　武藤少弐と守護所

遺跡としての少弐氏の守護所は、出土遺構や遺物の優位性から観世音寺東側の字「御所ノ内」で検出された遺構群が充てられる。その形状は方形館とはならず、古代以来踏襲された大宰府条坊の二条大路（中世では博多往還路）を基軸とする都市プランに整合的な公館としての館、蔵群とそれを取り巻く傍系のものも含む私邸としての居館群がユニットとして占拠し、その後背の谷地を菩提寺としての寺院群があり、さらにその後背部の丘陵地に墳墓群が広がる、といった景観が復元される（図1・3・9）。

大宰府に居を置いた武藤家嫡流の系譜と歴代の主な事績は次の通りである。

武藤資頼―資能┬経資―盛経―貞経―頼尚（北朝）┬冬資（北朝）
　　　　　　　└景資　　　　　　　　　　　　　└頼澄（南朝）

少弐氏歴代の主な事績

一一九五　建久六年　これ以降に関東御家人として武藤資頼が九州に下向か。
一二〇〇　正治二年　「宰府守護所」の文書が発給される。
同時に「大宰府政所」の文書発給も継続。幕府権力による大宰府機構の掌握が読み取れる。
一二七一　文永八年　「大宰府西守護所」の記載が『元史』外夷伝にあり。(東守護所は大友頼泰のものか)
一二七四　文永一一年　文永の役　武藤資能、経資、景資が対応。(資能は筑前・肥前・豊前・肥後・壱岐・対馬の守護職)
一二七六　建治二年　『一遍聖絵』巻五筑前の武士の館はこの年か。
一二八一　弘安四年　弘安の役　武藤経資が対応。
一二八五　弘安八年　霜月騒動に連動して岩戸合戦が勃発し景資が経資に討たれる。
「岩戸ならび宰府城郭」の記事あり(『侍所沙汰篇群書類従』「追加」)。
一二九三　正応六年　北条兼時、時家が九州に下向し鎮西探題が博多に成立か。
一三三三　元弘三年　尊良親王が大宰府原山に下向滞在し、武藤貞経(妙恵)が宿直勤仕にかかわる。
(この年、鎌倉幕府、鎮西探題滅亡)
→原山の原遺跡は浦城跡(太宰府城)の存在とのかかわりが想起される。
一三三六　建武三年　有智山城の合戦にて肥後菊池武敏に攻められ武藤貞経(妙恵)が自刃。
その後、多々良浜合戦で勝利した足利尊氏が大宰府原山に入る。
「内山の城」「宰府の宅」の記事あり。
一三五〇　観応元年　足利直冬の大宰府入り。少弐頼尚の館に迎えられる。

一三五〇　正平五年　直冬は観応擾乱の結果、鎮西探題（鎮西管領）となる。
一三五二　文和元年　宰府合戦により一色氏が少弐頼尚と菊池軍により掃討される。
正平七年　「峰の薬師堂の城」「竹曲」「浦城」が合戦場となる。
一三五九　正平一四年　大保原合戦で少弐頼尚が菊池武光に敗れる。
一三六一　正平一六年　懐良親王が大宰府に征西府を樹立する。少弐頼澄は宮方として大宰府に入る。
↓日吉神社前出土の正平二二年在銘の宝篋印塔は頼澄の造立か。
一三七二　応安五年　今川了俊が九州探題として菊池方を退け大宰府に入る。

大友氏の拠点　豊後府中（府内）

長田　弘通

1　鎌倉時代の豊後府中

守護所と国衙

大友氏と豊後国の関係を語る時、常套句的に「大友氏は、鎌倉時代初めに初代能直《よしなお》が豊後国守護となって以来、戦国時代に至るまで約四〇〇年間豊後国を支配した」といわれる。かくいう筆者も、公務で担当する簡単な解説文や歴史講座などで、幾度となくこのフレーズを使用してきた。しかし、初代大友能直とその子二代親秀《ちかひで》が豊後国守護であったことを明確に示す史料は残っていない。にも関わらず、「初代大友能直が豊後国守護となって以来」との表現が許されるのは、関係史料が示す状況証拠により、初代能直はほぼ間違いなく豊後国守護であったと推測できるからである。

ただ、「大友家文書録」や『大友興廃記』など江戸時代に編さんされた歴史書では、豊後国守護となった能直が建久七年（一一九六）三月、家臣古庄重能《ふるしょうしげよし》を先発隊として派遣したところ、大野郡の武士大野泰基《やすもと》が神角《じんかく》（大野郡）に本城を構えて反乱を起こし、平定後、能直自身が豊後へ入国したとするが、能直と親秀ともに豊後国に下向し、居住した事実はない。しかし、守護本人は下向しなくとも、守護としての役目は果たさなければならず、古庄重能が下向し、その子孫である小田原氏が守護代となったとされる。能直の代官＝守護代として派遣された古庄氏が、権限を行使するために構えたであろう拠点が置かれた場所は不明であるが、豊後国衙の近くではなかったろうか。

古代において、地方政治の中心は国司が儀式や政治を行う政庁(国庁《こくちょう》)と各種の役所(曹司《そうじ》)によって構成される国衙であり、これを中心とした一帯を国府と呼んだ。平安時代中期に編纂された辞書『和名類聚抄』には「豊後国　国府在大分郡」と書かれており、豊後国衙・国府が大分郡内にあったことは間違いない。しかし、その場所はいまだ特定されてはおらず、その地名から当初は現在の大分市古国府《ふるごう》地区、その後は平安時代後期の史料に登場する「高国府《たかごう》」の地名から古国府地区の北に位置する上野台地にあったものと考えられている。

一般に、鎌倉幕府が成立すると、朝廷の政治機構は衰退していくと思われがちであるが、実際は関東を除き朝廷が支配権を維持しており、実務を担当する地方官僚である在庁官人たちによって、国衙の行政機能は鎌倉時代後期まで保持されていた。大友氏に限らず、守護が国内の武士たちを統括し、治安警察権に代表されるその権限を行使しようとする時、支配のノウハウを持つ在庁官人の存在は重要であり、国衙の近くに拠点である守護所を置くことは自然な成り行きであったであろう。鎌倉時代初期、守護代派遣に留まった大友氏においても同様で、守護所と同義である守護代の拠点も豊後国衙近くに構えられたと考えられる。

三代大友頼泰の下向と高国府

大友氏当主で、確実な史料で豊後国守護職保持が確認でき、かつ、豊後国へ下向し定住した初めての当主は、親秀の長男三代大友頼泰《よりやす》であった。頼泰は少なくとも仁治三年(一二四二)時点で豊後国守護であり、豊後国への下向が推定できる最初は文永二年(一二六五)、次が同六・七年となる。この間、継続して豊後に居住していたかは不明であり、同七年以降は豊後を離れたようである。そして、定住するようになったのは文永九年四月以降と考えられている。

大友頼泰の一時的な豊後下向、そして、その後の定住の前提として注目されてきたのが、建長六年(一二五四)前後の高国府と勝津留《かちがつる》の所職をめぐる大友頼泰と、頼泰の祖母尼深妙《あましんみょう》(大友能直妻)、叔父の志賀能郷《よしさと》(能直子)の諍いである。

表1に示したこの諍いに関する一連の史料をもとに、渡

表１　高国府・勝津留所職をめぐる史料リスト

No.	年月日	西暦	史料名	内容	出典
1	貞応２年 11 月２日	1223	大友能直譲状	大友能直、末子志賀能郷に、勝津留（高国府と号す）等の所領・所職を譲る。	勝 -4
2	建長６年６月５日	1254	法眼幸秀・頼秀連署契約状	幸秀・頼秀、志賀能郷に対し、彼所の一職を大友頼泰に譲ったものの、以前能郷に譲った内容には変更ないことを契約する。	勝 -8
3	建長７年５月 20 日	1255	大友頼泰安堵状	大友頼泰、志賀泰朝に対し、高国府勝津留の所職を安堵する。	勝 -9
4	康元元年 12 月 19 日	1256	尼深妙証状	深妙、志賀能郷に対し、高国府の間の地頭職については、夫能直の譲状のとおりであることを伝える。	勝 -10
5	正元元年 12 月 19 日	1259	尼深妙譲状	深妙、志賀能郷に、勝津留弁済使職を譲る。	勝 -11
6	弘長３年３月 10 日	1263	尼深妙カ譲状案	深妙、志賀泰朝に、高国府弁済使職を譲る。	勝 -13
7	康永元年８月３日	1342	志賀忠能譲状	志賀忠能、嫡子頼房に、勝津留地頭職他を譲る。	勝 -40
8	貞治３年２月	1364	大友氏時所領所職注文	大友氏時が知行する所領・所職の書上げに、荏隈郷、笠和郷と高国府村がみえる。	荏 -38
9	永徳３年７月 18 日	1383	大友親世所領所職注文	大友親世が知行する所領・所職の書上げに、荏隈郷、笠和郷と高国府村がみえる。	荏 -39

※出典の「勝 -4」・「荏 -38」は、それぞれ、『豊後国荘園公領史料集成五（上）』「勝津留４号」、「荏隈郷 38 号」の略

辺澄夫は「大友頼泰が高国府を入手したことは、守護所＝居館を設けることを前提としたものと考えざるを得ない」、「大分市上野丘に「御屋敷」という小字がある。ここが大友氏の居館、すなわち「大友屋形」の跡とされている。これは間違いないと考える。（中略）大友総領家が上野原を領有して、居館を設けたのは、三代頼泰の時と考えられる」とした［渡辺 一九七七］。大友頼泰の高国府入手＝守護所設置とした点は慧眼であり、この結論に異を唱えるものではないが、その行論において、高国府と勝津留を同一の所領単位と理解している点、守護所の場所を現在も土塁や空堀跡が残る上野台地上の小字「御屋敷」の地であるとする点に疑問がある。

まず、後者の頼泰の守護所＝小字「御屋敷」の地としている点について述べよう。小字「御屋敷」の地に残る土塁と空堀を持つ居館跡を現在上原《うえのはる》館と呼んでいる（図２）。近

年、数次にわたり実施された上原館跡の発掘調査によれば、土塁の構築年代は一五世紀後半以降であり、内部で出土した中世の遺構は一六世紀半ば以降に限られ、それ以前の遺構と遺物の年代は八世紀後半代にまで遡り、平安時代から鎌倉・室町時代前半の遺構は現在のところ確認されていない［大分市教委 二〇一四］。発掘調査が全く行われていなかった時代に、鎌倉時代後期の守護所（大友館）＝上原館と考えるのはいたしかたなかったことであるが、現時点の発掘調査に基づけば、上原館の地に大友頼泰が下向した鎌倉時代後期にその居館を置いたとは考えづらい。後述するように、大友頼泰が高国府入手に執着したことは間違いないが、高国府の入手＝上原館設置と単純には理解できないのである。

次に、大友頼泰の高国府入手に関し、渡辺が高国府と勝津留を同一の所領単位として理解していた点について考えてみよう。表1に示した高国府と勝津留をめぐる問題は、鎌倉時代後期の守護所問題にとどまらず、戦国時代の大友館と府内の町の形成にも関連する大きな問題である。これについては別稿で詳細に考証した［大友館研究会 二〇一七］。ここでは、その要旨を述べることにする。

勝津留は、平安時代後期まで大分郡荏隈郷・笠和郷・判太郷の境界域にある荒野空閑地であったが、永承元年（一〇四六）頃から開発に着手。開発過程で所属が荏隈郷となり、紆余曲折を経て、承保四年（一〇七七）宇佐八幡宮へ寄進された。その後、宇佐八幡宮では、毎年の万灯会を勤めるのに必要な灯油料（万灯会勤修灯油料）を賄うための土地とし、散在常見名田《さんざいつねみみょうでん》（津守常見《つもりのつねみ》が管理する諸国に散在する田畑）の一つとして、豊後国衙や大宰府の承認を受けた。

勝津留の範囲であるが、開発過程で荏隈郷所属と決まった際に東西南北の境界である四至が示されている。それによれば、北は現在の大分市長浜町北側一帯、東は元町から長浜町三丁目一帯の大分川沿い、南は上野台地南東端の崖に彫られている岩屋寺石仏の前、西は上野台地東端、元町石仏が彫られている元町と上野丘東を区切る崖の上にあった狭い畠であった（図1）。

この範囲は「戦国府内絵図」に描かれた範囲、すなわち、戦国時代の府内の町の範囲とほぼ一致する。その後、康平二年（一〇五九）には西側境界のみが大分県立芸術文化短期大学西側を通って、長浜町の塩九升通りの西側へ続く道と

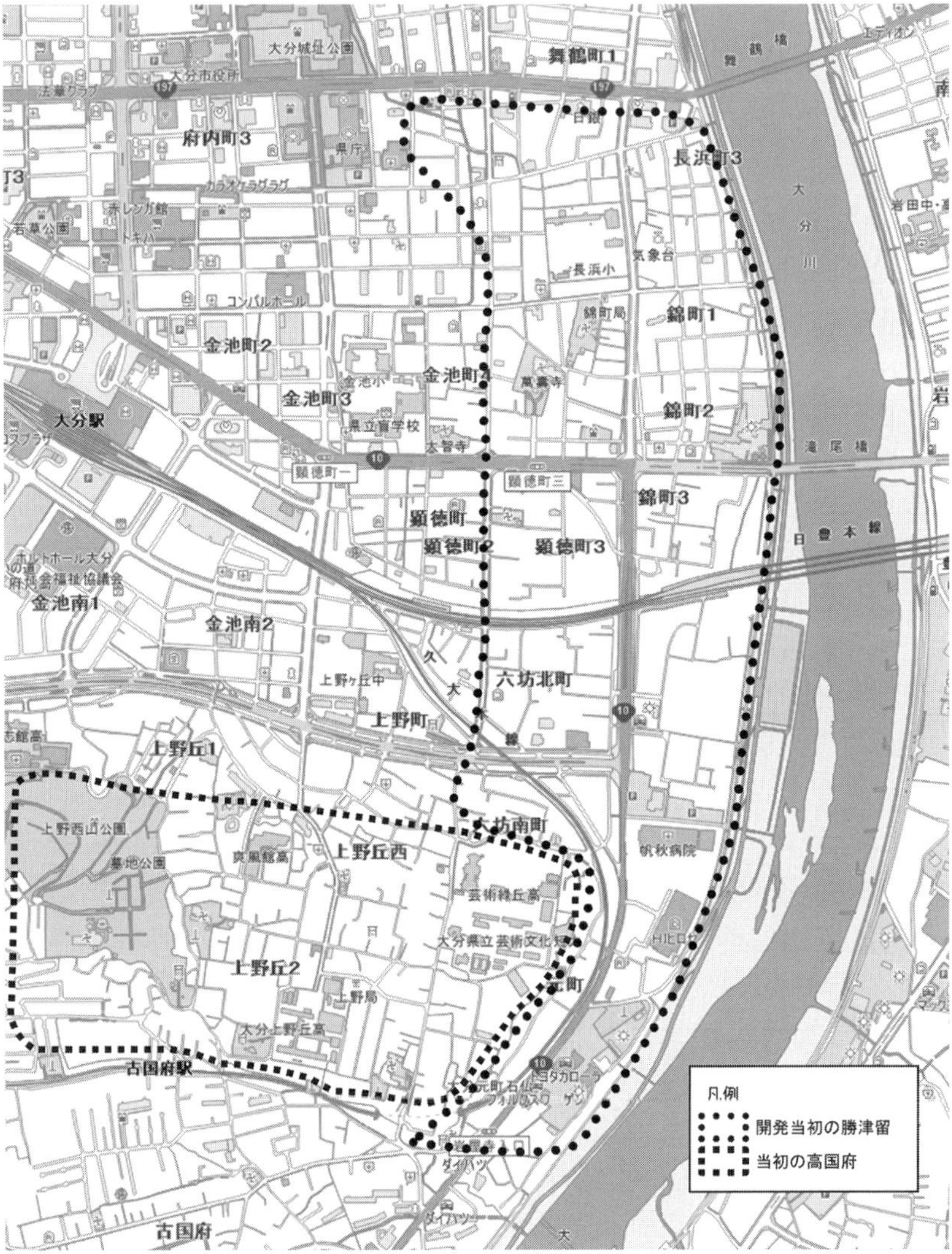

図１　開発当初の勝津留と高国府の範囲

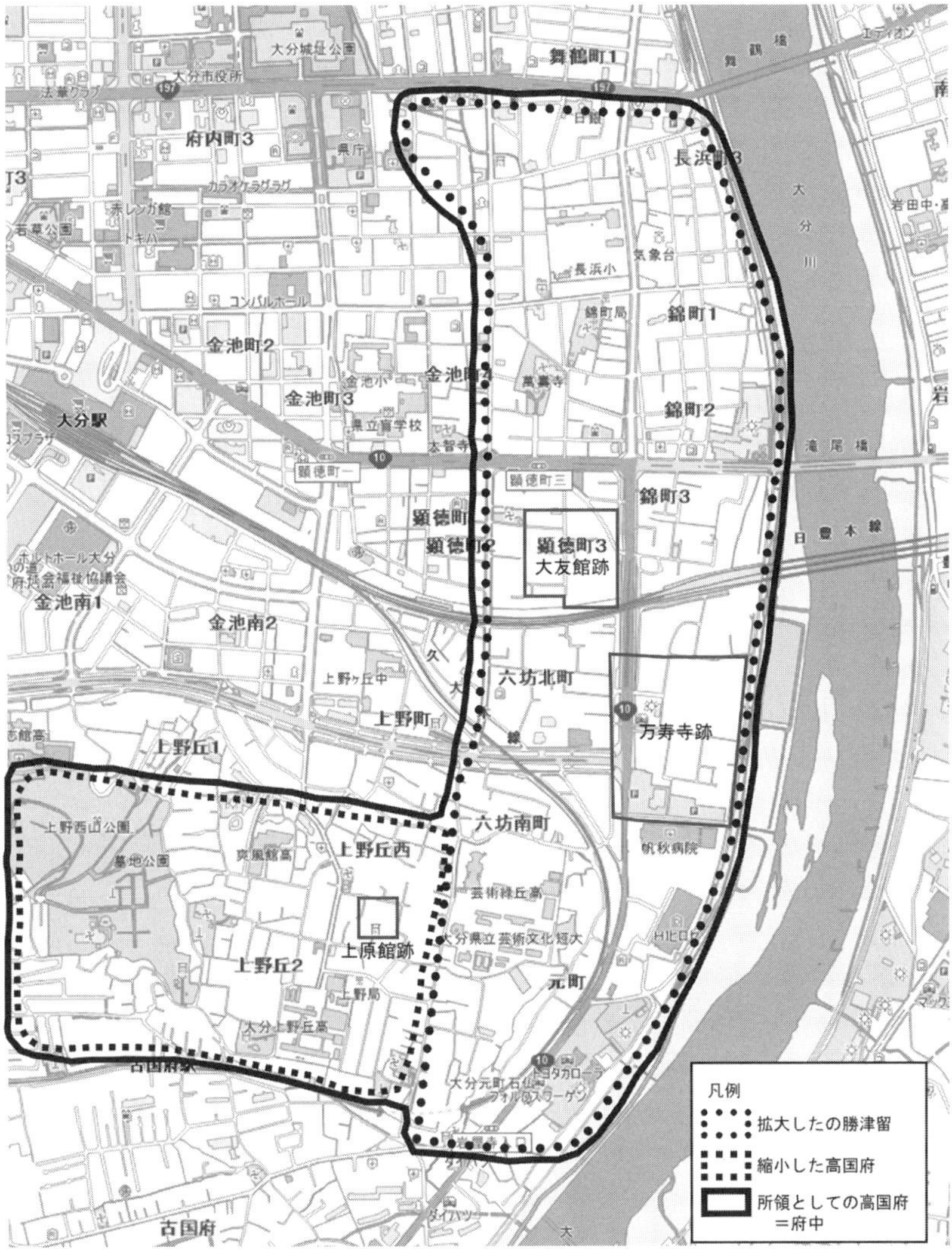

図２　勝津留・高国府・府中の範囲

変化した。この結果、勝津留は、本来、高国府内であった上野台地東側を含むようになった(図2)。

一方、高国府は当初、国衙推定地である県立大分上野丘高等学校付近を中心とする上野台地全域であった(図1)。しかし、一一世紀以降、台地東側にあった官衙施設が廃絶し(竜王畑遺跡)、耕地としての利用が可能となった結果、一一世紀半ばに開発対象として台地東側が勝津留に含まれるようになり、その範囲が狭まった(図2)。

以上のように、高国府と勝津留は本来、別々の領域、地域呼称であったが、鎌倉時代前期には「勝津留　高国府と号す」(表1No.1)と、両者は同一地域であるかのように表現されている。しかし、あくまで所領として両者は別の単位であり、高国府が勝津留を内包し、所領として重層的な関係になった。「勝津留は高国府ともいう」との表現は「勝津留は高国府の中である」ことに起因したものであった(図2)。

このような高国府と勝津留の範囲と、所領関係を前提に表1で示した高国府と勝津留との諍いを時間の経過にそってまとめると以下のようになる。

まず、貞応二年(一二二三)、大友能直は志賀能郷に勝津留地頭職を譲った(No.1)。この史料に見える「勝津留は高国府と号す」とは勝津留は高国府の中であるとの意味である。次に建長六年、大友頼泰は幸秀らに迫って「彼所一職」=高国府地頭職を入手した。ところが、高国府は勝津留を内包しており、その地頭職を大友頼泰が持つことになったため、志賀能郷が所持する勝津留地頭職の権利が侵害される恐れが生じ、深妙が幸秀らにクレームをつけた。これに対し、幸秀らは能郷の勝津留地頭職にはなんら制約を受けないことを保証する契約状を認めた(No.2)。その上で、豊後国守護であり、高国府地頭職を持った大友頼泰も志賀氏が持つ勝津留地頭職を安堵した(No.3)。この安堵状にも深妙が関わっていたのであろう、その翌年、彼女は志賀能郷に、勝津留地頭職の権利が誰からも侵害されないことを教え諭す「証状」を与えた(No.4)。その後、正元元年(一二五九)、深妙は勝津留地頭職を持っている志賀能郷にとって都合がよいであろうと、長年自分が所持していた同所弁済使職を譲った(No.5)。地頭職と弁済使職を併せ持つことになった志賀能郷の勝津留支配はより強固になった。さらに、弘長三年(一二六三)、深妙は、大友頼泰が地頭職をもつ高国府の弁済使職を志賀泰朝に譲るが(№6)、これは頼泰の高国府支配権を牽制する意味合いがあったものと思われる。

大友頼泰の高国府地頭職入手に端を発する諍いの中で、何としてでも子の志賀能郷の権利を守ろうとする、深妙の行動力・政治力には驚かされる。一方、頼泰にすれば、高国府地頭職を入手することで、祖母深妙・叔父志賀能郷と少なからず諍いを生じるであろうことは想定内のことではなかったろうか。頼泰が、親族との間に多少の軋轢を生むことを承知の上で、幸秀らに迫って高国府地頭職を割譲させたことは、それだけ、高国府を重視していた証であり、渡辺澄夫が指摘したように、豊後定住、守護所=居館の設置をにらんでの行動であったと考えられる。

渡辺は高国府入手=上原館の設置と理解していたが、考古学的見地から単純にそういえないことは先述した。また、大友頼泰が入手した高国府地頭職は勝津留をも含む権限であったことからすれば、守護所設置場所を台地上に限定して考える必要もない。勝津留内の大分川左岸の平地部分も設置候補となりうるのである。

ただ、それはあくまで論理上の可能性である。頼泰が高国府地頭職を入手した時点では、平地の勝津留支配権(地頭職と弁済使職)は志賀能郷が所持しており、いくら、所領単位として高国府が勝津留を内包しているからといって、叔父能郷の所領内に居館を設けることは不可能であったろう。

勝津留に対する志賀氏の支配権は南北朝時代の康永元年(一三四二)まで確認できる(表1№7)。しかし、五代大友貞親《さだちか》は鎌倉時代後期の徳治元年(一三〇六)、臨済宗寺院で、のちに十刹となる万寿寺を創建する。「戦国府内絵図」によると、町の南東部、大分川分流の左岸沿いに万寿寺がある。当該場所(大友氏遺跡・旧万寿寺地区)で実施された発掘調査では一四世紀前半と考えられる溝と豊後国では珍しい他地域からの招来品である吉備系土師器が出土しており[大分県埋文 二〇〇七]、創建された場所は「戦国府内絵図」にみえる場所と同一であると考えられる(図2)。そこはまさに勝津留内であり、このことは、大友氏当主が志賀氏所領の一部を侵害していたことを示している。

ほかにも勝津留と同様、大分川左岸にあった志賀氏所領が他者から押領されていた事実が確認できる。たとえば、正安元年(一二九九)頃、勝津留の北限、大分川河口にあった笠和郷内の志賀氏領塩浜は国衙領笠和郷の役人から妨害されていた。志賀氏の本拠は大野荘志賀村南方(豊後大野市朝地町)であり、大分郡内の勝津留と大分川河口の塩浜は遠隔地領であった。在地の者たちの力が伸展する中、遠隔地に本拠を持つ地頭の権限が侵害され、弱体化することは一般的に起こっていた歴史事象であった。志賀氏においても同様で、特に、文永二年(一二六五)頃と考えられる深妙没後は後見役を失い、勝津留や塩浜の支配権が侵害されるようになったと考えられる。

このような志賀氏所領侵害の一つの帰着が大友氏当主による勝津留内での万寿寺創建であった。これらの事実を踏まえれば、大友氏当主が、勝津留の平地部分に、その居館を構えることができる状況となるのは、鎌倉時代後期、一三〇〇年前後以降と考えられる。

以上の考察を踏まえ、大友頼泰がまず豊後定住のために居館＝守護所を定めた場所を推測すれば、高国府のうち勝津留を除いた上野台地上か、もしくは、弘安八年(一二八五)の「豊後国図田帳」で、大友頼泰の地頭職所持が確認できる大分郡荏隈郷内の上野台地に近い場所が候補となる。ただし、後述するように、南北朝時代、守護所は上野台地にあったと考えられることからすれば、大友頼泰が守護所を定めた場所も、上原館地を除く上野台地上のどこかであった可能性が高い。

大友頼泰の「新御成敗状」と府中

三代大友頼泰は、貞応元年(一二二二)、二代大友親秀の長男として生まれた。おそらく、嘉禎四年(一二三八)父から家督とともに豊後国守護職を譲られた。

家督相続から四年後の仁治三年(一二四二)、大友頼泰は豊後国守護であることが確認できる。その証左の一つが仁治三年正月一五日の日付を持つ「新御成敗状」である。

「新御成敗状」とは、一八か条からなる武家法であり、寛元二年(一二四四)一〇月九日に出された「追加」一六か条とともに「後日之式条」という名で伝わった(『中世法制史料集第一巻』)。この二つで一体をなす武家法は、まず、

「新御成敗状」に「関東の御定」（二条）、「関東新制を守り」（三条）、「関東御教書にいう」（七条）と鎌倉幕府の法令を受ける立場の者が制定していること、さらに、「追加」四条に「掃部頭禅門並びに前豊前国司及び出雲路桑門成敗の事」とあり、掃部頭禅門《かもんのかみぜんもん》＝中原親能《ちかよし》（大友能直の養父）、前豊前国司《さきのぶぜんこくし》＝初代大友能直《よしなお》、出雲路桑門《いずもじそうもん》＝二代大友親秀、大友氏歴代当主の判断を今後の裁判における規範としていること、この二点から制定主体は豊後国守護大友氏であり、具体的には三代大友頼泰であるとされている。「新御成敗状」こそ、大友頼泰の豊後国守護としての最初の事績なのである。

　中世法制史研究の第一人者笠松宏至は、「新御成敗状」二八か条と「追加」一六か条、計四四か条（以下、鎌倉大友法と呼ぶ）の特徴を以下のようにまとめている［笠松 一九九四］。

㈠ 四四か条の内、鎌倉幕府法の直接的継受が明示されているのは一三か条、その内「御式目」が八か条にものぼり、「御成敗式目」の圧倒的な影響下に生まれた法典である。

㈡ しかし、「御成敗式目」を無批判かつ安易に移入したのではなく、現場で発生している諸問題を現実的に処理していくために、時には、「御式目」によるとしながらも、「御式目」が持つ不合理性や論理的欠陥を婉曲に補正し、時には、「御式目」の文言を借用しながら、文脈を逆転させることにより新たな法規範を示すなど、「御式目」を否定するような露骨な表現は一切避けつつも、採るべきところは採り、捨てるべきところは捨て、変えるべきところは変えるという主体的な立場で制定したものである。

㈢ 鎌倉大友法がどのような形式で発布され、通達周知させられたか不明である。しかし、「新御成敗状」二〇条から二八条にまとまる豊後国府中に関する規定に代表される禁制条項群は住民を直接規制対象とする日常的な実効力を期待される法であり、総体として一定の公布手続きがとられた法典であったことは疑いない。鎌倉大友法は豊後の地に「新しい成敗のための成文の法典」を制定しようする高い独自性・主体性を持つ法典といえる。

以上のように、当時において、他に例をみない守護の法典として高く評価される鎌倉大友法が制定された時、大友頼泰は家督を継いでまだ間もない二一歳の青年であった。また、頼泰が豊後に定住するようになったのは文永九年(一二七二)以降とされる。実際、鎌倉大友法制定後である建長二年(一二五〇)には京都で閑院殿造営雑掌(焼失した臨時的皇居である閑院殿の再建を担当する役)、同三年には京都大番役(内裏や院などの警備役。当時の任務期間は三か月)をそれぞれ務め在京しており、さらに、翌建長四年から正嘉元年(一二五七)までの五年間は、「御格子番」(将軍居所を含む幕府関連諸建物の格子の上げ下げを行う役)として鎌倉に詰めていた。

年齢だけでその政治能力を評価するのは早計であろうが、家督を相続したばかりの若年であり、京都や鎌倉での役務の連続で、豊後に下向することがなく、現地を全く知らなかった頼泰の個人的能力だけで鎌倉大友法が制定できたとはとても思えない。

初代大友能直の養父中原親能は、公家法の専門家である明法家出身である。親能自身は幼少時東国で育ったため就学の機会を失い、明法家としての道を断念したとされるが[渡辺 一九八二]、初代能直から三代頼泰まで在京することが多かった大友氏の周囲に法律の専門家である中原氏の関係者がおり、法律的助言を行ったことは十分にあり得たであろう。また、豊後にいる守護代を中心とした家臣らからは現地情報が逐次もたらされていたであろう。鎌倉大友法はこのような時代的・社会的要素を背景に生み出されたものといえよう。

鎌倉大友法の中心をなす「新御成敗状」の後半には豊後国府中に関する禁止事項が集中して規定されている。それらをまとめたのが表2である。掲げた一〇条のうち、「府中」が直接登場するのは一九・二〇・二一・二五の四か条。残る六か条には「府中」をさす文言はないが、町や町人、大路、博打といった農村とは異なる都市としての状況が看取でき、「府中」に関わる条項と考えられる。

各条を詳細に分析することは省略するが、これらの規定からは「府中」の都市としての姿をかいま見ることができる。二一条では、買う側が売り主に圧力をかけ安値で買いたたく押買《おしかい》や、逆に売り主が不当に高値で売りつけるなど

表2 「新御成敗状」豊後国府中に関する規定

条数	条目	規定内容
19	府中の地を給わる輩の事	彼の地の済物（租税）を難渋し、所役を怠った者は、屋敷地を没収する
20	道祖神社の事	同府の住人らが道祖神社を府中に建てることを禁止する。但し、特段の事情があり、申し立てれば、その内容により判断する。
21	町押し買いの事	町で買い主が売り主の意思に反して威力で物を買い取ることは禁止する。町人らが物の値段を法に反して過分に設定することも禁止する。
22	府中笠を指す事	往来する人々が、降雨の時以外に笠を指すことは禁止する。
23	大路の事	大路に、田畑を作り、家を建てることは、わがままであり、禁止する。
24	保々産屋の事	産屋を公的な大路に設置することは禁止する。もし、守らなければ、破却する。
25	府中墓所の事	一切禁止する。もし、違反すれば、改葬させ、その屋敷を没収する。
26	私物、道々において	如然の輩があり、細工などが煩わしいという。禁止する。
27	出禄の事	（規定なし）
28	双六、四一半、目増、字取等博奕の事	双六などの博打は一切禁止する。

※「条数」は「新御成敗状」1条から便宜的に付した通し条数。

の違法な商取引が禁止され、府中での商売が常態化しており、町が形成されていたことを示している。また、二三条では、通行の確保のため、府中の大路に田畑を作り、家を建てるなどしてこれを狭めることを禁止しており、大路は公共空間と認識されていた。一方、同条は、大路沿いに家と田畑もあったことを物語っている。町といっても、私たちがイメージするような町屋が軒を並べた状態ではなかったようだ。一九条で、府中の住民に済物《さいもつ》と所役の負担が求められているが、これも府中は、職人を含む商取引を主業とする人々＝町人だけではなく、農地を基準に賦課される各種租税を負担する人々＝農民によって構成されていたことを示唆している。

それでは、「新御成敗状」が対象とした「府中」とは、具体的に豊後国内のどの地域を指しているのであろうか。律令制下、国衙を中心とした地域が国府と呼ばれ、一般に後の時代になると、この国府が府中と呼ばれるようになる。現在の東京都府中市（武蔵国）や広島県府中市（備後国）、同県府中町（安芸国）などはその名残である。鎌倉時代の豊後国府中も、当然、豊後国衙が置かれていた一帯をさすはずであるが、豊後国衙の所在地自体が明確でないため、これまで古国府地区や高国府である上野台地、もしくは両者を合わせた地域が豊後国の府中であろうと漠然と理解されてきた。

しかし、法が及ぶ対象範囲となれば、漠然としたイメージではその法自体が成立しない。府中での禁止事項がある以上は、厳密に線引きされた範囲ではないにしても、禁止される地域がある程度は限定されていなければならない。

文永六年(一二六九)三月二三日付の「大友頼泰書下」(荘公五上―勝津留15)が「新御成敗状」制定時点での府中を考察するヒントを与えてくれる。この文書は玖珠郡野上村の地頭野上資直とその姉との所領争いに関して、豊後国守護大友頼泰が野上資直に対し、今月中の「上府」を命じたものである。この「上府」とは「府」に参上することを意味し、「府」に守護大友頼泰の守護所が置かれていたことを示している。そして、それは豊後国の府中と考えて間違いない。この文書は大友頼泰の一時的な豊後在国の証左となると同時に、府中にその守護所があったことを示す重要な史料である。

先に、大友頼泰が豊後定住のために守護所を定めたのは上野台地上の可能性が高いと述べたが、定住以前一時在国中の守護所、さらに遡れば、未だ一度も下向していない時期の守護代の拠点(広い意味で、これも守護所と呼べる)の候補地も同様と考えられる。府中の範囲はまず守護所を含む地域であることが第一条件となる。そして、府中は古代の国衙に付随した町を淵源とするものと考えられ、その町とは水上交通を基盤とする物資の集積地、物流の拠点であり、交易の場であった「市」を中心にした地域であったであろう。

大分川は古くは「市河」と呼ばれていた。また、戦国時代の府内には、その大分川左岸近くに「上市町・下市町」があった。市河・上市町・下市町の「市」とは古代の国衙に付随した市に淵源をもつものであろう。これらを考え合わせれば、「新御成敗状」制定時点の府中とは勝津留を含む広義の高国府、具体的には上野台地および大分川左岸の平地部であったといえよう(図2)。

2　南北朝から室町時代の府中

守護大友氏と豊後国衙

今から三十数年前まで、中学・高校の日本史で学ぶ中世の土地制度とは、律令制の基本である公地公民制が崩壊し、いかに私有地である荘園が誕生し、全国に広まっていくかという荘園制度確立の流れであった。しかし、その当時すでに、私有地とならず国司が支配する国衙領が少なからず存在し、荘園とともに中世土地制度の土台であったこと、荘園と国衙領では支配の仕組みも税の体系もほとんど変わらないことが明らかにされ、荘園公領制と呼ばれていた。

表3　大友頼泰が地頭職を持つ豊後国衙領

郡名	郷(所領名)	面積
大分郡	荏隈郷	160町
	笠和郷	170町
	判太郷	30町
	阿南郷	80町
海部郡	佐賀関	11町
直入郡	直入郷	130町

豊後国においても、鎌倉時代後期の弘安八年(一二八五)に成立した「豊後国図田帳」によれば一八か所の国衙領があり、その面積は国内の約二三%を占めていた。国司が支配するとはいえ、仕組みは荘園となんら変わりはなく、地頭も置かれていた。そして、全一八か所の豊後国衙領のうち、三分の一にあたる六か所(面積約三五%)の地頭が大友頼泰であった(表3)。それも、大分郡荏隈郷・笠和郷・判太郷と、国衙と守護所があった府中を中心とする大分川下流域に集中しているのである(面積比六六・五%)。これら三郷の地頭職獲得時期が頼泰の時なのか、それ以前に遡るのか不明であるが、豊後国守護大友氏がその支配力を高める基盤として、国衙の膝下である三郷の地頭職を得たことは間違いないであろう。

先に、全国的に、鎌倉時代後期まで、国衙の行政機能は地方官僚である在庁官人たちによって保持されていたと述べた。たとえば、先に紹介した「豊後国図田帳」は守護大友頼泰の指揮下、税所《さいしょ》(財務担当官)の小野朝臣幸直が作成したものであった。また、乾元二年(一三〇三)、豊後国在国司《ざいこくし》沙弥行念は由原宮放生会において国衙領である国東郷が負担する役を滞りなく勤仕させる旨の請文を由原宮へ提出している(県史料9—柞原52)。在国司とは、中央役人である国司の現地赴任が途絶えた後、在庁官人の中で権勢をふるった者であり、国司に代わる国衙のトップといえる者であった。このように、豊後国衙においては、鎌倉時代末近くになっても、在国司や税所といった在庁官人の存在が確認でき、国衙機能は十分保持されていた。

鎌倉時代の守護の権限は一般に大犯三箇条と呼ばれる鎌倉幕府の御家人統率と治安維持にあたる軍事・警察権であった。武力を背景とする守護が行政権をも持つには、国衙の在庁官人らを自己の権力に取り込んでいく必要があった。その方法は、在庁官人を被官化することであり、さらには在庁官人の権限(在庁職)を自らが持つことであった。

貞治三年(正平一九年:一三六四)、八代大友氏時《うじとき》が所持する所領と所職を書き上げた「大友氏時当知行所領所職等注進状案」(以下、「氏時所領所職注文」と略す。県史料26—大友二巻六)には、豊後国守護職と並んで、豊後国在国司職、同検非違使所惣追捕使職、同税所職があげられている。大友氏は、南北朝時代半ばまでに、在国司職をはじめとする主だった在庁職を所持していたのである。「氏時所領所職注文」から遡ること約三〇年前の、正慶二年(一三三三)、六代大友貞宗《さだむね》は五男の氏泰《うじやす》(七代)に家督を譲るが、その譲状(財産相続状)には「豊後国守護職付五職並所領等」とある(県史料26—大友二巻一〇)。石井進は、この「五職」に「氏時所領所職注文」に見える豊後国在国司職以下の在庁職が含まれていたと指摘している[石井 一九七〇]。

この譲状の四年後、建武四年(一三三七)、沙弥寂円《じゃくえん》なる人物が、国衙領三重郷が負担すべき由原宮の神事役を遂行させることを請け負っている(県史料9—柞原52)。この請文の署名は「沙弥寂円」とあるのみで、寂円がどのような立場で請文を提出したのかはわからない。しかし、その端裏書(文書の右側の裏に後世に書かれた注記)に「こくしのうけふミ」とあり、内容は先に紹介した乾元二年の在国司沙弥行念請文に近似している。この二点から沙弥寂円の立場も在国司であったとの推測が成り立つ。

一方で、寂円は豊後国守護代であった可能性が高い。大友氏の守護代と考えられる寂円が在国司と同様の権限を行使していると推測できることは、守護大友氏が豊後国在国司職を掌握しており、守護代であった寂円がその権限を代行したことを意味していよう。こう考えれば、寂円の署名にその地位を明確に示す文言がないことも首肯できる。つまり、守護大友氏は建武四年段階で豊後国在国司職を所持していたといえる。大友貞宗から氏泰への譲状にみえる「五職」には、石井の指摘どおり、在国司職などの豊後国衙在庁職が含まれていたと考えられる。

大友氏に限らず、守護による在庁職の掌握により、国衙そのものは存在意義を失い、実質的に消滅していく。守護大友氏は鎌倉時代末期までに在国司職を含むいくつかの国衙在庁職を獲得することで、豊後国の行政権を掌中に収めた。そして、豊後国内唯一の公権力者としての地位を確立し、南北朝期以降、守護大名としての道を歩き始めたのであった。

府中をめぐる攻防

国衙所在地に淵源を持ち、かつ、南北朝時代に豊後国内唯一の公権力者となった守護大友氏の守護所が構えられた府中の重要性は鎌倉時代以上に高まった。

正慶二年(元弘三年：一三三三)、鎌倉幕府は滅亡し、後醍醐天皇による天皇が公家と武家双方の上に立つ政治体制を目指した新政権(建武政権)がスタートした。しかし、新しい武家の棟梁としての地位を築き始めた足利尊氏との対立が表面化し、建武二年(一三三五)、尊氏は後醍醐天皇への反旗を鮮明にした。翌建武三年正月、尊氏は後醍醐天皇方の反撃を受け九州まで下るが、四月態勢を立て直し再び東上、五月湊川の戦い(神戸市)で楠木正成を滅ぼし、六月再入京を果たした。そして、八月光明天皇が即位(北朝)、一一月尊氏は建武式目を制定し、京都に新しい幕府＝室町幕府を開いた。一方、後醍醐天皇は一二月に京都から吉野に脱出(南朝)、ここに京都と吉野に二つの朝廷が並立し、特に西日本において、北朝方と南朝方が入り乱れて抗争を繰り返す、いわゆる南北朝時代が始まった。

豊後国においても、後醍醐天皇方と足利尊氏方の対立の影響を強く受けていた。足利尊氏が九州に逃れてきた建武三年三月頃、六代大友貞宗の長男で、七代氏泰の兄大友貞順、大友氏一族の入田士寂、玖珠郡を本拠とする清原氏一族の小田顕成・魚返宰相房など後醍醐天皇方の武士たちは玖珠郡玖珠城に立てこもった。そして、三月から七月にかけ、再三にわたり、府中への侵入を図った。おそらく尊氏方につく守護大友氏の守護所と府中の占領をねらったものと考えられる。そして、玖珠城勢の府中攻略作戦を物語る史料の中に、府中と高国府の関係を考える上で興味深い表現が認められる。

まず、建武三年三月、大友氏一族と守護代以下主だった大友氏家臣らが大宰府の足利尊氏軍に合流し、「国中人なし」という間隙つき、玖珠城勢が府中への侵入を図った。この時、志賀頼房(志賀氏四代。志賀能郷の曾孫)は高国府に馳せ参じ、「御旗」を掲げたところ、豊後国内の御家人らがこぞって頼房に味方し、府中を警固し、玖珠城勢の侵入を阻止した(荘公五上—勝津留37)。ここにみえる表現からは、府中と高国府は別の呼称であり、かつ、高国府に「御旗」を立てたとあるので、高国府とはある程度の広がりをもつ地名というより大友氏の存在を象徴的に表す特定の限られた場所を示すと理解できる。また、「府中の中に高国府がある」との理解も可能である。

さらに、植田荘地頭の植田寂円が同年正月から府中を警固していたところ、六月一四日、玖珠城勢が軍勢を分けて高国府に乱入するとの情報を入手、大分川と七瀬川の合流地点近くの宮瀬に急行し、対岸沿いに下流に向かっている敵と午後二時頃から終日合戦に及び、これを撃退した(荘公五上—勝津留35)。ここでも府中と高国府は書き分けられている。そして、同年六月二五日、玖珠城勢と大分郡の霊山寺衆徒が連合し、霊山寺執行の植田有快の館を襲い、府中高国府に乱入しようとした(荘公五上—勝津留36)。これは府中と高国府に乱入しようとしたとの解釈も可能であるが、三月と六月一四日の事例を踏まえれば、府中の高国府と解釈したほうがよいと考えられる。

以上、建武三年の玖珠城勢の府中攻略作戦に関する史料の検討により、府中と高国府は別の呼称で、府中の中に高国府があると理解できること、さらに高国府は特定の場所を示していることを指摘した。とすれば、史料にみえる高国府とは、これまで述べてきた所領としての高国府ではなく、大友氏の守護所そのものを意味しているものと考えられる。

「氏時所領所職注文」には「高国府村」とあり、所領単位を意味する高国府の使用例も確認できる。しかし一方では、守護所のみを意味することもあった。前節において、大友頼泰が守護所を定めた場所は、所領としての高国府のうち勝津留を除いた上野台地上か、荏隈郷内の上野台地に近い場所と推定した。しかし、南北朝時代初期に、高国府という文言で守護所を意味することもあるとなれば、少なくとも頼泰代以降この時期までの守護所は、上野台地上にあったものと考えられる。

室町時代の府中

同一史料の中で府中と高国府が併記されるのは先に紹介した三点のみであり、建武四年（一三三七）以降、南朝方と北朝方の抗争を語る史料に府中もしくは国府は登場するものの、守護所を意味する事例としての高国府の表記は姿を消す。では、府中もしくは国府との表現で大友氏の守護所を意味するようになったのかといえば、そうとは限らない。たとえば、「今月十一日府中に馳せ参じ」、「豊後国府において警固すべきの由」、「去る九月十日、豊後国府より御ともいたし」、「去る三日、豊後国府中に下着候」（荘公五上―勝津留38・39・43・52）などがあげられるが、いずれも、地域呼称として解釈できる。

ところが、室町時代になると、府中という文言で守護所を意味する場合が確認できるようになる。

文安元年（一四四四）、国東郡田染荘の武士田染栄重が、宇佐八幡宮領田原別符（杵築市大田）が納める御供米に関する相論について、宇佐八幡宮神官永弘氏に宛てた書状には、「今時分、府中に御申候て、御供米事、悉く遂行候べく候と存じ候」とあるが（荘公五上―勝津留71）、「府中に対し申し出て」というのであるから、ここでの「府中」とは地名ではなく、守護大友氏の守護所を意味している。

また、明応五年（一四九六）、宇佐八幡宮大宮司家人の幡手房重が田染氏に宛てた書状に「御愁訴の事、府中へ申しせしめ、肝要に候」（荘公五上―勝津留82）とみえる「府中」も同様である。延徳二年（一四九〇）、一六代大友政親《まさちか》が田原氏に宛てた書状に「今日、帰府仕り候」とあるのは（荘公五上―勝津留77）、素直に解釈すれば「府中に帰る」との意味であるが、さらに踏み込んで「自分の守護所に帰る」との意味でもある。

いずれにしろ、室町時代になると、「府中」は守護大友氏の守護所、さらにいえば、大友氏自体の代名詞としても使用されるようになっている。それは、大友氏が豊後国唯一の公権力者であったからに他ならない。

守護所移転—高国府から府中へ

さて、南北朝時代の早い段階から守護所を意味する事例としての高国府は史料に登場しなくなったと述べた。そして、室町時代には、府中が大友氏の守護所を含む代名詞として使用されるとした。この二点から、守護所の所在地を推論すれば、守護所が高国府、すなわち上野台地上ではなくなり、平地に移ったとはいえないだろうか。そして、その平地とは、志賀氏の実効支配が失われつつあった勝津留の平地部分であり、それ以降「戦国府内絵図」に大友館が描かれた戦国時代末まで連綿と館が構えられ続けたものと考えられる。

「戦国府内絵図」にみえる大友館の所在地である大友氏遺跡・大友館跡の発掘調査によれば、当該地の利用の上限は整地層と遺構が認められる一四世紀後半(一三〇〇年代後半)で、それ以降、規模は異なるものの一六世紀末まで継続して大名館にふさわしい遺構が確認されている。このことが上述の推定を裏づけるなによりの証拠である。南北朝時代前期に上野台地上にあった守護所＝大友館(ただし、上原館ではない)は、南北朝時代後期に勝津留の平地部分、すなわち戦国時代の府内の町にあたる平地、具体的には「戦国府内絵図」にみえる大友館所在地に移転し、戦国時代末まで当該地にありつづけたのである(図2)。

台地から平地への守護所移転は、大友氏とって大きな変革であったであろう。それを断行する理由、歴史的背景があったはずである。残念ながらこれを端的に示す史料は皆無であり、当時、守護大友氏が置かれていた政治的・社会的状況とそれに起因する公権力者としての課題から類推するほかない。

逆説的であるが、まず、南北朝時代、守護所が上野台地上に置かれた利点を考えてみよう。その第一は台地上にあるという防御性である。先述したように、足利尊氏方＝北朝方についた大友氏の本拠地高国府および府中は、幾度となく後醍醐天皇方＝南朝方の攻撃を受けた。延文三年(正平一三年：一三五八)、後醍醐天皇の子懐良親王ら率いる南朝方が豊後へ入り、大友氏ら北朝方が籠る高崎城を攻めて以後、豊後における北朝方と南朝方の攻防の中心は高崎城に移るが、貞治元年(正平一七年：一三六二)、南朝方が府中に侵入するなど、やはり府中も南朝方の標的であった。

南朝方の攻撃を考慮すれば、守護所は平地よりも台地上の方が防御上優れていることは論をまたない。

第二に、上野台地＝高国府がもともと国衙所在地であったことである。これも先述したが、大友氏は鎌倉時代末期から随時国衙在庁職を獲得し、国衙機能を自己の権力に取り込んでいった。その機能掌握の過程において、在庁官人らを指揮し、彼らが持つ行政能力を活用しつつ、そのノウハウを吸収するためには、守護所は国衙、現実的には在国司など在庁官人らの屋敷近くにあることが有利であったろう。守護所が上野台地に置かれた利点・優位性が以上の二点にあったとすれば、その利点が薄まれば、守護所を台地上に置く必要性も低下する。

九州における北朝方と南朝方の攻防はしばらく南朝方優勢に展開していたが、応安四年（建徳二年：一三七一）、室町幕府が今川貞世《さだよ》（了俊《りょうしゅん》）を九州探題に任命すると、翌五年南朝方から大宰府を奪取し、ここを拠点に南朝方攻略に乗り出し、次第に北朝方が優勢となっていった。豊後国においても、同年正月の高崎城攻めを最後に南朝方は侵入してこなくなった。そして、永和三年（天授三年：一三七七）、北朝方は肥前国蜷打合戦で南朝方に大勝、九州での優位を決定づけ、明徳三年（元中九年：一三九二）の南北朝合一を迎えた。

このように、一四世紀後半になると、豊後国府中は南朝方の脅威にさらされなくなり、大友氏が防御上の理由から守護所を上野台地上に置く必要性は薄れていった。また、国衙在庁職との関係では、鎌倉時代末期の正慶二年（一三三三）時点で、六代大友貞宗は在国司職を含むいくつかの国衙在庁職を掌握していたと考えられ、貞治三年（正平一九年：一三六四）時点で、八代大友氏時が在国司職をはじめとする四つの在庁職を所持しており、国衙機能を完全に掌中に収めていた。それは、いうなれば守護所が国衙となったことに等しく、一四世紀後半には、在庁官人らの行政ノウハウをも吸収し、国衙所在地との理由で守護所を上野台地に置く必要性は低くなっていたといえる。

しかし、このような政治的・社会的状況は上野台地上に守護所を置く必要性が低下していたことを示すだけであり、そうであっても台地上に守護所を継続して置いてもなんら問題はなかったと考えられる。台地上に守護所を置く必要性がなくなりつつある中で、平地に移転させる別の積極的な理由があったはずである。

では、勝津留の平地部分に守護所を置いた場合の利点・優位性は何であろうか。それは、東が大分川、北が別府湾から瀬戸内海へとつながる、河川・海上交通の要衝であるという立地であろう。当該地域の水上交通上の利便性は、大分川が「市河」と呼ばれ、古くからその下流左岸に「市」が立っていたことが端的に示している。国内の所領から徴収する年貢等の租税に代表される物資の集積と流通を考えた時、戦国時代の府内の町へとつながる勝津留の平地部分は領国支配にとって何にもまして重要な場所であった。

この問題を考える時、渡辺澄夫による鎌倉時代から南北朝時代の豊後国衙領と大友氏守護領の分析結果が重要である。渡辺がまとめた豊後国衙領と大友氏守護領の特徴とは以下のとおりである[渡辺 一九八二]。

㈠ 豊後国衙領の分布は国府中心型(大分郡荏隈郷・笠和郷・判田郷など)、大野川流域型(大野郡三重郷・井田郷、直入郡直入郷など)、瀬戸内海沿岸型(海部郡佐賀郷・小佐井郷・大佐井郷、国東郡国東郷など)の三つに分類できる。

㈡ 鎌倉時代後期、守護大友氏は豊後国衙領一八か所のうち六か所の地頭職を持っており、南北朝時代になると、貞治三年(一三六四)の八代大友氏時段階で計九か所、永徳三年(一三八三)一〇代大友親世《ちかよ》の段階では計一一か所と増加している。なかでも佐賀郷・大佐井郷・小佐井郷・三重郷など、海上・河川交通の要地が新たに守護領となっていることが注目できる。

㈢ 豊後国内の大友氏守護領全体の変遷を追うと、鎌倉時代後期の三代大友頼泰時点では国衙領を含め一六か所であったが、八代氏時で三二か所(守護職と国衙在庁職を除く)、一〇代親世で四三か所と急増している。

渡辺の詳細な分析を踏まえると、南北朝時代、大友氏守護領が飛躍的に拡大した状況と、国衙領では水上交通の要衝を支配しようとする大友氏の意図が明確に読み取れる。所領の拡大は大友氏の膝下に集まる年貢等の租税の増加に直結する。そして、国内で水上交通の要衝を支配下に置いていこうとする大友氏が、その本拠地府中において、増加していく物資の集積と流通・交易の重要性を考慮しないはずがない。守護大名として領国支配を強化していこうとする大友氏は、流通を含めた物資の集積地である勝津留の平地こそが、支配の本拠地として最適であると判断したといえるのではなかろうか。

　南北朝の内乱が収束に向かう一四世紀後半、九州における南朝方勢力衰退という軍事的状況と国衙機能を掌中に収めた中で、大友氏が守護所を高国府＝上野台地上に置く必然性は低下していた。そして、同時期守護領を飛躍的に拡大させた大友氏は、領国支配強化のため、守護所の条件として水上交通、とりわけ別府湾から瀬戸内海、さらには畿内をも見据えた海上交通を前提とした物資の集積・流通・交易の優位性を重要視し、これらを膝下において支配・管理することが必要となった。これらの理由、歴史的背景により大友氏は、上野台地上から約一キロ離れた戦国時代の府内の町へと受け継がれる勝津留の平地への守護所移転を断行したものと考えられる。

豊前宇都宮氏の拠点

髙尾栄市

はじめに――豊前宇都宮氏とは

豊前宇都宮氏は、通説によると藤原道兼の曽孫の宗円を祖とし、宗円の子とされる宗綱が本拠を宇都宮に移し、その子朝綱が宇都宮姓を名乗るようになったという。宗綱は常陸国の八田、下野国宇都宮を勢力下に置き、下野国一宮の二荒山神社の検校も兼ねた神官武士であった。一方、八田宗綱の子とも弟とも言われる宗房は、中原宗房と名乗っており、鳥羽天皇の皇后である待賢門院璋子に仕え、さらに上皇、法皇の御所を警備する北面の武士でもあった。

なお豊前宇都宮氏は六代の頼房までが中原姓を名乗っているように、京都を本拠とした後に九州に下向した中原姓の鎮西宇都宮氏と、関東を本拠とし藤原姓を名乗った下野宇都宮氏がある〔市村 二〇一三〕。豊前宇都宮氏は中原姓を名乗るが、鎌倉時代後期以降は城井氏と呼ばれ、江戸時代以降の系図や歴史書、また現代の通称としては宇都宮氏と記述されることが多い。

本章では最初に九州に下向し、豊前国仲津郡、築城郡を本拠とした中原信房系統の宇都宮宗家を豊前宇都宮氏と呼び、室町時代までの歴史を述べることにする。戦国時代に関しては詳述しないことをあらかじめお断りしておきたいが、参考までに『尊卑分脈』『佐田文書』『太宰管内志』などをもとに作成した豊前宇都宮氏系図を文末に載せておいた。

1　信房の時代

信房の豊前入部

文治元年（一一八五）、平氏が壇ノ浦で滅亡した。翌々年、源頼朝は義経の捜索と平氏残党を追捕するため鬼界島（現在は鹿児島県三島村が有力）出兵を鎮西奉行天野遠景に命ずるが、その使者として宇都宮信房が九州に派遣された。しかし鎮西御家人の協力を得られず、信房は自身渡海すると主張するものの、遠景に制止されて鬼界島への渡海はいったん沙汰止みになった（『吾妻鏡』文治四年二月二一日条）。その後、信房は鬼海島の征討を成功させ（『吾妻鏡』文治四年三月五日条）、この功績もあって建久三年（一一九二）、頼朝から田川郡伊方荘と柿原名、豊前国の平氏方の板井種遠の跡地を賜った。

図1　宇都宮信房肖像
（元禄期に後裔が泉湧寺に寄進）

九州での本拠地となったのは、豊前国仲津郡城井浦、幡野浦と築城郡桑田郷、大野郷など「本庄四十町、加納三百町」という広大な伝法寺庄で、現在のみやこ町犀川地域と築上町の谷間地にまたがる（図3）。築上町大字伝法寺にその地名を残すが寺跡はない。また信房は板井種遠の跡職として豊前国衙在庁職（税所職・田所職）も得た。ちなみにこの時期の豊前国守護は武藤氏（少弐氏）で、信房は守護ではない。豊前国衙は現在のみやこ町国作にあり、国衙から約七キロ上流の仲津郡木井（みやこ町木井馬場）に信房は本拠地を置いたとされる。

仲津郡城井浦の本拠地

木井馬場は国衙の上流の谷間地に広がる平野で、中央に祓川が流れる。信房はこの地の西、古くは高彦山と呼ばれた山頂に神楽城を築いたとされる（図4、「宇都宮神祠記」「宇都宮系譜」）。木井馬場の谷の入口部は狭く、西からの尾根が突き出て要害の場所となっている。ここ東北鬼門に毘沙門天を祀り、出城の毘沙門城を置いたという。神楽城には全長約一七〇㍍に及ぶ三〇条の畝状竪堀群を駆使した戦国末期の遺構が残るが、応安七年(一三七四)、宇都宮守綱(冬綱)と家綱親子が南朝方として反乱を起こし、幕府方今川了俊に鎮圧され落城した「高畑城」とはここ神楽城と考えられている(「限元政幸軍忠状」南北朝遺文七〇九八)〔則松一九九六〕。

図2　下木井遺跡（右手に園池の石組が検出）（福岡県教委 1992）

　木井馬場での館跡は判明していないが、小字「竹ノ内」が「タテノウチ」の音変と考えられ、有力候補地となっている。隣接する下木井遺跡では発掘によって屋敷区画の石列や井戸跡、園池と思われる遺構もあり、度重なる建て替えも見られた(図2)。遺物は一三世紀代が主体だが、多量の舶載陶磁器や墨書土器もあり、宇都宮氏が関係した館跡の可能性が高い。この他、祓川対岸の市屋敷遺跡でも同時期の井戸跡・土壙墓などが検出されている。

　信房は木井馬場に宇都宮大明神(宇都宮二荒山神社)を下野国から勧進し、そして安楽倉大明神と合祀した木井神社を建立した(『太宰管内志』)。現在も両大明神の氏子は神幸祭の前に信房が豊前に上陸した時に造営したと伝わる稲童浜の安楽倉大明神(現在の安浦神社の古宮)に参り潮を捧げ、さらに途中、呰見の妙音寺(貴

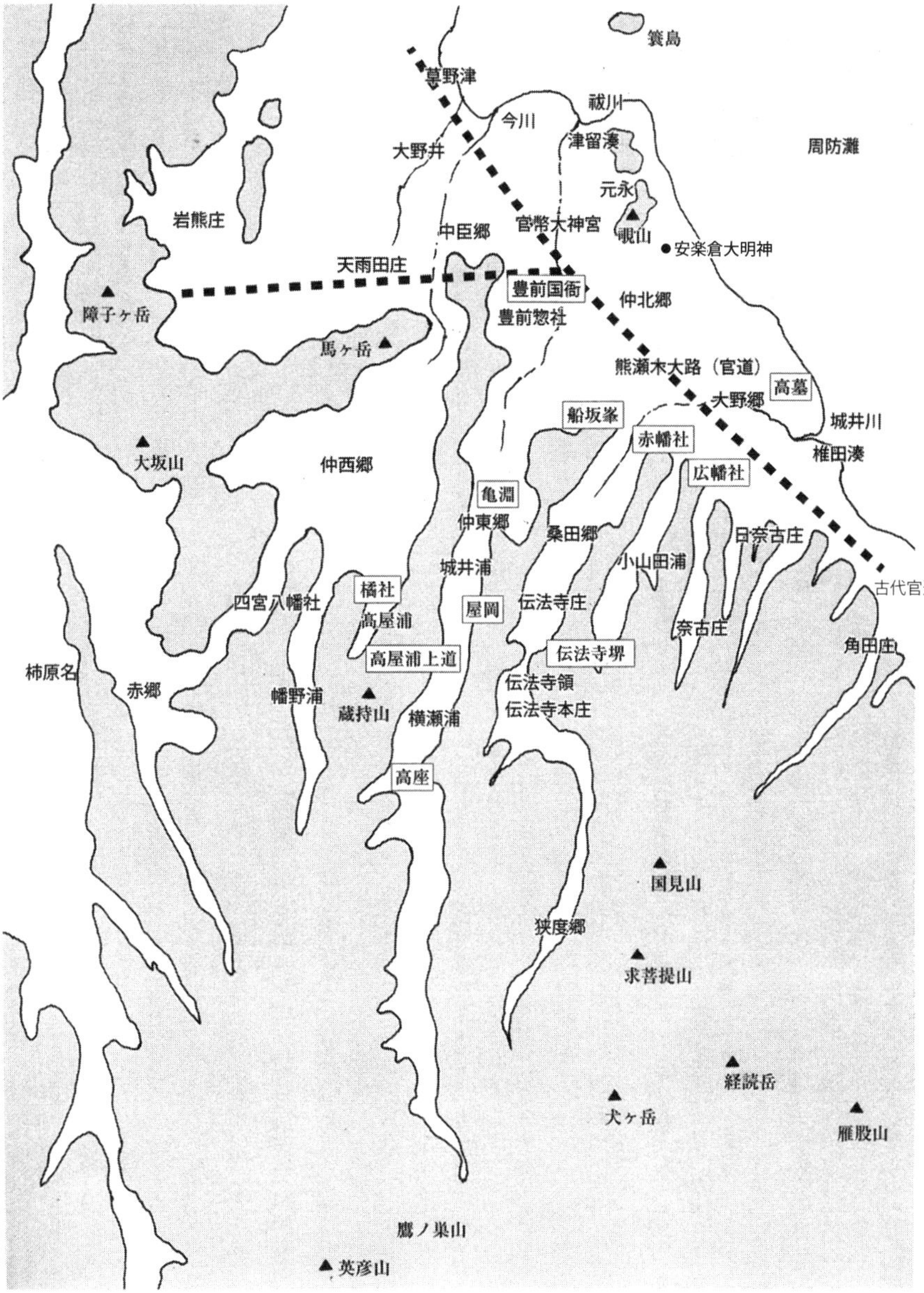

図３　伝法寺庄周辺図（則松 2016）

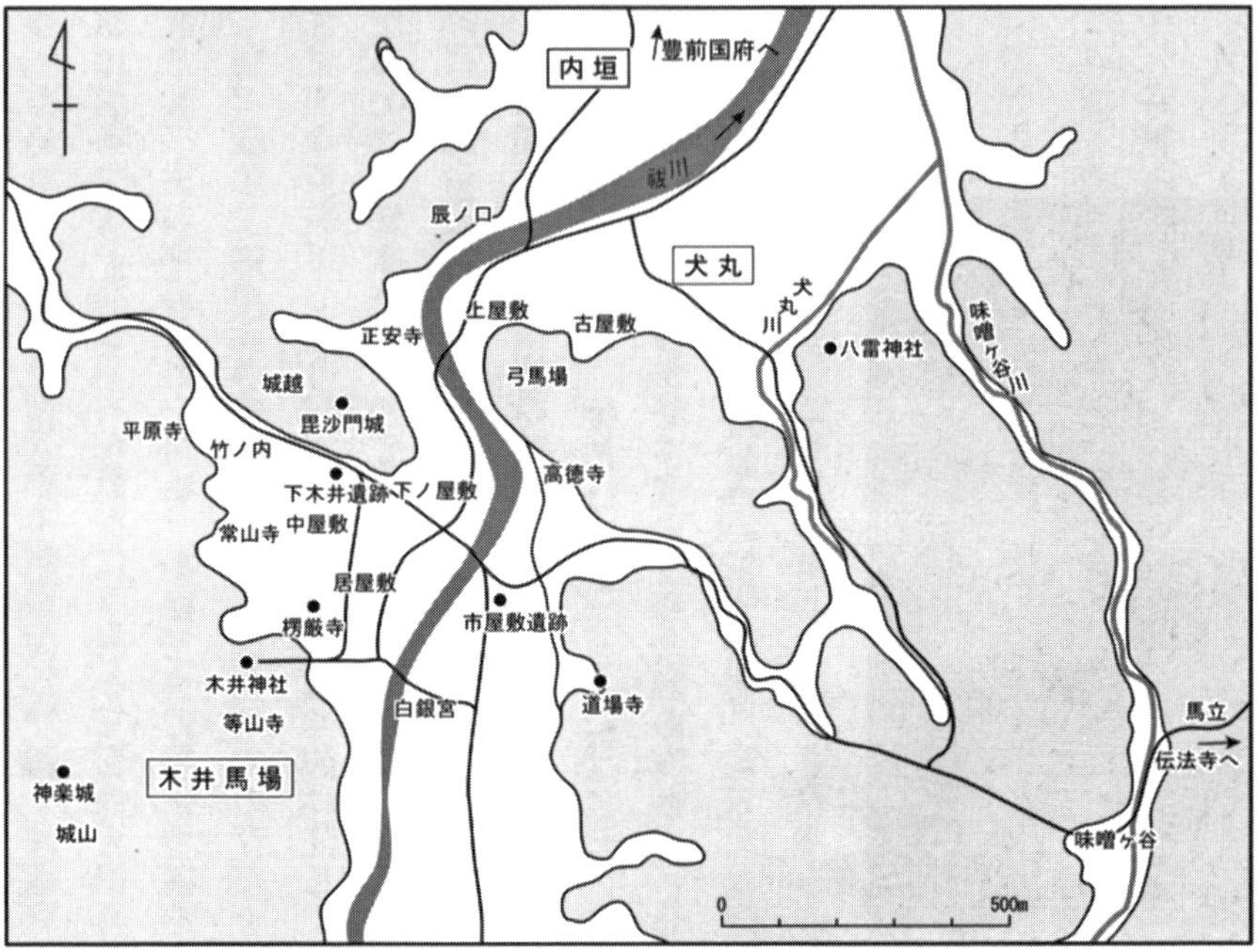

図4　木井馬場周辺図（高尾 2013）

布禰明神)にも潮を捧げて帰るという深い宗教的関わりがある。

さらに信房は木井馬場に鎌倉五山を見立てて、楞厳寺、道場寺、高徳寺、等山寺、平原寺、正安寺、城山(常山)寺の木井七ヶ寺を建立したといわれる。そのひとつ、楞厳寺には信房の墓と伝えられる鎌倉時代の巨大な五輪塔がある(図5)。水輪は後補で、空風輪を欠くものの、推定総高は二㍍を超す九州最大級のもので、奈良の律宗西大寺様式の五輪塔と考えられている。信房の供養塔とされるのは、律宗と入宋僧の俊芿《しゅんじょう》との関係があるのかもしれない。

また神楽城の麓の城山寺跡には鎌倉時代の層塔がある(図6)。塔身の四面を彫り窪めた中に、釈迦如来、阿弥陀如来、薬師如来、観音菩薩が半肉彫りされる。舎利孔をもつ基礎石が近くにあり、当時の笠部などは判然としないが、福岡県における中世石塔の優品であり、信房の仏教文化への深い造詣がうかがえる[西野二〇〇八]。

信房は建保五年(一二一七)、入宋僧で帰朝した高僧、俊芿を京都から豊前に呼び寄せて出家する。『泉涌寺不可棄法師伝』(不可棄は俊芿の号名)によれば、俊芿は弟子六、

図５　信房供養塔（楞厳寺）

図６　四方仏多層塔（城山寺跡）

七人とともに豊前に下向し、信房を出家受戒させ、法名を道賢とし、また夫婦ともに生前に功徳を積む、逆修善根を修した。晩年ではあるが信房が妻とともに豊前国城井浦への下向を証明する重要な資料である。そして信房は翌年に上洛し、俊芿のために京都東山の広大な土地を泉遊寺に寄進し、伽藍を立て直し泉湧寺と名を改めた［宮崎 一九七二］。系図によれば、信房は文暦元年（一二三四）、九九歳で亡くなったとされる。

2　通房と頼房の時代

北条得宗と結びつき土着化した通房

信房の曾孫の通房は、壱岐太郎左衛門尉、出家後は薩摩守尊覚と名乗った。鎌倉幕府は蒙古襲来に備え、九州に所領をもつ多くの関東御家人に鎮西下向を命じたが、通房の頃から宇都宮氏も豊前国に土着し、城井氏と名乗るようになった。そして仲津郡・築城郡の惣領家、上毛郡の山田氏、下毛郡の野仲氏、宇佐郡の佐田氏など、有力一族も豊前国東部へ勢力を広げて土着化していった。蒙古襲来の異国警護番役、要害石築地役(元寇防塁)に加わった鎮西御家人として「紀伊一類」と記され、宇都宮氏の庶子一族として記載される(『八幡大菩薩愚童訓』筑紫本)。

この頃、通房は幕府の実権を握った北条家得宗である貞時のもとで、得宗が守護職をもつ肥後国の守護代となり、さらに筑後国守護にもなった。こうした北条氏のうしろだてにより、幕府の九州統治の鎮西談義所(後の鎮西探題)の頭人にも任命され、九州三人衆といわれる少弐、大友、島津氏と同格の地位を確立していった。

築城郡伝法寺本庄へ本拠地を移転

頼房は薩摩六郎左衛門尉、大和守中原朝臣と名乗り、中原姓を冠した最後の宇都宮氏である。頼房は父通房の役職を相伝し、鎮西探題引付衆の第二番頭人になった。第一番は北条氏であるから北条氏の推挙があったと思われる。

頼房は正慶年間(一三三〇年代)に本拠地を仲津郡木井から東隣の通称「城井谷」の築城郡本庄に移転し、菩提寺の天徳寺を建立したといわれる(図8)。これまで豊前国衙の背後の木井馬場を拠点とした宇都宮氏にとって、豊前国衙

図7　城井谷遠景（中央下が宇都宮氏館跡）

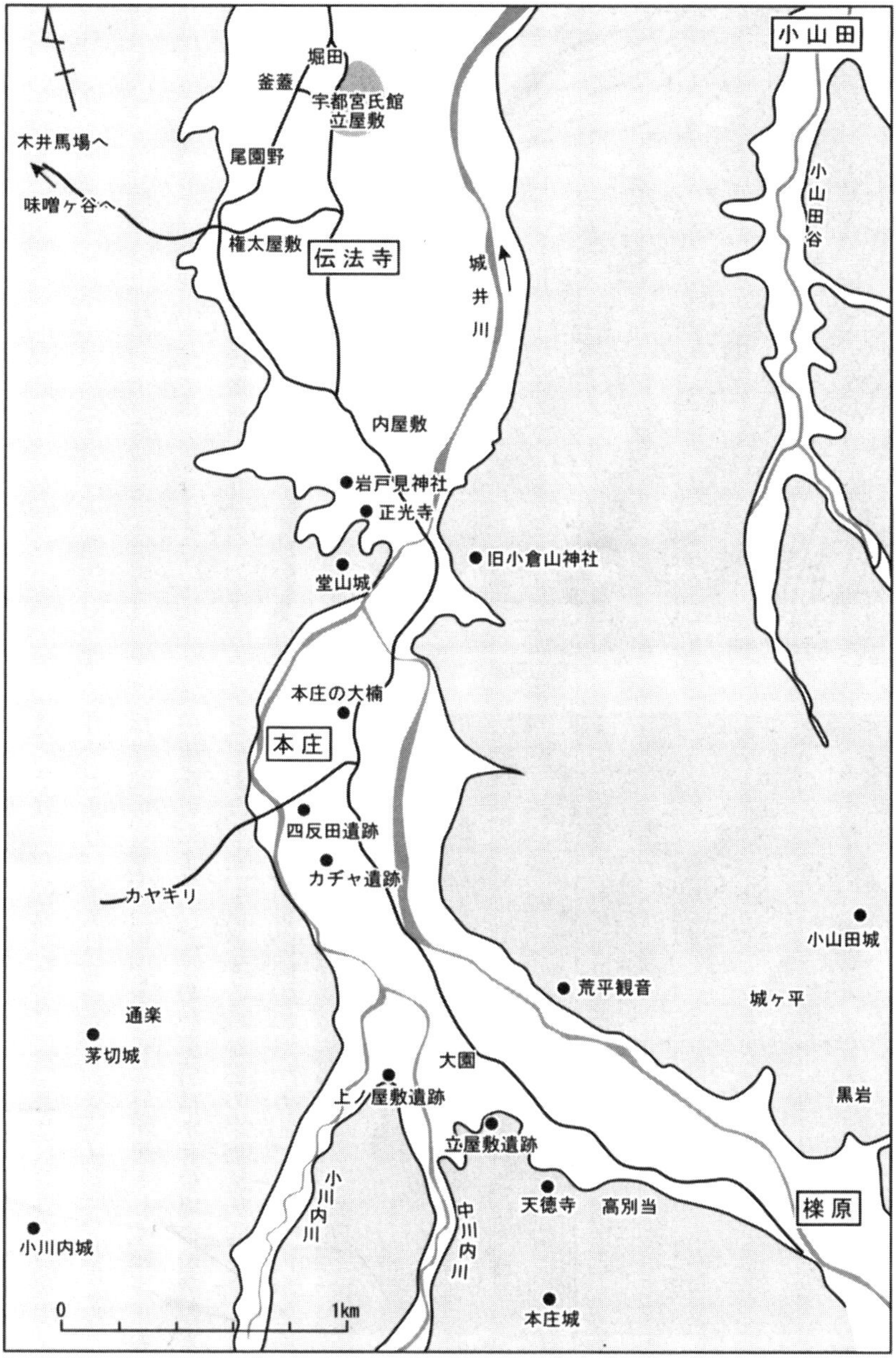

図８　城井谷周辺図（髙尾 2013）

図９　宇都宮氏館跡

の西部、京都郡は古くから宇佐宮・弥勒寺や国衙勢力、のちには武藤氏（少弐氏）の勢力地盤でもあり進出できなかった。鎌倉時代後期以降、通房の九州での勢力拡大と国衙機能が弱まった頃合いに豊前国東部への支配を強めるため、伝法寺庄の中心地と考えられる伝法寺本庄へ本拠地を移したと考えられる。後述の大規模な館跡もこの頃に築かれたのではないだろうか。

宇都宮氏館跡（図９）

築上町大字松丸に大規模な中世の館跡がある。海岸線から約七キロ、城井川の中流域で谷が開けた平野の中央に位置し、周囲より約五～一〇メートル高い広大な台地上にある。その存在感はひときわ目立ち、台地を堀切で区画し、南北一五〇メートル、東西一二〇メートルの方形の主郭と三角形の副郭を造りだす。全体面積は約四ヘクタールに及ぶ。主郭の小字は立屋敷、隣接して上の峯、下の峯の地名があり、地元では館ノ内（タテンウチ）と呼ばれ、周辺には堀田、一ノ坂、釜蓋（構外か）、尾園などの地名がある。

宇都宮氏が天正一六年（一五八八）に滅亡してから約百

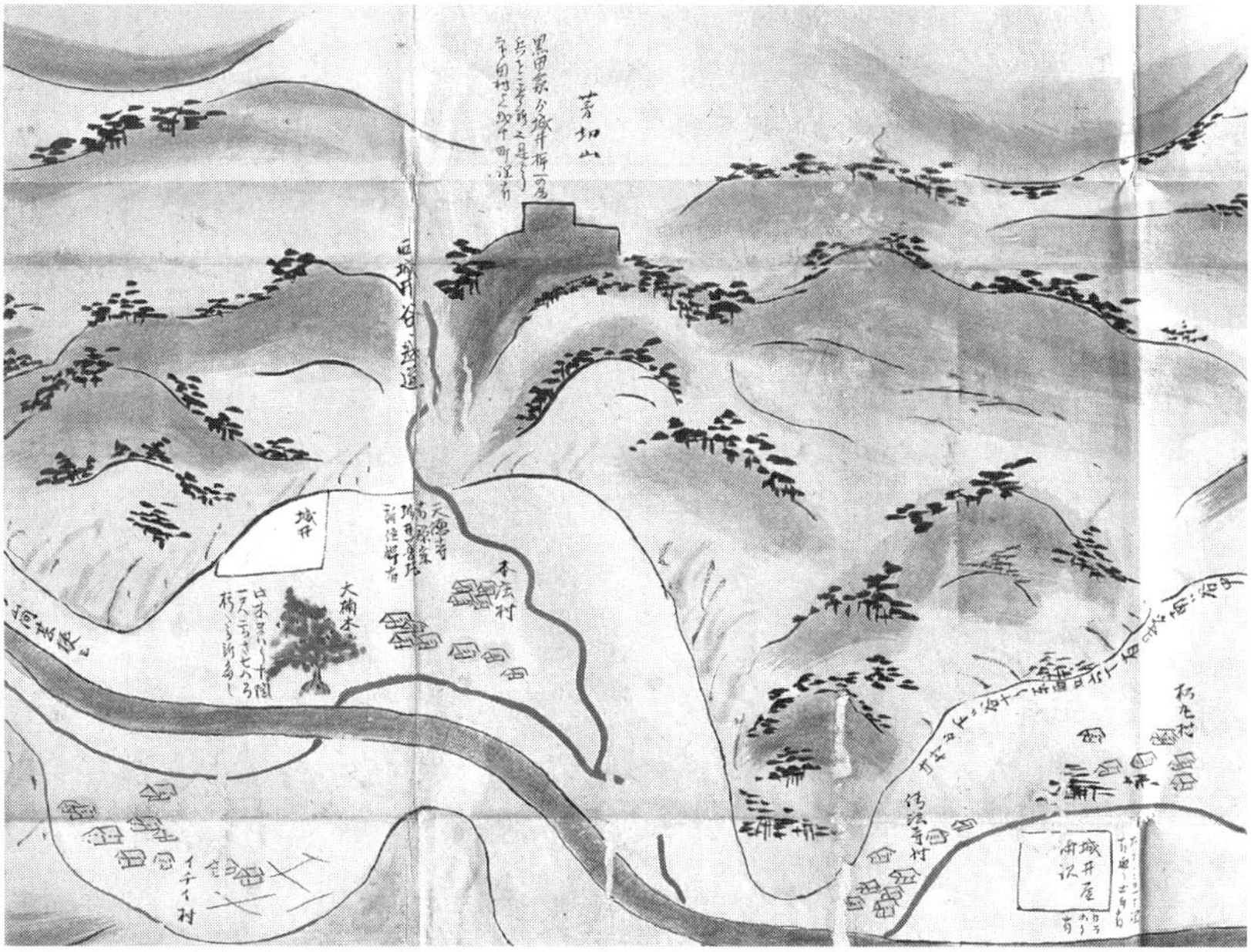

図10　城井谷絵図（部分）（福岡県立図書館所蔵）

年後の元禄七年（一六九四）、黒田藩の儒学者貝原益軒が『黒田家譜』編纂のため、豊前・豊後地方の史跡調査旅行をした時の見聞録『豊国紀行』には、「松丸村の上、道東の側に、城井鎮房が隠居の宅にせんとて構へたる所有り、方六十間斗廻りに小土手をつき、から堀有り…」と館跡のことが記述される。また『豊国紀行』の付図「城井谷絵図」（図10）には「城井屋敷跡」「取テノ方一丁程有、廻り土手有、カラホリ有」と方形の区画が白抜きで図示される。

この館跡は築上町によって範囲確認の発掘が行われ、館の周囲にめぐる空堀や土塁、掘立柱建物跡二五棟などが検出された。建物の変遷は四時期で、出土遺物は小皿・茶臼・石鍋などあっても量的に非常に少ないため正確な年代は不明だが、一四世紀中頃以降と考えられる。館跡の遺構は、空堀と土塁が南側で良好に残存し、幅七・五メートル、深さ一・五メートル、並行する土塁の基部の幅は五メートルを測る。また西側の空堀は残存深さ五〇センチと浅いが、中央で堀の途切れる幅三・五メートルの土橋跡があり、館の入口と推定される。また台地の真ん中を横断する切通しは当初のものでなく、明治時代に溜池築造のために土取りされたもので、部分的に残るテラス状の段差が当時の空堀の底部と推定される。

二五棟確認された掘立柱建物跡は、いずれも柱痕は一五〜二〇センチ程度と小さく、主殿などの中心的な建物跡などは検出されず、梁間二間の小さな建物が非常に多い。調査範囲は部分的で、茶臼の出土はあるものの、出土遺物はわずかしかない。館の機能と性格などは検討課題だが、館の背後は高低差が大きく、高台の立地条件と空堀・土塁によって十分な防御機能を備えた館であったと考えられる。

城井谷の歴史景観

伝法寺・本庄地域の発掘調査では、一四世紀前半の屋敷跡や鍛冶工房跡、集落跡などが数多く発見されている。特に天徳寺の山裾には空堀や建物跡が検出された一四世紀代の立屋敷遺跡と、そのやや北部の台地上で一五世紀代の建物跡・鍛冶炉・地下式坑などが検出された上ノ屋敷遺跡は、その立地と地名、また天目茶碗の出土から宇都宮氏関連の屋敷跡と考えられている［築上町 二〇〇七］。

図11　本庄の大楠

このように本庄では、高台の館や菩提寺を拠点とし、谷間地に集落が形成されているが、やや下流にあり、「城井谷絵図」にも描かれる、国指定天然記念物「本庄の大楠」の存在は、中世の景観としてなによりも重要である。

ここ伝法寺本庄は、古代より宇佐八幡の杣山で、その式年遷宮の御杣始祭は平安時代より本庄の大楠の前で執行されてきた（図12）。豊前国の神木でもあり、自然景観・宗教的景観としても重要である。宇都宮氏も信景・通房が宇佐宮造営奉行をつとめている（「八幡宇佐宮根本目録次第」『豊前益永文書』）。また杣山の用材は、城井川の河川運搬で河口の椎田湊に流されたと考えられ、湊の金富神社（古くは湊八幡、絹富八幡）では今も、宇佐宮斧立儀式に関わるとされる「杣山神幸行事」という神事が行われている。

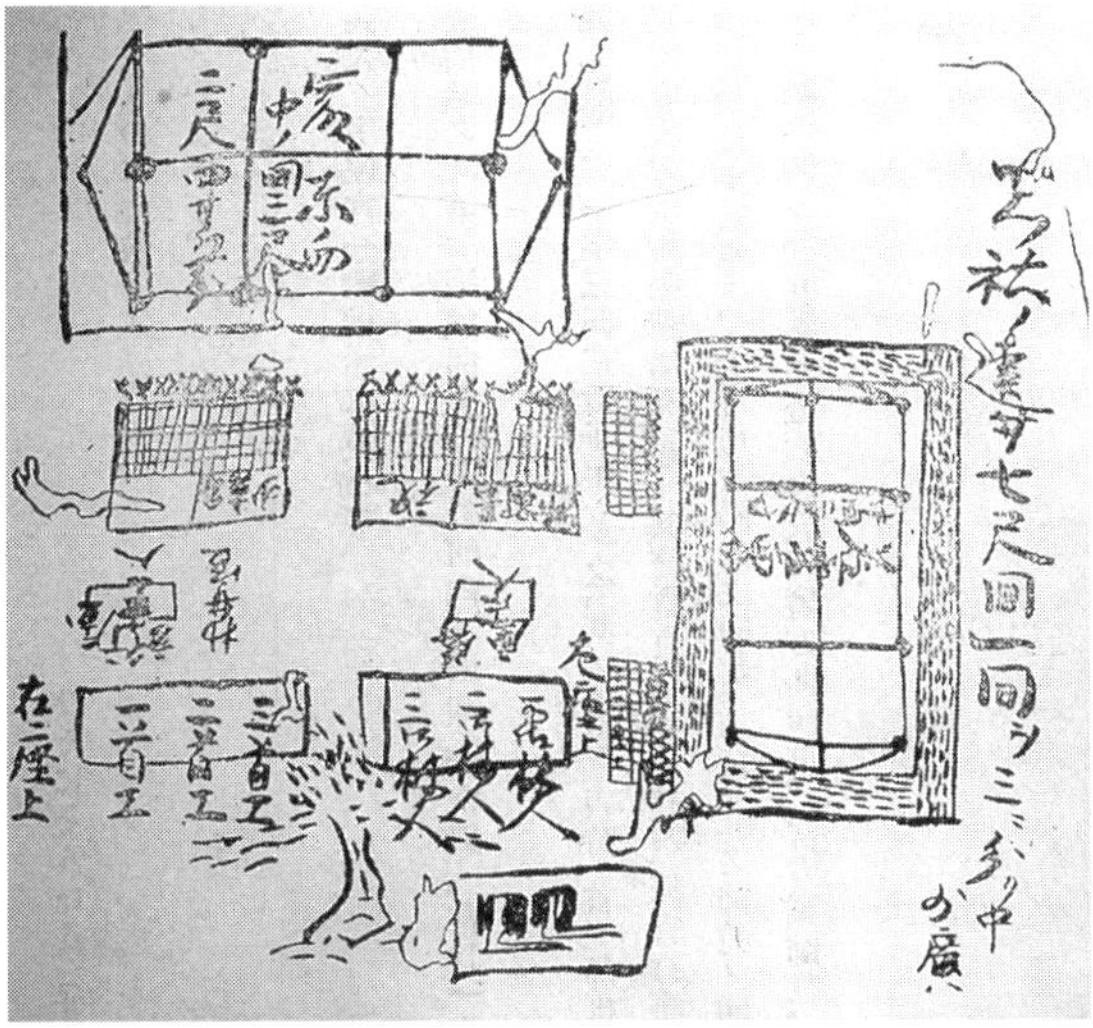

図 12　応永 25 年御杣始略図（永弘文書）

天徳寺と正光寺

頼房は本庄の山裾に菩提寺の天徳寺を建立した。天徳寺はもともと天台寺院として正慶年間（一三三二〜一三三五）に頼房が建立し、明徳二年（一三九一）に豊後国東の泉福寺の蔵山融澤禅師を迎え、曹洞宗の寺院として再興され今日に至っている（『天徳記』）。

天徳寺には頭部と胸部前面のみの木造如来形坐像が保存されるが（図13）、寄木造で内刳が施され、玉眼が使用されている。構造や作風から南北朝から室町時代の院派仏師の作とされ、天徳寺草創期の仏像と考えられる。釈迦如来とするのがふさわしいという［井形二〇一一］。

図 13　木造如来形座像（天徳寺）

図14　文殊菩薩騎獅像（正光寺）

不老山正光寺は堂山城の北山麓にあり、かつてはお堂の西山の「風呂ヶ谷」にあったとされる。木造文殊菩薩騎獅像を本尊とし、信房が下野国から一族の守り仏として招来し持仏堂としたと伝わる。文殊菩薩は檜材の寄木造で、力強い獅子に座しており、菩薩像は高さ三七センチ、眼は玉眼、頭部に宝冠を被る。「智恵の文殊様」として今も篤く信仰される。文殊信仰は奈良西大寺律宗によって各地に広まったとされ、信房と泉湧寺、楞厳寺の五輪塔、西大寺末寺帳に記載される「城井宿坊ニ聖院　常福寺」など宇都宮氏と律宗は一方ならぬつながりがあるが、今後の検討課題である。正光寺の北側に隣接する小高い山には、下野国から二荒大明神を勧進した郷社、岩戸見大明神が鎮座し、社殿脇には胸高周囲四・八メートルのイチイガシの巨樹がある。

3　冬綱の時代とその後

南北朝の内乱と冬綱―家綱の反乱

頼房の子、常陸介冬綱も九州での地位を維持していたが、元弘の乱では後醍醐天皇の倒幕軍に大友氏らとともに参加し、建武政権のもと冬綱は筑後国守護を任命され、守護代として弟の公景を派遣していた。公景は後に分家し佐田宇都宮氏の祖となった。その後、足利尊氏が後醍醐天皇から離反すると冬綱は尊氏方につき、公景も尊氏の軍事指揮下に属した。公景は初代九州探題一色道猷を支えた武将の一人として活躍する。

九州の南北朝内乱は、足利直冬や懐良親王の下向もあって複雑な情勢になるが、尊氏と直冬が対立すると、文和三年(一三五四)には尊氏方に立つ成恒・萱津・安永氏が築城に馳参じ、また山田・野依・土井・成恒・久恒・飯沼氏らは宇佐から下毛、上毛郡で直冬方の新田・如法寺・土岐・友枝氏らと戦っている。この戦乱の中で公景は戦死した(「足利尊氏感状案」『肥後佐田文書』南北朝遺文三七一五)。尊氏は公景の死に報い、兄の冬綱を豊前国守護に任じた。ちなみにこのとき大友氏時が豊前国守護から筑後国守護に配置換えになっている。

こうした幕府方の混乱をついて懐良親王を擁した菊池氏ら南朝方が優位となり、正平一四年(一三五九)、北朝方の少弐頼尚・大友氏時の連合軍と大保原(筑後川)の戦いが起こり、冬綱がくみした少弐方は敗れて、康安元年(一三六一)に大宰府は懐良を擁する南朝方が占拠する。

この劣勢を挽回するため幕府は今川了俊を九州探題に就任させたが、応安七年(一三七四)、宇都宮冬綱—家綱親子は突如宮方(南朝)に寝返り、高畑城で反乱を起した。高畑城の戦は仲津郡木井馬場、神楽城でくりひろげられ、九ケ月間の籠城の末、今川了俊率いる鎮圧軍によって陥落した(前掲「隈元政幸軍忠状」、「田原氏能軍忠状」『豊後国入江文書』南北朝遺文五一七一)。

同年大内義弘が豊前守護職となり、これ以後、宇都宮氏は急速にその勢力を失っていく[則松 一九九六]。

城井氏の衰退

大内氏の豊前支配は守護代の杉氏が代行し、築城郡代には吉岡・内藤・木部氏、上毛郡代には荒巻・広津・友枝氏、下毛郡代には野仲氏、宇佐郡代に佐田氏など杉氏家臣ほか杉氏被官となった宇都宮一族も起用された。宇都宮氏一族の友枝隼人佐は椎田湊・八屋浦の管理にあたり、「友枝文書」には椎田湊の船数や船銭、屋敷間別銭などその徴税の記録が記されている[稲葉 一九八〇]。

椎田湊は宇都宮氏本拠地の城井谷の下流にあり、今井津(行橋市)、八屋浦(豊前市)とともに豊前の要港である。椎田湊には前述した金富神社(絹富八幡)があり、宇佐領の絹富名と関わる。また椎田湊から近い高塚(『宇佐大鏡』では高墓)は国衙領であるが、のち京都の北野天満宮の所領として寄進された荘園である。高塚には菅原道真を祀る綱敷天満宮があり、両者の関係が想定できる。

ここ高塚の城井川に近い小丘陵に位置する西高塚ナカバル遺跡から一三世紀後半〜一四世紀の堀をもった館跡が発

見され、中国船載の磁竈窯の盤の出土もあり、港湾と河川、そして山間部の宇都宮氏関連遺跡などとの関係が注目される。

図15　西高塚ナカバル遺跡（奥は城井川と周防灘）

大内氏支配下の宇都宮氏は、延徳四年（一四九二）城井常陸介秀直が上毛郡段銭奉行に（「豊前国中悪銭事」『大内家壁書』）、また大内氏の氏寺である氷上山興隆寺二月会大頭役に明応三年（一四九四）に俊明と秀直が、永正一一年（一五一四）には弘尭が選出されたが（「大頭役未勤注文」『興隆寺文書』）、宇都宮氏の実権を示すものではなく、宇都宮惣領家は弱体化していった。

文明元年（一四六九）、豊後大友氏の豊前大内領内への進出が始まり、宇佐郡糸口原の合戦では大内方として城井右衛門佐秀房（盛直？）と長野等が参加したが敗退し、秀房は戦死する（『豊後国志』）。文明一〇年（一四七八）、大内政弘は少弐氏追討のため、筑前麻生氏の花尾城を攻めるが、このとき城井越前守俊明は仲八屋・山田・池永・佐田氏とともに大内軍として参加し勝利している（『正任記』）。

このように大内氏と大友氏の豊前争奪戦が繰り広げられるなか、明応一〇年（一五〇一）、大内側の宇佐郡衆が妙見岳城を奪回し、さらに豊前の大友方が籠城していた城井直重の城井城（本庄城）を攻め落とした（「佐田次郎泰景軍忠状」「大内義興感状」『肥後佐田文書』）。文亀元年（一五〇一）、仲

図16　俊房など室町時代以降の石塔が並ぶ天徳寺

津郡沓尾崎で大内方は敗北したが、一ケ月後に馬岳城（杉弘隆）にて大友・少弐連合軍を敗退させた。この馬ケ岳城詰口に大内氏の「一所衆」として城井弥三郎（弘尭）、城井弥九郎、山移弥七郎、仲八屋藤左衛門尉、広津大膳進の名があり、宇都宮氏は大内方となっている（『正任記』）。

天文二〇年（一五五一）、大内義隆は一族の陶晴賢に攻められて自害し、大内氏の一五〇年にわたる豊前支配が終わると、大友義鎮は弘治二年（一五五六）に豊後府内を出発し、豊前攻略を開始した。宇佐郡竜王城（城井三郎房統）を攻め、下毛郡犬丸・福島・加来・成恒・深水・池永氏などを降参させ、下毛郡長岩城（野仲重兼）も攻略した。さらに上毛郡馬場城では宇都宮播磨守は弓を袋にして大友氏に降参したと言われる。

翌年、山田安芸守隆朝が大友氏に対して反乱した。まず山田・仲八屋氏は大友方となった城井左馬介（正房）の宅所を攻めるが、逆に城井に撃退され、さらに山田・仲八屋・如法寺・中間氏等は広津治部大輔の宅所と要害を攻めるが結局大友氏に撃退される（「大友家年連署状」『肥後佐田文書』『永弘文書』）。山田氏はもともと大内氏傘下の有力者であったが、大内氏滅亡後は大友氏と敵対し、秋月・高橋氏とともに毛利氏に近づいていた。永禄一一年（一五六八）大友軍は築城郡別府に宿陣し大坂山に立て籠もった毛利方の杉氏と西郷氏を降伏させた。この後も豊前地方は大友と毛利氏の争奪戦がくりひろげられ、翌年、大友氏は立花鑑載の筑前立花城、高橋鑑種の宝満城を攻略し、北部九州の制圧に成功した。この間、城井氏はおおむね大友方についていた。

おわりに

豊前宇都宮氏が城井谷伝法寺、本庄を本拠地とした期間は一四世紀から一五世紀と考えられ、前述した明応一〇年（一五〇一）に落城した城井直重の「本庄城」の記録以降、さらに奥深い上流部の寒田に拠点を移し、戦国時代には全長一五キロの城井谷全体を守るために、谷の要所に数多くの山城を構えていった。

そして戦国時代となった天正年間、豊前宇都宮氏の最後の当主、民部少輔鎮房は、高橋氏、秋月氏との連合関係を結びながらも、本拠地である仲津、築城、上毛の三郡を守るため、自主独立の立場を取りながら、大友・毛利・島津の大勢力の争いに巻き込まれていった。そして豊臣政権の九州統一に参加するも、九州国分けで本領を安堵されることはなかった。豊前各地で独立性を強めた宇都宮氏一族を束ねる惣領家が育たず、豊前一国を任せられるだけの一大勢力になれなかったことが、結果的に一族を滅亡させることとなってしまったともいえるだろう。

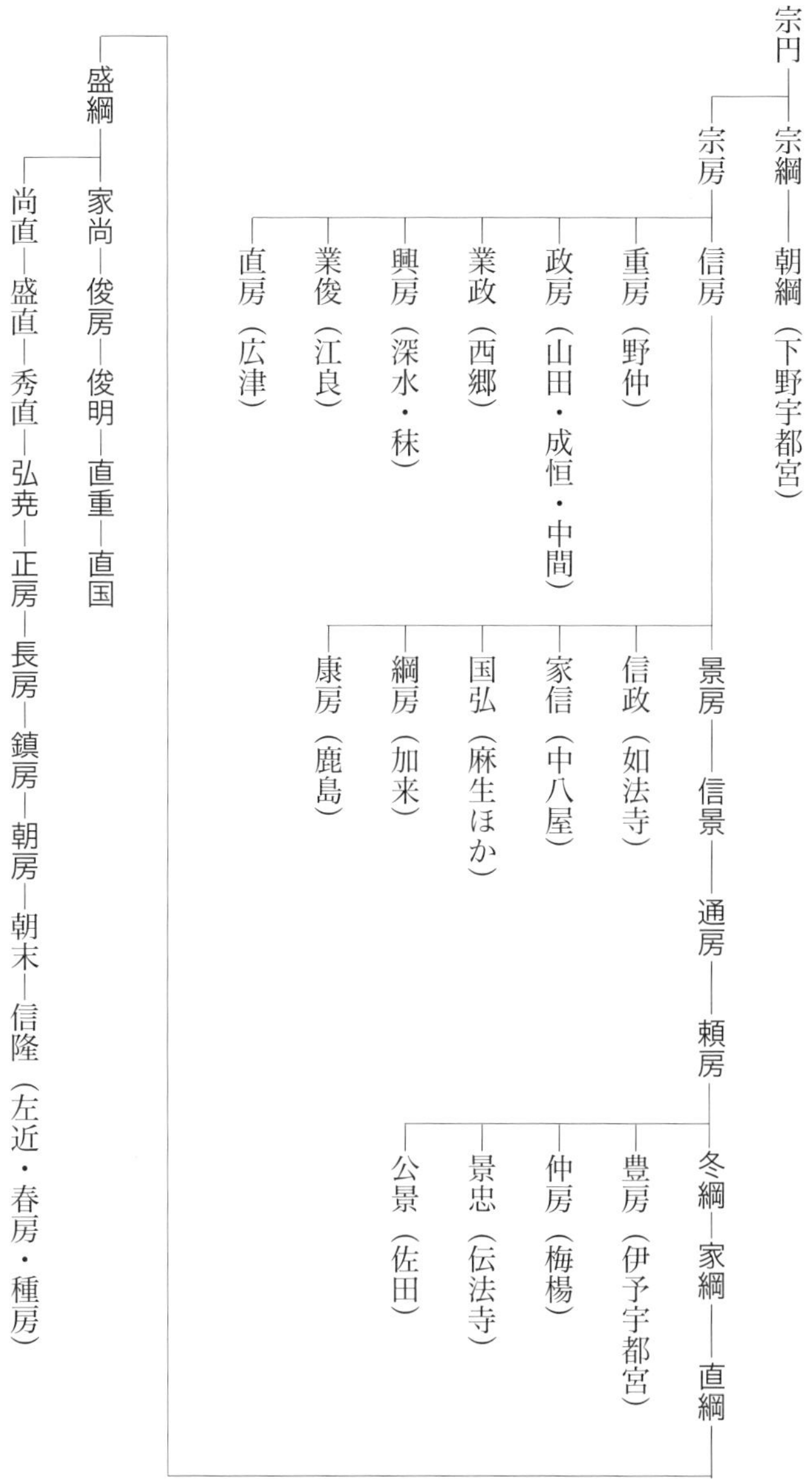

図17　豊前宇都宮氏略系図（太字は嫡流）

千葉氏の拠点

太田正和

はじめに

下総国千葉荘を名字の地とする千葉氏の惣領が元寇を契機に肥前国小城《おぎ》郡へ下向してくると、小城の様相はどのように変化していったのだろうか。小城を中心として佐賀平野一帯に大きな勢力を築き、後世には肥前国主(『北肥戦誌』)と仰がれるまでに繁栄した千葉氏の動向と、それによってもたらされた文化にはどのようなものがあったのか。

ここでは、西遷後に千葉氏が築いた肥前国における在地支配や宗教政策などによって形成された独自の文化に注目しながら、先学の諸研究や近年増加した中世遺跡の発掘調査事例を踏まえて、肥前千葉氏の拠点となった小城地方の歴史像を描いてみたい。

1　千葉氏と小城の関わり

千葉氏と小城郡との関わりは、千葉介常胤に始まる。源頼朝が平家追討や鎌倉幕府創設の恩賞として常胤に対し、上総・武蔵・相模・常陸・美濃・薩摩五郡等の所領を安堵し肥前国小城郡の惣地頭職を補任したことによって始まったと考えられている［小城町史編 一九七四］。

常胤と小城郡の関わりを示す確実な史料は、千葉介常胤が「小城東西ならびに伴部保など在家役」を文治以後、押妨していると宇佐氏から訴えられた訴状である［川添 一九八三］。この訴状を載せる『宇佐大鏡』は、建久年間(一一九

図1　小城市遠景（南から）

〇〜八九）の成立で、常胤が薩摩国に所領を得た文治以後に、小城郡内にも所職を得ていたことがわかる。ただし、あくまで荘園領主に諸役を納めることが大前提の得分収入であって、常胤本人が小城に下向するわけではなく、代官支配であった。

常胤の代官は不明だが、一二世紀後半の小城郡には、宇佐神宮や宗像大社を領主とする大楊荘・赤自荘・晴気《はるけ》荘といった荘園があり、とくに佐賀平野には宇佐神宮に関わる所領がまとまっていたことが『宇佐大鏡』で確認できる［湯浅一九九七、宮島二〇一二］。

荘園の現地には庄官が派遣され、在地の小城・鯖岡・東郷・赤自・大宮司といった地名を名乗る領主たちがそれぞれに実力を蓄えていたと考えられている［宮武二〇一八］。常胤による小城郡の代官支配は、荘園領主や在地勢力との関係もあって容易ではなかったはずである。

関東御家人の代表格でもある千葉氏には、常胤以後も京都大番役や鎌倉番役など幕府から負わされた義務は数多く、財政状況は極めて苦しかったようである。たとえば、建長元年（一二四九）頃、小城郡の東郷二郎や小城小二郎、赤自

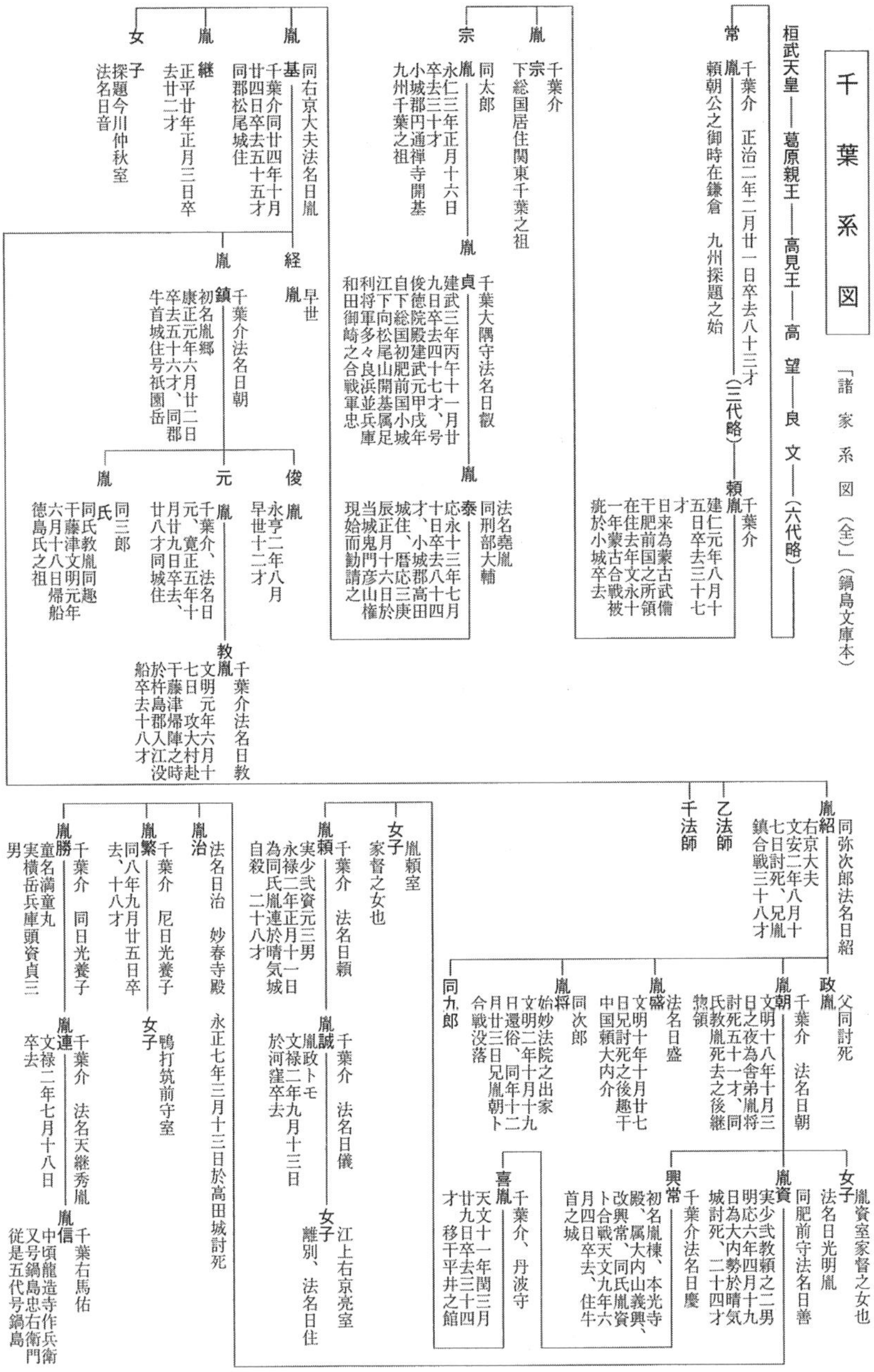

図２　千葉系図（『小城町史』1974 より）

執印、大宮司入道ら一〇名の在地領主が、京都の閑院内裏造営のために賦課させられた人夫役の過重さを千葉氏に対して烈訴したこともあった。また京都大番役として京上費用を調達する際、「小城の惣領」が京上する費用を担保として二百貫文を借銭したことなどが「日蓮紙背文書」に記されている［石井 一九九一・二〇〇三］。ちなみに、「小城の惣領」とは、千葉頼胤の叔父泰胤（〜一二五一）であると考えられている［湯浅 一九九七、野口 一九九七］。

このように幕府への義務を遂行する千葉氏にとっては、下総のみならず小城郡の所領も財源確保のための大切な場所であった。近世に成立した「千葉大系図」には、千葉家の惣領時胤が仁治二年（一二四一）に没したとき、下総千葉で火葬された後に小城郡平吉保（芦刈町）内の阿弥陀堂に遺骨を納めたことが記されている。嫡流の遺骨を小城に納めるといった千葉氏内部の所伝があったことに、千葉氏が小城郡を重要視していたことを読み取ることは許されよう［野口 一九九七、宮島 二〇一一］。

2 肥前千葉氏

常胤の後、文永・弘安の元寇に際して異国警固番役として千葉頼胤が九州に下向するが、その拠点がどこにあったのか、また小城郡内での事績も史料では全く追跡できない。「千葉系図」（図2）には、頼胤は文永合戦での傷がもとで小城に没したとあるのが一つの接点となろう。

頼胤の後を継いだのは宗胤である。「千葉系図」は宗胤を「九州千葉之祖」とするが、大隅守護である宗胤には、小城郡よりも大隅の御家人たちに下した異国警固番役の覆勘状や裁許状などの史料が多く残る。小城郡関係では弘安六年（一二八三）に常胤以来の代々の菩提を弔うため、円通寺（小城町松尾）に対して三間寺大門領内の田畠「仁新（西）郷山田里参拾壹坪壹町」といった小城郡内の所領を寄進しているので（円通寺文書）、千葉氏が小城郡内にも私領を獲得し、着実にその支配を進めていたことがうかがえる［宮島 二〇〇九］。

宗胤は永仁二年（一二九四）に没し、その嫡子胤貞が小城へ下向するのは正和五年（一三一六）とされているものの、胤貞の下向時期については諸説ある。胤貞と小城の関わりを示すのは、正中三年（一三二六）に「肥前国小城東方所課」を胤貞が対捍していると宇佐神宮から訴えられた史料（関東御教書案）のほか、元徳三年（一三三一）に光勝寺職・妙見座主職（小城町松尾）を弟の日祐に譲った書状（『日蓮教団全史』上所収）がある。

胤貞の在地支配を示す史料はほぼ皆無だが、建武新政時に足利尊氏方として各地を転戦した胤貞は、建武三年（一三三六）二月にも尊氏に従って九州に下っている（実相院文書）。この年の多々良浜合戦では九州・小城の軍勢が尊氏方として動員され〔宮島 二〇〇九・二〇一二〕、合戦に勝利した後、胤貞は尊氏に従って入京し（『梅松論』）、同年一一月、本拠の下総に戻る途中、三河国で没している（千葉大系図）。

なお、胤貞の小城の拠点がどこにあったのかも史料は何も語らない。胤貞の下向に際し、下総国の所領である千田荘・臼井荘・八幡荘の在地名を名乗った中村・金原・原・円城寺・仁戸部・岩部・粟飯原・飯笹といった諸氏も肥前国に移り住んで千葉氏の家臣として活躍し、領域支配を格段に進展させていったと考えられているが、残念ながら史料での裏づけはとれない。

胤貞の跡を継ぎ、小城での支配を進めたのが弟の胤泰である。胤貞の猶子となったと伝わる胤泰の時代に、小城の在地支配を示す史料が増えてくる。確実な史料は、建武四年（一三三七）四月付の田中行佑の申状に与えた胤泰の外題安堵（実相院文書15号）である。田中行佑は重代相伝知行の地である小城郡砥河内の田地・屋敷畠地・小地頭職などを安堵してほしいと申請したのに応えて、外題安堵が下されたのである。この胤泰安堵の旨を奉じて同年六月には施行状が出され（同16号）、さらに同年七月には田中行祐に対して小城郡内の田地五町の地頭職を胤泰は宛行っている（同17号）。安堵の申請→外題安堵→施行状の発給、地頭職安堵といった事務手続きは、国務をつかさどる守護クラスの領主的実力を示すものとされている〔川添 一九八三〕。

さらに胤泰は、建武四年（一三三七）に肥前国一宮である河上社で発生した小城郡内の免田支配の争いに裁決を下している（河上社文書）。川添昭二によると、河上社に対する支配機構をその進止下に置いていなければ発給できない裁許状であるという。その後も胤泰は暦応三・四年（一三四〇・四一）に河上社に小城郡内の地を寄進するなど、河上社の掌握に精力的であった。胤泰が肥前国衙と密接な関係にある一宮河上社と深くつながるのは、在地勢力の在庁層を取り込んで、宇佐神宮の支配を克服し、在地支配を達成するためではなかったかと指摘されている［川添 一九八三］。

こうして小城を中心に肥前の支配を深めていく胤泰のもと、応安四年（一三七一）に今川了俊（貞世）が九州探題として下向してくる。胤泰は了俊の下に属し、応安五年（一三七二）以降には了俊の承認を得て河上社の大宮寺職も手中に収めている（今川了俊書状写・胤泰書状写）。一宮の最高責任者となった胤泰は、応永七年（一四〇〇）に家人の鑰尼氏に大宮司職を与え、社務を執行させるほどの立場にあった（実相院文書）。

肥前国には今川了俊の弟である頼泰（仲秋）が兄の代官として派遣されるが、『北肥戦誌』によると、応安六年（一三七三）に仲秋には肥前国佐賀・杵島・高来が、胤泰に対しては小城郡が宛行われたとの記述も見られる。この仲秋は胤泰の娘と婚姻し、その間に生まれた国秋は了俊や仲秋が九州を離れても在地に留まり、その末裔は持永氏を名乗り、千葉氏と関係の深い在地領主となって小城郡に土着している。

了俊と結ぶ胤泰は、宗像大宮司の所領である晴気荘をたびたび押領しているが、至徳三年（一三八六）八月二三日付の「今川了俊施行状」で、違乱しないよう命じられている［岩松 一九六九、小城町史編 一九七四］。荘園領主の権益を奪うのはたやすいことではないが、小城郡内にある他者の権益を積極的に獲得しようとしていたことがみてとれる。

今川了俊が応永二年（一三九五）に九州を離れると、千葉氏の政治活動が急速に活発化する。胤泰以降その子孫（胤基・胤繁・胤紹・元胤）は小城郡域のみならず、佐賀郡や杵島郡の田地を安堵しており（「千葉胤泰（カ）安堵書下写」・「平某安堵状写」・「千葉胤紹知行安堵状」・「千葉元胤所領安堵状」）、了俊の後任である渋川氏の守護職権を代行するようにもなっている（「河上社御遷宮併五八会之儀式目録」）。とくに佐賀郡の国府域（佐賀市大和町）一帯に勢力をもっていた於保氏などの在庁層を掌握し、一宮河上社の祭祀を執行するなど、国衙の機構と機能をおさえ、幕府や鎮西探題が行使する

「一国平均役」の徴収権をも担当するようになった［宮島 二〇〇九、宮武 二〇一八］。

胤泰は応永一三年（一四〇六）に没し（千葉系図）、次代を担う胤基・胤鎮・元胤の時代の一五世紀以降、千葉氏は小城を中心として佐賀郡や杵島郡にまで勢力を伸ばしていた。しかし、元胤の子教胤が文明元年（一四六九）に没すると、肥前千葉氏の嫡流筋は途絶え、千葉惣領は胤朝が継ぐことになる（図2参照）。このことが発端となって重臣内に不和が起り、内部抗争によって千葉氏は分裂してしまう。

文明一八年（一四八六）に胤朝は弟胤将によって殺害されるが、胤朝の後継をめぐっては、筑前奪還を目指す少弐政資が介入し、弟を胤朝の娘に娶らせて千葉胤資と名乗らせ、千葉家惣領として晴気城に住まわせた。一方、少弐氏に対抗して北部九州への進出を狙う中国地方の守護大名大内氏は、胤朝の甥にあたる興常（胤盛の子）を擁立し、赤司城に入れたあと、平井館に屋敷を移している［宮武 二〇一八］。

少弐氏側の千葉胤資を「西千葉氏」、大内氏側の千葉興常を「東千葉氏」とした千葉氏の分裂は、一族内部の対立を生み、結果的に肥前国で勢力を誇っていた千葉氏も、一六世紀中頃以降は衰退の道をたどることとなる。

千葉氏が衰退するなか、台頭してきたのが龍造寺氏である。それまで千葉氏に従属し、のちに少弐氏に仕えていた龍造寺隆信は、永禄二年（一五五九）に勢福寺城（神埼市）を攻め、少弐冬尚を自害させ、実質的に少弐氏を滅亡に追い込んでいる。東千葉氏を継いだ冬尚の弟である千葉胤頼も、隆信と西千葉氏の千葉胤連に攻められ自害している。

肥前千葉氏の本拠となった小城一帯も、実質的に龍造寺氏の勢力下に組み込まれていくのである。龍造寺氏の保護を受けた西千葉氏の胤連もしくはその子胤信は「屋形様」と呼ばれ、小城の晴気に留まったと考えられている［大塚 二〇一二］。のちに胤連は、佐賀藩祖となる彦法師（鍋島直茂）を一時養子に迎えたことにより鍋島氏とも関係を持つようになった。

天正一五年（一五八七）の豊臣秀吉による九州平定や、龍造寺氏から鍋島氏への権限移譲により、肥前千葉氏自体は佐賀藩の体制下に組み込まれ、小城地方は鍋島氏の所領となるのである。

3　肥前千葉氏の本拠―城館・都市・集落

前節では肥前千葉氏の大まかな歴史をたどってみたが、その本拠小城の様相を発掘調査での出土資料などから紹介してみたい。

肥前千葉氏の拠点となった小城郡の丘陵部には、標高一〇四六㍍の天山が聳え、そこから派生する丘陵は晴気《はるけ》谷や岩蔵《いわくら》谷と呼ばれる谷地形を形成し、南には晴気川や祇園川がつくりだした起伏の少ない広大な扇状地が有明海の最も奥まった場所に広がっている。

丘陵南端の眺望が良い場所には、千葉城跡をはじめ松尾城跡や晴気城跡などの中世山城が、丘陵の西には川越城跡や八幡山城跡があり、南の広大な平野部には平井館跡や戊遺跡、小路遺跡などが点在している。まずは肥前千葉氏の本拠といわれる晴気城周辺からみていこう。

晴気城とその周辺　暦応四年(一三四一)に室町幕府が「晴気保地頭職」を誰が所持しているのか千葉胤泰に現地調査を依頼した史料(宗像神社文書)と、観応二年(正平六年:一三五一)に起きた合戦の注進状(松浦文書・南里文書)に「晴気」の名を見ることができる。当時、胤泰は尊氏方であったが、敵対していた直義方の直冬が下松浦党と手を結び小城へ攻め入って晴気山に布陣するものの、胤泰の家臣である岩部・金原・中村・今村氏等が退けたことを一色範氏(鎮西管領)に報告している。

図3　晴気城跡（南東から）

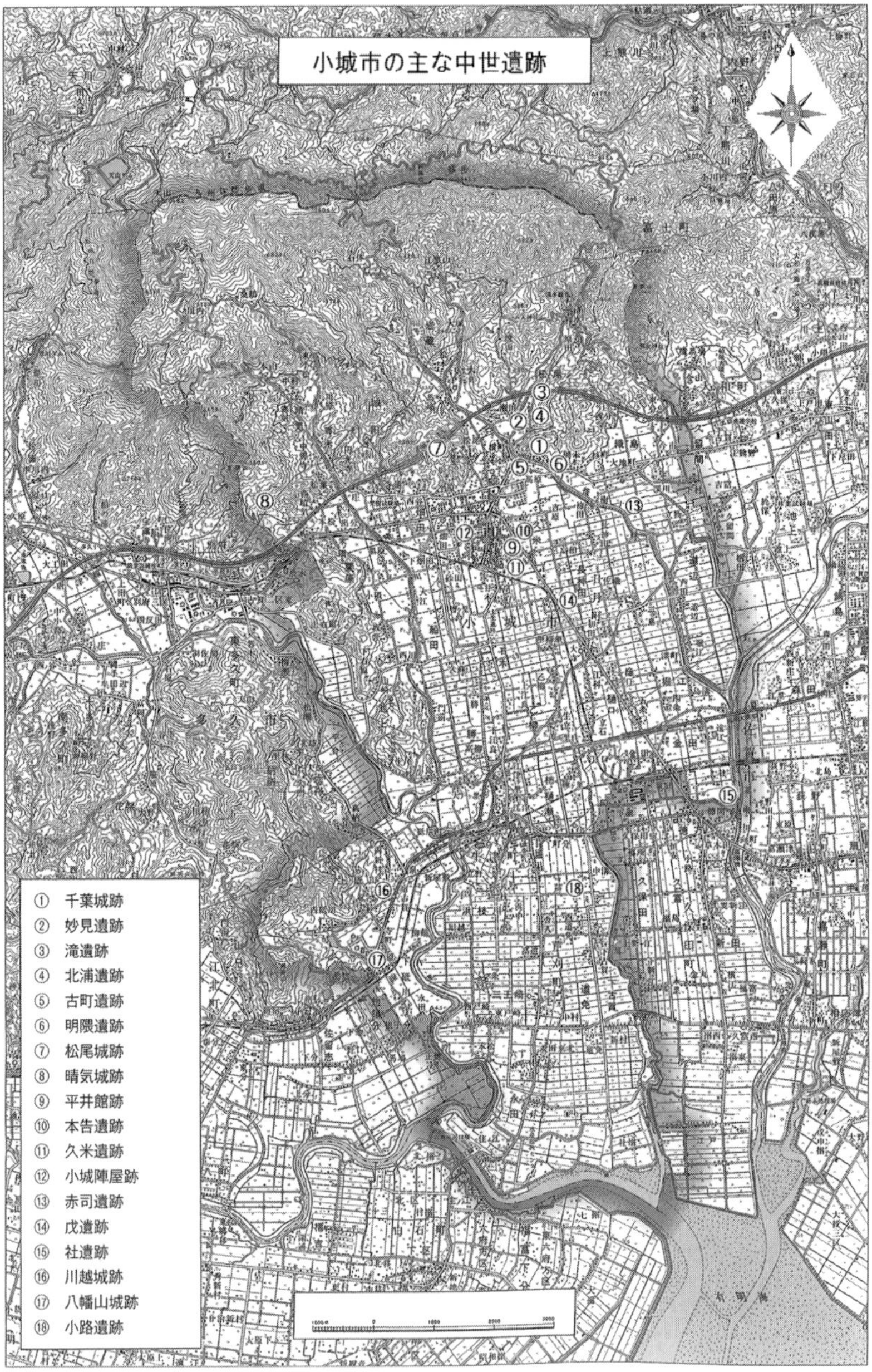

図４　小城市の主な中世遺跡

晴気城跡では発掘調査が実施されておらず、詳細は明らかではないが、『佐賀県の中近世城館』〔佐賀県教委 二〇一四〕に掲載された縄張図をもとに、城跡の築城や改修時期、山城内の空間構成などが把握できつつある。近年は直冬ら南朝勢が布陣した晴気山が晴気城の始まりではないかと考えられている。

肥前千葉氏の拠点に想定されている候補地には、晴気地区寄居《よりい》の「館」、晴気川流域の三岳寺門前町に築かれた「館屋敷」、嘉瀬川下流域の「社《やしろ》館」がある〔宮武 二〇一八〕。「千葉系図」には明応六年（一四九七）に胤資が「晴気城討死」、永禄二年（一五五九）に胤頼が「晴気城自殺」とあって、晴気城の南に広がる館地名は、彼らの拠点であったことを示すものかもしれない。

晴気城跡やその周辺の館跡では発掘調査もなく実態の解明は今後の課題だが、千葉胤貞が築いたと伝わる千葉城跡（別名：祇園岳城・牛頭城）では、小城市教育委員会が山城全体を対象に確認調査を行い山城の内容を把握できたので紹介したい。

千葉城　嘉瀬川の支流にあたる祇園川左岸に、肥前千葉

図5　千葉城とその周辺（南から）

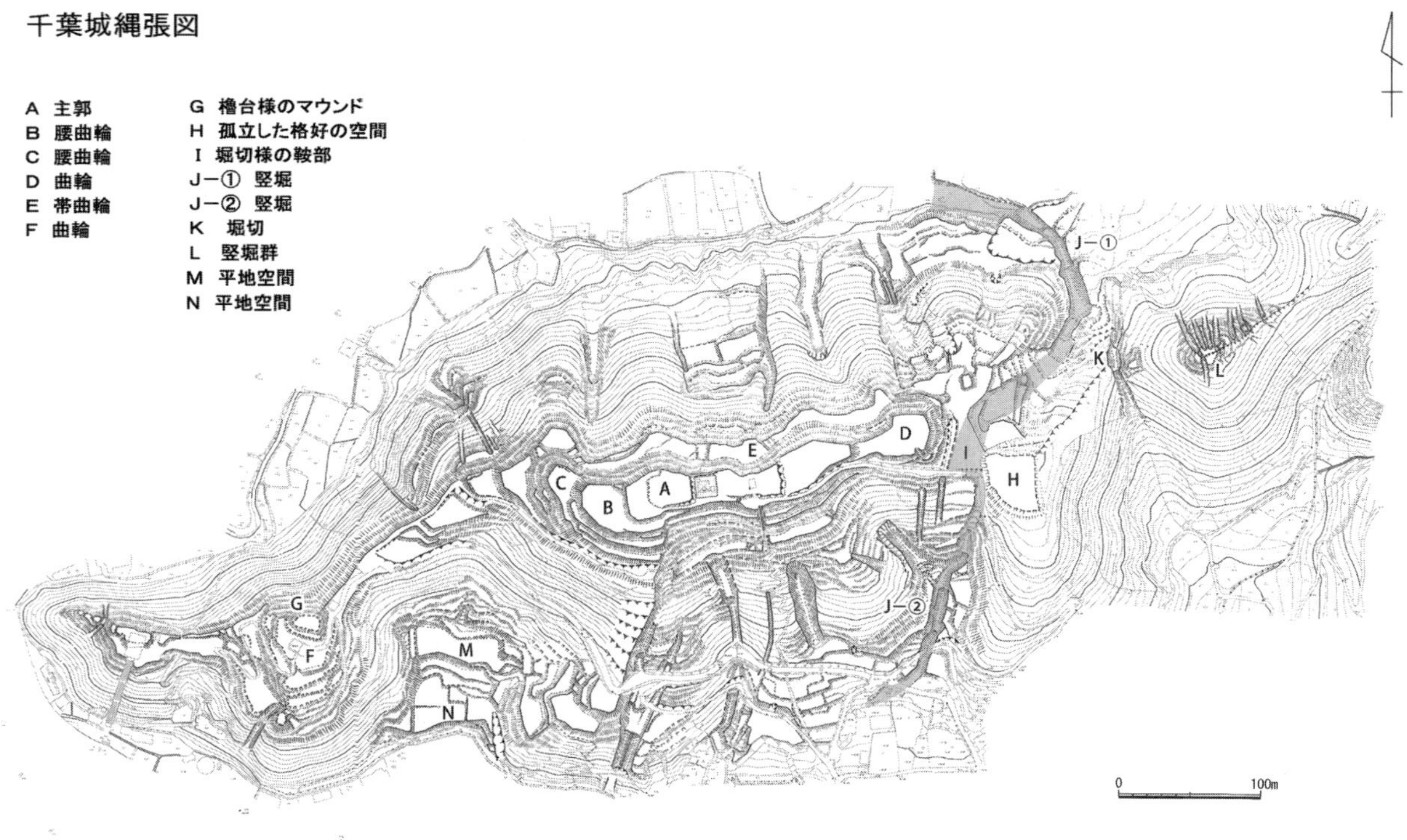

『佐賀県の中近世城館』2014に加筆転載

図６　千葉城縄張図

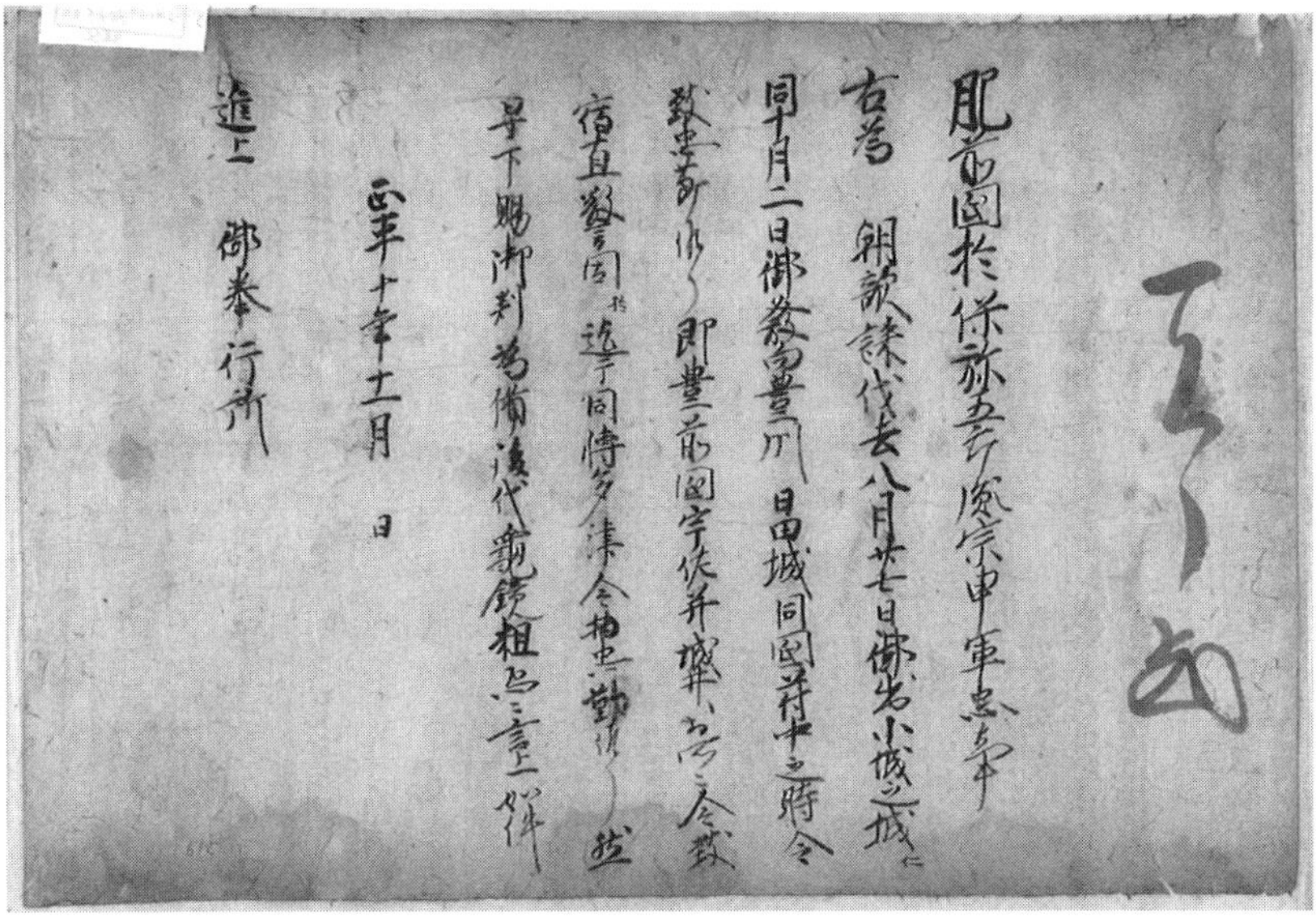

図7　於保胤宗軍忠状（「小城之城」とある）（多久市郷土資料館蔵）

氏の本拠として築かれた両翼九〇〇メートル程もある山城で、標高一四〇メートル程度の主郭部を頂点として帯曲輪や竪堀などの防御施設が築かれている。胤貞によって築城されたと伝わるが、「小城之城」とも呼ばれる千葉城は、北朝方にとって戦略的な要衝であったと考えられている。

小城之城をめぐっては正平一〇年（文和四年：一三五五）八月に、南朝方の草野氏や有馬氏、於保氏らによって攻防戦が繰り広げられているものの（「草野永幸軍忠状」・「有馬澄明軍忠状」・「於保胤宗軍忠状」図7）、築城時期を決定づける一次史料はない。ただし、千葉城の存在を示す史料として、観応二年（一三五一）の今村利廣軍忠状（図8）があって、「吉田河原」や「當御城水手」といった文言は現在も城跡周辺に残る「吉田」や「水ノ手」といった地名に該当すると考えられる。観応年間以前にすでに千葉城＝小城之城が存在していたことは想定できそうである［小城市教委二〇一〇］。

千葉城に限らず、小城郡内に築かれた晴気城や牛尾城などの山城は、南北朝内乱の紛争が小城地方に波及するなかで築かれ、一四世紀中頃には急発達を遂げた様相がみてとれるとも指摘されている[宮武 二〇一八]。とくに千葉城の場合、これまでの城郭研究では、規模の大きさに比べて、単調に曲輪を直列に配置した空間構成を基軸としている点に、室町期前半の山城の特徴を示すという。その一方、戦国期に入ってから造成された防御施設も混在していると指摘されている[佐賀県教委 二〇一四]。

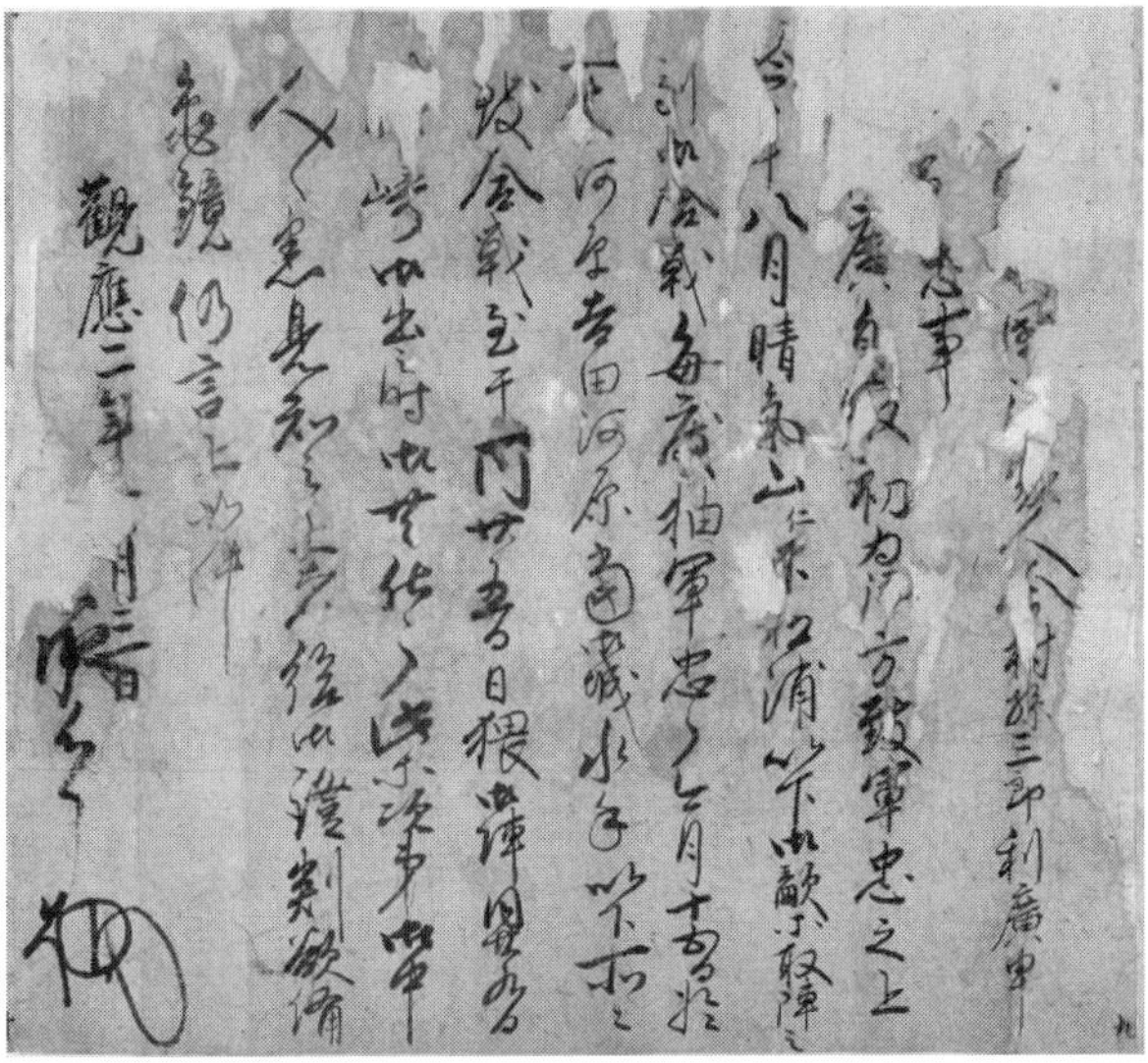

図8　今村利廣軍忠状（小城市立歴史資料館寄託）

千葉城の発掘調査では、掘立柱建物跡や柵列などの建造物の跡、石垣や石積、土塁や竪堀などの防御施設が確認されている。出土した遺物は概ね南北朝時代から戦国時代前期と、廃城後にあたる江戸時代後期の大きく二時期に分けられ、一五世紀代の遺物が中心となっている。この時代が千葉城の最盛期と考えられている。なかでも主郭部からは多量の土師器とともに龍泉窯系の青磁、磁州窯系の鉄絵壺、天目碗、ベトナム産の青花皿などの貿易陶磁器が出土しており、武家儀礼を執り行うことのできる「御殿」や「会所」といった建物群の存在が想定されている[小城市教委 二〇一〇]。

このような武家儀礼に伴う大量の土師器や舶載の天目碗などが出土する一五世紀後半の山城は、静岡県の勝間田城(牧之原市)でも確認されている[溝口 二〇一四]。また筑前岩門城(那珂川市)でも室町時代にさかのぼると考えられる成果が出ており、この時代には「御殿」や「会所」といった施設が山城に出現した可能性を示す調査成果があがっているが、事例はごく少数であり圧倒的多数は、近江の観音寺

図9　千葉城跡出土遺物

図10　千葉城主郭部出土土師器

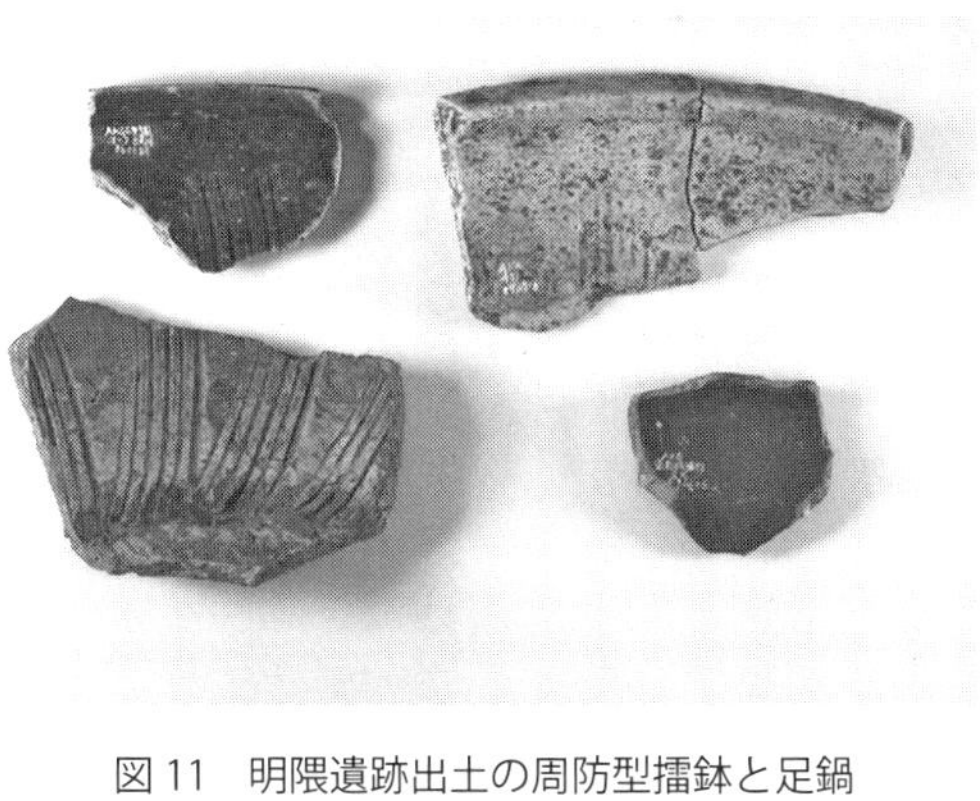

図11　明隈遺跡出土の周防型擂鉢と足鍋

城（近江八幡山市）を代表とする戦国最盛期の一六世紀中頃以降となる。千葉城はその少数派の中だけに、重要かつ貴重な遺跡である。また竪堀跡などからの表採資料ではあるが、茶道具の一つ茶臼も出土しており、この山城を平時に利用していたことを裏付ける資料となっている。

千葉城跡周辺は市街地のため発掘調査の機会が多く、山城の周囲に広がる被官級の屋敷跡や町屋跡の存在を空間的に捉えることが可能となった。それらの遺跡をみてみよう。

明隈遺跡　千葉城跡の南東部にあたる明隈《あけぐま》遺跡で確認された掘立柱建物跡は柱間が不規則であり、合戦などの際に臨時的に造られた様相をうかがわせている。一方、戦時には携帯しないとされる火鉢が出土しているので、調査区周辺に千葉城の出丸か番小屋などといった付属施設が存在していたことを想定することもできる。

図 12　妙見遺跡出土遺物

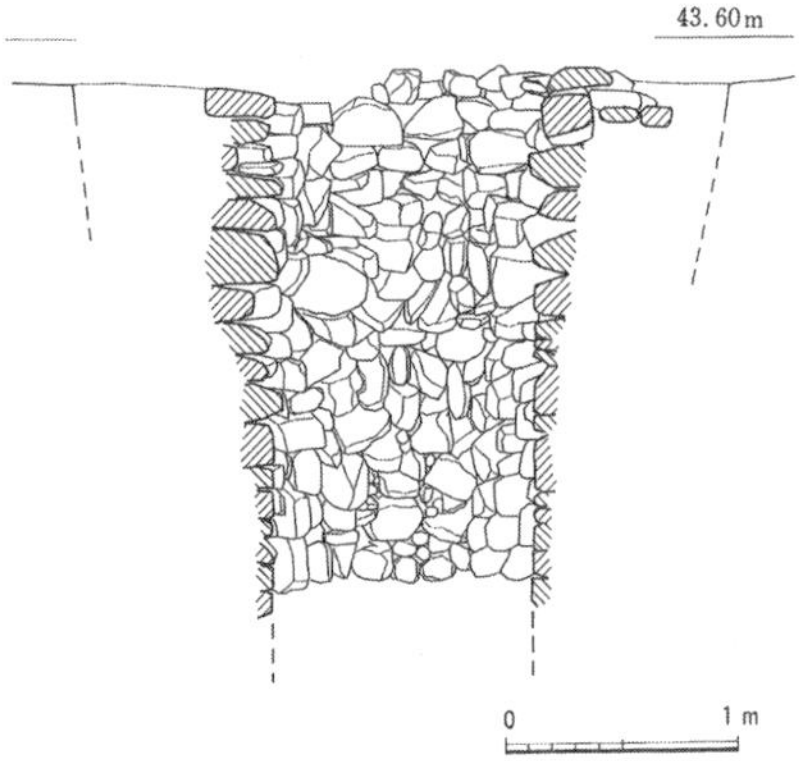

図 13　妙見遺跡の井戸跡と実測図

注目されるのは周防型擂鉢や足鍋が出土したことである。周防型は山口県を中心に九州では玄界灘沿岸地域で見られる遺物だが、佐賀平野では出土例が少なく、武雄市みやこ遺跡から足鍋が出土したくらいで、分布範囲は限られている。

周防型の分布は戦国大名大内氏の動向と関係していることが指摘されていることから、肥前千葉氏と大内氏の関係を探るうえでも興味深い資料である［小城市教委二〇〇八］。

妙見遺跡・北浦遺跡・滝遺跡　千葉城跡の北側には、千葉氏の守護神である妙見菩薩を祀った北浦（妙見）社や、「下馬」や「犬馬場」といった「しこ名」と呼ばれる通称地名が残っている［服部二〇〇二］。古くから肥前千葉氏の居館跡と考えられていたが、近年は遺構や遺物の検討と類例の調査によって、千葉氏そのものの居館ではなく、その被官級の屋敷跡と考えられるようになっている。

妙見遺跡（調査名称は北浦遺跡）では、掘立柱建物跡・井戸跡・石組遺構・溝跡などが確認され、青磁・白磁、褐釉陶器、灰釉陶器、黒釉陶器などの貿易陶磁器のほか、国産のおろし皿や国産黒釉陶器、土師器、瓦質土器の火鉢や擂鉢、土師質土器の壺や擂鉢、鍋や羽釜などが出土している。確認された建物跡のうち、最大の規模で主要な建物と考えられるものは、柱穴の底面に根石を配した七間×三間の掘立柱建物で南面に庇を備えている。また直線的に延びる溝跡もあって、区画溝の様相を呈している。

図14　妙見遺跡出土遺物

妙見遺跡で建物の造営が開始された時期は、瓦器が出土していないことから瓦器が消滅した後と考えられる。大まかには、①胤貞の下向（一四世紀前半）から胤鎮とその弟胤紹の戦（一五世紀中頃）まで、②胤鎮から元胤へと続く肥前千葉氏の全盛期（一五世紀中頃）から東西千葉氏の分裂まで（一五世紀末）、③千葉氏の東西分裂以降、馬場頼周が敗れて千葉城が落城するまで（一六世紀中頃）の三時期に区分することができる［小城町教委 一九八二］。とくに一五世紀後半以降の遺構や遺物は少なく、次第に衰退していったことが把握されている。小城の都市的な場は千葉城下から平井館周辺に移ったと考えられるが、平井館周辺に形成された都市的な様相も、一六世紀中頃には衰退しその機能も失われていく。

北浦（妙見）社境内でも発掘調査が実施され、社殿北側の土塁の版築状況や一五世紀代の溝状遺構を確認しているし［小城市教委 二〇一〇］、北浦（妙見）社の東側に位置する滝遺跡でも、掘立柱建物跡や土坑を確認している。出土した土師器は一四世紀中頃以降の遺物が中心となっている［小城市教委二〇一八］。

寛文五年（一六六五）に編纂された『肥前古跡縁起』には、京の都を模して九条の町割りを作ろうとしたとの記述があり、その内容からは北浦（妙見）社を核としてその参道の両脇に居館域が築かれていたと想定することができる。滝遺跡でも中世の遺構が確認されたので、西側の妙見遺跡のみでなく、北浦（妙見）社の東側にも規模や配置などは不明ながら、何かしらの居館域が広がっていたと考えることができるようになった。

古町遺跡　千葉城下の都市空間を構成する古町《ふるまち》遺跡は、祇園川を挟んで千葉城跡の南側に東西方向に広がり、発掘調査で一二世紀代から一七世紀前半にかけてと幕末期の遺構が確認されている。遺物の中心は一五世紀後半から一六世紀前半にあるが、遺構変遷は一三世紀代に遺跡の西側の狭い範囲で遺構・遺物が確認でき、一四世紀後半から一五世紀前半にかけて遺跡の東側まで広がりを見せるようになる。一五世紀後半から一六世紀前半にかけて、遺構の規模や遺物の量も豊富になり全盛期を迎える。その後は遺跡の西側で、わずかながら一七世紀前半までの遺構・遺物が確認されている。

東側の1次調査区では土坑や柵列、溝跡を確認している。南北方向の溝跡や柵列の東側には多数の柱穴があり、比較的規模の大きな建物が想定されている。出土遺物には、土師質土器や瓦質土器のほか、龍泉窯系青磁や景徳鎮窯の染付、朝鮮陶磁、白磁の碗がある。国産では備前焼の擂鉢が出土している。ほかにも土師質土器の香炉や茶臼、鞴の羽口や鉄滓も出土している。

図15　古町遺跡出土遺物

西側の2次調査区では土坑や柵列、小穴などを確認している。出土遺物には瓦器碗のほか土師質土器の鍋や風炉、瓦質土器の茶釜、貿易陶磁器では龍泉窯系青磁や景徳鎮窯の染付、白磁の碗、四耳壺などがある。国産では備前焼の壺や関西系の陶器鍋が出土している。

1次と2次の中間点付近で行った3次調査区でも、溝跡や小穴などを確認している。出土遺物には土師質土器や瓦質土器の鍋などのほか、貿易陶磁器の龍泉窯系青磁や景徳鎮窯の染付、漳州窯系白磁碗、朝鮮陶磁の碗がある。国産品は備前焼の壺や肥前陶器が出土している［古庄二〇〇二］。

古町遺跡は千葉城下の町家にあたる。1次調査では、炉跡は確認されていないが鞴の羽口や鉄滓、焼土や炭化物といった鍛冶に関連する遺構や遺物が確認されており、全盛期の一五世紀から一六世紀前半には鍛冶施設が存在していたと考えられている。これらの鍛冶関連遺構と同時期に成立した「雲海山岩蔵寺浄土院無縁如法経過去帳」には「廿ノ鍛冶道金　逆修当寺ノ造営勧進入」との記載がある［有川一九八二、小城町教委一九八六］。現在でも古町遺跡の南側には「廿地《はたち》」という地名が残り、寺院の造営に関われるだけの経済力を持った「廿ノ鍛冶道金」という人物と、古町遺跡で鍛冶を生業としつつ優品の白磁碗や茶臼、香炉を所持した裕福な階層の人物像との関連性が指摘されている。

千葉城跡周辺以外にも、起伏の少ない平野部では集落の周囲に堀をめぐらせた環濠集落も形成されていた。次に平野部に築かれた各遺跡をみておこう。

社遺跡（三日月町社地区）「千葉系図」の胤泰の項に「高田城住」の註記があるが、社《やしろ》遺跡はかつて高田の名で呼ばれていた場所にあたり、調査地点の約一キロ北側には肥前千葉氏初期の拠点とされる高田城（高田館）の最有力候補地がある。確認された遺構は、古代前期と古代末から中世前期の二つの時期に中心があり、集落が最盛期を迎えるのは平安時代末から鎌倉時代である。

発掘調査では、掘立柱建物跡や井戸、土坑や溝跡が確認され、掘立柱建物跡のほとんどが古代末から中世前期のものと考えられている。出土した遺物のうち、中国産陶磁器には白磁、青白磁、越州窯系青磁、龍泉窯系青磁、同安窯系青磁、褐釉陶器、黄釉陶器があり、朝鮮陶磁には高麗期の青磁、無釉陶器がある。ほかにも東播系須恵器や豊前型土師器など、港湾や集荷地としての機能を示唆する遺物が出土している［三日月町教委一九九九］。

このような社遺跡の発掘情報は、千葉氏による支配以前、有明海沿岸部で東アジア規模の広域的な海上交易が展開していたことを暗示する［宮武 二〇一八］。系図の註記が正しければ、胤泰が様々な物資の集荷地に接する場所に拠点を置いたことは、その流通を掌握することも視野に入れていたためではないだろうか。

赤司遺跡　「雲海山岩蔵寺浄土院無縁如法経過去帳」には「赤自雲州」や「蜷打宗鎮討死　同赤自式部殿」と赤司（自）との関係が窺える人物が記載され、『北肥戦誌』には千葉興常の本拠地ともあるが、赤司《あかぜ》（自）城の位置や範囲については特定されていない。

赤司地区に残る伝承や文献史料から宇佐八幡宮領荘園「赤自荘」の中心と推定されており、赤司遺跡の発掘調査では集落もしくは屋敷などの特別な施設を区画する区画溝が確認されているので［三日月町教委 二〇〇五］、今後に期待したい。

戊《みつ》遺跡　外溝や内溝があり、内溝の内部で井戸跡・掘立柱建物跡・柵列跡が確認されたことから館跡と考えられる。内溝は直線的に延び、南東側で直角に折れ曲がる。途中で途切れているから、この部分が出入口にあたると考えられている［佐賀県教委 二〇一四］。出入口から北に向かって幅約三㍍の通路状の遺構空白域があり、館内での建物配置を考察することができる。遺物には龍泉窯系青磁や宋代の貿易陶磁器、在地系の瓦器碗や土師器皿などがあるので、一四世紀前半頃に比定されている［佐賀県教委 一九七六］。

小路遺跡　中世には有明海の海岸線に近い場所にあった小路遺跡は、鎌倉時代（一三世紀前半から中頃）の集落跡で、一度廃絶した後、戦国時代（一六世紀）に館が造営されていることが確認された［芦刈町教委 一九八〇］。規模の大きな掘立柱建物と龍泉窯系青磁や高麗青磁碗や瓶、李朝の白磁と考えられる小皿など豊富な貿易陶磁器がある。溝跡から出土した白磁皿の底部に花押のような墨書もあるので、一般的な集落とは考えにくく、在地領主徳島氏の居城跡と推定されている。

本告遺跡　平井館推定地に隣接する本告《もとおり》遺跡での発掘では、一五世紀後半から一六世紀にかけて再整備された溝跡や土坑、石積み井戸跡、道路状遺構が確認されている。この整然とした区画溝と道跡、石積み井戸の存在によって、平井館周辺に千葉城下とは別の都市的な場が形成されていたことが明らかになった［小城市教委二〇一二］。

遺構には一五世紀中に出現し埋没するものと、一五世紀後半頃に出現し一六世紀まで存続するものがある一方、一五世紀中頃までは屋敷地割に関係する明確な遺構は確認されていない。儀礼に伴うであろう土師器の大量廃棄や石積み井戸などの遺構があって、武家屋敷の存在もうかがわせる。また井戸跡や溝跡では鉄滓も出土しており、敷地内に

図16　本告遺跡の区画溝（西から）

図17　本告遺跡の井戸跡

図18　本告遺跡出土遺物

図19　本告遺跡出土板碑

鍛冶施設があったことが推測できる。

本告遺跡では千葉城下の都市的空間が衰退をはじめた一五世紀後半から一六世紀にかけて、平井館周辺で屋敷地の再整備が行われたことが確認されており、都市機能の移転を示す調査成果となっている。

このように遺跡の発掘調査をみても、一五世紀以降の小城は千葉城跡で磁州窯の壺片やベトナム産の青花皿などが出土し、城下にあたる遺跡群でも中国産や朝鮮産の陶磁器が出土していることから、千葉氏の領内には様々な物資が流通していたことを裏づけている。

発掘調査以外にも『海東諸国紀』(一四七一年成立)をみると、小城に一二〇〇余戸、正兵五〇〇余とあり、九州探題の渋川氏が拠点を置いた綾部(みやき町)が一〇〇〇余戸、正兵二五〇余とあって、一五世紀後半頃の小城が肥前国の中心的な都市として繁栄していたことがわかる。さらに千葉殿を紹介した後半部分には、肥前州小城千葉介元胤が例年、紅を遣わしたことが記されており、海外の思想や文物が直接的に伝播する環境も整っていたと考えられている[宮武 二〇一八]。発掘調査の情報と『海東諸国紀』の記録には十分に整合性があるので、一五世紀代の小城は肥前国の都市的な空間として活気に満ちていたと考えてよいだろう。

4 肥前千葉氏の信仰

千葉氏の領内では都市域や城館などが発掘調査でも確認できつつあるが、最後に在地支配に不可欠でありながら形としてとらえにくい寺社への信仰を取り上げたい。

肥前国小城郡に関わる寺院には、天台宗・禅宗・日蓮宗の大きく三つの宗派があげられる。これらに関わる思想や文化は、近世以降も衰退することなく、法会や祭事などを通じて支配階級のみならず、被支配層の民衆にも根付き今日に至っている。肥前千葉氏が信仰したこれら三つの宗派が、どのように小城と関係し独自の文化を形成したのかをみていきたい。

雲海山岩蔵寺(小城町岩蔵)　天台宗の寺院として延暦二二年(八〇三)に桓武天皇の勅を奉じて下向した聖命上人が創建したと伝わる。建久三年(一一九二)に栄西上人によっ

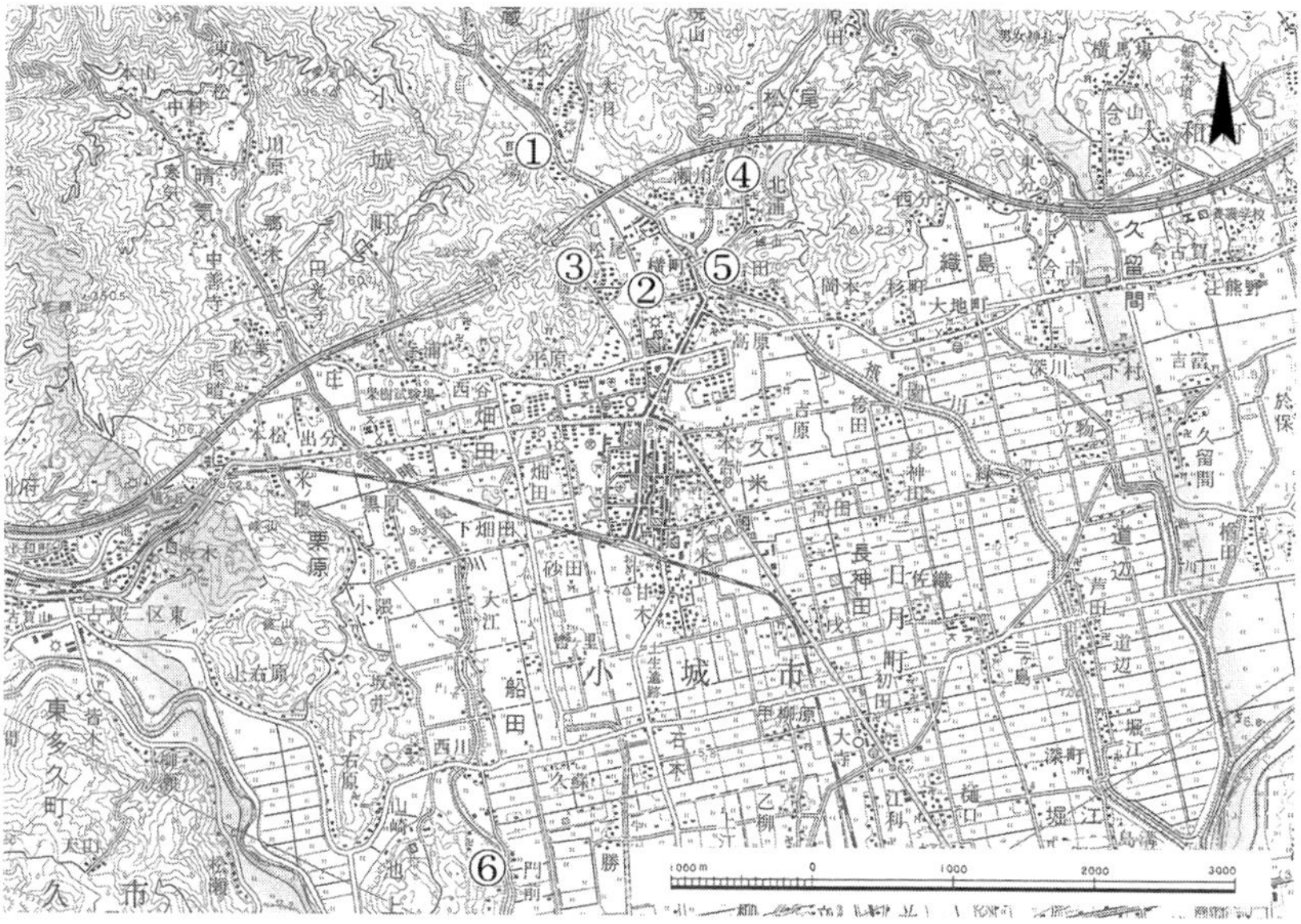

図19　肥前千葉氏ゆかりの寺院
（①岩蔵寺　②円通寺　③光勝寺　④北浦（妙見）社　⑤祇園社　⑥三岳寺）

て、天台宗総本山の比叡山を模した三塔千坊の構想のもと再興が進められ、岩蔵寺は比叡山の東塔になぞらえた位置にあたる［小城町史編 一九七四］。

岩蔵寺で行われた「如法経会」には、多くの信者が追善供養のため写経に訪れており、「雲海山岩蔵寺浄土院無縁如法経過去帳」には、「当郡代々地頭」として千葉常胤から歴代千葉氏の名（図26参照）や、肥前国のみならず下総国の千葉氏家臣など二四八氏の名が記されている。一四〜一五世紀の信者層を知る貴重な史料で、多くは肥前国内に分布する一族であるが、なかでも小城郡を拠点とした千葉氏とその被官関係者が多いのは、千葉氏が小城郡惣地頭として岩蔵寺の大檀那であったことによるものと考えられている［有川 一九八二、小城町教委 一九八六］。

三間山円通寺（小城町松尾）　白雉元年（六五〇）に筑後（福岡県）三箇村の郡司である三池氏が氏寺として三箇寺を建立したことにはじまる［三間山円通寺 一七八九］。後に三間寺と改称し、平安時代末頃までは岩蔵寺の末寺として天台宗の教寺であった。その後、肥前国の出身で元岩蔵寺の僧若訥宏弁は、南宋より来朝した禅僧蘭渓道隆に師事し、弘安元年(一二七八)に若訥を開山に禅宗(臨済宗)として再興されている(『小城郡誌』『歴代鎮西志』)。

弘安六年(一二八三)には若訥に帰依した千葉宗胤によって寺領を寄進されているが(円通寺文書)、宗胤は永仁二年(一二九四)に没している。

図 19　円通寺　持国天(右)・多聞天(左)立像

その一周忌にあわせて慶派仏師によって制作されたとも考えられているのが、円通寺に伝わる持国天・多聞天の立像と円通寺の末寺であった三岳寺の薬師如来・大日如来・十一面観音菩薩の坐像である。宗胤は禅宗を信仰するなかで、慶派仏師による力強く存在感のある作風や当時流行した中国風の仏像を小城にもたらし、円通寺の保護を通じて小城郡内の在地支配の強化をはかったのであろう。

その後、貞和六年(一三五〇)には「三間名山円通興国禅寺」の称号をうけたことによって、鎌倉建長寺や京都南禅寺とともに日本三興国禅寺の一つに数えられるようになっている[小城町史編 一九七四]。

日蓮宗の広がり　宗胤が円通寺の大檀那であるのに対して、その子胤貞は中山法華経寺(千葉県市川市)の大檀那として寺院整備を行うとともに、一族を中山門流の信仰で固め所領の堂宇を日蓮宗に改宗していった。小城郡における日蓮宗の布教は、胤貞の下向と同時期に開始されたと考えられている。「千葉胤貞置文案」には末代まで日蓮宗を信

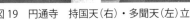

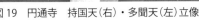

仰することや領内に他宗の寺社を安置しないことなどの記載があり、胤貞の日蓮宗に対する信仰の大きさや宗教政策として他宗を排除していった様子がうかがわれる［佐賀県図一九六〇］。

松尾山光勝寺　文保元年（一三一七）二月八日に胤貞を開基、中山法華経寺三世日祐聖人を開山として、鎮西発軫の根本道場として創建された［松尾山光勝寺　一九七八］。九州で唯一の日蓮宗本山格の寺院であるが、開山については中山法華経寺の末寺法宣院初代日貞とする説もある。また光勝寺開山の日祐は、胤貞の弟で猶子とされている。開山より一四世までは中山法華経寺と松尾山光勝寺は両山一首の制度がとられており、千葉氏以外の大檀那がなかったことや、胤貞のとった他宗排除の宗教政策が円滑に機能しなかったことなどから衰退していったと考えられている。一五世になって専任の貫首を置き、鍋冠りや竹槍などの法難で著名な日親が鎮西総導師職として下向したことによって光勝寺は中興され、激しい布教活動により「松尾山の周辺はもとより、遠くは博多、大分、熊本、長崎など九州一円に広く教線を拡張」［松尾山光勝寺　一九七八］していくこととなった。

図 20　光勝寺本堂（右側）と親師堂（左側）

図 21　永正八年銘有耳五輪塔復元状況

　日親が教線を拡大していく一方で、領域内で日蓮宗以外の宗派の布教も容認し保護する政策をとっていた千葉胤鎮とは友好的な関係ではなかったようである。日蓮宗を唯一とする日親の主張は多くの人々と対立する要因となり、結果的には永享九年（一四三七）七月七日に導師職を解かれることとなった［三日月町史編 一九八五］。日親の布教活動以降、肥前国内でも日蓮宗の教線が拡大していったようで、一八世の南陽院日乗以降、光勝寺の貫首は肥前国で出生した僧が務めるまでになっている［佐賀県図 二〇一四］。

光勝寺は、本堂裏の斜面で確認された大規模な石塔群の存在からもわかるように、九州における中山門流の中核として、肥前千葉氏をはじめ多くの人々の信仰対象となっていた。一五世紀前半から一六世紀後半において、生前供養や追善供養に伴う供養塔造立が盛んに執り行われていたことも光勝寺に対する信仰の現れと考えられる。

図 22　石塔部材検出状況

図 23　石塔復元状況

妙見信仰の深まり　千葉氏一族やその配下にとって日蓮宗と妙見信仰は一体であり、千葉氏は諸願成就のために北極星や北斗七星を祀った妙見信仰に帰依した［宮島 二〇一一］。千葉城跡の北側には千葉氏の守護神を祀った北浦（妙見）社がある。小城藩の初代藩主鍋島元茂の年譜（『元茂公御年譜』）には、千葉胤貞の下向後、千葉城を指す「牛頭の城を取立、山上に祇園社建立有。同時千葉家の守護神妙見宮を北浦に建立」との記述がある。また北浦（妙見）社の前には「犬馬場」という馬場があり、『北肥戦誌』には寛正三年（一四六二）に元胤がその家臣である仁戸田氏や鑰尼氏を射手として犬追物を執り行った記載も確認できる。犬追物は流鏑馬や笠懸と同様、武芸の鍛錬にとって重要なもので、千葉氏が守護神の前で犬追物を興行するのは、その配下にあった者に妙見信仰の存在を意識づける政治的・宗教的な意図の現れとも考えられる。

妙見信仰が日蓮宗と一体であったことを示すものとして、「千葉胤貞所領譲状」がある。この譲状には元徳三年(一三三一)に、胤貞が日祐に対して光勝寺職や妙見社座主職などを譲与したことが記されており、中山門流と妙見信仰、千葉氏との間に強い関係が築かれていたことを示している。

小城祇園の山挽行事　千葉城跡の西端には牛頭天王、素戔嗚尊を祭神とする祇園社(明治以降は須賀神社)が祀られている。花柴祇園、団扇祇園、柿祇園という祇園会が年三回開催されており、その一つ団扇祇園の際に山挽行事が行われている。現在この山挽行事では、寛永年間(一六二四～一六四三年)に祇園社の門前町形式で整備された上町、中町、下町を三基の挽山が巡行している。寛政一二年(一八〇〇)に編纂された『元茂公御年譜』には「昔よりの口すさみに、見事見るにハ博多の祇園、人間見るにハ小城の祇園と申し習ハし候」と華麗な博多の祇園に対し、人手が多

図 24　須賀神社

図 25　下町の山鉾
(『小城郡誌』1973 より転載)

い団扇祇園の盛況ぶりが記されている。同年譜によれば、正和五年(一三一六)に下総国より小城に下向した千葉胤貞が京都の祇園社(現八坂神社)より分祀勧請し、祇園川沿いに延びる丘陵部西端に祇園社を建立、毎年旧暦六月一五日の祇園会で山挽の神事を行ったことが始まりとされ、当初の山挽は、祇園川沿いの上河原から下河原までの東西方向で行われ、祭行事であるとともに軍事訓練の一環であったと考えられている。

中世に千葉氏によって祇園川沿いで始められた山挽行事は、江戸時代の鍋島藩政期に南北の通りで先山・跡山の二基で執り行われ、一時中断された時期をはさみ明治期に須賀神社の氏子や上町、中町、下町の町民によって再興され小城を代表する夏祭りとして今に伝わっている。祭事主体者の変遷とともに挽山の台数や形状も変化していくなか、山鉾と呼ばれる下町の挽山は現在でも釘を用いずに縄や葛で毎年組み上げられ、祭りが終わると解体される。下町の山鉾には千葉氏時代の形状や組み上げ技術が伝わり、その技法は島原の乱における小城鍋島家の櫓の組み方の手本とされたと考えられている[岩松 一九六八]。

千葉氏によってもたらされた宗教や信仰は、領内のさまざまな文化・風習と関係を持ちながら小城に根付き、国土の安泰などを願うだけでなく千葉氏が被官や配下の民衆を統率する上でも重要なものとなっていったことがみてとれる。

おわりに

下総国より下向し肥前国主と仰がれるようになった千葉氏であるが、その繁栄の背景には所領の拡大に伴って在地勢力を掌握していったこと、九州探題今川氏が九州を離れたあとに守護の職権を代行するようになったこと、自らが大檀那になることで家臣たちにも信仰の対象となる寺社の存在を意識付けたことなどがわかっている。

これまでは文献史料を中心とした研究によって千葉氏やそれに関係する人物の動向が考察され、中世の小城の様相が描かれてきた。一次史料が少なく、中世の歴史像を描くためには軍記物や年譜など後世に編纂された史料に頼らなければならない実状のなか、千葉氏が本拠を置いた小城の様相を補足するような発掘調査の成果も増え始めている。たとえば千葉城の主郭部における武家儀礼を想定させる多量の土師器や貿易陶磁器の出土、その城下である古町遺跡での優品の出土、北浦（妙見）社を核とした被官級の武家屋敷の存在を示す掘立柱建物跡などの遺構、光勝寺に造営された大規模な供養塔群が挙げられる。

町家と考えられている古町遺跡で貿易陶磁器が出土したことや、視覚的にとらえることが難しい信仰心の篤さを形として示す光勝寺の供養塔群からは、千葉城下が交易品の消費地として都市的な空間へ発展していったこと、国府といわれるまでになった小城の地には多くの民衆が集まり活気にあふれていたことを示しているように思われる。

千葉氏の居館そのものの発掘調査は行われていないが、周辺の発掘調査では文献史料を裏付けるものだけでなく、史料では確認できない事象についても新たな発見が相次いでいる。今後の調査では千葉氏の本拠の様相がさらに明らかになってくるのは確実と考えられ、それらによって肥前千葉氏が本拠とした小城の歴史像がさらに鮮明に描けるようになることを期待したい。

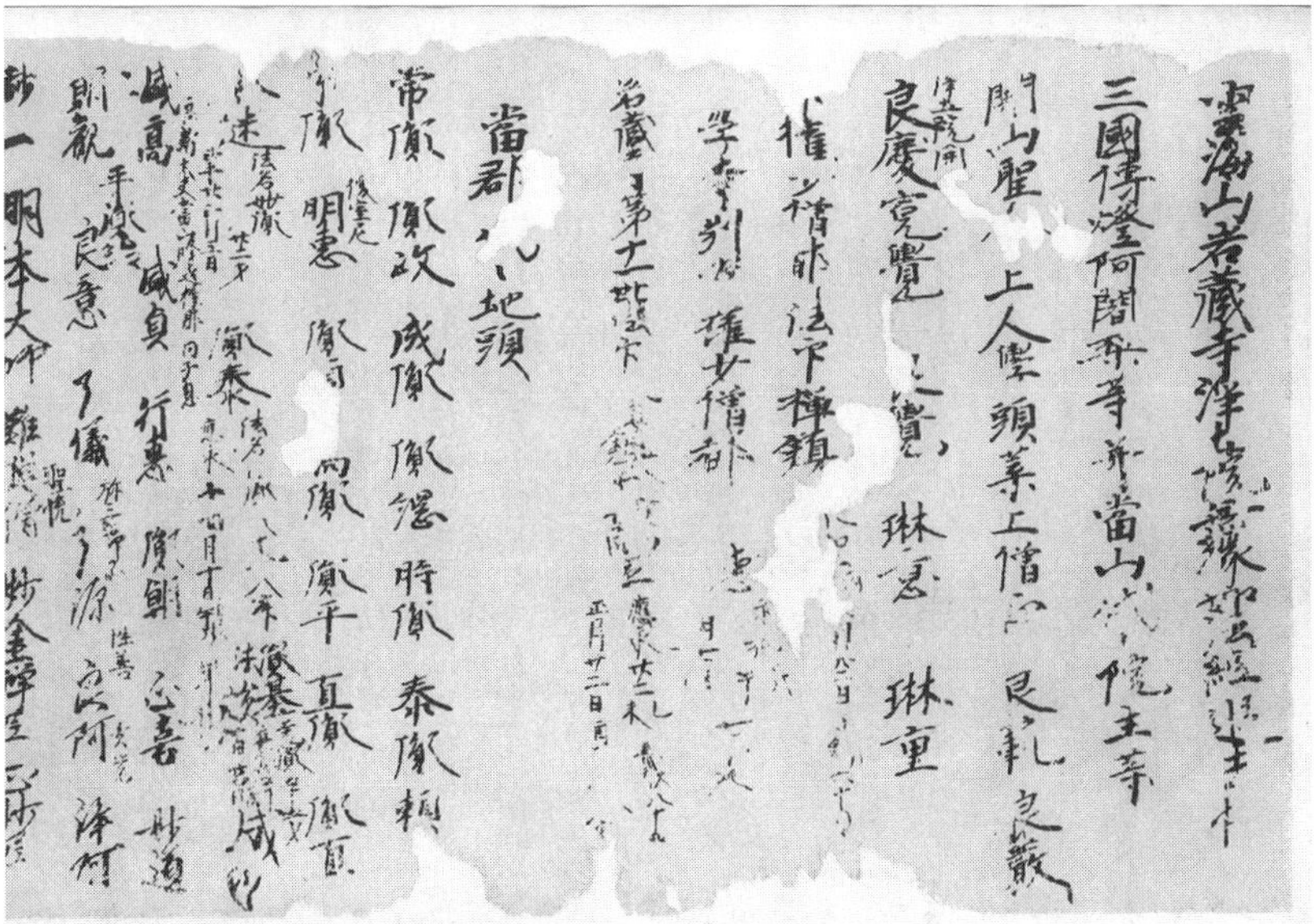

図26　妙法経過去帳（複製）の当郡代々地頭部分（小城市立歴史資料館蔵）

飽田南郷の拠点 二本木遺跡群

原田 範昭

1 古代の二本木遺跡群

概 要 熊本市の中心市街地から南西へ約二・五キロ、ＪＲ熊本駅周辺の南北約一・五キロ、東西約〇・九キロの範囲に二本木遺跡群が広がる。この一帯に国府に関連する地名が集中すること、塔心礎の存在、布目瓦の出土事例などが根拠となり、同遺跡は国府推定地として注目されてきた。諸説では、中世国衙は二本木遺跡群内ということで一致するが、二本木遺跡群が盛興した八～九世紀にかけての国府所在地については、定まる説がなかった。

熊本市による一九九九年と二〇〇三年の発掘調査は、国府所在地について一石を投じるものとなった。図2に示す八間×八間の巨大な総柱建物を筆頭に、整然とした矩形配置の建物群、柱穴列などと共に八～九世紀の遺物が多く出土し、一帯がこの時期の国府であった可能性が非常に高まった[熊本市教委 二〇〇七]。周辺の調査では、この他にも多様な遺構と共に希少な遺物が多くみつかる。とくに輸入陶磁器の出土量は県内の他遺跡に比べ群を抜き、越州窯の青磁をはじめ、唐三彩の陶枕や長沙窯の製品の出土例がある。国内他地域産の製品も多く、猿投産の須恵器浄瓶や緑釉陶器など、地方の古代遺跡にとって希少品が多々認められる。土器に書かれた文字には「大領」や「市殿」などがあり、同遺跡内に郡衙が存在した可能性や、市に関わる施設が存在した可能性も考えられる。また「肥後國」と刻まれた円面硯もある。

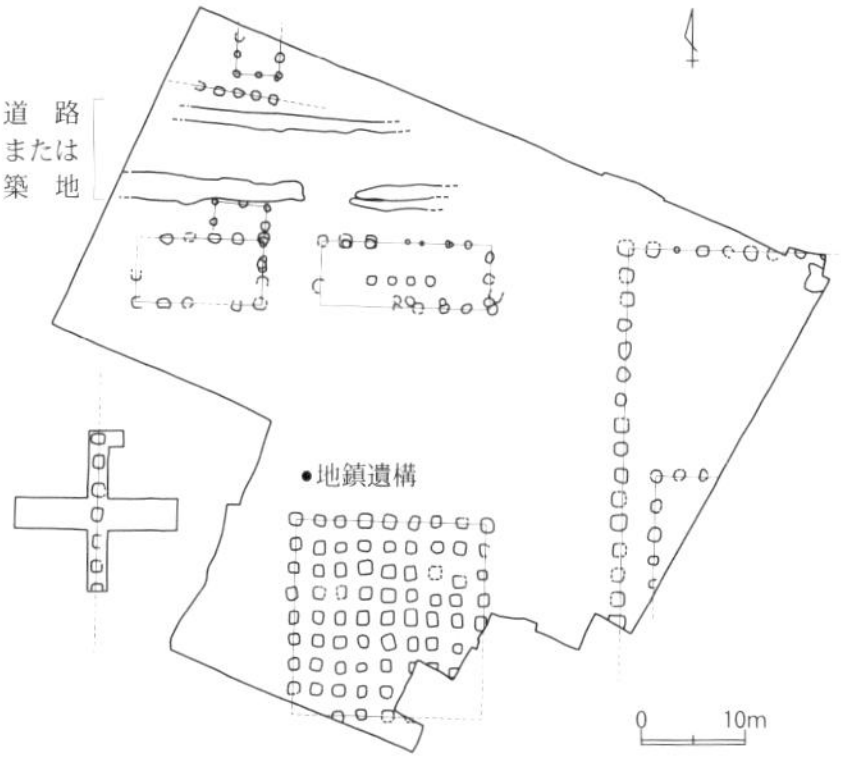

図２　官衙関連建物群（熊本市 2007 より作成）

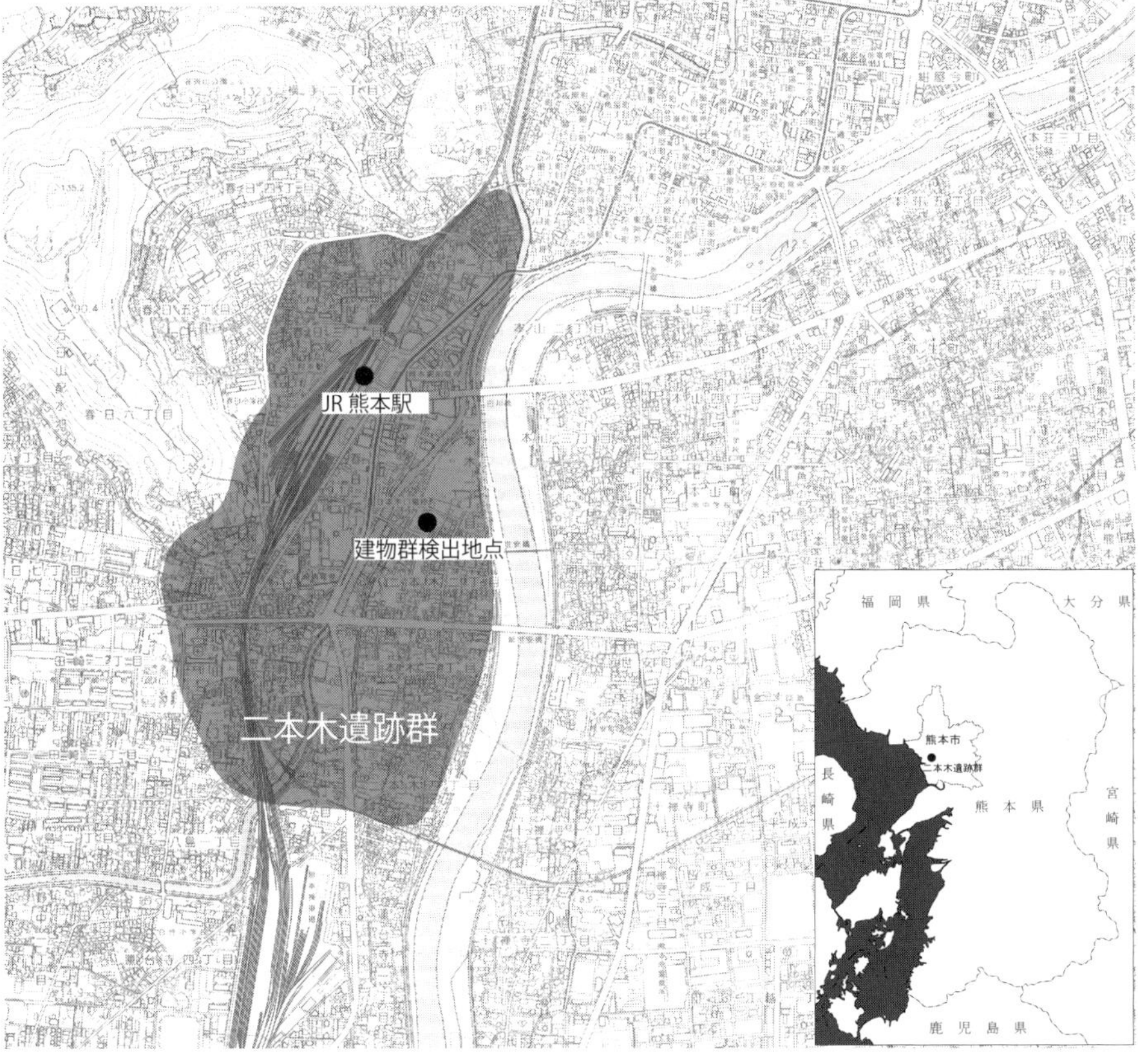

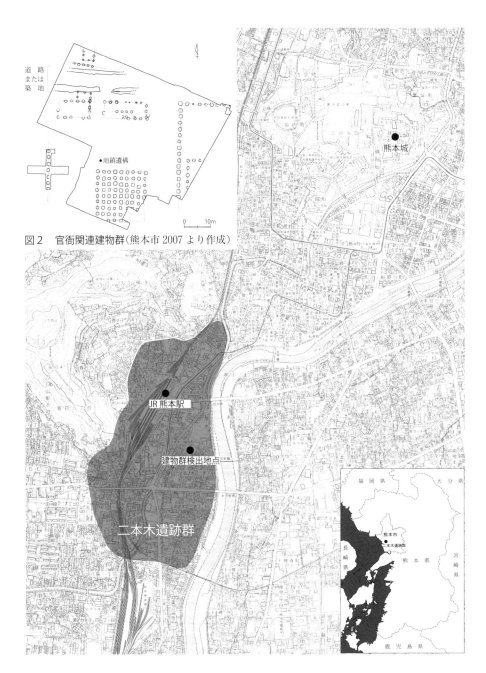

図１　二本木遺跡群の位置

国府関連施設と目される建物群は八世紀後半から九世紀後半まで存続し、周辺一帯で確認される居住施設もこれに並行する時期の所産である。このように二本木遺跡群は熊本県内で突出した遺跡のひとつである。

変　遷　一八世紀の『肥後地誌略』は古府中について「石塘を出て南蓮台寺の前、東は白川、西は高橋に通ふ大道を限って、古の府なり、四神相応の地なり、府中在庁屋敷より南、蓮台寺より北に古は沢あり、是前朱雀に表す、後玄武は北岡なり、左青龍は白川なり、右白虎は高橋へ通ふ大道なり」と記し、古府中の範囲を示している。その他、「国府ハ飽田郡宮寺村ニ在」(『新撰事蹟通考』天保一二年)、「一、同国府中宮寺屋敷一所」(「宇都宮範継譲状」詫摩文書：建武五年)、などの記述が見え、この宮寺村一帯が中世国衙の中心であったことは諸研究の一致する見解である。図３・４にある宮寺村周辺が、中世国衙の中心とみられる。

　工藤敬一は、一二世紀頃には国衙が都市としての特徴を備えてくると捉え、わずかな中世資料と近世地誌類から、中世飽田国府域とその周辺について考察した〔熊本市 一九九八〕。文献に残る「室(無漏)小路」・「国造小路」・「護町小路」・「高橋路」・「阿蘇大路」などの国衙周辺の道について、その記載事項と字名、字境、現況の道路などから位置を想定し、前出の『新撰事蹟通考』中にある「車屋敷〈府中市町の裏〉」の説明から、市町を在庁屋敷と車屋敷の間の大道沿いに比定し、関や津の位置にも言及している。加えて国府機構については中世の肥後国府も庁＝館を中枢とした「在庁屋敷」があり、国府機能の中心はここにあったもの

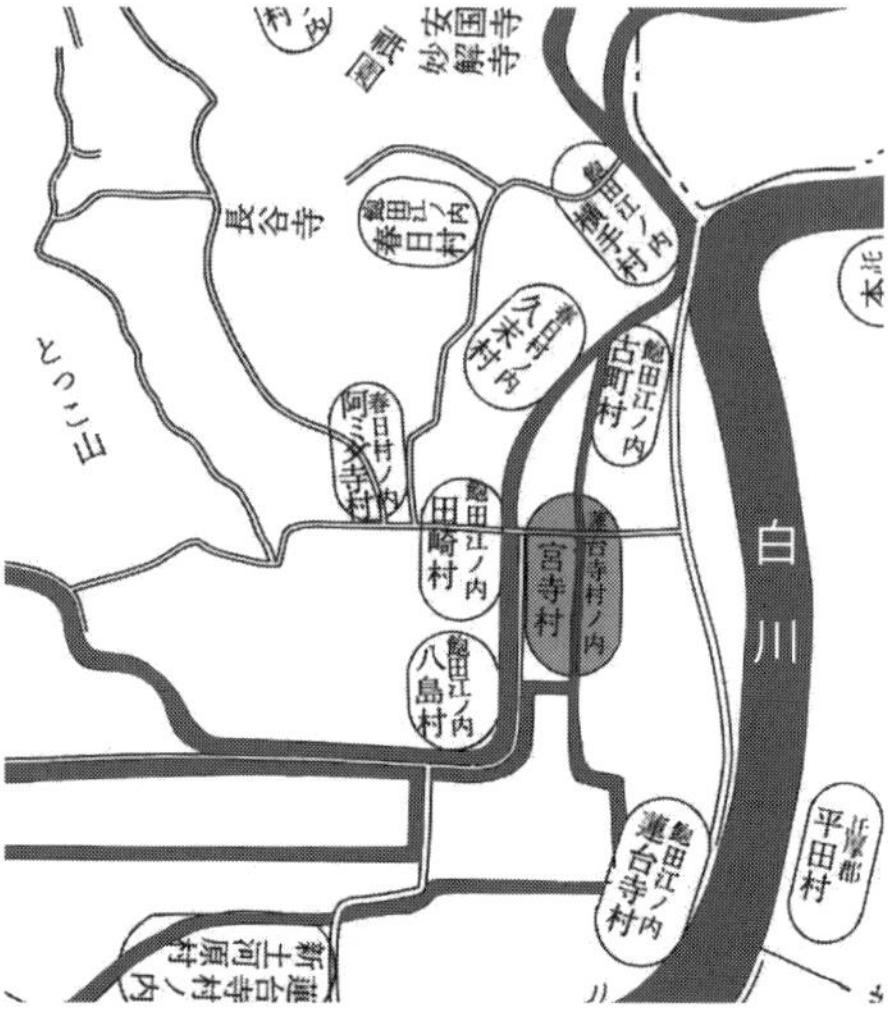

熊本市 1993 掲載図に加筆、作成。
1711 年以降と推定される絵図のトレース図である。この図の河川は中世の流れから人工的に改変され、現在の流れとほぼ同じになっている。

図３　宮寺村の位置

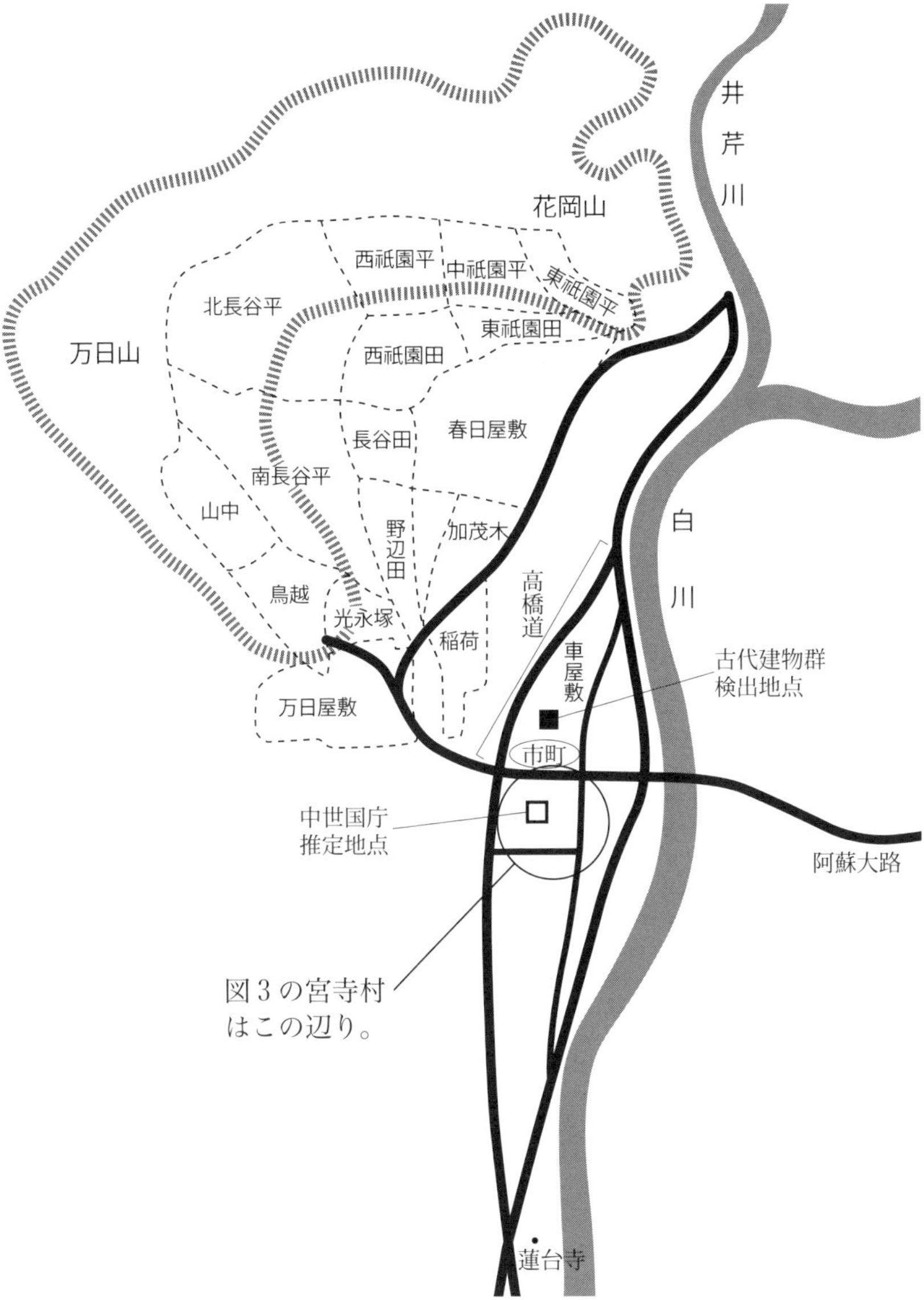

現在の白川は、蓮台寺の南で西向きに進路を変えるが、中世には南進し、緑川に合流していた。

図4　国衙の景観(熊本市 1998 掲載図に加筆、作成)

の、多くの「所(税所・田所などの役所施設)」が府中内外に存在した可能性があるとしている。

以上は文献史による中世の景観復元である。これに考古学的な発掘調査成果を加えることで、古代～中世の二本木周辺の景観について考えてみたい。

まず、検出された建物群の規模・配置や出土する遺物の特殊性から見て、八世紀後半から九世紀後半の段階に二本木に国府があったと考えて良いだろう。図5のように遺跡の東側中央付近に大型建物群が検出され、この付近が国府の中枢施設である。一帯には役所関連の建物群が存在したと考えられ、近隣の調査では大きな柱穴群が検出されている。そこから北東—南西方向の谷地形(現在は坪井川)を挟んで西側の一帯は居住域である。八世紀段階ではここに竪穴住居が広がり、概ね九世紀前半段階で掘立柱建物へと施設構造は推移する。居住域の西端には寺院とみられる施設も存在し、多くの井戸や流路内には祭祀の痕跡もみつかる。

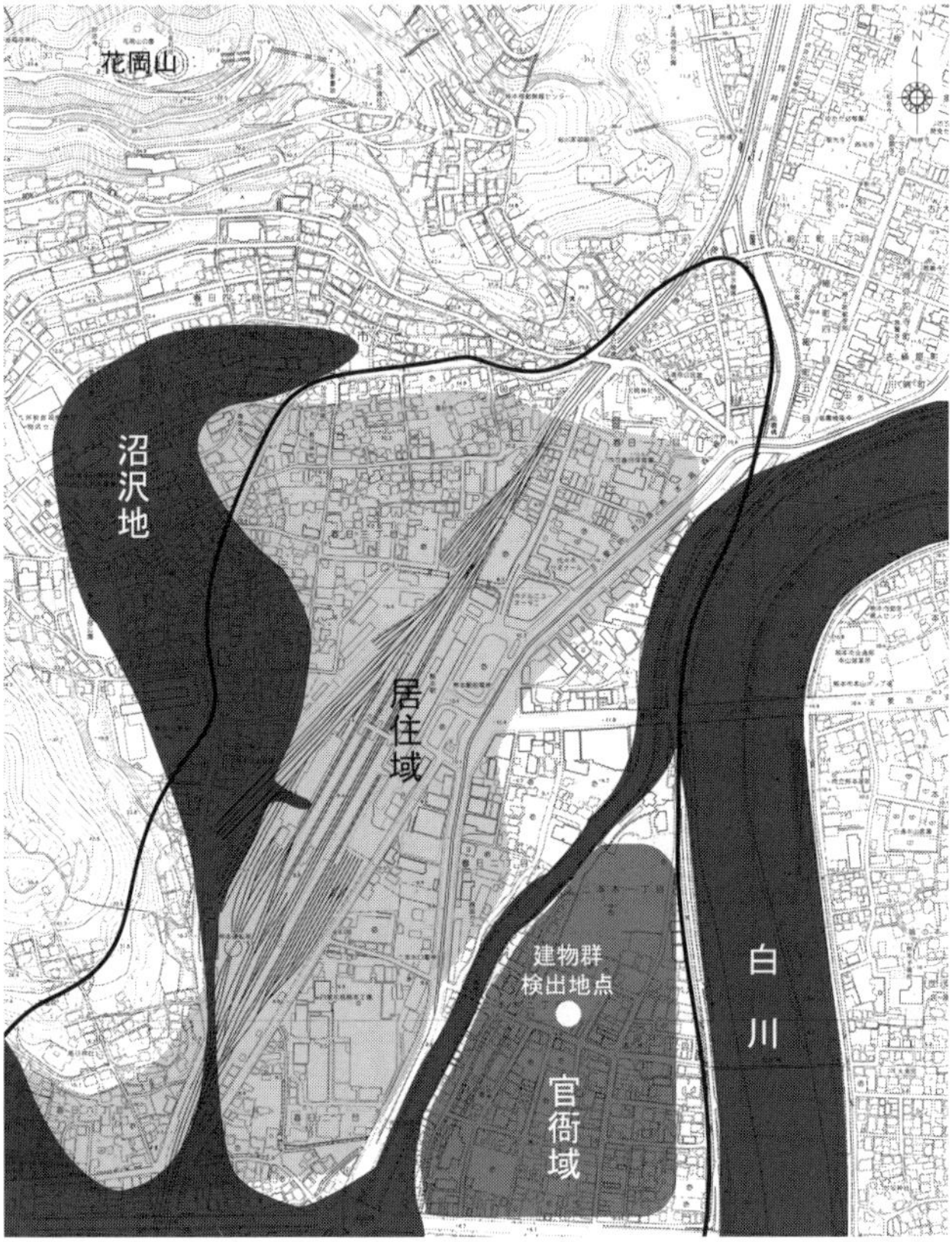

熊本市 1998 掲載図に加筆、作成。西側の沼沢地には○○田という字名が多く、水田としての利用も考えられる。

図５　古代の土地利用

出土する遺物量は極めて多く、かなりの人口がここで活動していたであろう。官衙域と居住域の境界は図4にある字名「車屋敷」の西側ラインに、居住域西端の沼沢地との境は、「春日屋敷」と「長谷田」・「野辺田」との字境となる南北ラインにほぼ一致し、土地利用の境界が現代まで踏襲されていることがわかる。

古代の二本木遺跡群の隆盛は九世紀の後半ごろまで続き、その後遺跡の様相に変化がみられる。九世紀後半には先の役所施設が姿を消し、同地点には土坑などが少数検出される程度である。役所関連の施設は同所より転出した可能性が高い。これまでの国府所在地に関する説で、九世紀後半の国府移転の契機として採り上げられてきたのが貞観の大水害である。平安時代編纂の『日本三代実録』に貞観一一年(八六九)七月一四日の大風雨で「官舎民居顚倒の者多し、人畜圧死勝計うべからず、湖水漲溢」、「六郡漂没」、「田園数百里海と為る」との記載がある。発掘調査で捉えた建物群の消長と合致する年代であり、結び付けて考えたい事象である。

一〇世紀の状況について、『肥後国誌』(明和九年)は承平四年(九三四)に府中鎮護のために国司藤原保昌が祇園社を勧請したと伝えるが、現在の北岡神社の前身である祇園社の勧請について、工藤は確かな資料はなく、藤原保昌が一一世紀初頭の国司であることから、祇園社の成立をその頃と考えるのが妥当かもしれないとしている[熊本市 一九九八]。これによれば、一〇世紀の前半代もしくは一一世紀初頭には、二本木周辺に国府が存在することになり、遺跡内で出土する遺物の年代観から言えば、やはり後者が妥当と考える。

2　中世前期二本木の景観

変　容　工藤は二本木遺跡群の西にある万日山について、阿弥陀寺の存在と、その周囲の「山中」・「鳥越」・「野辺田」・「光永塚」などの地名から国府の葬送の地と捉えている[熊本市 一九九八]。文政七年(一八二四)に万日山が城下近くの野葬地の一つに指定されることも、このことに由来すると指摘している。この中世国衙葬送地の想定は、むしろ古代の状況に合致する。

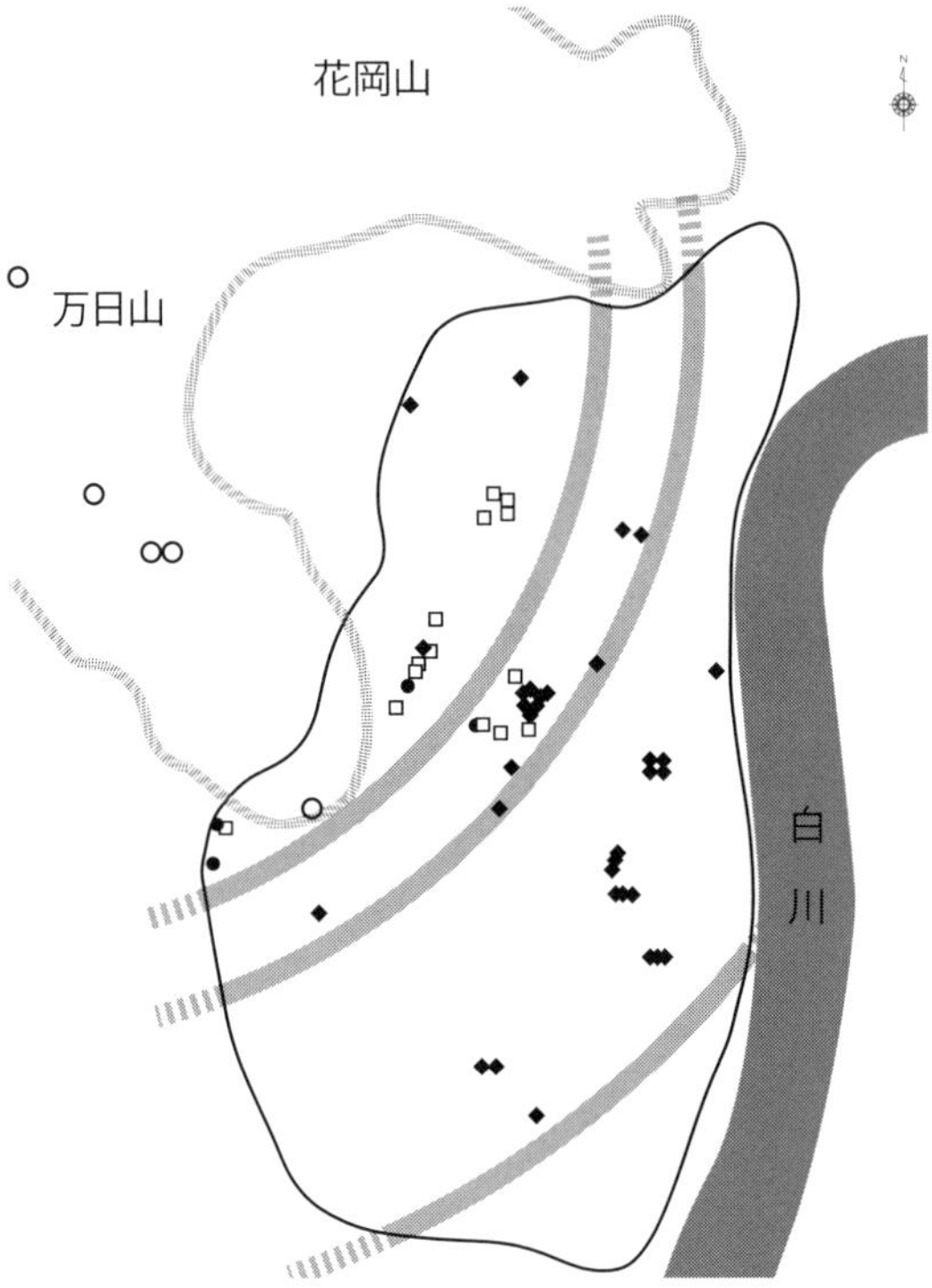

○古墳
●9世紀
□10世紀末～11世紀初め
◆11世紀後半～12世紀後半

図6　墓の分布

図6に時期ごとの墓の分布を示した。遺跡範囲北側の花岡山には、古墳時代の石棺があったことが知られ、南端の崖面には横穴墓が築かれる。同様に西側の万日山には横穴式石室を持つ円墳の存在が知られる。つまり古墳時代以降、これらの山を葬送の地とする認識があったと思われる。遺跡内の発掘調査で確認された墓の分布をみると、遺跡が盛行し始める八世紀後半の墓はみられない。遺跡内で認められる墓は、九世紀の後半以降の遺物を伴う。しかし九世紀代の墓の数は少なく、山際に点在し、居住域内で確認される墓は稀である。一〇世紀の終わりから一一世紀初めの土器を伴う墓はやや数が増え、分布域は東へ少し広がる。移転前の国府が存在したと考えられる段階までは厳密に万日山に制限されていた葬送地は、九世紀後半にもまだ山際までに止まるが、国府不在の空白期をおいて、二本木に国府機能が再度置かれる段階の一一世紀初め頃の時期に、少しずつ古代の居住地内に墓を点々と造り始めたように見える。一二世紀の後半頃には分布域がさらに広がり、遺跡内のいたるところに墓が作られるようになる。数基がまとまって検出される場合も少なくない。つまり、中世に至ると万日山を葬送地とする規制が働かなくなっている。

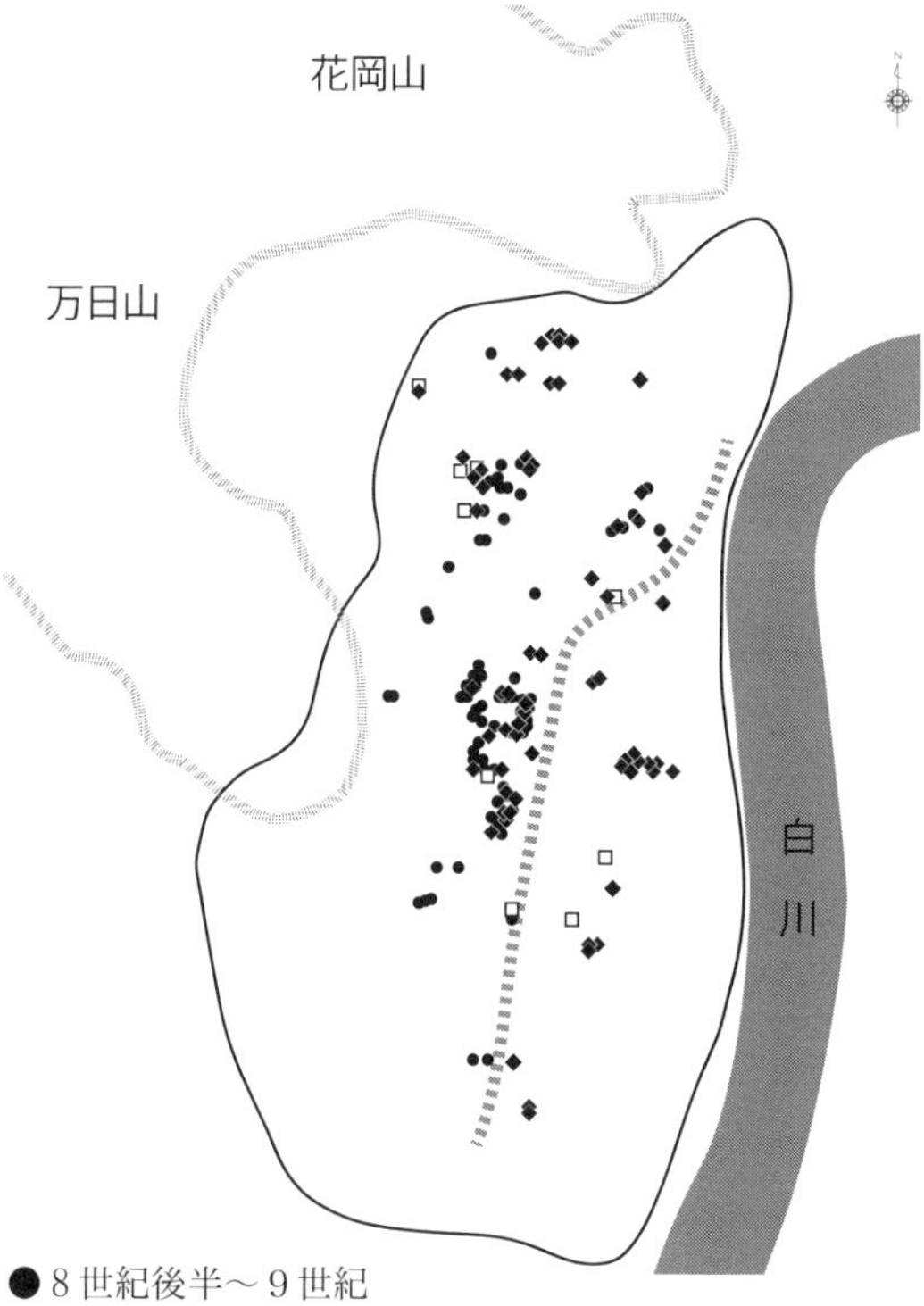

●8世紀後半〜9世紀
□10世紀末〜11世紀初め
◆11世紀後半〜14世紀
図6・7は熊本県教委・熊本市教委による二本木遺跡群の発掘調査報告書を参考に時期の特定できるものを抜粋して作図。

図7　井戸の分布

墓と同じように特徴的な分布の変遷を示す遺構に井戸がある。八〜九世紀代の井戸は図7のように、この時期の居住域に満遍なく分布するが、役所関連の建物群が展開する官衙域には広がらない。おそらく官衙域内にもこの時期に井戸は営まれ、役所施設に見合った設備の井戸が少数存在したであろう。遺跡内全面を発掘調査し、全ての井戸を確認したものではないが、現状の調査結果を見る限り、明らかにそのような遍在性が見て取れる。一〇世紀の終わりから一一世紀初めの井戸は少ないが、一一世紀後半以降は数が増えて分布域を広げ、八〜九世紀には井戸がほとんど分布していなかった官衙域の中にも多くの井戸が築かれるようになっている。

都市化　これら墓や井戸の分布変化は、どのような状況を反映したものだろうか。国府の変遷と合わせて考えてみたい。八世紀半ばから九世紀後半まで、整然と配置された役所施設とともに栄えた二本木の国府であったが、貞観の大水害で被害を受け、国府は洪水被害を受けにくい別地点(益城郡か)に移転したと考える。その後、一一世紀初め頃に国府機能が二本木に戻り、移転前に建物群が展開した場所からやや南の地点(図4)に中心を構える。

この地点は文献史研究で中世の国府所在地として支持されてきた宮寺村付近である。この国府再建に合わせて二本木の一帯は再開発され、中世都市化していく。

中世段階の旧官衙域への井戸の広がりは、居住施設の分布の広がりを示し、墓の分布の広がりは、屋敷内での墓の造営、いわゆる屋敷墓が作られるようになったことによる分布の拡散と考えている。つまり古代国府の建物群が展開していたエリアには、新たに官人の屋敷が配置され、それまで居住施設がなかった区域に屋敷が配置された結果、墓と井戸は分布域を広げ、図6・図7にみるような分布の変化が生じたと考えた。

工藤が述べる、「在庁官人が国衙の中枢となる一二世紀には、一般に国衙の役人だけでも一〇〇人以上に達したといわれ、国衙は都市としての特徴をそなえてくる。このような都市空間＝領域を府中という。それは、方八町などの整然とした構成を持つ古代の国府とは異なり、立地条件と国務の実態にそった多様なあり方をとる」〔熊本市 一九九八〕といった中世都市空間への変化を、墓や井戸の分布は示し、これと同様に一二世紀後半には役宅化した私宅や、そこへ通勤・勤務する官人の私宅が広く分布していたと推測する。

屋　敷　発掘調査で検出される中世の大規模な溝には、「L」字に屈曲したり、「T」字に接続したりする箇所があり、排水機能と同時に屋敷地などの土地の区画を成していたとみられる。図8には熊本県調査の二本木遺跡群第6次調査と、熊本市調査の二本木遺跡群第40次調査区（F・L地点）で検出された概ね一四〜一五世紀の溝を示している。ここでは溝によるおよそ一〇〇㍍四方の区画を想定することができ、さらに北側に同規模の区画が連続するようである。北側の区画の東側縁には、門跡と想定される遺構が検出され、区画内には溝と並行する時期の井戸が検出されるなど、「万日屋敷」という字名に関わる中世居館の可能性が指摘されている〔熊本県教委二〇一二〕。

これらの溝には道路として利用された部分もあり、溝の延長上に現代の道路があったり、溝が現代の道路と重なっていたりと、現在まで土地の境界として踏襲されている箇所が認められる。「万日屋敷」と「加茂木」の字境のように、字境の境界線と重なっている部分もある。

また遺跡内の調査では、所々で土坑内に多量に一括廃棄

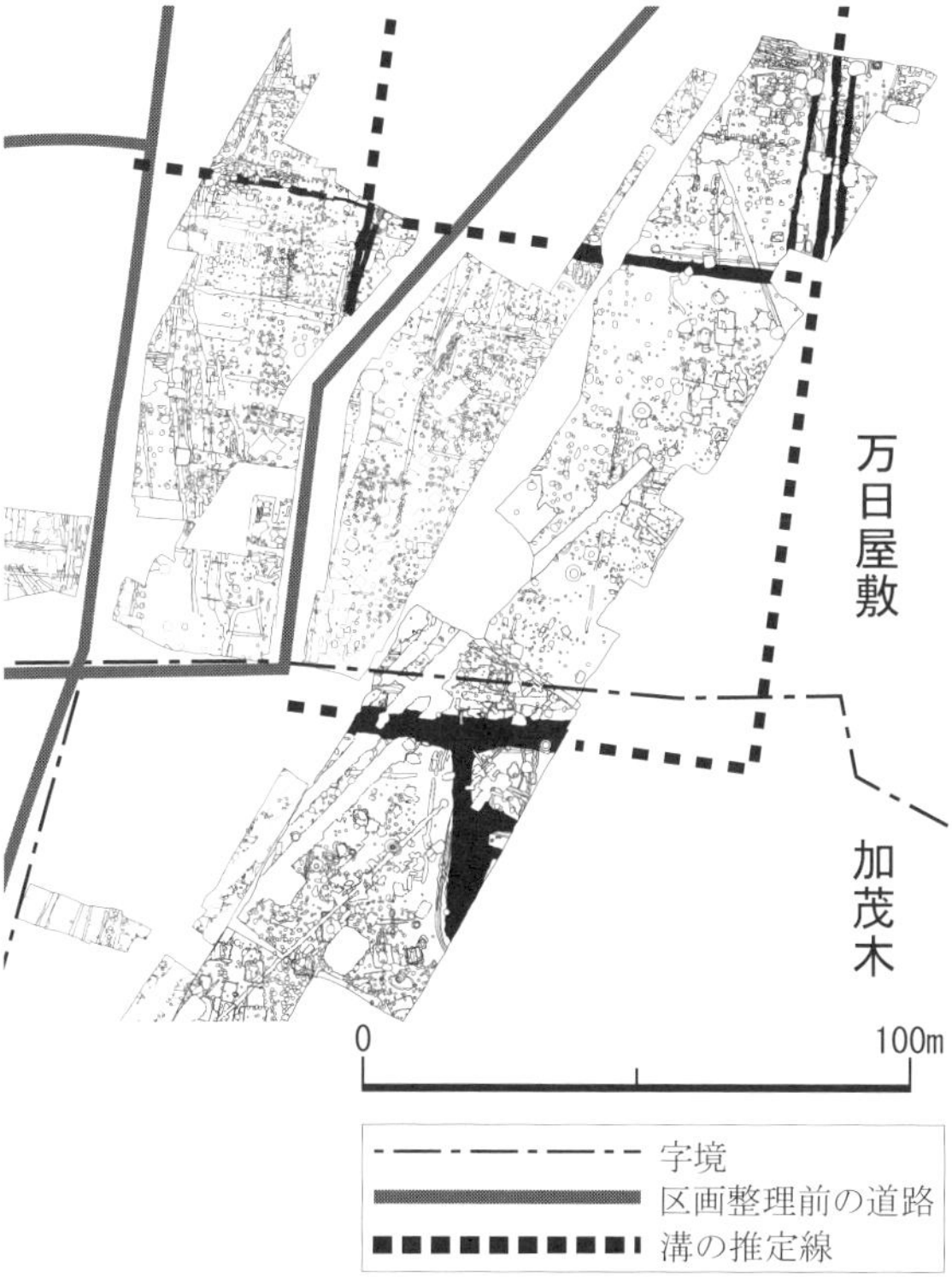

図８　溝による区画（熊本県教委2012・熊本市教委2011より作成）

写真１　青磁・白磁出土状況

された状況で坏や小皿が検出されることがある。この多量廃棄は、饗宴後の廃棄の痕跡と判断される。多くの人を集めて饗宴を催すような階層が、点々と居を構えていたことを示すのだろう。

物　流　こうした中世前期の二本木一帯は「もの」で溢れている。特に輸入陶磁器は豊富で、墓坑内に青磁や白磁の碗が供献される例も多い。ものの豊富さを示す顕著な例は、井戸の調査時に出土した一二世紀後半頃の中国産青磁・白磁の碗・皿である。遺跡西北端の地点での発掘調査で、伏せて重ねられた状態の碗や皿が一度に四三点出土した（写

写真２　東播系須恵器鉢

真1）〔熊本市教委二〇〇九〕。やや特殊な状況とも思える。他にも東播系の須恵器鉢（写真2）や常滑焼の甕など、国内各地から持ち込まれた品物も多く認められる。肥後に赴任した役人の力なのか、在地の勢力なのか、ここにものを集める力が存在したことは確かである。

当時の物流の大動脈は水運である。図9には二本木遺跡群周辺の位置関係を示している。二本木遺跡群の西方二・五キロにある上高橋高田遺跡は当時の推定海岸線付近に位置し、時期的な要素、出土遺物の内容などが二本木遺跡群に類似し、官衙的な要素も認められる。ここに国衙の津としての機能が置かれ、集散地として物資が運びこまれたのであろう。そしてここから「高橋へ通う大道（高橋路）」を通じて、国衙へとものが持ち込まれたはずである。

また国衙の東を南に流れる白川が、有明海へ流れ込む緑川と合流する地点、二本木遺跡群より六キロ南に位置する河尻の大渡は、海路・陸路の要衝として栄えた。ここも当時の津として機能した可能性が高く、中世後期には肥後を代表する港町の一つに数えられる。国衙—大渡間も白川沿いの一本道で通じ、また水運による内陸への利便性もある。

3　国衙周辺の情勢と担い手

支配　九州唯一の大国として大宰府の主要な財政基盤であった肥後国は、律令制の下、政治的に重要視された。それは後白河院政期を中心とした院と平家にとっても同様であり、強い影響力をもって王家領を設定していく。鎌倉幕府成立後も同様に、幕府内部で実権を握っていく北条得宗家が守護職の占有、得宗領の拡大、港湾都市の掌握といった戦略の中で、肥後にも支配力を及ぼす。

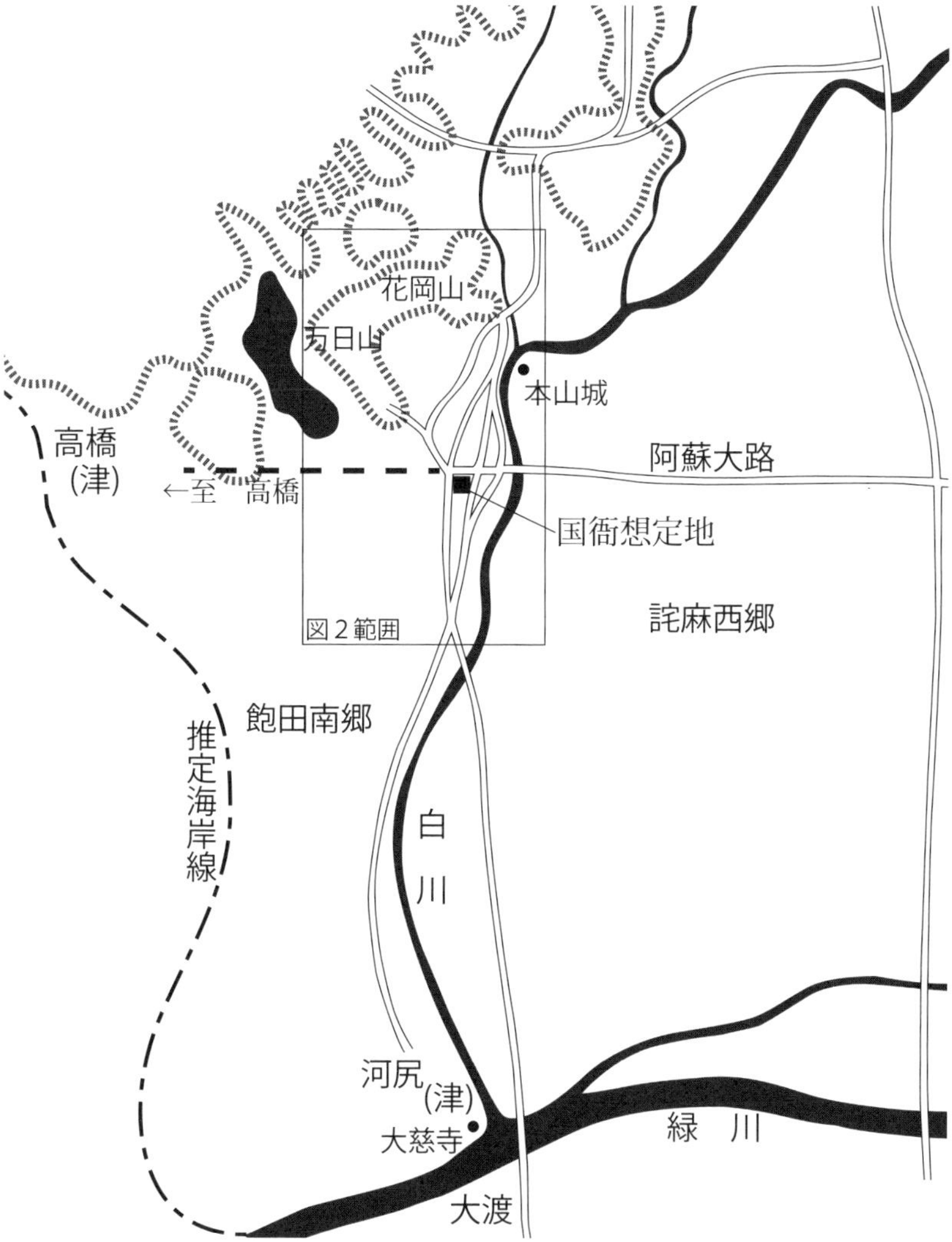

図９　国衙周辺の景観(熊本市 1998 掲載図に加筆、作成)

熊本市域の中心部は白川を境に東が詫麻郡、西が飽田郡となる。中世の飽田郡は大きく南北に二分され、南部を「飽田南郷」と呼ぶ。飽田南郷の主要な所領は二本木周辺の国衙領と河尻郷（荘）であり、国衙が在地機構と密接な関わりをもって存在したと考えられている。

詫磨氏　幕府が成立し、肥後の守護職は大友能直が担ったと推測され、その子詫磨能秀とともに、国府周辺の肥後中枢部において、強い影響力を持ったとみられる。

国衙から白川を挟んで対岸一帯の神蔵荘は詫磨氏の所領であり、その居城である本山城が国衙の目と鼻の先にある。詫磨氏は豊後国に基盤を築いた大友氏の流れを汲み、初代大友能直の次男能秀が、貞応三年（一二二四）に肥後の詫麻郡最大の荘園である神蔵荘地頭下司職を相続し、詫磨氏の祖となった。

建治元年（一二七五）の詫磨時秀（能秀の次男）による嫡子頼秀宛の譲状に白河津本司職とあり、この時点で「白河津」が詫磨氏の管轄下にあったと判断できる。白河津の詳細な位置については明確でないが、白川沿いの詫磨氏所領内の津と推察され、ここからの物資の出入りは詫磨氏によって掌握されていただろう。

後に詫磨氏は飽田郡惣社名宮屋敷以下地頭職などを領有し、国衙周辺、また国衙内で一定の力を保有していたとみられる。詫磨氏は蒙古襲来や南北朝の動乱期を経て、所領を拡大し、室町幕府や九州探題渋川氏とも比較的良好な関係を築いていたが、一五世紀半ば以降は文書が残っておらず、その足跡を追うのが困難となる。

河尻氏　一方、国衙領の南には河尻郷（荘）を本拠地とする河尻氏がいる。

河尻氏系図によると、建久元年（一一九〇）に河尻実明が地頭に任命されたとされている。在地領主で、国衙の在庁官人であったが、幕府の国衙機構の掌握に伴い、守護所の役人となったとみられる。

海陸の要衝である河尻もまた国衙の津であった可能性が高く、中国明代の『日本図纂』や『籌海図編』では高瀬・天草・宇土・八代と並んで中世後期の肥後を代表する港町の一つに数えられている。「今、海陸の都津を見るに、貴賤両岸に襲集、前後に喧諍し、人馬競い上り、扁舟没し、身命を失う」（詫摩文書）とある史料は、この地が人の集まる場所であったことを示し、また渡河の難所であったことを伝える。

　建治二年(一二七六)に禅僧の寒巌義尹が架橋を発願し、二年後に橋は完成する。この架橋により南方地域との連絡の利便が増し、ここを通る南へのルートは後に薩摩街道として機能する。義尹は皇族出身であり、時の権力者である北条得宗家ともつながりを持つ。得宗家の港湾都市掌握の思惑とも合致し、河尻氏は義尹の架橋事業や大慈寺創建に協力することで得宗家との結びつきを強め発展していく。河尻氏は南北朝期に隆盛を迎えるが、以降は衰退し消滅していく。先述の河尻が港町として栄え、明の書物で紹介される頃には、河尻氏の勢力は衰えていたようである。

　二本木遺跡群は、古代から中世を通じて肥後の中心地として栄えた。中世には詫磨氏や河尻氏が国衙の内外で活躍し、国衙周辺は公権力と在地の勢力が複雑に絡み合っていた様子がうかがえる。肥沃な生産基盤に加え、物資の集散も活発であり、様々な利権と各々の思惑がここで錯綜していたことがその要因の一つである。

　近世になると加藤清正による城下町整備に伴い状況が大きく変わる。一六世紀末の古府中(二本木遺跡群周辺)からの町屋移転により、近世の遺構・遺物は極端に減少している。こうして中心地は熊本城下に移ったものの、近世を通じて人の生活の痕跡は認められる。

菊池氏の拠点　北宮・隈府

青木 勝士

はじめに

一九九〇年代以降の菊池氏に関わる研究を時代別に振り返ってみると、平安期は小川弘和が府官系武士団の事例に菊池氏を取り上げ、府官系武士団の勢力拡大と大宰府と在地勢力との関わりを論じた論考があるほか、西村和正が菊池氏の祖とされる「藤原蔵規」を志方正和の研究から深めた考察がある。南北朝中期は馬渡和弘が征西府を論じる中で一五代の菊池武光に触れ、三浦龍昭が九州での南朝勢力を論じる中で武光に触れている。南北朝後期は山本隆一朗が一七代の菊池武朝を取り上げて論じている。菊池氏の筑後国への勢力伸張は、中村知裕が南北朝期から室町期にかけての大友氏の筑後国に向けた政治動向を分析している。

一方、室町期の対外交易については、筆者が『朝鮮王朝実録』にある「肥筑二州太守」の菊池氏の朝貢貿易記事と『海東諸国紀』をもとに、菊池氏による博多を拠点とした交易と偽名義の図書での交易を指摘したが、橋本雄が同史料を用いて論じ直している。堤克彦も同史料を使って『朝鮮王朝実録』に菊池氏名義の交易があることを指摘している。筆者は『海東諸国紀』にも記載がある菊池川河口の交易拠点の高瀬について、天保一二年(一八四一)に作成されたと推測される「高瀬町図」を原図にして一次史料に基づく一五世紀の高瀬を図上復元したうえで領域統治での位置づけを明らかにした。さらに一五世紀後半〜一六世紀前半にかけての菊池氏の統治の領域の範囲と統治組織「隈部老中」の役割を提示した。

菊池氏の館跡に関しては、筆者が一四世紀の統治拠点の北宮と一五世紀後半から一六世紀前半にかけての統治拠点で守護町であった隈府について、その核となる「屋敷」館を一九九六年に指摘した。その後、二〇〇五～〇六年度に行われた熊本県立菊池高等学校の校舎等改築工事に伴う発掘調査の結果を受けて、二〇一四年に調査で検出した「土井ノ外」館を公館である守護館に、「屋敷」館を私邸である菊池氏館の二館並存の見解に修正した。阿南亨は二〇一一年度の菊池市教育委員会による菊之城の確認調査の結果を加えて、北宮の菊之城を一三世紀第2四半期を含め一四世紀第3四半期まで、隈府の土井ノ外遺跡を一四世紀後半から末にかけて築かれた居館跡で、一四世紀後半から一五世紀前半まで存続したとする報告書の分析結果を踏襲した。

このような研究成果を踏まえ、本章では字図および地籍図、ならびに地形図を用いながら、南北朝期の統治拠点の北宮に二〇一一年度の菊之城の確認調査の、室町期の統治拠点の隈府に二〇〇五～〇六年度の隈府土井ノ外遺跡の発掘調査の結果を加味して、それぞれを現時点でわかる範囲内で明らかにしたい。

1　北宮

菊池氏は郡名荘園の菊池荘を名字の地にし、治承・養和の乱で挙兵した六代の菊池隆直が『玉葉』治承四年（一一八〇）一一月一七日条で「菊池権守」と表現され、肥後国内最有力級の在庁官人とみなされていたことがうかがえるが、在所は明らかでない。史料で菊池惣領家の本拠が明らかになるのは、正平五年（一三五〇）三月二〇日付け恵良惟澄軍忠状〔大日本古文書家わけ一三阿蘇家文書上巻一三二〕と恵良惟澄申状追書写〔同一三〇〕で、北朝方の「合志能登守幸隆」が「楯籠」った「菊池陣城」または「菊池本城」を南朝方の「阿蘇筑後守惟澄」が三月一二日に攻めたことが初見であろう。この「菊池本城」では、一五日に菊池庶子家の豊田十郎「武光」が参戦して「外城」を「追落」とし「焼拂」い、「凶徒廿余人」を「打取」っている。

「菊池陣城」は、永徳元年（一三八一）七月日付け深堀時久軍忠状・深堀時清軍忠状〔『熊本県史料中世篇第二』深堀文書

一七・一八〕で「同五月十二日菊池陣城令御共」とある一方で、永徳元年九月日付け深堀時弘軍忠状〔同一九〕では「同十二日被□菊池館城之間」とある。このことから「菊池本城」とも表現された「菊池陣城」は「菊池館城」とも呼ばれていた館で、合志幸隆の占領以前には菊池氏の「本城」と考えられる。こののちに一五代となる武光が奪回しているので、「本城」であったのは一四代の武士ではなかろうか。

この館は、北朝方の今川了俊麾下の深堀時久と時清が「今年、康暦三・永徳元　四月廿六日城野城落居之間、同廿七日菊池御勢仕、致忠節」の後に、五月一二日の了俊の宿館であったことを報じている。また北宮阿蘇神社（菊池市北宮字居屋敷）が永享五年（一四三三）四月二九日付け・年欠四月一一日付け菊池持朝起請文〔阿蘇家文書下巻 二五一・二五二頁〕で「菊池三社大明神」「菊池三宮」と表現される一方、年月日欠小代光信軍忠状〔『熊本県史料中世篇第五』詫磨文書二四五〕で「建武三年正月八日属于宰府討手堀三郎入道殿押寄菊池山城太手、令追落武敏以下凶徒等」とあるので、山間部の城野（菊池市木野）から平野に出た「菊池山城」のある菊池市隈府から「菊池三宮」がある北宮にかけての地域が広義の「菊池」で、そのうち北宮阿蘇神社付近が狭義の「菊池」と呼ばれていたのであろう。「菊池本城」は「菊池」に所在したと考えられる（図1）。

館の「菊池本城」は、明和九年（一七七二）には菊ノ城跡〔『肥後国誌』菊池郡深川手永中通郷深川村〕に比定されている。『陣迹誌』に「菊池城ハ隈府南半里計り深川北宮二村ノ界畠中ニアリ」とあるように、現在の菊池市北宮と深川の字境の北宮字城の堀の通称「天守領」にある南北六三㍍×東西七二㍍の方形館跡が「菊池本城」である。現況では郭内の段違いを東西二郭に分け、高い東側をⅠ郭、低い西側をⅡ郭と呼ぶ。北側の堀の一部がⅡ郭と同一面まで埋められているが、本来はⅠ郭と同一面の単郭方形館で、四周が堀で囲まれていたのであろう。阿南が掲げた二〇一一年度の菊池市教育委員会による東西軸三本のトレンチの「菊之城確認調査トレンチ配置図」「平面図、南北断面図」の結果によると、標高四六・五〜四七㍍の面に遺物包含層があり、「土器だまり」や「土坑、溝、ピット」「炭化物集中部、礫集中部」の遺構が検出され、土師系土器の口径一一・二〜

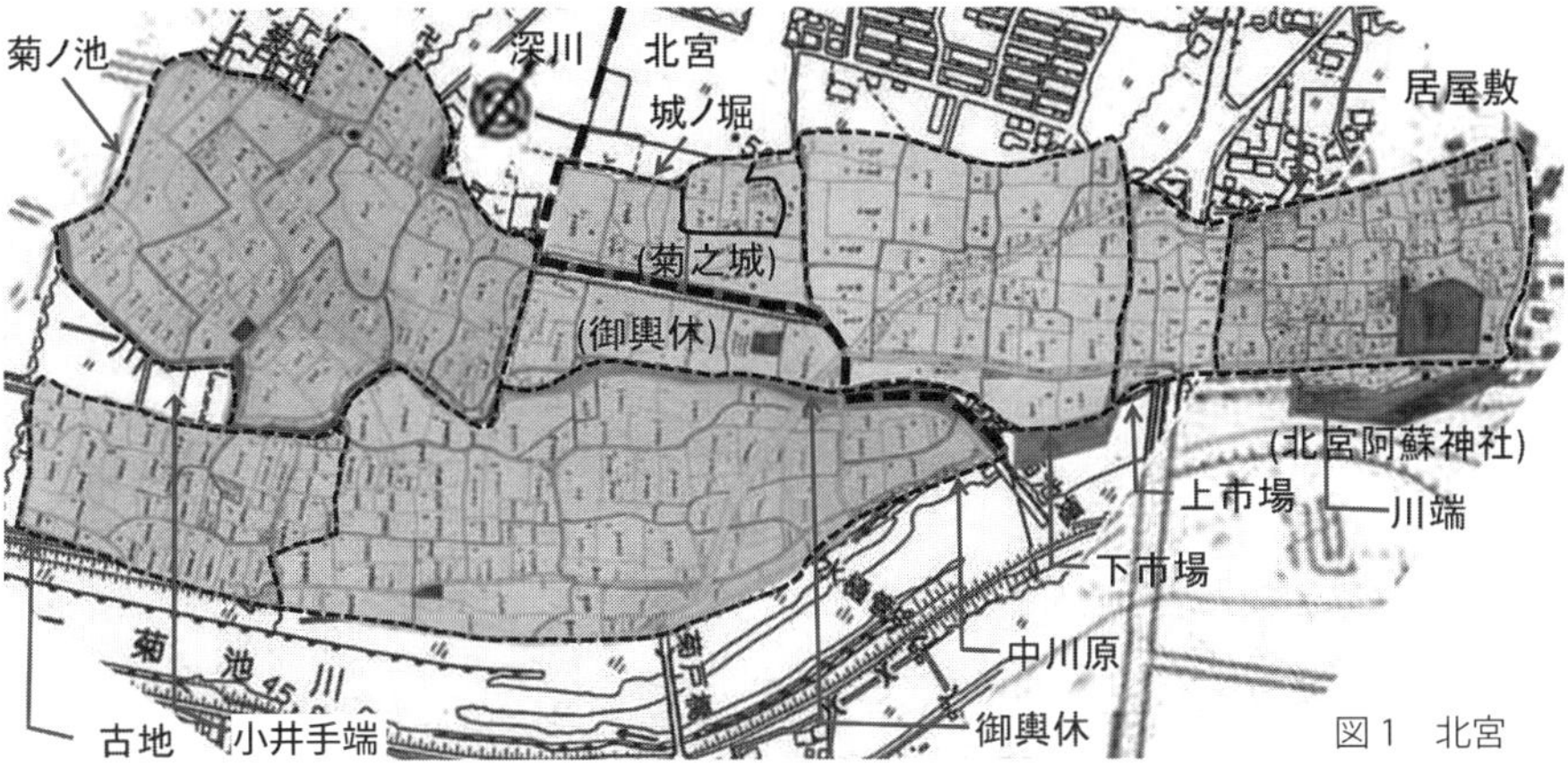

図1　北宮

一二・五センチの坏と口径七〜八・七センチの皿、少量の白磁碗、龍泉窯系・同安窯系青磁碗の欠片が出土したとされる。阿南は土師系土器の年代を「法量と調整から、多くが一三世紀第2四半期の範疇と考えられる。また時期の形式とも矛盾しない」としているが、掲載図の土師系土器が『古麓能寺遺跡』収録図（SE03の92—83・87）に近いので、同書での遺物編年に基づくと一四世紀と考えられる。この年代比定は白磁と龍泉窯系・同安窯系青磁が並存する一二世紀中葉〜一四世紀と矛盾しない。さらに史料で在館が確認できる正平五年（一三五〇）三月一五日以前〜永徳元年（一三八一）五月一二日とも矛盾しない。一四世紀以前から菊池氏館の可能性はあるが、ここでは一四世紀の「菊池本城」と考えたい。

字図では「菊池本城」（菊池市北宮字城ノ堀）から菊池川に沿って上流に向かって東へ字「下市場」「上市場」と北宮阿蘇神社が鎮座する「居屋敷」が並列する。北宮阿蘇神社は応永一〇年（一四〇三）六月一日に惣領家一七代「大願主肥後守藤原朝臣武朝」らが男女神像一〇体を寄進し、惣領家一九代の持朝が起請文で「菊池三社大明神」「菊池三宮」と掲げた菊池氏の氏神であり、「菊池」の鎮守である。鳥居前の参道は字川端の菊池川水運の発着船場の石段に続き、菊池川に延びている。このように北宮阿蘇神社は、菊池川と有明海との結節点である高瀬に続く菊池川水運の発着船場を兼ね、菊池川水運を掌握する位置を占めている。この発着船場と館の間に「上市場」「下市場」と呼ぶ市場が開かれていたのであろう。さらに「菊池本城」の南側、道を隔てた田中に北宮阿蘇神社秋季祭礼での神輿を安置する御旅所になる桜一本が植わる河原石を盛り重ねた不定形の不耕作地（菊池市深川字御輿休）がある。このように北宮の「菊池本城」と「菊池三宮」は地縁が認められ、両者がある北宮は地域の統治と流通の拠点であったと考えられる。

また字御輿休の南側は、字中川原から菊池川沿いに下流に向かって字「菊ノ池」「小井手端」「古地」といった水にちなむ字名が残り、今は西へ帯状に並ぶ低地の水田である。加えて字中川原で菊池川から導水する用水路は字御輿休・菊ノ池と字中川原の字界を通って字小井手端を経由して深川村・西寺村（菊池市深川・西寺）を潤している。地形・地名・用水路の路線から見て、かつては字中川原を南北に囲んで流れる菊池川の流路「佐保川」があったと考えられ、二〇一九年度の菊池市教育委員会による字菊ノ池の佐保川八幡宮前の南側での試掘調査で流路と思しき地形を確認している。つまり「菊池本城」は南側を比較的流れが緩やかな菊池川分流に面し、間近に発着船も可能で、かつ北側に高い河岸段丘の端部を占めて、堀で方形に囲繞して周囲から独立させた館であろう。

一方、「菊池本城」には正平五年三月一五日に武光が「追落」した「外城」が附属していたことが知られる。具体的には三月一六日に惟澄らが陥落させた「筑後国吉木一族等」と豊前宇都宮「冬綱代官」が「楯籠」る「隈部城」（菊池市隈府）、同日に北朝方の「凶徒」が「引退」した「元吉城」（茂藤里城？菊池市重味？）、永徳元年四月二六日に陥落した南朝方の「城野城」（菊池市木野）、六月二三日に攻撃された南朝方の「菊池浦染土城」（菊池市竜門）等の小規模な城郭群からなる小城郭網や小代光信軍忠状で「同（建武三年五月）廿日武敏以下凶徒等楯籠菊池大林寺」（菊池市大琳寺）とある寺院などの多様なバリエーションで構成されていたと考えられる。

その中での中核的な城郭が「冬綱代官」「守護代薩摩孫三郎男」ら北朝方の有力武士が籠城した「隈部城」である。深堀時弘軍忠状での「隈部城」は、深堀時久軍忠状・深堀時清軍忠状では「熊部城」と呼ばれている。この城は永徳元年六月一八日から「日夜合戦」し、二二日に「没落」し、「武興以下凶徒等没落」している。このことは至徳元年（一三八四）九月付け安富了心軍忠状〔『熊本県史料中世篇第五』深江文書二五〕では「同六月廿二日菊池次郎武朝要害熊耳城没落」とあるので、隈部(熊部)城は熊耳城とも呼ばれている。『肥後国誌』菊池郡河原手永南通郷正観寺村には「興国五年菊池肥後守武光建立為菩提所」とされる熊耳山正観寺(菊池市隈府)があり、同地に布目瓦を伴う平安期の正観寺礎石群と室町後期とされる木造地蔵菩薩坐像を安置する正観寺地蔵堂が現存するので、正観寺は創建時から移動していないと考えられる。したがって熊耳城は、正観寺の裏山の字守山と隣接する字「亘」「月見殿」「城山」「城谷」を含めた菊池平野を見下ろす丘陵端部を占めていたとみられる。

字亘は暦応三年(一三四〇)三月日付け詫磨宗直軍忠状〔同詫磨文書八六〕で「同年(建武四年)八月菊池渡山合戦」とあるので、城域に含まれよう。この城域は、小代光信軍忠状で建武三年(一三三六)正月八日には一三代の武重の弟の武敏が籠城する「太手」を持つ「菊池山城」と呼ばれ、永徳元年六月二二日には武興(武朝)が籠城する拠点で、かつここを失うと「没落」するので「菊池本城」の詰城であったと考えられる。この関係は康暦元年七月一七日付け今川了俊書状〔阿蘇家文書下巻 二五一頁〕で「菊池事ハ陣の城、くま目の城、木野城なと」と表現されるように「菊池陣城」と呼ばれた「菊池本城」と「隈部城」と外城「木野(城野)城」がならんで呼ばれていることでも明らかであろう。

2　隈府

室町期になると、肥後国守護の可能性が濃厚な一九代の持朝が長禄四年(一四六〇)三月一六日に「くま部」〔大日本古文書家わけ五相良家文書一九四〕に、守護で二一代の重朝が応仁元年(一四六七)二月四日に「くまへ」に居たことは確実である〔大日本古文書家わけ一三西巖殿寺文書三〇六〕。この隈部(くま部・くまへ)は、現在の地名では失われているが、南北朝期に菊池氏を頼って大和国から下向し、室町期には菊池氏の重臣で「隈部老中」を務めた源姓宇野氏系隈部氏の名字の地とされる。その位置は、建武三年正月八日には「菊池山城」、正平五年三月一六日には「隈部城」、永徳元年六月二二日には「隈部城」「熊部城」「熊耳城」と表現され、麓に熊耳山正観寺がある丘陵端部を占める隈府城跡(菊池市隈府字城山・月見殿・守山)の南側に広がる平地を隈

図2　隈府（隈部）

部（菊池市隈府）と呼んでいたのであろう。

文明四年（一四七二）の阿蘇「御嶽本堂同下宮御造営」に伴う阿蘇社への棟別銭の提出は「隈部」から遣わされているので、重朝と老者らで構成される行政機構の「守護所」が「隈部」にあったと考えられる。そして隈部に肥後国守護の重朝が文明一三年（一四八一）八月一日に竣工させたと考えられる守護町が隈府（菊池市隈府）である（図2）。

隈府は狭義では字「町」（菊池市隈府字町）に当たる。隈部城の麓に広がる平地に南北二筋の並行する直線街路「御所小路」「院の馬場」を軸に、これを長辺とする南北三〇〇間（五四〇㍍）×東西一〇〇間（一八〇㍍）の計画的な長方形街区である。字「町」は「土井ノ外」館から近い順に「上町」「中町」「下町」に分かれ、「上町」と「中町」を分かつ「横町」小路が「御所小路」「院の馬場」の中間で両街路を東西に結ぶ。「御所小路」を挟んで「町」の北隣の字「屋敷」「土井ノ外」には方形館がある。「屋敷」館は、明治六年（一八七三）の地租改正以後に作成されたとみられる字「屋敷」旧字図（菊池市役所蔵）で、周囲の平坦な畠地と宅地の中に土塁状の「山」が逆L字に北面と西面にある現況で、南北九七・九四㍍×東西九四・六四㍍の方形の区画を指す。「山」を越えた北面は比高差一五㍍の阿蘇溶結凝灰岩の断崖が迫間川まで落ちているので、「屋敷」館は迫間川に屹立する断崖絶壁の上を占め、風光明媚かつ難攻で、四方を土塁で囲んだ館であったのであろう。

さらに「屋敷」館の東北隅で、東面を区画する道路が直角に北に曲がると「葉室小路」がある。この小路に面して北側に宅地が並び、宅地の北面の背後地にはいずれも自然地形に沿って続く「山」がある。このことから「屋敷」館に接する「葉室小路」に面して屋敷群が続いていたと考えられる。

一方、「土井ノ外」館は、「御所小路」を挟んで南側を「町」と接し、南面を「御所小路」で区画した南北三〇〇尺(九〇㍍)×東西三〇〇尺(九〇㍍)を測る方形館である。「土井ノ外」館の西面は「屋敷」館の東面を区画する「葉室小路」に向かう道路を共用し、西北隅が「屋敷」館の南東隅と接している。『隈府土井ノ外遺跡』では一連と考えられる北面を区画する堀跡(SD99)と東面を区画する堀跡(SD5)の一部が検出されている。この二本の堀跡は、字「土井ノ外」旧字図でも同位置に地割線が認められるので、北面・東面は天端幅二・七五㍍以上の堀で区画していたと考えられる。SD5・99は土砂が厚く堆積しないので「土井ノ外」館は土塁を伴わないと考えられる。むしろSD99沿いの内側には柵列(SA246)があって、二本の堀跡ともに埋土に石が混じるので、石敷で根固めした築地塀がめぐっていたと考えられる。館内の多くの土坑には焼土と炭粒が埋土に含まれるので廃絶以前に館内は火災に遭ったのであろう。さらに館内にはSD99と並行する天端幅一・七六㍍以上の堀跡(SD186)があるので、内郭と外郭をこの堀で区画していた可能性がある。館内には堀の方位と並行または直交する掘立柱建物跡(SB12・91)や井戸のほか、土師系土器の坏をまとめて廃棄した土器溜り(SK8・10・116・117)も検出されており、堀または「御所小路」を含めた都市計画を基軸にした館内の建物配置やその場での儀礼、暮らしぶりがうかがえる。

南西隅には「御松囃子御能」で征西将軍宮の依代とされる椋「将軍木」が生えている。『肥後国誌』御松囃子能によると、菊池神社が建立される明治三年(一八七〇)までは旧暦七月一五日の盂蘭盆会(現在は毎年一〇月二三日の菊池神社秋季祭礼)に「町」の住民が「将軍木」前の「御所小路」を隔てた向かいの舞台で松囃子能を奉納していたという。松囃子は豊後府内や筑前博多で、正月に町衆が領主館で囃子を披露する儀礼とされていることから、「土井ノ外」館は町衆が参賀する領主館であったといえる。また、館内に土器溜りが複数あることから館が儀礼の場であった可能性がある。一方、「土井ノ外」館前を起点(基点)に「御所小路」は南へ直線に延びている。「院の馬場」も「土井ノ外」館前の基点を東に平行移動した起点から南へ直線に延びて「御所小路」と並行している。「御所小路」は「隈部城」と「土井ノ外」館を結ぶ道の延長でもあるので、メインストリートといえる。かつ「土井ノ外」館前が基点なので、「土井ノ外」館が隈府の測量基準といえる。

「屋敷」館と比較すると、街路の基点を門前とし、「御所小路」に面し、「町」にも接し、儀礼の場であって公館の性格を有するので、「土井ノ外」館が守護町「隈府」の中核で、守護館の可能性がある。そしてこの二つの館はいずれも「御所小路」を含む隈府の方位軸と同一なので、「町」を含めて同時期に計画的に建設されたのであろう。

「屋敷」館からは遺物がないが、「土井ノ外」館はＳＤ5からヘラ書きの線描蓮弁を施す一五世紀後半〜一六世紀前半の龍泉窯系青磁碗が、ＳＤ99ではヘラ書きで波状文・ラマ式蓮弁文を施す一四世紀後半〜一五世紀前半の龍泉窯系青磁の稜花皿、一五世紀中葉〜一六世紀後半の景徳鎮窯系染付皿、ＳＤ186からヘラ書きで雷文帯・ラマ式蓮弁文やスタンプで草花文を施す一四世紀後半〜一五世紀前半の龍泉窯系青磁碗が出土している。遺跡の最盛期は年代の重なる一五世紀後半〜一六世紀前半に想定できる。

一方、放射性炭素年代測定では、ＳＤ186の炭化材は一四一九〜一五一一年、貝は一四〇九〜一五〇八年、ＳＤ85の貝が一四四二〜一五八五年、土坑(ＳＫ9)の貝が一三四二〜一四六六年に収まる結果であった。このことから最盛期は一五世紀後半〜一六世紀前半を中心とし、その前後も含めた最大幅一四世紀〜一六世紀には同地が何らかの機能をもっていた可能性がある。

遺跡の最盛期は、持朝が長禄四年三月一六日に、重朝が応仁元年二月四日に「隈部」にいた時期と重なる一方、

「隈部老中」が確認できる永正八年(一五一一)正月一一日付け朽網親満書状[『増補訂正大友史料一四』]や菊池義武が豊後から入府する永正一七年(一五二〇)二月二三日[『大友家文書録』]と重なる。その中で最も栄えていたのが、重朝の「文明十三年八月日一日興行万句連歌発句」[『新熊本市史』史料編第二巻宗氏所蔵文書二]の時期ではなかろうか。

重朝は、確実に肥後国守護が文言で確認できる唯一の惣領家当主である。応仁元年(一四六七)六月吉日付け阿蘇社奉納神馬注文写[阿蘇家文書下巻 六九九頁]に「守護重朝様」とあるのが初見。文明一七年(一四八五)七月二日~文明一八年八月三日の高瀬山清源寺(玉名市高瀬)を諸山に列する手続きでも重朝は推薦証書を東福寺永明院に送っており、「肥後守護菊池肥後守重朝」「肥後守護菊池状」[『蔭凉軒日録』文明一七年七月一八日条]で記されている。さらに重朝は応仁二年(一四六八)と思われる四月九日付け菊池重朝書状[相良家文書二〇四]で畠山政長の被官と考えられる野邊刑部大輔に対し「既家督相続之段、致注進候之間、細川殿、同典厩、其外諸家存知候て、度々申通候、殊去年御内書御教書令頂戴之間、無余儀候、就守護職受領之事、被書出候哉」と問い合わせている。家督相続とともに菊池惣領家の代々の受領名「肥後守」を受け、肥後国「守護職」を将軍御内書と御教書で補任されることになっていたことがわかる。そして文明四年(一四七二)八月に始まる阿蘇「御嶽本堂同下宮御造営」で阿蘇惟忠の依頼で重朝が高瀬泰朝をはじめとする庶家領主と国内の「球磨、八代、天草」の領主に棟別銭の進上を命じるなど、一国平均役も賦課している(文明四年八月一九日付け城為冬書状、同一〇月二三日付け菊池重朝書状写[阿蘇家文書上巻二七二頁、下巻二五三頁]ほか)。

この重朝の最盛期に、重朝を亭主とする「御屋形様御座敷」のほかに、家臣屋敷一七亭と二寺院を会場にして文明一三年八月一日に連歌会が興行された。重朝の統治領域の菊池・山鹿・山本・玉名・合志・詫磨・飽田郡のうち惣領家家臣ら一〇〇人が参会し、各五人一組の二〇会場での連歌会であった。会場は「御屋形様御座敷」をはじめ、老者の山鹿郡の城為冬の「城右京亮亭」、菊池郡の隈部忠直の「隈部上総介亭」、玉名郡の宮崎重作の「宮崎兵部少輔亭」といった統治に関与する上級家臣の屋敷と、菊池郡の隈部氏系の隈部基家の「隈部讃岐守亭」、隈部忠門の「隈部対馬守亭」、阿佐古武貞の「阿佐古式部丞亭」、長野重郷の「長野太郎亭」、山鹿郡の平山盛世の「平山遠江守亭」、山井重続の「山井勘解由允亭」、山本郡の内古閑為載の「内古閑刑部録亭」、玉名郡の竹崎惟岑の「竹崎伊豆守亭」、小森田重世の「小森田兵部少輔亭」、山北邦続の「山北対馬守亭」、若薗忠幸の「若薗山城守亭」、山口朝昌の「山口九郎右衛門亭」、詫磨郡の早岐邦政の「早岐山城守亭」といった各郡の領主の在府屋敷から選ばれている。寺院では「願成寺」と「多門院」が挙げられる。

このように文明一三年(一四八一)八月一日の隈府には、「御座敷」をもつ重朝の館と老者を含めた惣領家家臣の在府屋敷および寺院が存在した。おそらく最上位の「御屋形様御座敷」が「屋敷」館または「土井ノ外」館で、家臣の屋敷のいくつかが字「屋敷」の「葉室小路」に面した屋敷群や、『隈府土井ノ外遺跡』三区の掘立柱建物(SB64・65・69・283・284)の「土井ノ外」館外の屋敷であろう。他に「土井ノ外」館近くの字「城下」「北城下」や重朝が招聘したとされる桂庵玄樹ゆかりの字「孔子堂」にもあったのかもしれない。

山号に隈府を掲げる中町の「極楽寺隈府山菊上院」が『肥後国誌』極楽寺「或説文明十四年可伝和尚開基」の創建説をもつことからも、統治領域挙げての「文明十三年八月日一日興行万句連歌発句」は守護町「隈府」の竣工を祝う記念行事だったのかもしれない。

そして「土井ノ外」館の堀と館内の多くの土坑の埋土に焼土と炭粒が混入するのは、庶子家の宇土為光が二二代の武運を文亀元年(一五〇一)六月朔日に追放し、隈府に「着府」して「当家之事、老若一味同心」〔文亀元年六月一三日付け宇土為光書状『史料纂集』五条家文書七六〕した混乱が反映しているのかもしれない。

まとめ

北宮の館「菊之城」は遺物の年代観に基づいて一四世紀に比定し、一四代の武士の「菊池本城」と考えてみた。隈府の「土井ノ外」館は一五世紀後半〜一六世紀前半を最盛期とする守護館で、これを中核にした文明一三年八月一日に一九代の重朝が開いた守護町の隈府を考えてみた。この二つの拠点はともに北宮阿蘇神社を氏神としている。さらに「菊池本城」の詰城であった「隈部城」は、天文三年（一五三四）二月二一日に「隈府城」として機能し続けている〔天文二年一〇月八日付け、同三年二月一一日付け大友義鑑書状『史料纂集』五条家文書一二二・一二五〕。

図3　北宮〜隈府変遷

このように二つの拠点は共通性と連続性が認められるが、『菊池風土記』で隈府に先行する町場とされる字「古町」「西古町」「中古町」「南古町」が「町」の西隣にある。この二つの拠点をつなぐ期間の一五世紀前半に町場があった可能性を考えておく必要がある。

一方、二〇一七年度の菊池市教育委員会による隈府城下遺跡の発掘調査では、石組井戸と柱穴、堀が検出されている〔『隈府城下遺跡現場説明会資料』〕。隈府城と隈府を結ぶ道沿いで、「御所小路」の延長でもあり、矩形の地割があるので、一六世紀の赤星親家・統家、隈部親永を経て、豊臣大名の加藤清正領の支城に再整備された期間まで含めた土地利用を検討しておく必要があろう（図3）。

今後も新たな発掘情報により菊池氏の拠点についての解釈は変わるかもしれない。十分に留意しておく必要がある。

相良氏の拠点

出合 宏光

はじめに

相良氏は、遠江国相良荘を名字の地とする御家人で、鎌倉時代初頭に肥後国球磨《くま》郡の地頭として下向以来、江戸時代末まで球磨郡の領主として活躍した武家である。

球磨郡は熊本県の南東部に位置し、宮崎県と鹿児島県に接する。四方を標高一〇〇〇㍍以上の山々に囲まれる盆地であり、盆地の大きさは東西三〇㌔、南北一三㌔ほどで、盆地中央部を球磨川が西流する。

相良氏に関する研究は、文献史学による研究成果の蓄積が厚く、また、近年の遺跡や仏像、建造物等の調査によって新たな知見が得られてきたので、これらを踏まえて研究の現状を紹介したい。

江戸時代に相良家の家史として編纂された『歴代《れきだい》嗣誠独集覧《しせいどくしゅうらん》』（以下、『嗣誠独集覧』とする）には「建久四年（一一九三）、頼景《よりかげ》が永吉《ながよし》庄多良木《たらぎ》村に配所」と記されているが、建久八年の「肥後国球磨郡田数領主等目録写」（相良家文書・国重文）には、「球磨郡の総田数は二〇〇〇町あり、そのうち人吉荘六〇〇町、鎌倉御領五〇〇町、公田九〇〇町」に区分され、そこには須恵氏、人吉氏、平河氏、久米氏という在地領主がいたことはわかるが、相良氏の名前はない［工藤一九九二：八〇頁］。

相良氏の球磨郡支配の始源については不明な点が多いものの、相良頼景が多良木に下向し、その子長頼が人吉の地頭に補任され、それぞれ多良木相良氏と人吉相良氏に分かれ、惣領家は多良木相良氏であったことは相良家文書によって確実とみられる〔工藤 一九九二：三二九頁〕。以下では、まず惣領家である多良木相良氏の拠点から記したい（主な中世遺跡の分布は図1参照）。

1　多良木相良氏と人吉相良氏

多良木相良氏の拠点　一三世紀代

鎌倉時代の多良木村は、現在の球磨郡多良木町域（久米を除く）に相当する。当時、球磨地方の年貢は多良木を経由して日向国府に至り、海路によって京都へ運ばれたことが想定されており、多良木が郡内でも交通至便の地であったため惣領家が定着したと考えられている〔服部 一九七八：四三頁〕。

頼景の館については、『嗣誠独集覧』に「多良木蓮花寺の上に大川端、東の前という屋敷に居住」と記されている。蓮花寺は字名で、そこには現在も「東の前」という地名が残る。また、館に付随したとみられる土塁があり、この一帯からは鎌倉時代の中国陶磁器が採集されるため、相良頼景館跡として伝えられてきた。

写真1　相良頼景館跡の現況

昭和五〇年（一九七五）、熊本県教育委員会は球磨川改修工事に伴い遺跡の南側を発掘した（図2）。その結果、幅九㍍、高さ二㍍の土塁があり、土塁内側で東西五四㍍、南北六〇㍍の方形居館であることを確認し、土塁の外側には幅五㍍、深さ二㍍の外濠がめぐり、南側は球磨川と接していた。遺跡の存続期間は出土遺物から一三世紀前半～一七世紀前半と報告され、調査を担当した杉村彰一は、この居館跡を相良頼景館跡と解している〔熊本県教委 一九七七：一〇四頁〕。

ただし、同報告書中で文献史学の松本寿三郎は、この居館跡から三〇〇㍍ほど上流にある横瀬が平河氏の所領で

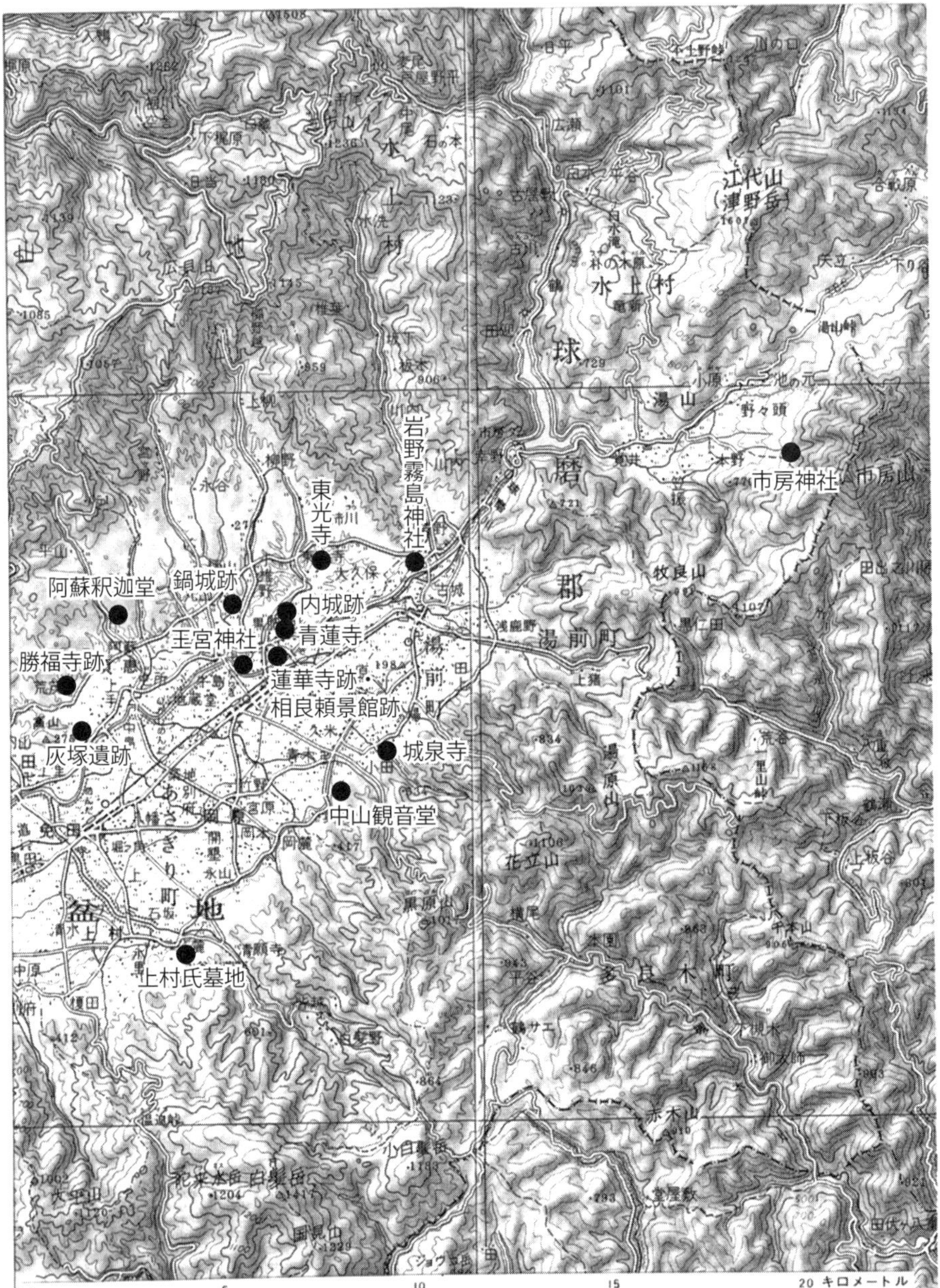
岩野霧島神社
東光寺
市房神社
市房山
阿蘇釈迦堂
鍋城跡
内城跡
青蓮寺
王宮神社
勝福寺跡
蓮華寺跡・
相良頼景館跡
城泉寺
灰塚遺跡
中山観音堂
上村氏墓地
江代山
(津野岳)
水上村
球磨郡
湯前町
多良木町
牧良山
花立山
0
5
10
15
20 キロメートル

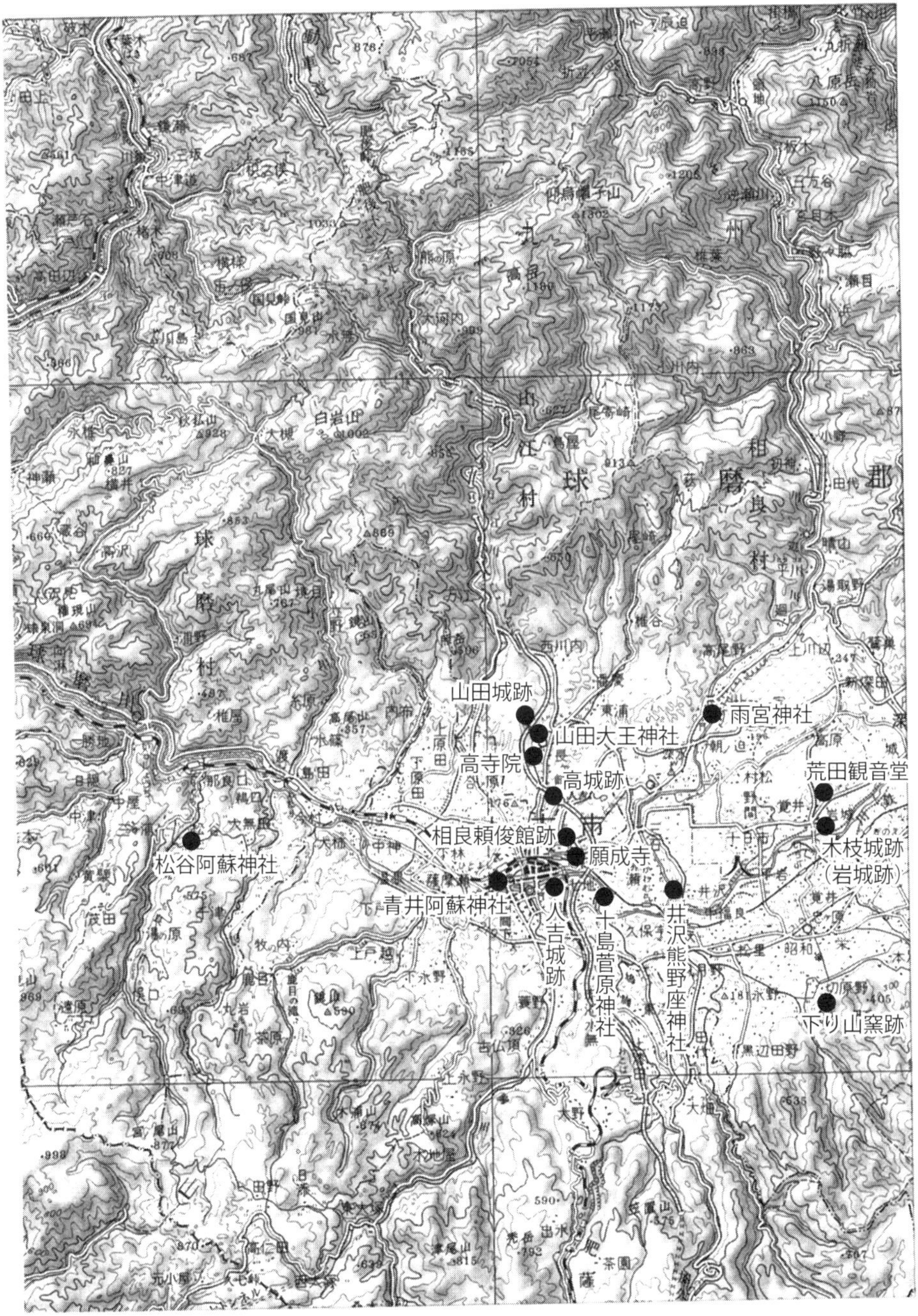

図１　中世遺跡分布図（S=1/20 万）

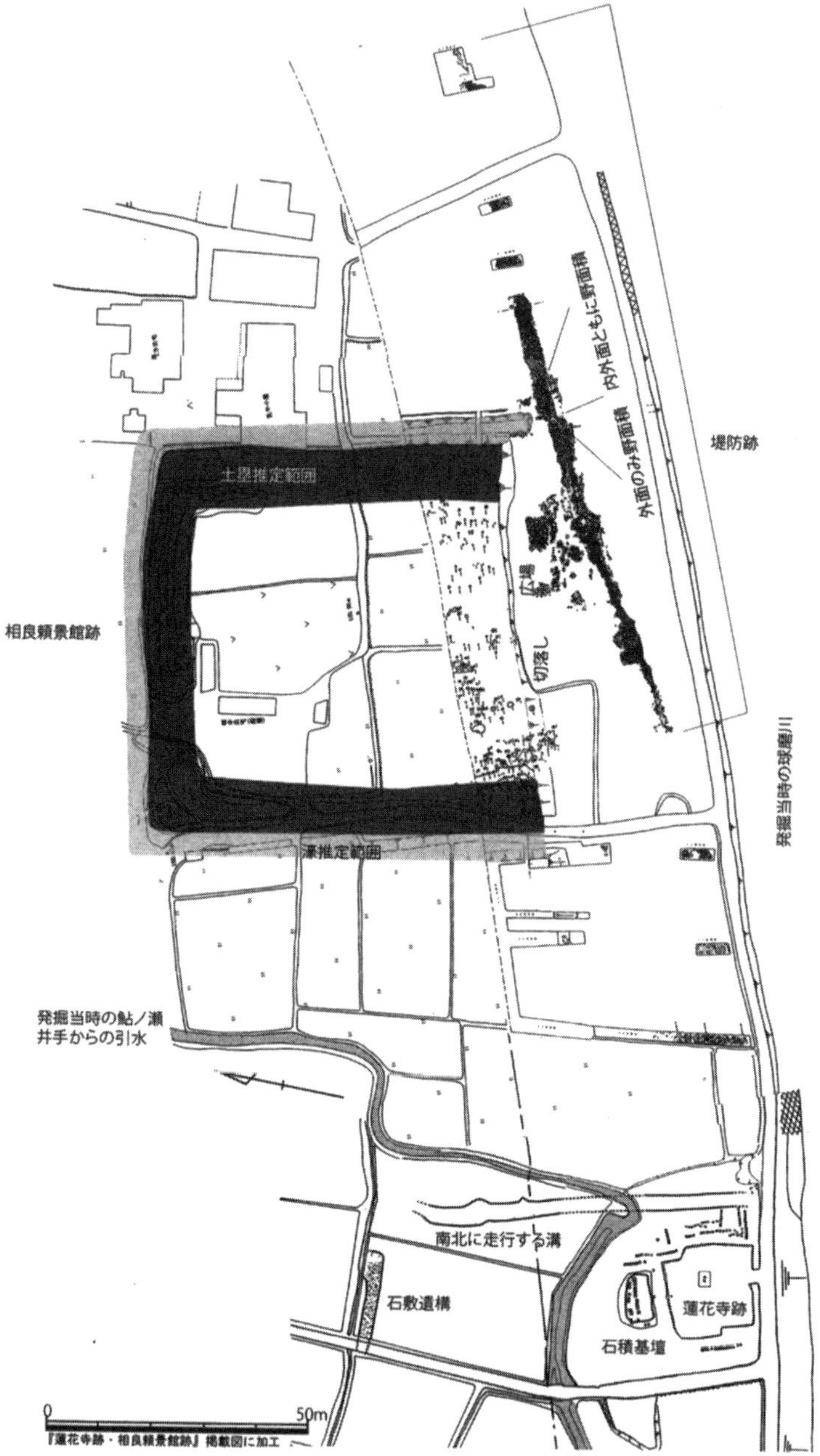

図２　相良頼景館跡・蓮華寺跡（永井 2016）

あれば、平河氏の館跡ではないかと推定しており、居館跡については相良氏説と平河氏説の二説があるのが現状である。

近年、永井孝宏は、遺跡出土の土師器を一三世紀中頃〜一四世紀前葉に比定し、一三世紀前半に下向した頼景の館を球磨川沿いの遺跡ではなく、青蓮寺阿弥陀堂付近に想定している［永井 二〇一六：一九五頁］。

筆者は、居館跡の年代を検討するため報告書掲載の遺物一八八点を実見したところ、一二世紀後半〜一七世紀までの遺物が混在する中に、一三世紀後半に推定される土師器や中世須恵器の割合が高いことを確認すると同時に、一三世紀前半に位置づけられる龍泉窯系青磁碗Ⅱ類九点と土師器数点を確認できた。これらの遺物は、部分的な調査区の出土であることを考慮しても、遺跡の形成は一三世紀前半までさかのぼるものと認識している。

つづく二代頼氏は、嘉禎元年（一二三五）に蓮花寺を建立する（『嗣誠独集覧』）。その場所は、頼景館跡から西へ一〇〇㍍ほどのところである（図2）。蓮花寺跡も頼景館跡と同様に球磨川改修工事に伴って発掘調査が実施された。その結果、一三世紀後半の蔵骨器が埋納された石積基壇、溝、笠塔婆一基が検出され、五輪塔一〇二基、板碑二四基が確

写真2　蓮華寺跡 石造物

写真３　蓮華寺跡 笠塔婆

認されている。笠塔婆は、文永六年（一二六九）三代頼宗と妹の妙阿が、上蓮（頼氏）の極楽往生を願って建てたものである［乙益 一九六三：六七頁］。蓮花寺の存続期間については、出土遺物から一三世紀～一七世紀末までと考えられた［熊本県教委 一九七七：五四頁］。

この他にも、頼氏は文応元年（一二六〇）に王宮神社を修造し、頼氏から六代頼忠までは鍋城に居住、七代頼久・八代頼観は内城に居城したと伝えられている。さらに、東光寺からは、文永一〇年（一二七三）に、頼氏一門の現世安穏、後生善処を祈願して埋納した経筒八個（県重文）が発見されるなど、頼氏に関わる遺跡は多い。

『求麻外史《くまがいし》』には三代頼宗が「永仁三年（一二九五）に、頼景の廟を建て、同六年に青蓮寺を建立」と記されている（写真４）。多良木相良氏の菩提寺となる青蓮寺の本尊阿弥陀三尊像（国重文）は、脇侍菩薩像の足枘の銘文により、永仁三年、院派仏師の法印院玄によって造立されたことがわかる。院玄は京都の蓮華王院三十三間堂 千一体千手観音立像のうち七軀の作者で、院派の指導的な仏師だったとみられる［有木 二〇一五：二〇頁］。この仏像は、相良氏と京都とのつながりを示すものとして重要である。

また、青蓮寺建立の目的については、当時、多良木相良氏は族内紛争を繰り返していたのに対し、人吉相良氏は嫡子単独相続への移行とともに結束を強めていたため、頼宗は自らの惣領権を主張することを目的に建立したと指摘されている［小川 二〇一五：一二頁］。

現在の青蓮寺阿弥陀堂（国重文）の建築年代については、天文一一年（一五四二）銘の棟札に嘉吉三年（一四四三）再興と記されていることなどから、嘉吉三年の建築と推定されている［文化財建造物保存技術協会 一九九六：四九頁］。また、青蓮寺の裏手には、歴代の多良木相良氏および住職などの古

写真４　青蓮寺阿弥陀堂

塔碑群（県史跡）があり、八〇基ほどの五輪塔の中には頼景の法名「蓮寂」と追刻したものがある。

つづいて、人吉相良氏の拠点をみていきたい。

人吉相良氏の拠点　一三世紀～一五世紀

人吉荘は、現在の人吉市および相良村の一部を含む地域である。人吉相良氏の初代長頼については、元久二年（一二〇五）の「鎌倉将軍家下文案」（相良家文書）に、「長頼が当地の地頭に補任された」ことが記されており、下司人吉次郎の権限を継承し事実上の荘経営の中心になったと考えられている［工藤　一九九二：七六頁］。

長頼館跡の位置については、人吉市願成寺町の願成寺金堂跡の周囲に幅八～九㍍、高さ二～三㍍の土塁が南側と西側に残っており、ここが館跡であると推定される（図3）［鶴嶋　一九九七：一五三頁］。土塁によって囲まれる敷地部分の規模は、東西四六㍍、南北五三㍍の約半町四方の方形に推定復元される。ただし、これまで発掘調査が実施されていないため、その時期がいつ頃のものか定かではない。

願成寺は、天福元年（一二三三）に長頼が再興した相良氏

図３　人吉相良氏 地頭館推定位置図（鶴嶋 1997）

写真5　相良家墓地

の菩提寺である。数度の火災にあい、現在の本堂は大正時代に建築されたものであるが、一三世紀の作とみられる阿弥陀如来坐像（国重文）、願成寺文書（県重文）など多くの文化財が所蔵されている。また、寺の裏手には一七世紀後半の二二代頼喬《よりたか》の頃に整備されたと推定される歴代相良氏の墓地（県史跡）があり、石塔の数は二四九基にのぼる［九州歴史資料館　一九九六］。

　三代頼俊の館跡の位置については、『歴代参考』等の近世家史に「頼俊公の佐牟田居住の屋敷は今の願成寺馬場を北へ通り抜け東へ行く折角に小橋有る右角の高見願成寺領の畠也」と記されている。服部英雄は、館跡の位置を人吉市願成寺町字佐牟田周辺と推定している。これは、『歴代参考』の記述をもとに、空中写真で佐牟田周辺に方格地割を確認し、灌漑水系の検討で人工的な水路を見つけ、寺院配置も検討したことが主な根拠となっている［服部　一九七八：四九頁］。願成寺の前には、南北に二車線もない細い道路があり、近世には願成寺馬場と呼ばれていた。現在は国道四四五号として願成寺前を北上し、人吉市から五木村へ至る幹線道路となっている。

　その後、鶴嶋俊彦は、服部が示した地点の西隣となる願成寺町字天神林の西半分（東西・南北とも二二〇メートル）を、人工的な水路に取り囲まれていることや頼俊の妻蓮珍の墓が館推定地近くの願成寺町字杉園にあることを根拠に館跡と推定した［鶴嶋　一九九七：一四六頁］。また、この館は一〇代堯頼《たかより》まで利用されたと想定している。ただし、これまで発掘調査が実施されたことはない。

南北朝時代

　南北朝時代に入ると、人吉相良六代定頼は北朝、多良木相良四代経頼は南朝に分かれて対立した。北朝方は山田城

（山江村山田）、南朝方は木枝城（錦町木上）を拠点として郡内各地で戦いにあけくれた。

「相良祐長軍忠状案」（相良家文書）には、興国三年（一三四二）人吉相良氏の庶子である相良祐長が南朝方の多良木相良経頼に味方し、北朝方の山田城を奪取する事件が記されている。祐長は人吉相良四代長氏の子息で、定頼の叔父にあたる人物である。南北朝の内乱の中では一族が二つに分かれて戦うことは珍しくなく、庶子の自立を誘引したといわれる［菖蒲 一九九八：九七頁］。

南北朝期における人吉相良氏の本拠とされる山田城跡は、昭和六一年（一九八六）、熊本県教育委員会が発掘調査した結果、山田城跡Ⅰと呼ばれる大王谷および下城子地区で遺物を検出し、遺跡の存続期間を一四世紀代とみている。特に備前焼の壺・甕、常滑焼の甕等の出土量が多い点は注目される。また、山田城跡Ⅱと呼ばれる城山地区は、出土遺物から一四世紀末～一五世紀中葉と考えられており、永富相良氏の拠点と推定された［熊本県教委 一九九〇：一六〇頁］。

文安五年（一四四八）相良家政変

近世編纂の家史『嗣誠独集覧』には文安五年に以下のような事件があったと記されている。多良木相良の頼観・頼仙兄弟が、雑兵七百余人を引き連れ、夜半に人吉相良一〇代堯頼を攻めたてた。若年であった堯頼は薩摩国の菱刈に逃亡したため、人吉相良氏の庶子である山田城主・永富長続《ながつぐ》が人吉城の頼観を攻め、多良木に退去させた。人吉城では堯頼の帰りを待っていたが、堯頼が菱刈で事故死したため功績のあった長続が人吉相良氏の家督を相続することになった。その後、長続は多良木に侵攻し、頼観・頼仙兄弟を討ち、多良木方に与同した人吉周辺の国人衆を誅伐し球磨郡を統一したという内容である。

この事件について、服部は、一五世紀前半の相良家文書が他の時期と比べて極端に少ないことに疑念を持ち、この実態は、隣国で対立していた島津諸家とそれぞれに結びついた人吉相良惣領家と永富氏との対立・抗争であると考え、人吉相良氏が永富長続に家督を簒奪され、さらに多良木相良氏までも滅ぼされたと指摘した［服部 一九八〇：八頁］。これは、その後に一二代となる為続《ためつぐ》が菱刈氏の女を夫人に迎えることが傍証とされる。

また、鶴嶋は、「相良為続置文」（願成寺文書）に人吉相良七代前続《さきつぐ》が多良木相良を退治したと記されていることや、青蓮寺棟札に嘉吉三年（一四四三）青蓮寺の檀那である藤原虎壽丸（人吉相良堯頼）と院主弘慶が同寺阿弥陀堂を再興したと記されていることから、すでに七代前続の段階で相良家統一が実現されていた可能性を指摘した［鶴嶋 二〇一五］。

そして、鶴嶋は、永富長続の拠点について山江村山田にある高城を想定している［鶴嶋 二〇一三b：五一頁］。高城は、文献には記載されていない城で、地名調査によってその存在が明らかになり、昭和五九年（一九八四）、熊本県教育委員会による発掘調査の結果、城跡はシラス丘陵上の東西二七〇メートル、南北三六〇メートルの範囲に立地し、堀切によって八つの郭に区分されていることが確認された。この構造は、群郭式城郭と呼ばれるもので、複数の曲輪をもち、その曲輪に一族や有力家臣を集住させることができる点に特徴があり、従来の城郭と比べて軍事力が格段に増強されたと考えられている。

ただし、城跡の存続期間については、出土した青磁碗や白磁皿などから、一五世紀末～一六世紀前半に推定されており［熊本県教委 一九八八：二〇四頁］、長続の生存年代（一四一一～一四六八）より半世紀以上時期が新しい点は今後の検討課題である。

2　相良氏をとりまく世界

球磨郡には、中世にさかのぼる寺社や仏像、石塔等が数多く残されている。特に仏像に関しては、熊本県立美術館を中心とした精力的な調査の結果、紀年銘を有する作例だけでも中世を通じて一六〇点ほどの仏神像の存在が知られる［有木 二〇一五：一五頁］。これらは相良氏だけではなく、在地領主の久米氏・須恵氏・平河氏などに関わるものであり、相良氏をとりまく世界として紹介しておきたい（図1参照）。

城泉寺　球磨地方を代表する文化財

湯前町城泉寺《じょうせんじ》の本尊阿弥陀三尊像（国重文）は、墨書から寛喜元年（一二二九）、仏師實明《じつみょう》の制作である。本像は、肥後定慶《じょうけい》が制作した京都鞍馬寺の聖観音像との類似が指摘されており、本像の制作者・實明は、運慶の弟子である肥後定慶一門と推定されている［水野 一九八七：九一頁］。当地方で最も美しい仏像であるとともに、全国的にも優れた造形の仏像である。

これらの仏像が祀られる阿弥陀堂（国重文）は、浄心《じょうしん》が貞応年間（一二二二～一二二三）に建立したと伝えられる県内

写真６　城泉寺阿弥陀堂

写真７　城泉寺木造阿弥陀如来三尊像（撮影：有木芳隆）

最古の木造建築物である。当地方の木造建築物は、一般に杉で建築されるが、この堂は栂で建築されている点が特徴とされる〔湯前町 二〇一四：四七頁〕。

この寺を造営した浄心の人物像には不明な点が多い。浄心が何者であるのかも主に二説あり、一つは在地領主の久米三良説、もう一つは相良氏説である。いずれにしても、定慶作の仏像は鎌倉幕府と関わりのある寺院で造像されているため、この仏像の制作にも球磨郡の在地領主だけでなく、鎌倉御家人が関与していた可能性が高いと考えられる。

さらに、境内の土塁の上には、寛喜二年（一二三〇）銘の十三重層塔、九重および七重層塔（いずれも国重文。十三重層塔は、八代市に移転）がある。これらの層塔は、笠石と笠石の間に立方体の石を挟み込む間層式と呼ばれる様式で、大隅国分寺跡の七重層塔など南九州の影響で成立したものと指摘されている〔文化財保存計画協会 一九八五：二八頁〕。十三重層塔の塔身の四面には仏像が彫り込まれ、全部で五二体を数える。また、屋根の隅木先端に彫り込まれている鬼面の表情は一つ一つ異なっており、その芸術性は高く評価されている〔矢崎 一九四四：一五七頁〕。

写真8　城泉寺七重塔（左）・九重塔（右）

この他、天寿七年（一三八一）銘の鰐口（県重文）もあり、城泉寺は周辺の自然環境とともに、鎌倉時代の景観がそのまま残されている歴史的価値の高い寺院である。

写真９　勝福寺跡木造毘沙門天立像（左：久安３年銘、右：久寿３年銘）（撮影：浦叡學）

須恵氏ゆかりの遺跡

須恵氏は、もともと須恵器生産に由来する氏族である。球磨地方における須恵器生産は、錦町一武の下り山窯跡（町史跡）が八世紀後葉に操業を始めており、須恵氏の活動をこの頃までたどることが可能である。下り山窯跡は、昭和四一年（一九六六）に九基の窯跡が発掘され、出土した須恵器の器種や形態などから四号～九号窯跡は八世紀後葉～九世紀、一号～三号窯跡は一二世紀前半に想定される［松本 一九八〇：一五六頁、網田 二〇〇三：三七二頁］。

須恵氏ゆかりの寺院としては、あさぎり町須恵の平等寺（現・阿蘇釈迦堂）と同町深田の勝《しょう》福寺《ふくじ》跡があり、多くの仏像が残されている。現在の阿蘇釈迦堂の釈迦如来坐像（県重文）は一二世紀の中央仏師の作とみられる。同堂の二天像も一二世紀半ばの作で、勝福寺跡の二天像と相似しており、阿蘇釈迦堂二天像を規範として勝福寺二天像（国重文）が制作されたものと考え

写真 10　勝福寺跡五輪塔（右：地輪に弘安 4 年銘）

られている。この勝福寺二天像の一体である毘沙門天立像（像高一三五センチ）には久安三年（一一四九）の墨書銘がある。さらに、この二天像とは別の毘沙門天立像（国重文、像高二四二センチ）には久寿三年（一一五六）、「当郷領主藤原家永」夫妻の息災延命増長福寿を祈って造立されたことが記されている〔有木 二〇一五：一七頁〕。家永は、建久八年（一一九七）の「肥後国球磨郡田数領主等目録写」に出てくる須恵小太郎の父あるいは祖父にあたる人物とみられる。

須恵小太郎は、建久図田帳で人吉荘・鎌倉殿御領・公田のすべて、すなわち郡内全域にわたり所領・所職を有する郡内随一の勢力であったとみられる〔工藤 一九九二：八三頁〕。

勝福寺跡には、西側丘陵上の雑木林に古塔碑群（県史跡）が残る。これらは、須恵氏や歴代住職、相良家家臣の墓で五輪塔や板碑が多く、その数は総数二〇〇基を超える。時期は、一三世紀～一八世紀までで、弘安四年（一二八一）銘の五輪塔が最も古い〔深田村教委二〇〇〇〕。

あさぎり町深田に所在する灰塚遺跡は、熊本県教育委員会による発掘調査の結果、土塁や空堀に囲まれた東西一〇〇メートル、南北一六〇メートルの居館跡であることが判明した。その年代は、出土陶磁器から一二世紀中頃～一四世紀代にかけてである。調査を担当した木﨑康弘は、この居館が①須恵氏の所領である須恵村に向かって建設されていること。②須恵氏の娘である青蓮尼が建てた浄蓮寺の地名が隣接していることを根拠に、この遺跡を須恵氏の居館跡と推定した〔木﨑・山下 一九九七：二三頁〕。

平河氏ゆかりの遺跡

錦町の荒田《あらた》観音堂には、保延七年(一一四一)銘の釈迦如来坐像(県重文)がある。本像は阿蘇釈迦堂の天部像と作風が酷似しており、同一仏師の作と指摘されている。在地領主須恵氏と平河氏がほぼ同じ時期に、同じ仏師を招請して造像を行ったことが推定される[熊本県立美術館 二〇一五：五四頁]。

写真 11　荒田観音堂木造薬師如来坐像
（撮影：浦叡學）

また、山江村山田の高寺院には、一二世紀半ば~後半作と推定される二体の毘沙門天立像(国重文)がある。目鼻立ちの表現が阿蘇釈迦堂や勝福寺の二天像より緻密な表現であることから別系統の仏師が手がけたものと考えられている。この時期の山田一帯は、平河氏の所領であったらしく、平河氏の造像の可能性が指摘されている[熊本県立美術館 二〇一五：六八頁]。

「良峯師高《よしみねもろたか》所領譲状案」(平川家文書・県重文)は、良峯(平河)師高の嫡子・師員《もろかず》への所領の譲与証明書である。建久二年(一一九一)の年紀だが、実際には鎌倉時代後半の訴訟の証拠文書として整えられたものと考えられている[熊本県立美術館 二〇一五：五六頁]。この文書には、永吉荘内の二〇に及ぶ村名と産物が記されている。この村名は、現

写真 12　高寺院木造
毘沙門天立像(撮影：有木芳隆)

在の多良木町（横瀬）、あさぎり町（免田、深田、黒田、永池）、錦町（目郎、平野）、相良村（深水、川辺、田代、初神）、五木村、山江村（山田）、人吉市（原田、中神、大柿）、球磨村（渡、大瀬、神瀬）に相当するだろう。

以上、久米氏・須恵氏・平河氏に関わる人吉盆地の文化遺産をとりあげてきたが、相良氏が下向する以前の人吉盆地には、平安末・鎌倉前期にさかのぼる豊かな仏教文物を造営する在地勢力が根づいていたことも忘れてはならない。

3　戦国期 人吉相良氏の拠点

人吉城

現在、人吉城では球磨川に面した石垣を見ることができるが、この石垣は中世末から近世初頭にかけて普請されたものである。中世人吉城の城郭遺構は、近世人吉城の南東に隣接し、比高差約四〇メートルのシラス台地上に東西約一二〇〇メートル、南北約六〇〇メートルにわたる大規模城郭である（図4）。上原城・中原城・下原城・原城外回り・西ノ丸・内の御城の六郭からなり、最も標高が高いところに位置するのが上原城であり、その南東部には大規模な横堀がめぐらされている。

上原城の北に中原城、中原城の東に下原城の曲輪が広がる。『新宮庄太夫記』には、「上原城が本城で、中の城、下原には庶子や奉行職の屋敷があった。また、内城には一八代義陽《よしひ》の実母の館があった」と記されている［人吉市史 一九八一：五〇八頁］。

人吉城の築城については、初代長頼の頃という伝承がある（「三日月城由来之事」『嗣誠独集覧』）。しかし、人吉市教育委員会が昭和六二年（一九八七）に上原城跡を確認調査した結果、中心部の曲輪から掘立柱建物・礎石建物等が検出され、出土遺物は一五世紀後半～一六世紀代の陶磁器が中心であった。このことから調査を担当した鶴嶋は、中世人吉城跡は一五世紀後半に長続の子為続が築城した可能性が高いと指摘した［鶴嶋 二〇一三a：二八頁］。

また、同教委による下原城跡発掘調査の結果、掘立柱建物・大型土壙等が検出され、出土遺物は一五世紀中頃～一七世紀前半に位置づけられる［村上 二〇〇三：一六五頁］。

長続による球磨郡統一以降、長続は長禄四年（一四六〇）

図4　人吉城跡(千田 1992)

に守護菊池為邦から芦北郡の安堵を受ける。続く為続は、一時八代を支配下に置くが、菊池氏や名和氏との攻防を経て、ようやく安定して八代を治めたのは一六代義滋《よししげ》からである。相良氏は、人吉城を拠点として球磨郡のみならず、八代郡、芦北郡の三郡を支配し、時には天草、薩摩、日向方面にも影響力をもつまでに成長した。その背景として為続は菱刈氏重の娘を室に迎え、義滋は、娘を菱刈重州の弟重任の室としており、相良氏は菱刈氏との婚姻関係を結ぶことにより強固な同盟関係が構築できたことは見逃せない［新名 二〇〇七：二八六頁］。

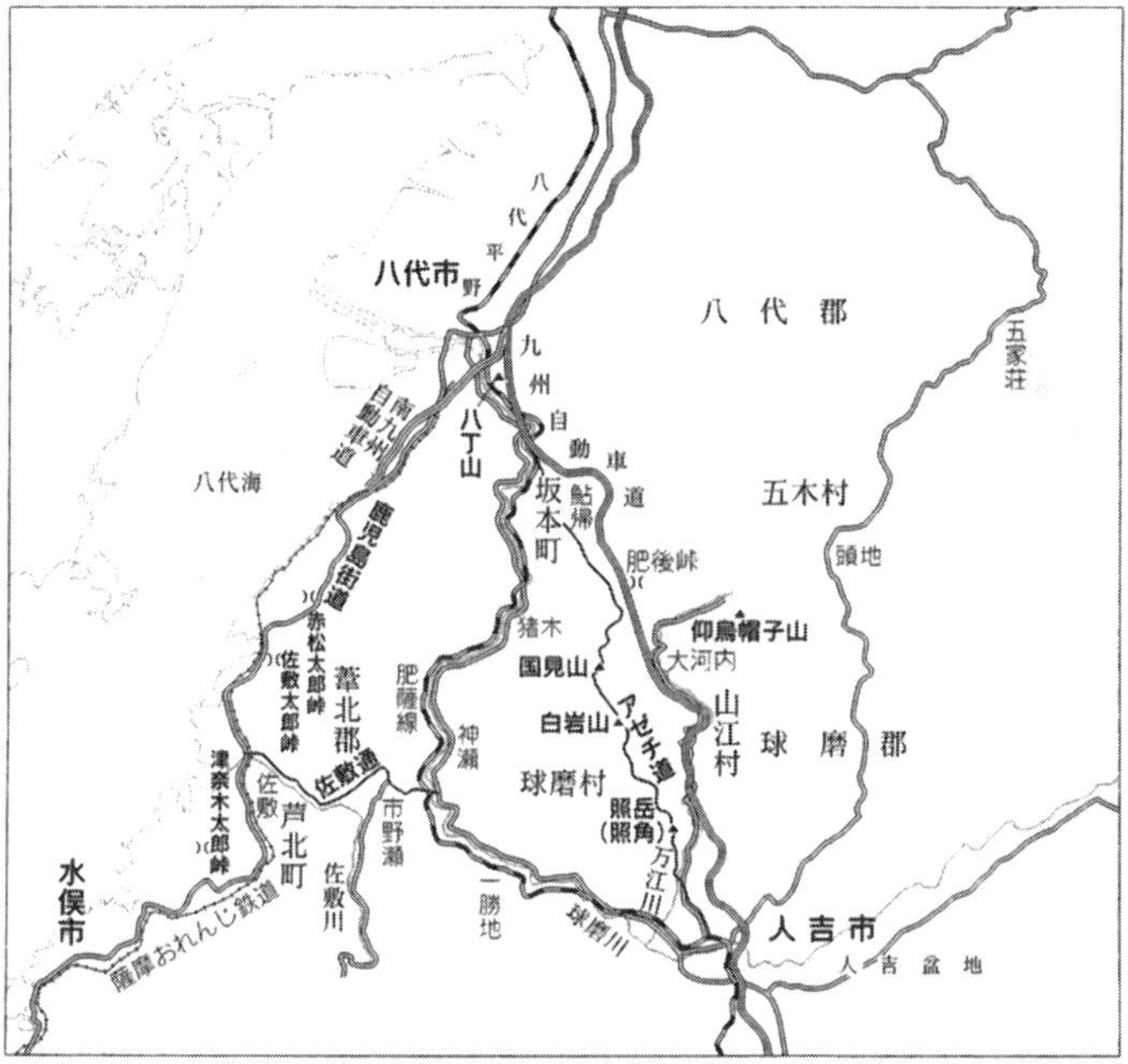

図5　佐敷通とアゼチ道（服部 2007）

人吉相良氏のもう一つの拠点　八代

八代は、人吉の北西に位置し、人吉との直線距離は三五キロほどあり、八代海（不知火海ともいう）に面する水陸交通の要地である。

当時、人吉から八代への主要な道は二本あった（図5）。一つは佐敷通《さしきどおり》といい、西側の芦北郡佐敷を経由する道である。人吉から西へ行き、海岸に出て北上するルートで二泊三日を要する。もう一つはアゼチ道である。人吉から北西に進む山越えのルートで一泊二日を要する。人吉と八代間を往来する際に、多く利用されたのは佐敷通であり、アゼチ道は軍用道路として急を要するときに利用された［服

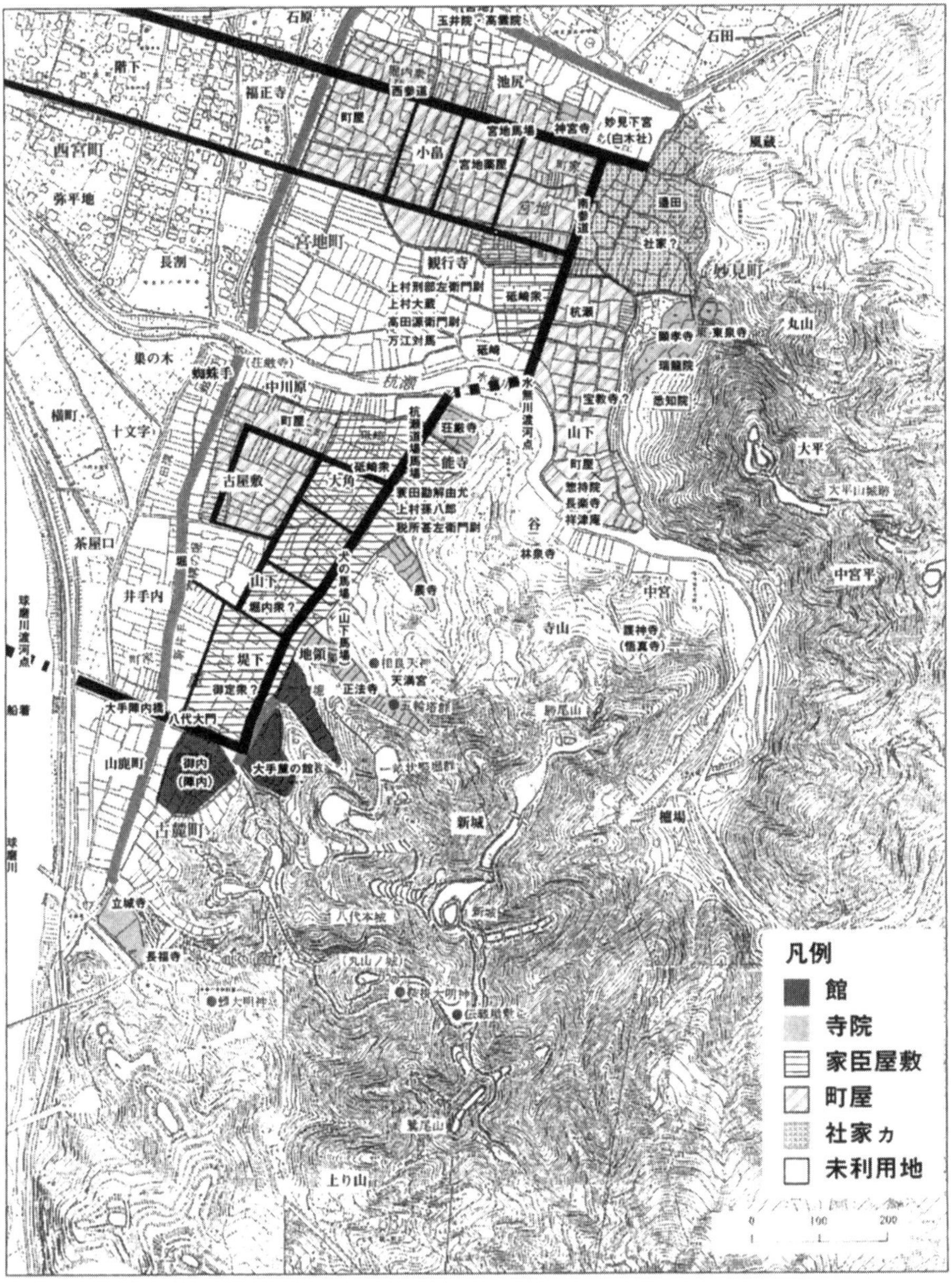

図６　八代本城と城下(青木 2018)

部二〇〇七：一六〇頁〕。

八代支配に成功した義滋は、天文二年（一五三三）名和氏の城を改修し本城とした（図6）。八代の拠点となる古麓城跡（国史跡）は、八代市古麓町字上り山・新城・地領に位置し、八丁山の尾根上に遺構が広がる山城で、城域は東西六〇〇㍍、南北七〇〇㍍におよぶ大規模城郭で、三郡支配の拠点城郭と評価される〔鶴嶋 二〇〇四：一六九頁〕。

八代城下は、現在の八代市古麓町および宮地町に相当する。総延長二㌔の堀で囲まれており、古麓町にある「御内」を核にした城下と、宮地町の妙見社を核とした門前町という二つの町から形成され、水無川が町境であった。

義滋は、天文三年に居館を建設しており（『嗣誠独集覧』）、居館の場所については、前面に水濠があり両脇・背面を本城の防御ラインに囲まれた現在の春光寺境内が最もふさわしいと考えられている。

また、賓客や使者の応接の場となる「御内」については、現在の字御内に比定される。御内は陣内と同意とみられ、「陣内に公儀」とよく記されており、ここで公の行事が行われたとみられる。天文一三年、義滋は麓屋敷から御内へ転居しているが、この転居はこれまで擁護していた前守護菊池義宗（義武）の権威に見切りをつけ実力で戦国大名化を図ろうとする義滋の強い意志の表れと評価される〔鶴嶋 二〇〇四：一七五頁〕。この御内において義滋は天文一四年に一二代将軍足利義晴から「義」の一字を拝領し長唯《ながただ》から義滋に改名した。その際、大友氏が抗議したが、これに屈することなく義の一字を得たことは、戦国大名としての実質を完成させたとみなされている〔服部 一九八〇：一四頁〕。

『八代日記』には、相良家当主の迎賓館の役割をもった正法寺がよく登場するが、その所在は不明であった。平成一二年（二〇〇〇）、春光寺近くの天神谷（遺跡名は古麓城跡）において発掘調査が実施された結果、石組墓七基、五輪塔六〇基等が検出され、一四世紀末～一六世紀にかけての墓地であることが判明した。青木勝士は、この天神谷を正法寺跡と想定している〔熊本県教委 二〇〇五、青木 二〇一八：一五三頁〕。

義滋以後、一七代晴広・一八代義陽らは八代と人吉を往復しながら統治にあたったことが『八代日記』に記されている。義滋が八代在城中は、有力家臣上村頼興《よりおき》が人吉城の留守を預かった。続く晴広(上村頼興長男)が八代在城の際も頼興が人吉に在城し、晴広逝去後は、幼少であった義陽に代わって頼興が八代で指揮を執り、頼興逝去後、義陽は八代と人吉を往来するのである。

さて、八代を支配下に入れた相良氏施策で注目されるのが、海外交易である。義滋は天文七年(一五三八)に市木丸を建造し、琉球王国に派遣している。さらに晴広は天文二三年に新たな市木丸を建造させ、徳淵津から明に派遣している(『八代日記』)。この交易によって、相良氏は生糸・絹織物・銅銭・薬材・陶磁器・工芸品等を手に入れることができたと想定される[田中 一九九七:一六七頁]。当該期に遣明船を派遣して明との交易を実現するためには、その資本となる銀が必要であったが、天文一五年にその銀を獲得したことが有効に作用したと考えられている[鹿毛 二〇一五:三〇頁]。

天文末年の相良氏単独による遣明船派遣の技術的ノウハウは、それ以前の大内氏による派遣船を相良氏が警護する過程で蓄積されたものと考えられる。大内氏の存在なくして海外交易は達成できなかった。大内氏が相良氏を重用した理由は、大内氏の九州支配にとって最大の障害となる大友氏を牽制するためと指摘されている[服部 一九八〇:一四頁]。

相良村柳瀬にある井沢《いざわ》熊野座神社(県重文)は、天文一一年(一五四二)に義滋が中央殿を建築し、永禄五年(一五六二)に義陽が左右脇殿を建築するとともに郡内泰平を祈願してご神体となる懸仏三面を奉納しており、義陽に関わる数少ない文化財の一つとして貴重である。

永禄七年、義陽は一三代将軍義輝から修理大夫に任官されるとともに、「義」の一字を拝領し、その拝受の儀式は人吉城内の御内で実施された(「相良氏将軍家使僧迎接日記」相良家文書)。この時、一字拝領に対し大友宗麟からクレームが付き、「義陽」の名乗りは天正四年(一五七六)頃までお預けとなった。また、義陽は八代衆との確執がみられ、意図的に八代を避けて人吉で儀式を実施した可能性が高いと指摘されている[鶴嶋 二〇〇四:一七六頁]。

天正六年(一五七八)、島津氏が肥後への侵攻を開始した。天正九年、島津氏による水俣城攻撃に敗北した義陽は、同氏の配下の一人となる。その後、義陽は島津氏の先鋒として阿蘇氏の重臣甲斐宗運《そううん》と響ヶ原で戦い、戦死する。義陽の首は、八代の鮸谷《にべたに》に葬られた。

相良氏存亡の危機に際し、幼い忠房を補佐したのは重臣深水宗芳《そうほう》と犬童休矣《いんどうきゅうい》であった。その後、二〇代長毎《ながつね》は、秀吉の九州平定により球磨郡を安堵され、近世大名として人吉城下町の基礎を築くのである。

おわりに

九州山地の窓とも呼ばれる人吉盆地、現在でもここにたどり着くのには時間を要するが、初めて訪れた方は、想像以上の広がりをみせる盆地の景観に驚かされるだろう。

図1に示したように、人吉相良氏の本拠であった人吉市および相良村には相良氏にまつわる青井阿蘇神社・人吉城跡・願成寺・十島菅原神社・井沢熊野座神社・雨宮神社。隣接する平河氏の本拠となる山江村には、山田城跡・高城跡・高寺院・山田大王神社、球磨村の松谷阿蘇神社、錦町には荒田観音堂・木枝城跡(岩城跡)・下り山窯跡がある。東へ進むと須恵氏の本拠となるあさぎり町に勝福寺毘沙門天立像・同寺古塔碑群・阿蘇釈迦堂・灰塚遺跡がある。

さらに東に進むと多良木相良氏の本拠があった多良木町があり、多良木町までは人吉市から車で三〇分ほどを要する。同町には青蓮寺阿弥陀堂・同寺阿弥陀三尊像・同寺古塔碑群・頼景館跡・蓮華寺跡がある。盆地の東端には、久米氏の本拠があった多良木町久米に中山観音、湯前町に城泉寺、水上村には市房神社、岩野霧島神社がある。

これらの中世遺跡群や史跡は、相良氏が人吉に下向する以前の平安末・鎌倉前期の仏教文物も数多く、相良氏の時代になっても大切に守り伝えられたものである。久米氏・須恵氏・平河氏といった古代以来の在地勢力と、関東御家人として下ってきた相良氏の関係は今後の課題だが、おそらく由緒ある在地の勢力と折り合いをつけながら、相良氏は自らの拠点経営に力を注いだに違いない。

人吉盆地の歴史探訪は、相良氏の拠点を歩くのはもちろん、幾重にも積み重なった歴史遺産の宝庫を堪能できる絶好の機会になろう。

肝付氏の拠点

濱　久年
横手伸太郎

はじめに

肝付氏は、古代末から中世にかけて大隅半島に勢力をもっていた一族である。地頭でも御家人でもない肝付氏は、惣地頭の代官による押領に悩まされながら、平安時代以来の由緒ある「弁済使職」(後述)をもって在地の支配にのぞみ、南北朝の内乱では反幕府・反島津氏の南朝方として活動し、室町・戦国期まで大隅国肝付郡に拠点を構え続けていた。

肝付氏の研究は、薩摩藩の記録奉行である伊地知季安《いちじすえよし》の考証や一八四三年成立の地誌『三国名勝図会』はもちろん、歴史学の川添昭二・工藤敬一・五味克夫の成果が基本になる。けれども拠点にまで踏み込むための基礎的な小字地名の調査や絵図資料を用いた現地踏査は未着手である。若干の城の縄張り調査はあるけれど、発掘調査の分析も低調である。明らかに拠点の考察には材料不足だが、本章では文献史料や若干の発掘調査、城の縄張り情報を組み合わせながら、拠点のあり方を探ってゆきたい。

まずは現地を確認しよう。肝付氏の拠点となった大隅半島は、西に鹿児島湾(錦江湾)を挟んで薩摩半島と向かい合い、東は海を限り、沿岸に内之浦湾や志布志湾があって交易の拠点となっていた。南端の佐多岬からは種子島が目視でき、南の島々からもたらされる南島産物の調達には、この両湾が大事な役割を果たしていたと考えられている。

大隅半島の地形を大きくみると(図1)、半島の北西に高隈山地、北東は鰐塚山地、南には肝属山地(国見山系)がそれぞれ連なり、半島の中心に肝属川が作り出す沖積平野とシラス台地が広がっている。どちらかといえば南は山がちで、中央あたりに肝属平野があり、北に接する都城盆地との間はシラス台地の丘陵が続いているというのが、大隅半島である。

肝付氏の拠点がある肝付郡は、半島の南東部をほぼカバーする広いエリアで、大部分が肝属山地である。郡の中心域はこの山々から北流してくる高山《こうやま》川が作りだす沖積平野の段丘あたりで、日本最南端の前方後円墳も分布する(塚崎古墳群:四~五世紀頃)。

現在の町役場が置かれている肝付町高山地区には、肝付氏の本拠である高山《こうやま》城(国史跡)があり、高山川が段丘に流れ込む直前の丘陵上に築かれている。高山川の流域には肝付氏由来の寺院跡や墓所は分布するものの、居宅跡や集落跡、町場・寺社といった遺跡を発掘調査で確認できたわけではない。

図1　大隅半島の地形(カシミール3Dより作成)

1　鎌倉時代の肝付氏

肝付氏の本姓は伴氏である。伴姓一族は大隅国府の職員をつとめる在地の豪族とされ、一一世紀初め頃に成立する摂関家領島津荘の政所(荘園管理事務所)の幹部職員として活動していた。薩摩・大隅・日向の三国にまたがる広大な荘園の政所は、都城市郡元町に比定されているが、工藤敬一が伴姓一族を「島津庄拡大の実質的中心」とし、「その一族が別当として多く政所の構成員となっているのも当然」と指摘しているように[工藤 一九六九]、この時代の肝付氏を知るには、島津荘との関係は欠かせないので、先達の研究に学びながら概略を紹介しておこう。

(1) 島津荘の寄郡

大宰府の大監である平季基《すえもと》が日向国の諸県郡《もろかた》(いまの都城市あたり)を開発して関白藤原頼通に寄進したことに始まると伝わる島津荘は、一二世紀には在地からの所領の寄進を積み重ねて領域を拡大し、摂関家の重要な家領になっていく。

というのが従来の説であるが、最近では南島産物の調達に大きな役割を果たしていた大隅国府(霧島市国分府中に比定)の権益を奪わんとした平季基が国府とぶつかり、長元二年(一〇二九)には季基による国府の焼き討ち事件も起こるなど、紛争が泥沼化していくなかで、その紛争解決策として摂関家領の荘園が設定されたといわれている[永山 二〇〇九、日隈 二〇一五、小川 二〇一六]。

詳しくは先行研究を参照されたいが、島津荘の特徴は荘園内が一円荘と寄郡《よりごおり》に分かれていたことにあった。図2は建久八年(一一九七)の「大隅国図田帳写」をもとに作成した大隅国の郡・郷・院の分布略図[五味 二〇一七]で、一円荘・寄郡に大隅正八幡宮領が混じり合っているのがよくわかる。郡・郷・院の下には村や名が設定されており、肝付郡は総田数「百三十丁二段三丈」の寄郡となる。

寄郡とは、大隅国府に納めていた年貢を荘園領主の摂関家と折半し(史料では「半不輸」)、国府が管理していた雑役(人夫役等)を務めずにすむという「雑役免除」の特権をもつ。さらに年貢の徴収は、伴姓一族などの在地の有力者が荘政所の「弁済使」(政所の役職名)となって納めることになっていた。この政所のトップ(執行《しぎょう》)には伴氏と藤原氏の二名がつき、幹部職員の別当八名のうち三名が伴氏であった(『平安遺文』三六九七号)。ちなみに一円荘とは、年貢も雑役も荘園側に納めるもので、国府は財源に支障をきたすため、なるべく回避しようとするが、寄郡から一円荘へという流れで島津荘は展開していくのである。

このシステムが伴氏らの在地有力者にとって大事なのは、①荘園領主は遠く畿内にあって、在地の徴税実務などを伴

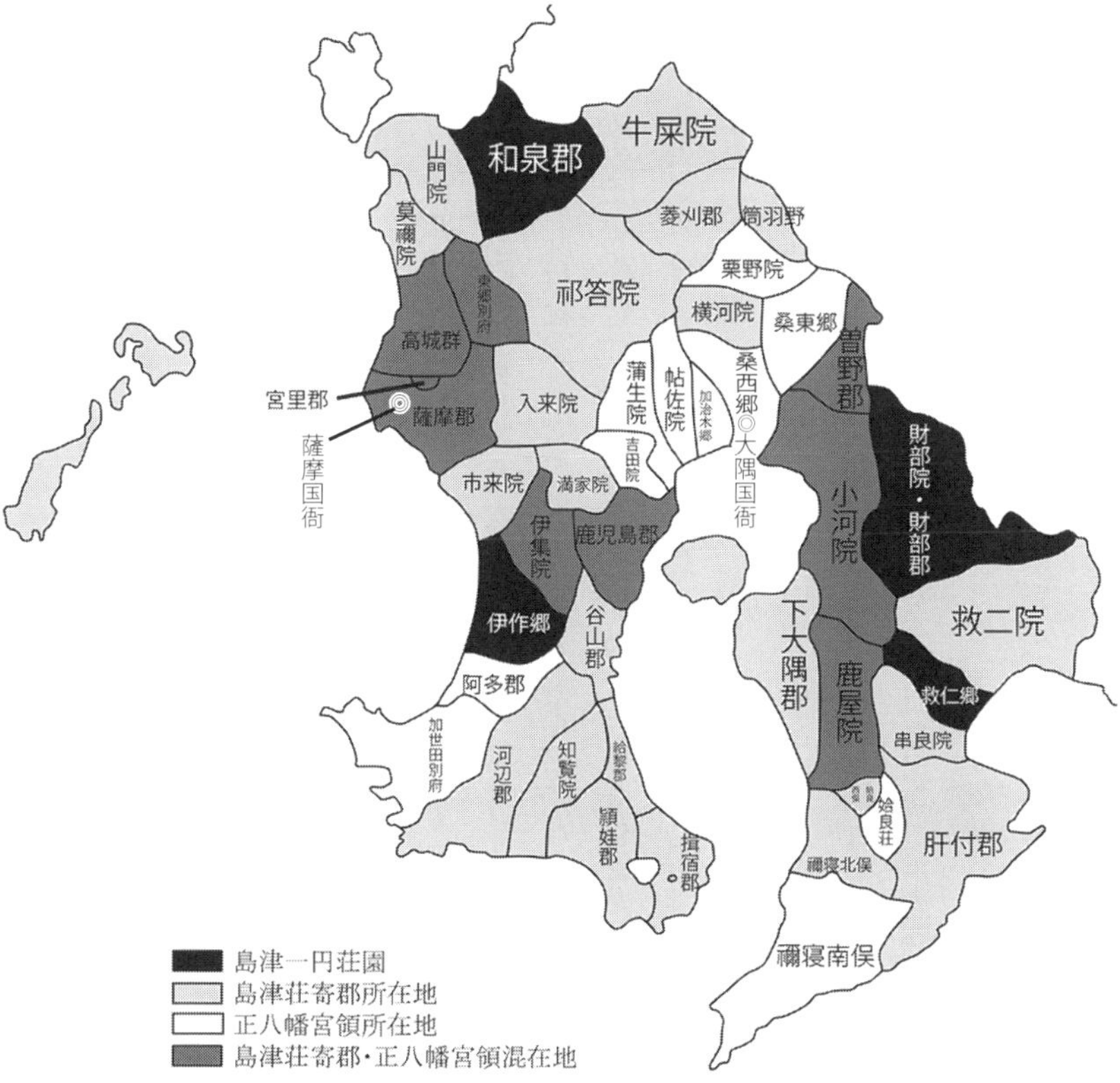

図２　島津荘の郡・郷・院の分布略図（鹿児島県）（岩元康成作図に加筆）

氏らの支配に委ねていること、②「弁済使」の役職は荘園側が人事権を握り、国府の承認は必要ではあるものの、年貢を滞りなく納めるなら代々の相伝が認められること、③所領の経営に大隅国府の干渉を強く受けずにすむこと、などである。

　いわゆる荘園公領制のシステムだが、寄郡と弁済使を組み合わせる荘園経営は島津荘の個性であって、工藤敬一は半不輸の寄郡を国府と荘園に両属しているとし、「国府体制と庄政所体制が、車の両輪としての機能をはたしていたことの一つの表現」と指摘している［工藤 一九六九］。

　なお、工藤敬一によると、この「庄政所体制」が続くのは、鎌倉時代の承久年間前後（一二一九〜一二二一）までで、その後は鎌倉末までの「預所体制」、鎌倉末・南北朝期には「給主体制」に変わっていくという［工藤 一九六九］。詳しくはふれないが、島津荘全体を政所が統括していた庄政所体制、本所摂関家に代わって年貢収取をとりあつかう領家の興福寺一乗院が現地代官の預所（僧侶)を数人派遣して地域別に担当させ、個別に管理する預所体制、荘官が現地に下らず畿内にいて、伴氏などの地元有力者が年貢を請負う給主体制となる。工藤敬一はこの給主体制を「事実上在地領主の指したる不法なき良心に期待するのみ」の契約的側面が強まる年貢請負体制だと指摘し、島津荘崩壊寸前の経営形態であるという。

では、肝付郡の弁済使は、いつ、誰が任命されたのか。その情報は同時代の史料がなく、江戸時代に編さんされた数本の系図類に限られる(『鹿児島県史料』家分け2)。たとえば、「肝付統譜」によると、平季基の娘婿になった伴兼貞の子が兼俊で、彼が長元九年(一〇三六)に肝付郡弁済使になったとする。『三国名勝図会』は別の所伝を載せるが、「兼」を通字とするのが伴姓一族で、兼俊を肝付氏の祖とするのは諸系図一致している。

平安時代の史料がないのでこれ以上はわからないが、一説によると、伴氏はもともと大宰府の府官出身で、大隅国に移住してきたともいう〔郡山 一九六七〕。平安時代の拠点が郡内のどこにあったのか不明だが、伴姓の肝付氏を在地勢力とする説にしたがっておきたい。

(2) 肝付郡弁済使の拠点をさぐる

鎌倉幕府の成立期に肝付氏がどのような立場にあったのかわからないが、建久八年(一一九七)に摂関家の下司惟宗忠久(島津氏の祖)が大隅国守護に任じられると、弁済使の既得権が押領され始める。忠久が押領した弁済使の得分米は、大隅国内でも下大隅郡・鹿屋院《かのや》・串良院《くしら》・禰寝院《ねじめ》・肝付郡内浦などに広がっていたことが、建仁三年(一二〇三)の史料にみえる(『鎌倉遺文』一四〇二号、以下〔鎌 史料番号〕)。この年に忠久は守護職を改替されており、忠久が押領していた弁済使の由緒を調査し、従来どおり弁済使に年貢を京上させよという政所下文である。

ただし、この史料では各地の弁済使が誰だったのかを書いていない。確かな史料では建暦元年(一二一一)に伴兼広が鹿屋院弁済使に任じられた政所下文が初見となる〔鎌一八八八〕。この兼広は系図類によると伴姓一族とされているものの、兼広の居宅が鹿屋院のどこにあったのかはわからない。

さて、肝付郡弁済使の史料初見は、さらに下って文永一一年(一二七四)になる。六月一八日の同日付けで出された

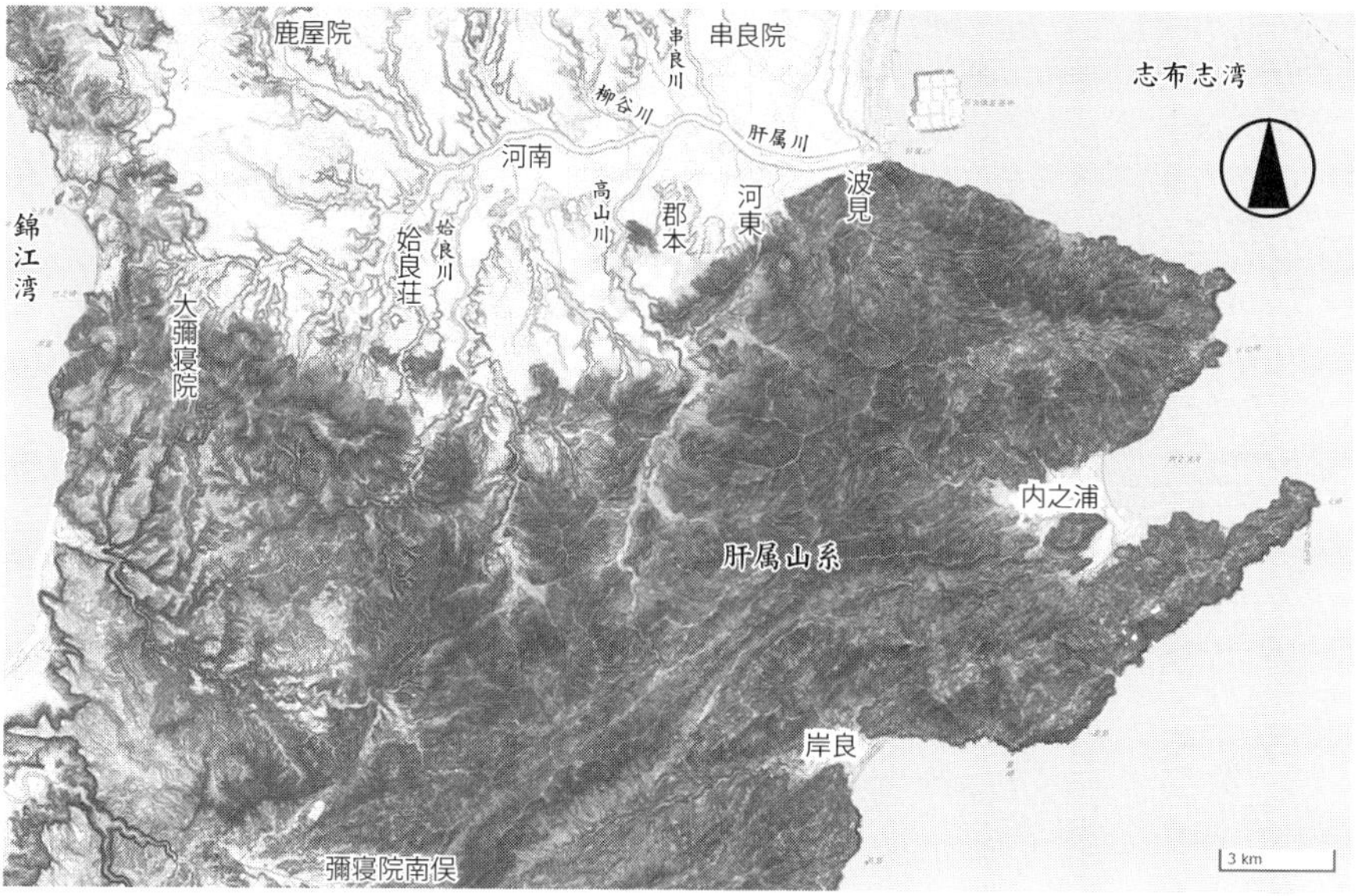

図3　肝付氏関連の略地図1

二通の譲状案がそれで、阿仏の法名を名乗る伴兼員が次男左近将監兼基に「肝付郡岸良村弁済使職」を、五男左兵衛尉兼弘に「肝付郡河東弁済使職」を譲っている［鎌一一六七五・一一六七六］。

図3・4は肝付氏に関わる略地図で、図5は兼員以降の略系図である（一部、「肝付系図」の情報を併記）。肝付郡弁済使である兼員の居所は「郡本《こおりもと》」と呼ばれ［鎌一一六七五］、現高山地区に比定できるが、譲状の四至などから所領の大枠をおさえておこう。

兼基に譲られた岸良村の四至には、「東に限る内浦堺、西に限る彌寝堺、北に限る郡本堺、南に限る海」（原漢文、以下同）とある［鎌一一六七六］。東の内浦は現内之浦地区、西の彌寝は大隅郡の彌寝院南俣、北の郡本は高山地区、南はまさに海である。肝付町岸良地区に比定して間違いなく、兼基の居宅は現平田神社周辺かとされている。

兼弘に譲られた河東の四至は「東に限る海〈かの牟礼は東方なり〉、西に限る郡本河柳谷の流合兼又牟礼、北に限る大河早間松堀切堺、南に限る内浦堺」とある［鎌一一六七五］。東が海で東方に属すとある牟礼がわからない。西は

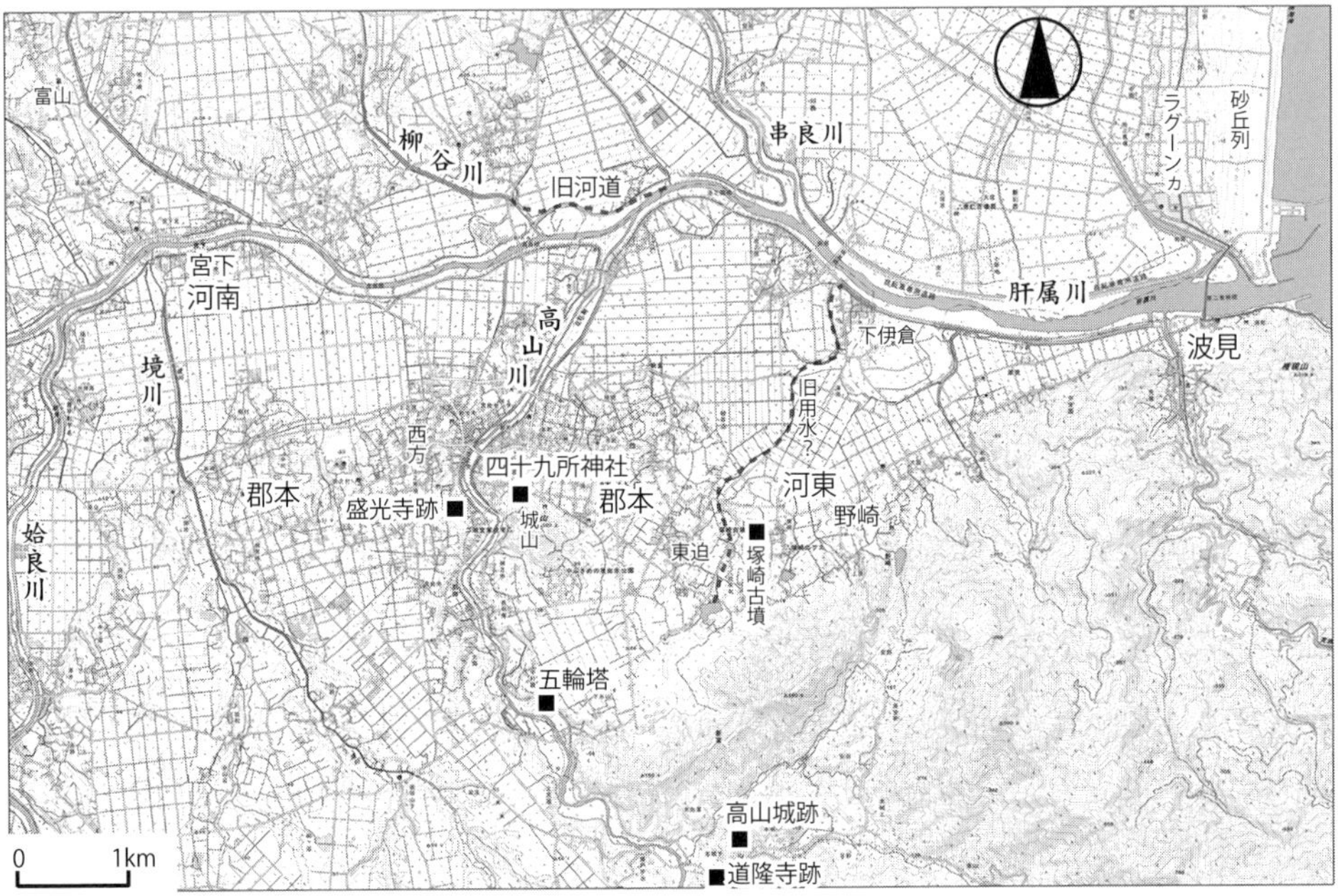

図4　肝付氏関連の略地図2（鎌倉期以降も含む）

郡本河(高山川)と北から南流する柳谷川が合流するあたりで、かつては丘や森だったところらしい。今でこそ柳谷川は高山川の西に流れ込むが、地形をみるとかつてはもう少し東側の氾濫原に流れ込んでいたと考えられる。北の大河早間松堀切界はどこか。大河は肝属川だろうから「早間松堀切」がカギを握っているが、これもわからない。肝属川が北の境としか想定できない。兼弘の居宅に比定地はないが、兼弘孫の兼賢は「野崎宮内左衛門尉」と呼ばれており[鎌二七六〇六]、野崎は肝付町の東側に地名が残る。河東の拠点は野崎のどこかにあるのだろう。

二通の譲状に登場する内浦は現内之浦地区だろう。『三国名勝図会』によると、肝属川の河口部にラグーンがあって船が係留する適地であったというから、内浦と岸良には、在来船の平底船体をもった小型の船が往来し、島嶼部と肝付郡をつなぐ至便な港が置かれていたのではないか。文保元年(一三一七)に岸良村弁済使の伴兼村が御米船に対する海賊行為の嫌疑をかけられている史料[鎌二六二一〇]があるので、船舶の往来は確実である。内浦の弁済使が誰なのか不明だが、肝付氏の拠点形成に海上交易の収益は予想され

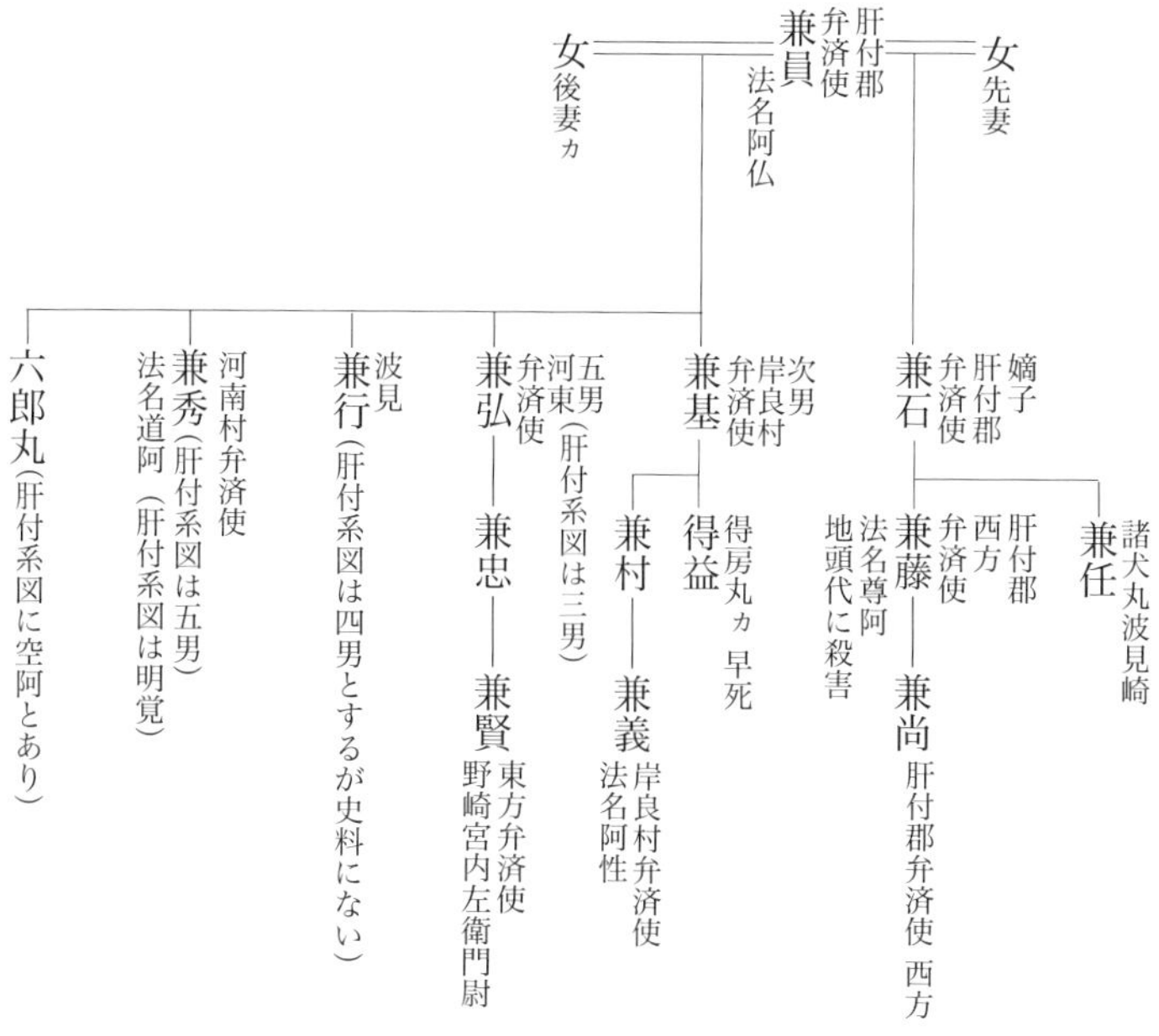

図5　鎌倉期・肝付氏の略系図

よう（内浦の拠点は現高屋神社周辺か）。

二通の譲状以外にも地名を記す史料がある。志布志湾に面する現肝付町の「波見《はみ》」は、永仁六年（一二九八）の兼石譲状案〔鎌一九六二九〕に「東方（＝河東）の内」としてみえるほか、「河南村」〔鎌一四三五六〕と「ミやけの河南」〔鎌補一八六〇〕もある。河南の所在地は「ミやけの」とあるから肝属川に南面する現肝付町の宮下《みやげ》周辺だろう。ミヤケは御宅が置かれた河川沿いの流通拠点・渡河点の候補地になる。

では、肝心要の郡本の拠点はどこにあったのか。残念ながら郡本の居宅となる場所がわからない。正応六年（一二九三）の史料には「兼石の堀内」とあるから〔鎌一八一四五〕、堀をそなえた居宅があったのは確かでも、発掘調査では鎌倉時代の遺跡が見つからない。一説には郡本の居宅を国指定の高山城周辺とする意見はあるものの、発掘調査で得られた遺物の主体は一五〜一六世紀代である（後述）。鎌倉時代の領主の居宅が山の上に置かれていた事例は全国的にも確認できないので、堀を持った居宅があるのは、高山川流域の段丘面のどこかであろう。

参考になるのは、別の段丘で発見されている大崎町天神

写真１　道隆寺跡の五輪塔２基（伝伴兼石供養塔：左）

段遺跡・永吉天神段遺跡・志布志市長田遺跡である。河川に接する台地上に庇付の掘立柱建物群が営まれ、一二世紀代の中国陶磁器や畿内産の瓦器碗などが出土しており、陶磁器等を埋納した土壙墓が建物のそばに築かれていた。この屋敷墓の被葬者こそ在地の有力者層ではないかと考えられている［上村二〇一七］。肝付町高山地区でも、これらの遺跡と同じような遺構・遺物がどこかに眠っているのかもしれない。

居宅の比定地は不明でも寺社の情報は拠点をさぐるカギになるので紹介しておこう。

①道隆寺跡と盛光寺跡の石塔

高山川の流域には肝付氏の氏寺とされる道隆寺《どうりゅうじ》跡（肝付町新富）と菩提寺の盛光寺《じょうこうじ》跡（肝付町前田）がある（図4参照）。

高山城の直近にある道隆寺跡は、『三国名勝図会』によると、蘭渓道隆により寛元四年（一二四六）に開基されたとあるが（兼員を檀那とする所伝もあり）、同時代の史料では確認できない。寺院跡に祀られている石塔の大半は戦国・近世のものだが、そのうち二基の五輪塔（写真1）は、空風輪は近世に下るものの、総高はともに一㍍弱、納骨用の奉籠

写真２　伝伴兼石供養塔（五輪塔）

写真３　伝伴兼重供養塔（宝塔）

孔を持つ大きめの水輪と火輪・地輪の一具は、一四世紀前半〜中頃ではないかという（狭川真一氏教示）。

この場所は高山川が段丘に流れ込む源頭にあたっていて、段丘からは目視できない奥まったところにある。僧侶が世俗を避けて修行に励み、死者を供養する墓所などがあっても不思議ではない。仮に五輪塔二基が原位置から大きく動いていなければ、この地に一四世紀代の仏教施設が営まれていた蓋然性が高くなる。

道隆寺の近在にはもう一基「伝伴兼石供養塔」がある（写真２）。総高一メートル弱で主に火輪の様相から鎌倉後期（一四世紀前半頃）ではないかという（同上）。原位置ではないかもしれないが、鎌倉期の足跡を知る資料になるので、道隆寺塔とあわせて実測や石材の調査が望まれる。

もう一方の盛光寺跡は、高山川左岸の河岸段丘上にある。「新編伴姓肝属氏系譜」（伊地知季安撰）には、兼員の卒伝を記すなかで、文永九年（一二七二）に没した兼員の菩提所として兼石らが盛光寺（阿弥陀堂）を建立したとある。その史料的な裏づけは、天文二二年（一五五三）の阿弥陀堂新築の際に見つかった梁に書かれていたと注記されている。しかし、兼員の譲状案は文永一一年で卒伝との間にズレがある。誤写か誤伝か、判断を保留する。

　現在、盛光寺跡には、建物や境内の遺構は一切残らない。右の卒伝以外に鎌倉時代のことを記す史料は室町期以降の寺伝・過去帳の類しかない。寺跡でみつかった石塔群はほとんどが近世で、最も古手の「伝伴兼重供養塔」（写真3）は二㍍近い高さを示すが、梵字はやや小さく、彫りも少し浅い、基礎上の蓮弁も型式化しているから、室町時代後期に近いものかという（同上）。

写真4　四十九所神社

写真5　山中の大きな岩場

②四十九所神社
　一四世紀代の五輪塔を三基だけ確認したにとどまるが、流域で見逃せないのが四十九所《しじゅくしょ》神社である。弘安六年（一二八三）の伴兼石和与状案〔鎌一五〇〇二〕に「当郡鎮守四十九所大明神」が記され、正応六年（一二九三）の史料にも「鎮守神人」〔鎌一八一四五〕と出てくるので、鎌倉時代の肝付郡総鎮守であることは確かである。

　現在、四十九所大明神が祀られているのは、段丘の中ではひときわ目立つ山（標高約一〇〇㍍）の麓である。神社本殿の裏手からは今でも沢水が流れており、周囲の田地を潤す水源の山として、郡内の住人から信仰されていたに違いない。この山に登れば頂きからの眺望はとてもよく、志布志湾まで見通すことができる。さらに興味深いのは、山中には巨大な岩場（写真5）もあって、神の依代となる磐座ではないかと想像をかきたてる。

　『三国名勝図会』によると、四十九所大明神の神体は「古来深秘にして、社司といへども親視することなし」とある。古代以来の在地の神に姿・形がないとする一般的な言説だが、社名の由来を「考拠」を得ずとして保留している。四十九所の神社名は他に管見に入らないが、全国にみられる十二所・二十四所と同じように、多くの神々が集まる神社の意味で、総鎮守らしいネーミングに思える。

　想像の域は出ないものの、四十九所神社の背後に聳える山は、郡内に水をもたらす聖なる山、神の依代となる磐座も祀られた聖域であって、山麓には里宮として神社が置かれていたのではないか。郡本の居宅は、神社周辺の地盤が安定した高山川右岸の段丘面に置かれ、西方浄土の阿弥陀堂（盛光寺）が高山川の対岸（居宅の西方向）に、上流域のやや離れた場所に墓所たる氏寺の道隆寺が建立されている景観が想像できる。一四世紀代の五輪塔も残る高山川右岸の旧高山町は、肝付郡の中心となる土地であったと考えてよいだろう。

2　肝付氏の在地支配

⑴ 弁済使の仕事

鎌倉時代の拠点に関わる情報は以上で尽きるが、肝付氏は在地をどのように支配していたのか。拠点経営の根幹に関わる弁済使職の内実を少し紹介しておく。

　弁済使職を手にするには、譲状のほかに島津荘の預所による承認が必要であり、補任料の支払いも伴った〔鎌二六八九〇〕。たとえば兼員の譲状は残らないものの、弘安四年（一二八一）に預所の袖判が据えられた奉書〔鎌一四三五六〕が出されて、兼秀の河南村弁済使職が確定している（預所体制・図5参照）。

　この弁済使としての務めを兼員が残した二通の譲状案から紹介しよう。「限りある所当以下、いろいろの御公事など、阿仏の支配を守り、懈怠なく勤仕」〔鎌一三五七四〕するほか、「本庄御庁造営のときは、村々に支配せしめ、沙汰いたすべきなり」とか、「臨時役にいたっては、寄り合いして評定をくわえ、兄弟三人の申詞については、煩いなく沙汰いたすべきなり」［鎌一一六七六］とある。

毎年の年貢・御公事の納入以外に臨時役を命じられたら、兄弟三人（兼石・兼基・兼弘ヵ）が協力して事にあたれと兼員は弁済使の心構えを書き載せている。寄郡の肝付郡では、政所の御庁《みたち》（中心建物）造営などの臨時役ですむはずだったが、兼員が譲状を残した文永一一年は蒙古襲来の年であり、同年に幕府は非御家人の「本所一円地住人」に異国警固番役を課す［追加法四六三条］。二年後の建治二年（一二七六）には石築地役が肝付郡にも課されているので［鎌一二四六二］、兼員がこと細かに臨時役の心構えを特記したのも、幕府の動きを察知していたのだろうか。

それはわからないが、弁済使の所領には複数の村々が含まれていて、村の住人たちが作る作物で毎年定額の年貢・御公事を怠りなく納め、村人らを率いて臨時役も無事にこなせば、その反対給付として弁済使得分を手にすることができた。もちろん、年貢を滞納したり、犯罪を犯せば弁済使職は召し上げられるし［鎌二六九七九］、自然災害による凶作で年貢納入に苦心することはあろう。弁済使の職務には現地の検田（水田の耕作状況を調査）が認められているから［鎌一八一五〇］、被災減免の措置でしのぐことはできても、臨時役は避けがたく、肝付氏にとっては重い務めであったに相違ない。

こうした弁済使職の得分が分割譲与されると、兄弟同士の所領をめぐるトラブルも起こる。紙幅もないので割愛するが、大事なことを一つだけ。

郡本の当主は「そうりやう（惣領）」と呼ばれ、分割譲与を受けた庶子らは「かくへつのりやうす（格別の領主）」であって、年貢公事・雑事用途を互いに務めるべきものとされる［鎌一五〇二四］。惣領には郡内の村々の弁済使（河東・岸良・河南・波見など）が納めるべき年貢を配分して完納する責務があったらしい［鎌一五〇〇二・二八四五五］。そのため郡本の家には文筆能力に長けた「右筆」がおり［鎌一四三五六］、あとで紹介する押領事件でも「領家挙状」［鎌一八一四五］を手にして鎮西探題や鎌倉幕府に訴訟を起こすのは郡本の当主＝惣領であった。

瀬野精一郎が「九州の場合、鎌倉時代の在地武士団には、家督制は存在しても惣領制は存在しないと考えている」［瀬野 一九八五］と指摘していることを踏まえれば、肝付氏の惣領は庶子らと主従関係にあるのではなく、自立した領主同士の関係に基づきつつ、惣領が郡全体の取り仕切り役を務めていたと考えておきたい。

とにかく弁済使の職務といえば、文字通り年貢納入に眼目があった。そのための勧農や検田は欠かせないし、四十九所神社での祭礼は領主支援のもとで挙行され、年貢を納めてくれた肝付郡の住人らを手あつくもてなす風景が思い浮かぶ(時代は戦国期に下り、場所も越後国だが領主と領民の関係は『色部年中行事』を参照)。

(2) 地頭代の押領に立ち向かう

ところが肝付氏の場合、大隅国惣地頭名越氏(北条氏一門)の代官による押領に悩まされており、拠点経営に苦しんでいたのではないかと思われる。すでに幕府成立まもない建仁三年(一二〇三)以前には、大隅守護の島津忠久による押領が起きていたが、その後、島津氏は改替され、かわって守護・惣地頭になったのが名越氏だった。

名越氏の地頭代による押領は、文永年間にさかのぼるが[鎌一七一〇〇]、肝付氏が地頭代の押領を鎮西探題や鎌倉幕府に訴えた裁判記録は、正応元年(一二八八)の少弐経資書下[鎌一六七〇六]に始まって、正中二年(一三二五)の関東御教書[鎌二九一三八]にいたる、ほぼ四〇年に近い長きにわたっている。

裁判の詳細は省くが、地頭代の押領は、百姓の身代を押し取り、刈田狼藉を働き、兼石・兼藤は居宅から追い出され[鎌一六七〇六]、兼石の堀内小薗や山野狩倉、平民跡の数か所の屋敷までも押領されるなど[鎌一八一四五]、かなり強引だった。なかでも水田(見作田)一七〇町のうち九〇余町を押領され、正中二年(一三二五)の段階に至っても、郡本の当主兼尚は、郡本の堀内・東方・岸良村・内浦村など計一七〇町が押領されたままだと、訴えている[鎌二九一三八]。

兼石・兼藤・兼尚の三代は、幾度となく鎮西奉行や幕府に返還を求めて訴訟を繰り返し、惣地頭名越氏も代官に「本職ならびに住宅を安堵せしめ、損物を糺し返すべし」と命じ[鎌一六七〇六]、地頭代の改替も実施している[鎌一七一〇〇]。幕府も守護代や鎮西探題を通じて押領物の返還命令を度々出し[鎌二四六五五など]、守護代連署で永仁三年(一二九五)と元亨三年(一三二三)の二度にわたって現地調査を踏まえた打渡状が出ているにもかかわらず〔鎌一八七四二・二八三八〇〕、地頭代の押領は止まなかった。あまつさえ元亨三年以前には当主兼藤が地頭代に殺害される事件も起こるなど〔鎌二九一三八〕、地頭代の押領は肝付氏の在地支配を大きく揺るがしたことだろう。

寄郡である肝付郡には地頭代も置かれていたので〔鎌一六七〇六〕、それを足がかりに肝付郡の支配拡大をねらって押領するのだろう。訴えられた地頭代の言い分を聞くと、「百七十町においては、堺を立て避り与えるのあいだ、尊阿（兼藤）今にいたるまで知行なり。押領の儀これなきの旨、これを陳べる」〔鎌二七四〇二〕と主張しているが、後に兼藤を殺害する地頭代の罪科は逃れがたい。

地頭代による殺害・押領の事件に対して幕府は、正中二年（一三二五）六月二〇日付けの関東御教書で〔鎌二九一三八〕、殺害の案件は別に審議するが（検断沙汰の裁判は大隅守護の管轄〔佐藤 一九九三〕）、押領が事実ならば重罪なのでその実否を調査し、守護代に報告させるよう鎮西探題の北条英時に命じている。残念ながら関連史料はここで終わっているため、その後の経過がわからない。

押領事件の結末を史料は語らないけれど、気になるのは肝付町に残る五輪塔三基である。鎌倉後期の五輪塔ならば、その造立者（支援者）は誰か。肝付氏か、地頭代か（その上位者である名越氏?）。前者であれば郡本の所領は回復、後者なら地頭代の押領と実効支配を暗示する資料になるのかもしれない。鹿児島県内の鎌倉期の五輪塔・宝篋印塔は二二例だが〔狭川・松井 二〇一二〕、肝付町の三基はその中に含まれていない。五輪塔の造立主体を見極めるには、県内における石塔の形式・分布・年代観などの再調査が必須である。大隅半島の石塔は情報が乏しく、今後の分析に期待したいが、元弘三年（一三三三）に幕府が滅亡すると、肝付氏は、南朝方に属して南北朝内乱を戦い抜くことになる。その軍事活動のエネルギーは、地頭代に押領された所領の回復にあったとみておきたい。

3　南北朝時代の合戦と軍事拠点

(1) 南北朝内乱の動向と肝付氏

肝付八郎兼重　鎌倉幕府が滅びた翌々年の建武二年（一三

三五）一二月、足利尊氏と新田義貞が対立したそのさなか、日向国を舞台に内乱が起きる。義貞方の祇候人伊東祐広が「足利殿御領」の穆佐《むかさ》院（宮崎市）を攻め（『南北朝遺文 九州編』四〇七号、以下〔南北 史料番号〕）、義貞方（以下、南朝方）にくみした肝付八郎兼重は、翌年正月八日に数百騎の軍勢を率いて「国富南加納」（宮崎市）の政所を焼き払い、穆佐院に攻め寄せるも、北朝方に追い返されている〔南北四〇八〕。その後の兼重は、足利尊氏から「謀反人」「凶徒」と名指しされるほどの南朝方の中心人物とみなされるが、この時代の史料は兼重を対象とした北朝方の軍勢催促状や軍忠状が多く、肝付郡内の拠点を知る情報はゼロに等しい。したがって、3節では合戦場となった軍事拠点にしぼって紹介したい。

兼重はなぜ日向国で軍事行動を起こしたのか。日向国と肝付氏との関わりは系図類によると平安末の兼貞・兼俊の時代にまでさかのぼる（図6）。「肝付統譜」によれば、兼重は郡本の当主兼尚の弟で、三俣院主萩原氏の猶子になったあと、兄兼尚に男子なく、そ

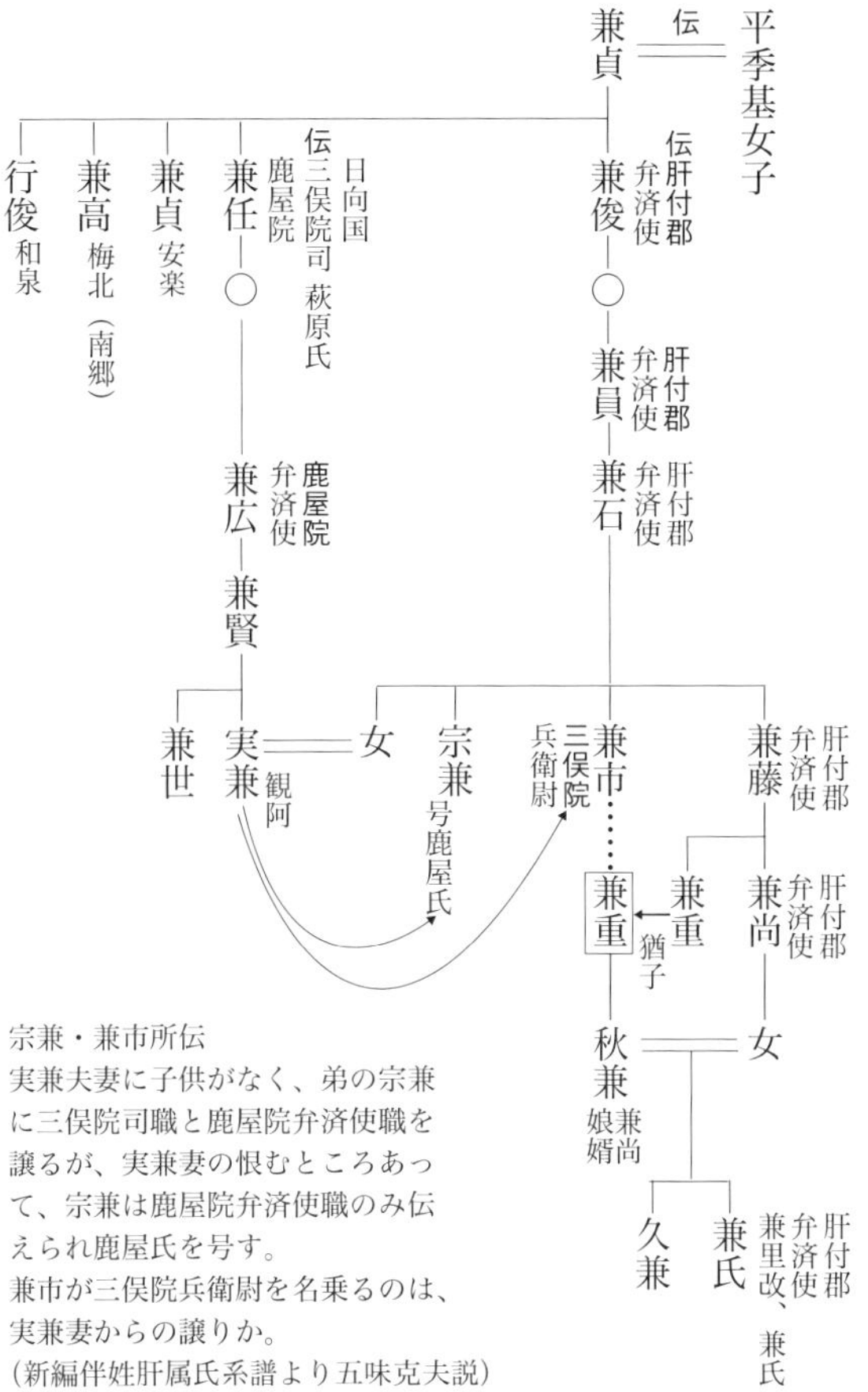

（新編伴姓肝属氏系譜より五味克夫説）

図6　肝付氏と三俣院の関係を示す略系図（南北朝時代まで）

の娘婿に兼重の子秋兼が迎えられたという。兼尚没後、秋兼がまだ若年であったため、肝付郡の惣領を兼重が後見したのではないかとする説もある〔五味 二〇一七〕。いずれにしても、島津荘の開発拠点とも伝わる三俣院の弁済使か院主だったとされる兼重が、内乱当初に日向で軍事行動を開始しても不思議ではない。

南朝方の兼重が北朝方（幕府・島津氏）との交戦を本格化させるのは建武三年（一三三六）以降だが、大隅・日向の内乱を時系列に沿って叙述しながら、兼重の動きと軍事拠点の城郭にしぼって紹介しよう。図7は同時代史料に登場する城郭の分布を示す。

① 建武三年（一三三六）一月～四月

建武三年一月の合戦は日向国が主戦場だ。三月二日の筑前国多々良浜の戦いで勝利した尊氏は、兼重の誅伐を命じて三月二〇日に日向国大将として畠山義顕（のち直顕）を派遣〔南北四九二〕、二六日には薩摩・大隅・日向三国の守護に返り咲いた島津貞久を日向に派遣し〔南北五一九〕、薩隅日の諸氏に軍勢催促状を多数発している〔南北五二五他〕。

兼重の党類らは三俣院で「尾山を切りふさいで陣を取る」ものの〔南北六一四〕、四月二七日に畠山勢によって打ち破られている。

兼重本城　北朝方との合戦の舞台になった三俣院の兼重の城は、「兼重城郭」〔南北八二三〕、「兼重本城」〔南北一六八四〕と呼ばれているが、比定地には二つある。

一つは高城町大井出説（通称、月山比和城：都城市）、もう一つが高城石山説（都城市）である。一般に流布しているのは大井出説だが、小山博によると、大井出よりも高城石山の城跡は大淀川に面し、出城である石山城との距離も近いことから、ここを兼重本城に比定している〔小山 二〇〇五〕。

小山の想定は、南北朝期の城が河川・陸上交通の要所に築かれている事例が多いことと、『三国名勝図会』に「この城高くして、かつ大なり。ゆえにこれまた兼重が城跡なるか」とする記述がもとになっているが、大井出の月山比和城は北朝方が築いた城を後世に改変されたものと評価している。ここでは小山説にしたがう。

高城石山の城跡は現在、大きく改変を受けて遺構の残りが悪い。縄張り図も作成されておらず、考古学の情報も皆無だ。しかし、地形図を見ると（図8）、台地の丘陵上に城

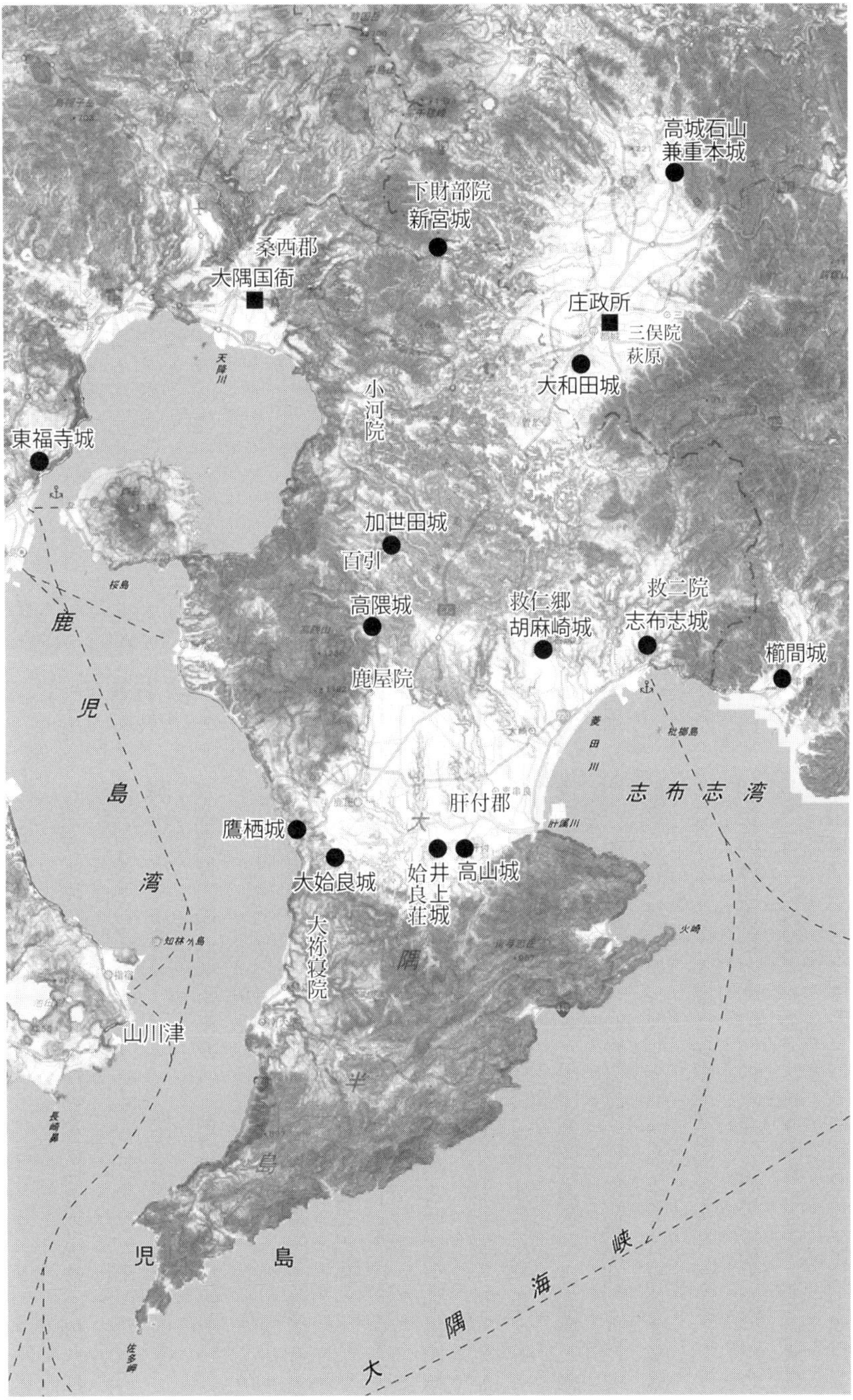

図７　南北朝期の城郭分布略図

が築かれているのがよくわかる。兼重本城が登場する史料は多く、とくに城の遺構に関わる文言に大手城戸・南城戸・東城戸が書き分けられており、幾度も各城戸口で攻防戦が繰り広げられている〔南北九一七他〕。図8で城戸の場所まで特定できないものの、南と東は丘陵上にあり、西側は大淀川の屈曲点に接しているので、大手城戸は北側なのか。

遺構が残らないので不明だが、そもそも三俣院主萩原氏の拠点は、この高城石山ではなく、島津荘政所に近い現三股町周辺の、萩原川流域に面する台地上のいずれかにあったと考えられる（図7）。

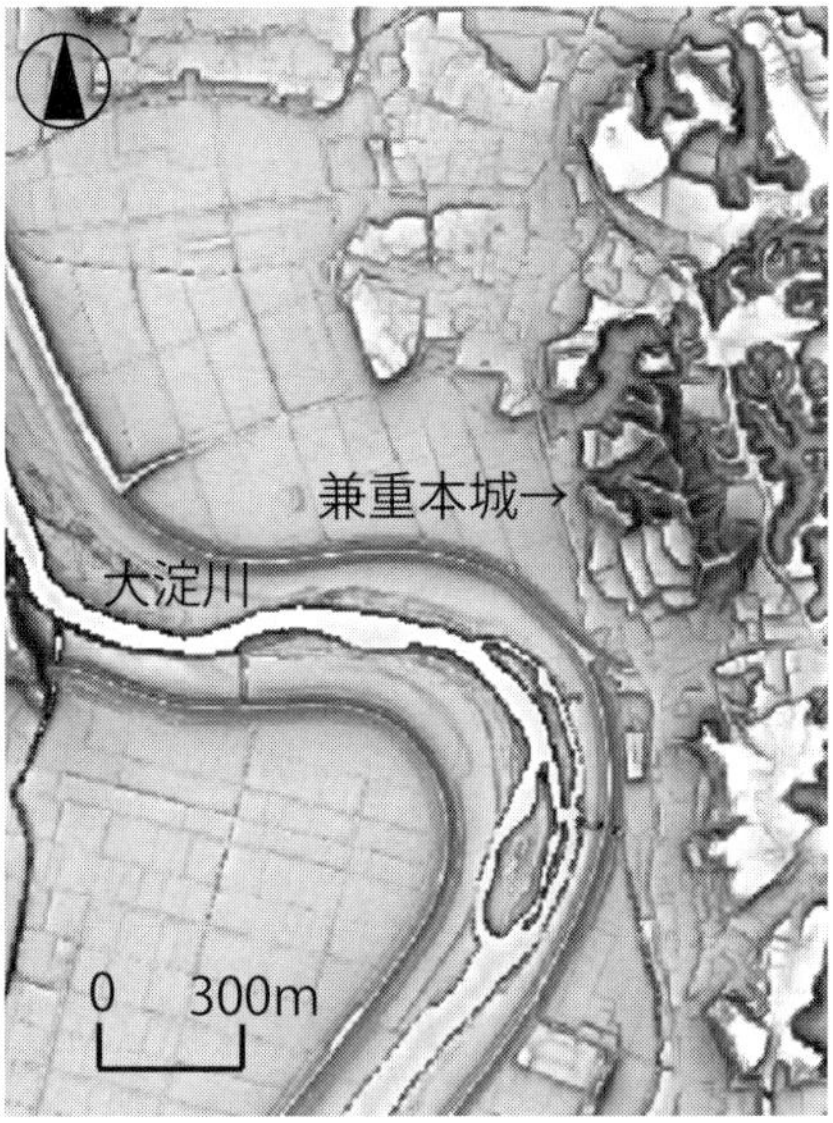

図8　高城石山（兼重本城）周辺の地形
（カシミール3Dより作成）

兼重本城は庄政所から離れた都城盆地の北の外れにあって、大淀川沿いに下っていけば北朝方の拠点である穆佐院・国富（宮崎市）につながる要路上に置かれている。つまり、高城石山の兼重本城は、恒常的な居住施設というよりも、防御性の高い独立丘陵上の尾山を切りふさぎ、合戦用の臨時施設として築城されたと想定できるのである。

② 建武三年（一三三六）五月六日～六月一〇日

兼重本城がいったん落ちた後、五月に入ると合戦の舞台は加世田城（輝北町平房）に移る。四月時点で加世田城の初出史料があるが〔南北五七八〕、城の構造を示す軍忠状も多数残っているので、縄張り図（図10）をみながら、少し城に深入りしよう。なお、『三国名勝図会』には文明・元亀の頃（一五世紀後半・一六世紀後半）にこの城が利用されていたとする記事があり、現地を歩いても後世の改変は確認できる（図10の?印）。慎重に縄張りと向き合ってみたい。

加世田城の選地　その前に、なぜ兼重は加世田城を合戦の場に選んだのか。三俣院と肝付郡のちょうど中間地点に加世田城はあって（図7参照）、北朝方（島津氏）の拠点である大隅国衙から南下して肝付郡に向かうには、小河院・鹿屋院を抜けるルートが考えられるが、寄郡の小河院は国領を北朝方の建部氏［南北二七〇二］が所領としていた（荘領の領主は不明）。一方の鹿屋院は「兼」の通字をもつ伴姓一族の拠点で、兼重の与党であった（図6参照）。加世田城の選地は、地理的にも政治的にも北朝方との境界にあたり、かつ肝付氏の拠点である郡本とは遠く離れた場所で、交通の要路にあったのだろう。

図9 加世田城周辺図

写真6 急崖上にある加世田城

現地に行くと、大鳥川が屈折した河岸段丘のきつい急崖上に城は築かれている（写真6）。たやすく攻められる平場に城はなく、北朝方がこの城をやり過ごして南下しても、背後から襲えば敵方には逃げ場がない谷底の首根っこに城は選地されている（図9）。北朝方の肝付郡侵入を防ぐに適った場所、三俣院と肝付郡の郡本をつなぐ場所、それが加世田城だったと考えておきたい。

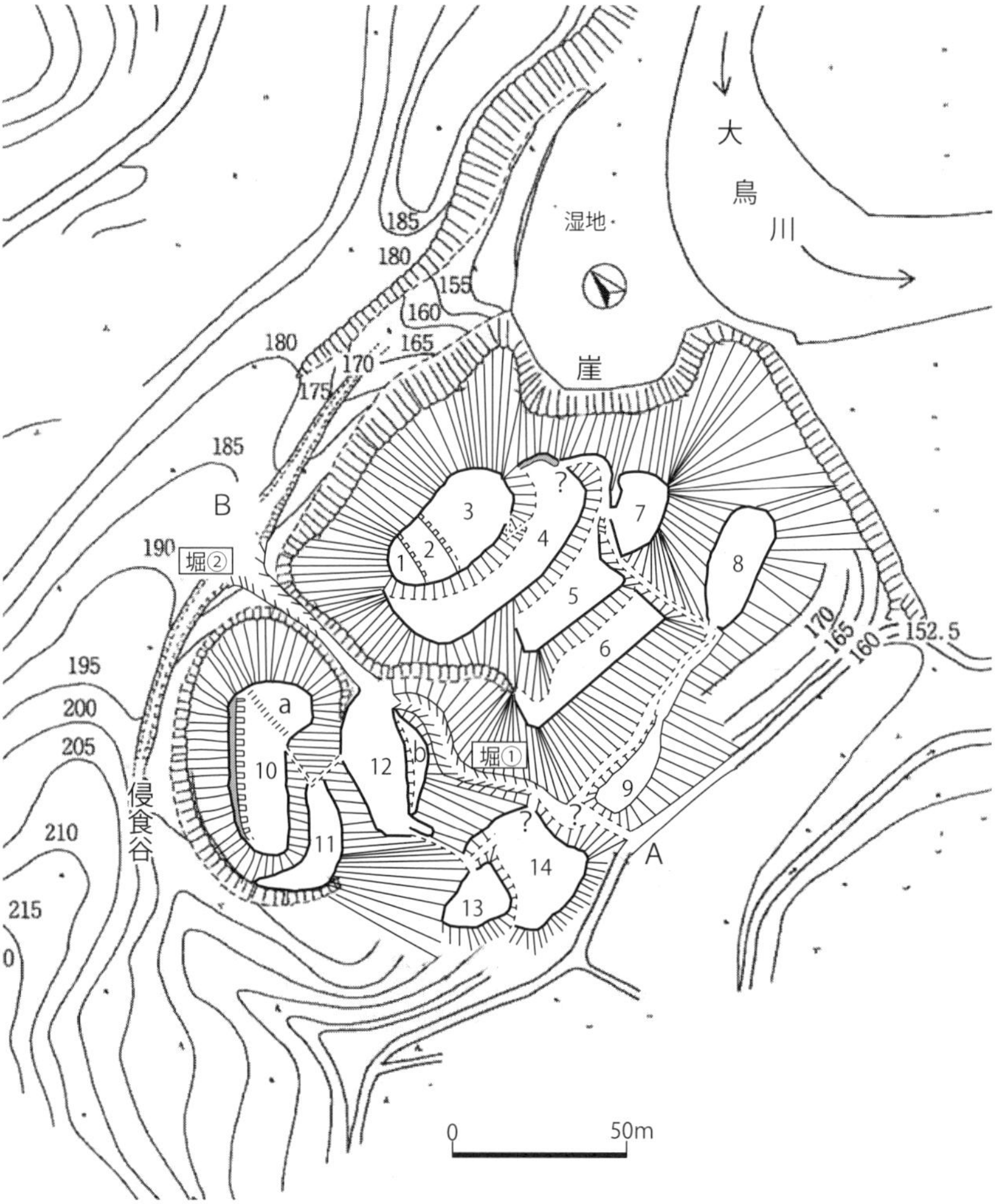

図10　加世田城縄張り図（栗林2000所収図を補正・加筆後ソフトトレース。作図：濱久年）

加世田城の縄張り　図10の縄張り図をみてほしい。曲輪1〜9と曲輪10〜14の東西に大きく分かれ、その間は堀①・②で断ち切られている。両曲輪群の連絡ルートは堀①に降りるしかなく、引橋で曲輪1と10をつなぐのは遠すぎる。堀底から曲輪1・10までの高さは目視で三〇㍍以上はあろうか。各曲輪から何が見えるのか（雑木の隙間から）、どこを歩いて移動していたのかに注意して、まずは東側の曲輪群を訪ねよう。山城の縄張りは山頂から観察するのが原則である［中井・齋藤二〇一六］。

狭い曲輪1に登ると、堀②のコーナー部分より城内側の堀底全体と西曲輪群が見下ろせ、約一㍍の段差で区画される曲輪2・3は図中のBと記した堀底全てを見通す。曲輪3の東端より崖下を覗けば、大鳥川の屈曲部がよく見える。曲輪4には「く」の字折れの幅五○㌢ほどの細道で降りるが、曲輪5に通じる道は幅一㍍ほどのカーブした坂道(現在、坂道には階段がつく)。曲輪4は城内で最大の面積をもつ主体部だろうが、この湾曲した幅広の坂道と曲輪面積の広さは、戦国期の改変だろう。

曲輪7と8を結ぶ城道も幅一㍍近くあり、公園整備で広げられているが、他にルートのとりようがない。曲輪間は垂直に近い二〇㍍越えの壁であり、図では表現できないが曲輪7の真下に曲輪8がある。この壁に城道をつけるのは不可能だ。

曲輪7・8も戦国期の改変で拡張しているだろうが、大鳥川の対岸と図中にAと記した道が見通せる。曲輪8からA地点に向かうルートは高低差のない平坦な幅二㍍近い道。史跡整備のため拡幅されているが、ほかにルートがとれない。壁面が急すぎる。曲輪9は堀①の底を見下ろす場所に配された土手で曲輪の体をなさない。このあたりはかなり改変されており、やや広い空間(?印)と曲輪9の間に行き来しやすい堀割状の城道を付けたのも戦国期の改変だろうか(写真7)。曲輪5・6は城道を見下ろす場所にあるが、後世の拡張か。総じて東曲輪群は、大鳥川の対岸を目視する場所に平場(曲輪)が置かれるのが特徴で、曲輪の出入り口はまっすぐ入る「平虎口」で、土塁が伴うこともない。

西の曲輪群はどうか。山頂部の曲輪10には西側に加世田城唯一の削り残しの土塁があり、その先は自然の浸食谷に落ちる。シラス台地特有の急激な壁で西側から人が入ることはない。曲輪10のaの場所から堀②の底を覗くと、足がすくむほどの垂直壁で、堀②全体が見下ろせる。曲輪11と12につながる道は斜面に付けた幅五〇㌢ほどの「く」の字折れの細道で、曲輪10の虎口は少しだけへこませた程度の造作だ。後世に手が加えられた痕跡がない。

曲輪12は堀①と堀②の開口部を抑える場所にあたる。堀①・②ともに現在シラス土が自然堆積しているものの、急傾斜で落ちている。かつてはもっと深い堀だったはずだ(写真8)。堀①・②ともに傾斜のきつい城道とすれば、縄梯子などが必要だろう。曲輪12のbに行くと、一〇㍍近い高低差をもって堀①全体がよく見下ろせる。堀①・②は

写真７　Ａ地点。後世の改変か？　堀割道が奥に続く

写真８　傾斜のきつい堀①と高い切岸

シラス台地に通有の浸食谷を利用した壁（切岸）が立ち、城造りにあたって壁面や曲輪の接地点に手を加えたのだろう。

なお、曲輪12と13は斜面沿いの狭い城道で結び、曲輪14には浅い堀底道でつないでいる。

曲輪14はA地点を見下ろす場所にあり、堀①との間に出入り口（?印）らしきものがある。ただし虎口の体をなさない。堀が自然堆積で埋まったために出入り口にみえるのか、曲輪面が後世に拡張されたのか。この場所（曲輪14?印）から人が出入りできると、堀①が持つ防御機能が大きく損なわれるように思える。

あくまで歩いた印象である。後世の改変は各曲輪面積の拡張整備、直線的な幅の広い城道、曲輪９と堀①の間に堀割道を造成したことは予想できる。

南北朝期の痕跡は難しいが、曲輪造成に手間をかけず、自然地形の平坦な場所を軽く均す程度ですませ、曲輪間をつなぐ道も「く」の字折れの細道だったのではないか。堀①・②は、自然の浸食谷だから造作の手間はない。現況の曲輪は後世に拡張整備されたのだろうが、二本の堀と全体の曲輪配置は南北朝期の面影を残しているのではないか。

この城内に人が入れるのは数十人が精一杯である。図中の各曲輪は自然地形に少しだけ手を加えた平場に置き換えて、史料とつきあわせてみよう。

加世田城合戦　建武三年（一三三六）五月六日、最初に水手で合戦〔南北六六〇〕があり、翌七日には大手城戸口の堀口に島津方が攻め寄せ、逆茂木を切り払い、八日にも大手を攻めるが、兼重方の守りは堅く、島津方の軍勢は右左股や左小肘を射抜かれるなどの被害を受けている〔南北六六二〕。曲輪の上に弓箭に長けた武者がいて射下ろしたか。

その後、やや膠着期間があって、五月二三日には兼重を助けるために肝付東方の野崎から援軍が出ているものの、畠山方の軍勢によって追い散らされている〔南北六三四〕。加世田城攻めは二五日から本格化し、大島川を渡河した島津勢は水手を攻めるが「郎従が頭を打ち破られ、当時半死半生」「郎従右肩を射抜」〔南北六五七〕とあるから、曲輪の上から礫（投石）と弓矢で防戦していたか。二七日にも水手の夜打ちがあって〔南北六一八〕、六月一〇日に落城となるが〔南北六六〇〕、軍忠状は「云水手、云野頸」と書き分けている〔南北六五八〕。

野頸の攻防は日付が不明で、水手と野頸を同時に攻めたと読むべきか、水手を落としてから野頸を攻めたと読むべきか迷うところだが、軍忠状には「最前に野頸に押し寄せ、乱杭・逆茂木を焼き払い」の事書を受けて、本文に「矢種尽るの後、乱杭・逆向木を焼き払い」〔南北六五八〕と記す。島津方の矢種が尽きて攻めるとは考えにくいから、兼重方の矢種が尽きた後に野頸の乱杭・逆向木を焼き払っていると解釈すれば、島津方は二七日の夜打ちで水手を確保したあと、野頸に攻めかかった可能性が高まる。

ということは、史料と縄張りから次のように解釈できないか。

①島津方の軍勢は、水手を渡河して攻めているから〔南北六六三〕、大島川の対岸に陣を置いていた。水手は急壁に侵食谷が入る場所に想定でき（図10の湿地とある場所）、堀②に向かうルートが水手だろう。水手攻めで島津方は傷を受けるから、曲輪1・2・3・10などに兼重方がいて島津氏の動きを把握し、投石と弓箭で防いだと想像できる。

②大手城戸口の堀口〔南北六六二〕は、大手城戸の堀の出入り口を意味し、堀が口を明けているようにみえるA地点周辺だろう。『三国名勝図会』はこの場所を「大手口」と

写真９　ここが野頸か？　堀②と曲輪12の接点

記す。兼重方は大島川対岸の島津勢の動きを東曲輪群の７・８で確認し、攻め寄せる島津の侵入を堀口の逆茂木で防いだか。大手城戸の攻防でも島津方は矢傷を受けるから、大手を守る曲輪９・14と12に兼重方が控えていたと想像してみたい。

③野頸［南北六五八］はどこか。鹿児島県内の城郭には、首の地名がつく例は多い。野＋首以外にも用例があって定義もないが、首は「狭くなったところ」を示すのは間違いない［齋藤二〇一五］。県内の用例を踏まえると、およそ野首は「台地が先端に向かって細くなったところに堀を入れて、台地から分離されている場所。分離された台地の先端全体を○○首といって曲輪名にするケース（志布志城内城「大野久尾」など）と、堀のある狭まった場所自体を○○首というケース（知覧城古城「琵琶首」）もある」と整理しておきたい。

とすれば、加世田城の野頸は、知覧城古城と同じく、台地先端が浸食谷で分断されている堀①・②のうち大手とは逆方向の堀②で、堀幅が最も狭く曲輪12との接点に近いところかもしれない（写真９）。大手城戸の堀口と野頸にバリケードの乱杭・逆茂木を設置するのは、堀底を城道として利用する以上、敵方の侵入を防ぐ必要があるからだ。兼重与党には技術者の図師［南北四〇七］もいるから、防御性の高い城造りの設計に一枚噛んでいたのではないか。

史料を読むと、攻城戦の焦点は大手城戸口と水手の二箇所だが、大手城戸口の乱杭を刈り払った後に、なぜ水手・野頸攻めで落城するのか。縄張りをみると、大手（Ａ）から曲輪12まで堀①が伸び、両側の壁面は一〇〜三〇㍍もある。堀①には曲輪９・14につながる道がなく、壁面か急斜面ならば、大手城戸の乱杭を刈り払ってもその先に進むのは容易でない。とくに曲輪12と堀①の接点は三〇度近い傾斜だ。

ところが、水手は大手とは違う。兼重方の矢種が尽きた後、堀②の野頸の乱杭が焼かれてしまうと、曲輪12に侵入できる。ここまで攻められると曲輪10・11にいる兼重方に逃げ場がない。兼重がどこにいたのかわからないが、この合戦で兼重は討死しないので逃げている。南北朝期の軍勢は「日和見的に恩賞目あてに従軍した武士」が非常に多く［川添 二〇一三］、武士以外の者たちも歩兵として従軍していた［佐藤 一九七四］。ということは、前線に立つ島津方の歩兵は野頸の乱杭・逆茂木を焼き払うとき、矢傷を受けるほどの軍忠に励んだのだから、城内に長居せず対岸の陣所に引き上げたのではないか。その隙をついて兼重方は逃亡、六月一〇日にはもぬけの殻だった（＝落城）という情景が思い浮かぶ。

さて、戦闘の史料を分析した栗林文夫によると、大手・水手といった城の重要部分には島津家一門の大将が配置され、大手奉行・水手奉行・郡奉行等の要職には島津氏被官が当てられるなど、攻め手の島津方も加世田城の構造に合わせて軍勢を組織していると指摘している［栗林 二〇〇〇］。大将らは身に危険の及ばない対岸にいて戦果報告を受けていたに相違ない。

小規模な城ではあるが、防御性の高い縄張りを施した城郭で、ほぼ一月持ちこたえるのだから水手ルートで飲料水を確保していたはずである。その水手と野頸が城の攻防のカギをにぎっていたことが史料と縄張りのつき合せでも理解できるように思う。三俣院の兼重本城の史料に「尾山を切りふさぎ陣を取る」［南北六一四］とあるが、「尾山を切って平場を造成し、乱杭・逆茂木で城道を塞いで陣を取る」と解釈できないか。とすれば、加世田城の堀を巧みに利用した防御のあり方に通じるものがあるようだ。

この加世田城をめぐる攻防では、兼重を助けるために肝付東方の野崎から援軍が出て合戦になっているが［南北六三四］、この戦いが肝付氏の拠点近くで行われた合戦の一つで、岸良・内浦での合戦記録はなく、後の観応二年の「高山城」（郡本に比定）落城の記録しか残らない。

③建武三年（一三三六）一一月〜暦応二年（一三三九）八月

加世田を逃れた兼重は合戦場を日向国に移す。兼重の与党は南郷櫛間城（串間市西方）［南北一三九四］、下財部院新宮城（曽於市財部町下財部）［南北九一七］で交戦するが、兼重は三俣院に入ったようだ［南北八二三］。畠山義顕は三俣院に出陣し、一二月九日には城を包囲〔南北一三九四〕、兼重方は大手城戸から出陣して義顕の軍勢と合戦するも追い返され〔南北九一七〕、年末三〇日には南城戸でも合戦があった〔南北一三九四・一六八四〕。

三俣城（兼重本城）には、大手城戸・南城戸・東城戸〔南北一三六二〕があって守りは堅く、以降も攻防戦が繰り広げられるが、暦応元年（一三三八）の八月一七日、兼重はついに子息以下の軍勢を残して城を忍び出て、野尻城（小林市野尻町大字東麓）に立て籠もった〔南北一三九六〕。兼重本城に残された軍勢は、義顕軍に攻められて降伏、城は破却されるが占拠されずに放置されたようで、落城記事は翌年になる。

兼重与党の軍勢は大和田城（都城市大岩田町）〔南北一三八九〕・浜城（宮崎市田野町ヵ）〔南北一三九六〕・現王城（比定地不明）〔南北一三六二〕などに籠もって交戦するものの、ことごとく義顕方によって没落の憂き目にあっている。そして兼重本城は暦応二年（一三三九）八月に落ちるのであった〔南北一三八九ほか〕。

④暦応三年（一三四〇）～観応二年（一三五一）

三俣院の本城が落ちたあと、兼重は合戦場を薩摩国に移す。翌暦応三年八月に同国東福寺城（鹿児島市清水町）に立て籠もり、島津方の彌寝氏と交戦するものの、翌年（一三四一）四月に落城する（『鹿児島県史料』家わけ2、一六三号。以下〔肝付 史料番号〕）。東福寺城の落城後、兼重の動向はしばらく途絶え、暦応五年（一三四二）五月に懐良親王が薩摩国に入部した後、貞和二年（一三四六）二月頃には薩摩国揖宿郡の山川津あたりに出張っているようで〔南北六三五一〕、島津氏がしきりに警戒している。懐良親王の薩摩入りをねらった策動だろう。

貞和四年（一三四八）六月には日向国救二院の楡井《にれい》頼仲が志布志城に立て籠もり、南朝方の旗幟を鮮明にし〔南北二四八四〕、貞和六年（一三五〇）四月には兼重と頼仲らが連携して大隅国衙に攻め寄せる風聞がたっている〔南北二七三五〕。

このように兼重は三俣院の本城を落とされたあと、薩摩国を中心に活動していたようだが、兼重が登場するのは貞和六年の史料が最後である。病死説もあるが死に場所も定かでない。代わって南朝方の主軸として活躍するのが楡井頼仲・頼重兄弟であった。合戦場は大隅国でも錦江湾に近い大姶良城（鹿屋市大姶良町）・鷹栖城（同市高須町）と、肝付郡の郡本に近い始良荘井上（同市吾平町）、肝付郡鹿屋院の高隈城（同市上高隈町）、検井氏の拠点と想定できる志布志城に移る。ちなみに検井頼仲は源姓で遠江守を名乗っており［南北二五〇四・二五七九］、在地の領主でなく地頭代であったかとされる［五味二〇一七］。

観応二年（一三五一）の彌寝清成軍忠状［南北三一七四］によると、同年三月二七日に頼仲党類が大始良城に籠るものの、翌月三日（四日とも）に落城したあと、加世田城に頼仲舎弟の頼重が入り、四月一〇日から五月上旬にかけて彌寝方と交戦している。七月二五日に頼仲与党は大始良城を忍び取り、そのタイミングで南朝方は鷹栖に城を取って頼仲と合流、彌寝勢と数日にわたって合戦におよんでいるが、八月に入ると次第に形勢不利となる。

八月三日には肝付の高山城が落とされ、本城加世田城も同日夜に落ち、四日には大始良・鷹栖が落城、一二日に頼仲は拠点の志布志城に走るものの、一三日には落城している。この清成軍忠状が「高山城」の初見史料である。

⑤観応三年（一三五二）～永和三年（一三七七）

翌年の観応三年（文和元：一三五二）七月、尊氏方だった畠山義顕は九州に下向していた足利直冬の味方となって尊氏・島津方と対立する（直顕と改名）。当時の九州は尊氏方の勢力、懐良親王を担ぐ菊池氏を中心とした勢力（征西将軍府）、直冬方の勢力が鼎立する複雑な様相をみせるが、島津氏が提出した直冬方のメンバーに「兼重〈今は死去〉跡輩同一族」［南北三六一四］が登場する。兼重亡き後、肝付一族はこれまで敵対していた畠山勢＝直冬方に加担していたことがわかる。明らかに反島津の姿勢である。

その後、大隅国では、延文二年（一三五七）一月二七日、検井頼仲が救二郷胡麻崎（大崎町）に城を構えて島津方に抵抗するものの、三〇日に彌寝氏の軍勢によって城は落ち、頼仲・頼重以下の党類数十人が討ち死にしている［南北三九七二］。なお、頼仲の死没を「山田聖栄自記」は同年二月五日に大慈寺（志布志市）で自刃したとしている。

さて、兼重以降、肝付氏の動きを史料で確認できるのは、頼仲が死亡した同じ年（一三五七）の八月一三日に、伴兼里が兼重と秋兼（郡本の当主、兼重子息）の追善供養のために大慈寺に寺領を寄進した記事になる［南北三九八五］。兼里は正平一二年の南朝年号を使用した寄進状をしたためているので、北朝方に屈していないのがわかる。「新編伴姓肝属氏系譜」によると、この兼里は秋兼の子で(図6参照)、後に兼氏に改名したという(今川氏兼の偏諱カ)〔南北六五七〇〕。

その一五年後の建徳三年(一三七二)二月、兵庫助久兼・駿河守兼里・伴兼氏が一味同心の連署契約状を結んでいる〔南北四九四二〕。肝付氏が受領名を記す初見史料だが、「新編伴姓肝属氏系譜」は久兼を兼氏弟とし、兼氏の受領名を河内守と推定する。大慈寺に寺領を寄進した伴兼里(兼氏)が河内守であれば、駿河守兼里とは何者か。河内守と駿河守を併記する史料〔南北五三四八〕はあるものの、わからない。

人名比定は今後の課題に残すが、久兼・兼里・兼氏連署の南朝年号を使う契約状は、世上錯乱の時分なので、互いに助け合わなければ将来はない、一味同心の思いをなして、公私について隔心なくお互いに身命を捨てて合力しようと約束している。お互い裏切らずに助け合おうとする危機意識がよく伝わる内容である。ふた月ほど前の一二月には九州探題今川了俊が豊前に入国するなど、政情は新たな局面を迎えているので、それに応じようとしたのかもしれない。

その五年後の永和三年(一三七七)一〇月二八日、室町幕府三代将軍の足利義満・九州探題今川了俊にくみする一味同心の一揆契約状案に、「肝付出羽守兼家」が登場する〔南北五四一三〕。この出羽守兼家も何者なのかわからない。六一名の連署者の記載順に地域的なまとまりはなく、一同が顔をそろえて署判したとも考えにくい。契約状作成のプロセスがわかればよいのだが、案文なので誤写の可能性も捨てきれない。出羽守兼家は謎のままだが、確かにこの前後に肝付氏は北朝方にくみすることに決めたようである。

前年の永和二年(一三七六)五月、今川了俊は敵対関係に陥った島津氏に対抗するため、薩隅日の総大将として今川満範を派遣する〔南北五二九六等〕。

この満範が発給した年未詳七月二六日付けの肝付殿宛ての書状には、一揆して軍事行動を起こす前に味方になるとの書状を出してもらえればありがたいとある〔南北五三二三〕。その返書とおぼしい年未詳八月六日付けの兼氏書状も残っている〔南北六六一七〕。兼氏書状に宛所が残らず、年未詳の書状のため返書とする決定打に欠けている。永和三年の一揆契約状に登場する出羽守兼家と兼氏の関係も不明なので心もとないが、川添昭二も指摘するように、今川満範の誘引工作にのって肝付氏は今川方にくみすることに決め、島津氏に対抗したと考えてよいのだろう〔川添 一九六四〕。

(2) 南北朝内乱と肝付氏の避難所

肝付氏にとっての南北朝内乱は、常に兼重を軸に展開していた。三俣院萩原氏の惣領で、肝付郡の惣領代理をつとめたかとされる兼重には、一族を束ねるだけの資格があり、人の上に立つ力量(中世では器量ある人という)があったのだろう。一貫して反幕府・反島津の立場を崩さず、一族内の分裂も生まず、数多くの勢力が兼重与党となって内乱を戦い抜いたのは、失われた権益や押領された所領の回復をめざして結束し、平安時代以来の伝統ある伴姓一族の由緒と既得権を島津氏に奪われまいとしたからだろう。

この兼重の置かれた立場を暗示する史料が二点ある。延元四年(一三三九)正月一一日付で発給された野崎左衛門太郎宛ての奉書写〔南北七一三七〕と、年付のない同日付の野崎殿宛ての兼重書状写〔南北七一三九〕である。奉書と兼重書状の内容は、南朝方公卿の三条左兵衛佐(泰季ヵ)が日向国柏原保(宮崎郡)を野崎氏に兵粮料所として宛行うことを認めたものだ。兼重書状は奉書に添えられた副状だろう。

三条左兵衛佐が泰季ならば〔南北八六一〕、南朝方が九州に派遣した公家大将である。兼重はこの奉書を「御教書」と呼んでいるが、兼重は一族の野崎氏に兵粮料所の知行宛行いを認めてくれるよう三条氏の奉行人に要請したのか、それとも南朝方支援に出向いた三条氏による誘引策なのか。いずれとも判断つきにくいが、奉書が兼重の手元に届き、兼重の書状とともに野崎氏に伝えられるという流れだろう。知行宛行いを現実のものとするには、奉書と副状のセットは欠かせない。兼重が南朝方勢力の求心力になり得たのは、このように南朝方の公家衆から現地の実効支配を担う者として認められていたことも大事な要素の一つだったに違いない。

南北朝期の島津荘は、荘園の代官が現地不在の年貢請負体制で〔工藤 一九六九〕、肝付氏が年貢・公事を納めていたかどうかわからないし、名越氏の地頭代もすでに肝付郡から離れていたと思われるが、史料は敵方の軍忠状ばかりなので残念ながら在地の状況は一切不明である。

ただ内乱の過程で、肝付氏の所領で戦場になったのは、建武三年(一三三六)の野崎合戦と観応二年(一三五一)の高山城落城を記す史料のみである。もしかしたら肝付氏の所領は、大きな戦災から逃れることができたのかもしれない。戦場になる籠城・合戦用の城は、日常生活を支える居宅や集落・耕地から離れた場所を選び、敵方の侵入を食い止めるための交通の要地に築かれるケースもあったのではないか。三俣院の兼重本城と加世田城はその例だが、観応二年に登場する高山城は、どうだろう。

『三国名勝図会』は「高山城を攻め落とした」とする観応二年の彌寝清成軍忠状写[南北三一七四]をもとに、「楡井頼仲党与守れる」城の一つに弓張《ゆんばり》城をあげており、地元住人の言い伝えとして「頼仲拠る所」と記している。高山城の比定地は、現在の国指定高山城の可能性は排除しないが、現状の遺構で判断すれば、一四世紀代にさかのぼらせるのは難しく、『三国名勝図会』も指摘する弓張城がふさわしいように思える(段丘上にある居宅の要害化もありうるが)。

弓張城の評価　弓張の名は同時代史料にないが、城跡は四十九所神社が鎮座する山の上にあり、地元では「城山」とも呼ばれている。現在、『三国名勝図会』の記事を受けて弓張城には頼仲築城説が流布しているものの、この文言から頼仲築城まで読み取るのは難しい。史料も発掘調査もないので、縄張りから何か読み解けないか。

現在、縄張り図を作成中だが(図11)、山頂部分の茶臼丸・楡井丸・小城丸(曲輪名称は『三国名勝図会』)、西部の新城、東南部の搦手方面にある曲輪群の三つのグループに分かれる。山頂部分は、自然の尾根筋にいくつかの堀切を設け、細くて狭いほぼ自然地形のままの平場がある(茶臼丸・楡井丸。一部に削り残しの土塁が残る)。小城丸には大きな岩場があり、磐座ではないかと想定した場所にあたる。

一方、城の西部に置かれた新城は、平坦な曲輪を造成しており、土塁を左右に開いた虎口が残る。曲輪を堀で分断した堀底道から高山川右岸に降りる道が続くのに対して、山頂部に向かうには複数の谷筋と崖面を迂回・直登するしかなく、明瞭な城道が見つからなかった。東南部の遺構は山頂付近にはなく、山の中腹に城域を区切る堀切と曲輪はあるものの[藤井 一九八七]、近年の改変が考えられるため、中世の遺構がどの程度残っているのか定かでない。

こうしてみると、山頂部は西部・東南部と時期差があり

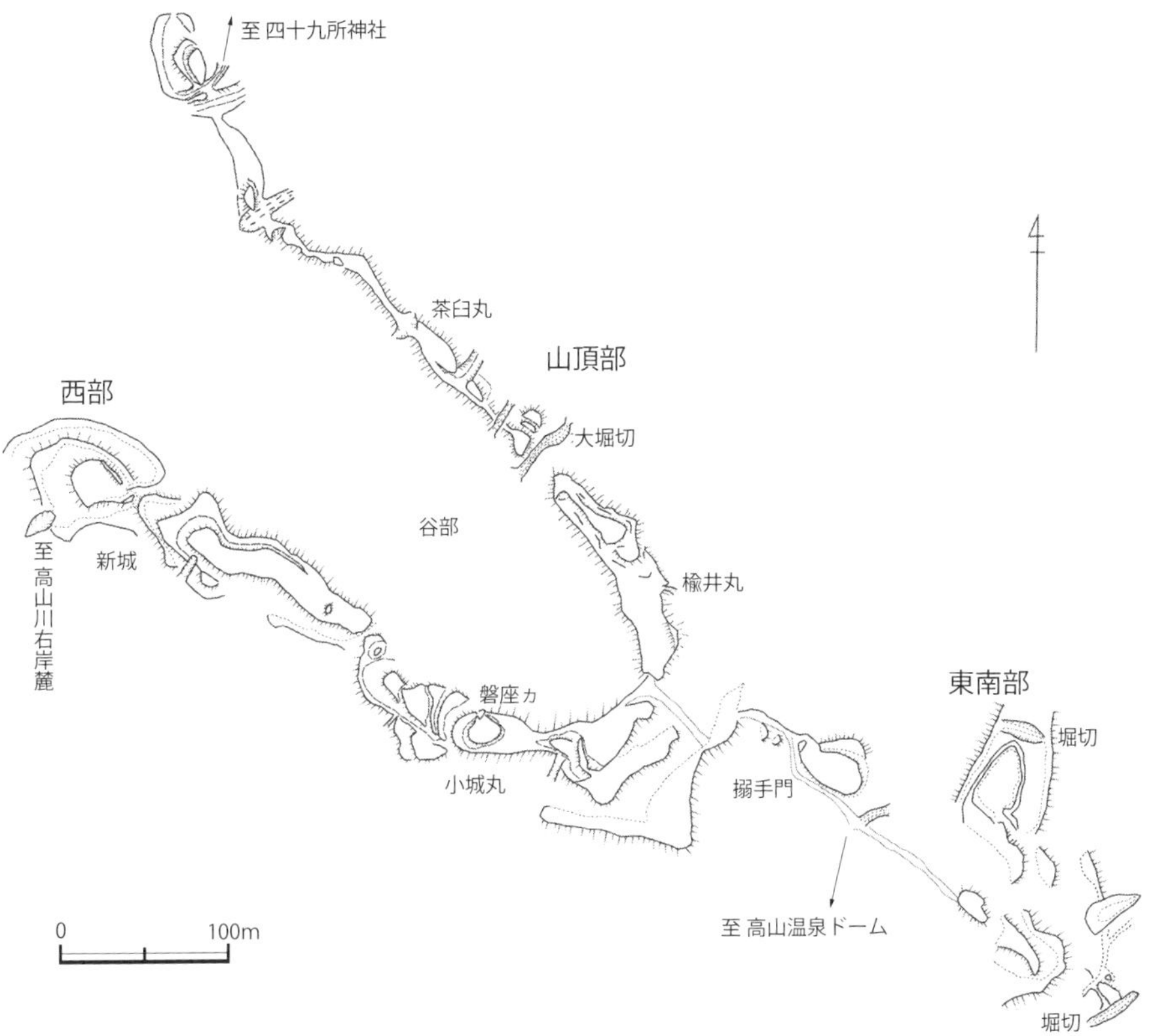

図11　弓張城縄張り図(作図途中)

そうだ。新城の虎口の作り方、城域を区画する堀切のある東南部は、大永五年(一五二五)に「高山新城」の築城計画を記す史料(『鹿児島県史料 旧記雑録前編』一九九八。以下「旧記 史料番号」)があるので、一六世紀段階のものと考えられる。とすれば、南北朝期の城跡は、山頂部しか考えられない。

弓張城の縄張りは、加世田城とは大きく異なる。標高約一〇〇㍍の独立丘陵上に置かれ、城道になる尾根筋を堀で切断し、狭い平場(楡井丸)を守ろうとする意図で設計されている。とくに「大堀切」とした崖面は一〇㍍近くあって(今は遊歩道が付いている)、楡井丸にあがるルートが確認できなかった。縄梯子で出入りしたのだろうか。城の正面は四十九所神社を向いており、神社から磐座(小城丸)に至る尾根筋を利用した作り方が弓張城の基本である。

縄張りだけで築城時期はわからないし、全国的にも南北朝期の山城に比定できる確かな遺跡もないが、自然地形にさほど手を入れない城ではなかったかと指摘されているので［中井・斎藤 二〇一六］、弓張城山頂部の縄張りは南北朝期にさかのぼる可能性がある。

弓張城は、総鎮守の神域に想定した山の上にある。現在の城郭研究では在地の神域と城が重なり合う事例も全国的に確認されつつあるけれど［中世学研究会 二〇一九］、肝付郡の住人たちが合戦の被害から逃れるための避難所として、この場所を利用したのではないかとする想定は、検討する価値がありそうだ。

つまり、本来は神域の磐座に向かうための尾根道があって、合戦から避難するために堀切で尾根を断ち切っただけの城造りという考え方である。神域の山中には結界の堀切があったかもしれないが、茶臼丸・楡井丸がほぼ自然地形のままなのは、一時的な避難所と考えれば納得はゆく。

観応二年の軍忠状に「高山城」と記された場所は、国指定の高山城よりも、弓張城の山頂部のほうがふさわしいように思える。肝付郡の神域たる山中に逃げ城を築くとすれば、築城主体は郡の住人と肝付氏であったと想定したいところだが、源姓楡井氏（もとは地頭代）の主体性がこの城造りのあり方に隠されているのかどうか、今後の調査に期待したい。

4　室町時代の拠点城郭

(1) 室町時代の動向

南北朝合一後の応永一一年（一四〇四）、室町幕府三代将軍の足利義満が奥州家島津元久を大隅国守護職に任じると、「反島津方国人一揆」を結んでいた大隅国の在地勢力は一定の自立性を保ちつつ、守護島津家の支配を受け入れることになる。

応永一七年（一四一〇）、島津元久が四代将軍足利義持に謁見するための京上メンバー一〇名の中に、国方の一人として「肝付河内守」（伴兼元）が加わっているのも、その証である［肝付一］。将軍に謁見した兼元は、兼氏の子息で郡本の当主。守護島津家も大隅国の在地勢力で中核を担うものと認めていたのだろう。ちなみに兼元の「元」は島津元久の偏諱である。

兼元は肝付郡内の実効支配を深め、応永九年（一四〇二）

と同二〇年（一四一三）に一族の波見氏に恩給地の領掌を認める書状を発給し［肝付五二〇・五二一］、同二一年（一四一五）には野崎の湊を波見氏の所領であることを追認している［肝付五二二］。鎌倉期の代々の惣領も南北朝期の兼重も、所領の譲与・宛行いは荘園領主の承認（奉書）を得なければならなかったが、室町期にはもはや荘園領主や弁済使職は後景に退き、肝付郡の自立した領主として活動していたことを示している。史料は波見氏宛てしか残らないものの、守護島津家を上位権力として肝付氏は在地支配にあたっていたと考えたい。

永享六年（一四三四）、兼元は子息兼忠らと連署で守護島津家の一族山田氏との間に、どのように世情が転変しようとも、一味同心の御用に罷り立つとの契約状を交わしているが［肝付九二］、この史料で守護島津家の当主を「公方」と呼んでいるのは兼元・兼忠父子の立場をよく示している。

兼元は寺社の興行・再興にも精力的で、応永二六年（一四一九）には盛光寺の大檀越として再興事業を手がけている［肝付三〇］。一五世紀初頭の動向は史料がないのでわからないけれど、南北朝内乱を戦い抜いた肝付氏は安定した拠点経営に尽力していたと予想したい。

ところが、一五世紀後半の文明年間に入ると守護島津家とは距離を置き始める。文明六年（一四七四）、守護島津家の家督を忠昌が継ぐと、島津家中・一族、在地の領主層らが反守護家の立場で反乱を起こし、薩摩・大隅・日向の各地で合戦が起こる緊張状態に陥る。詳しい政治動向は「戦国期の九州南部」（本シリーズⅢ、新名一仁執筆）に譲るが、肝付氏も守護島津家にくみするか、反守護方につくかで一族内に紛争が起こる。惣領の肝付退却と自害、庶子家の肝付からの離反といった混乱である。

図12は室町・戦国期の略系図だが、興味深い史料

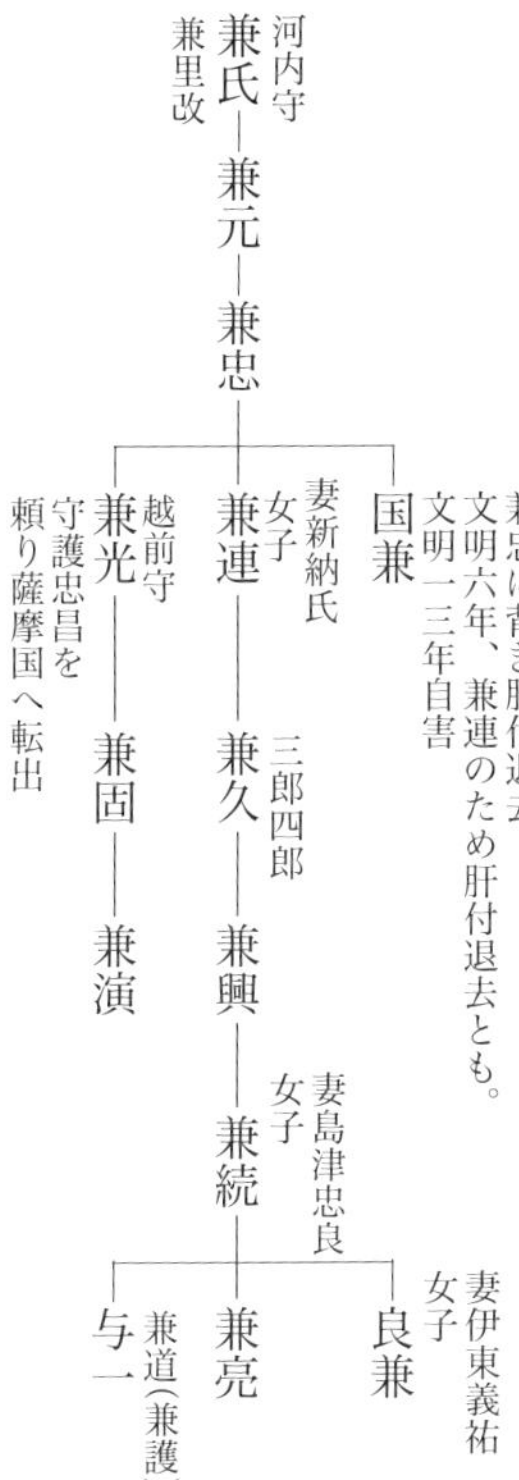
兼忠に背き肝付退去

図12　室町・戦国期の略系図

があるので紹介しよう（大永四年〔一五二四〕一二月三日付肝付兵部少輔〔兼興〕宛て新納忠勝書状案〔旧記 一九九七〕）。

「兼久いまだ垂髪のころ、肝付家家風親類ならびに被官ら陰謀を企て、守護方へ申し合わせ乱逆のゆえ、すでに兼久住む所を離散し愚領（新納家領の救仁院ヵ）山中に年月を経、肝付に至って本城を討ち、入部候き、（下略）」

「新編伴姓肝属氏系譜」はこの事件を文明一五年（一四八三）とし、兼元曾孫の兼久（当時、三郎四郎）は母の実家である新納氏を頼って肝付を出奔、後に新納氏の力添えで再び肝付の本城に復したとしている。引用した一節は回顧録だが、この本城とは何か。

文明八年（一四七六）に編纂された「行脚僧雑録」〔旧記一四九六〕には、肝付氏の持城として高山・本城・富山・野峯・宮下・柿瀧沢があがっている。柿瀧沢は比定地不明だが、その他は肝付郡内におさまっている（野峯は野崎に比定）。持城の実態は、防御性を備えた山城に限らず、堀を構えた居宅も含むのだろう。なぜなら宮下・富山は段丘上にあって山がない。高山・本城は、「高山本城」かもしれないが、仮に居宅も持城と言っているのであれば、高山は四十九所神社のある段丘上の居宅で、本城は後述の高山城を指している可能性は排除できない。

肝付の本城に入部を果たした三郎四郎は、文明一七年（一四八五）に島津忠昌（当時は武久）の加冠状を得て「兼久」を名乗り〔肝付一六五〕、家督を継ぐことになるが、反守護方の立場にあった新納氏らにくみし、忠昌に反旗を翻す。ちなみに、兼久の母は新納氏の女性だが、守護島津立久（忠昌の父）の養女として嫁しているように、新納氏も守護島津家とは深い縁で結ばれている（そもそも新納氏は島津氏の庶流）。志布志を木拠とする新納氏と肝付高山を本拠とする兼久の離叛は、守護島津家の大隅支配の屋台骨を揺るがす事態であり、忠昌は座視できなかった。

明応三年（一四九四）の夏、忠昌は兼久征伐に向けて肝付高山城に軍勢を送り込む。明応四年成立の軍記「閑暇吟」〔旧記一七三〇〕によると、「肝付兼久、小臣若冠の身たるといえども、一家郎従、昼夜用心、彌寝茂清一千余騎を召し具して、高山に馳せ来たり、要街《（害）》を拵」と記す。この軍記は経験者からの聞き書きをもとにした記録で、当時二十歳前後の兼久には、志布志の新納氏のほか、大隅の彌寝氏、都城の北郷氏、日向の北原氏などの支援があり、各領主層の合議によって主戦場が日向国梅北城(都城市)・三俣院高城(同)、大隅国蒲生城(姶良市)などに広がっており(以上、閑暇吟)、忠昌による高山城の攻撃は避けられたようだ。

その一二年後の永正三年(一五〇六)にも、再び忠昌は高山城征伐に出陣、高山川左岸の柳井谷に陣を敷いて三ヶ月ほど対峙するものの、志布志の新納氏が援軍を出すと、不利をさとった忠昌は撤退する[旧記一七九五]。兼久討伐を二度もしくじった忠昌は、高山より帰陣した後、永正五年に病を患い自害する。「圓室公」(国史巻二十)に載る「以為我不獲志肝付氏也」(思えらくは我が志を獲ざるは肝付氏なり)の一文は忠昌(圓室公)の本音かもしれない[旧記一七九五]。

島津忠昌の大隅支配に抗い、忠昌を自害に追い込んだ高山城。文明八年の「本城」も、明応三年に彌寝氏らの援軍を得て「脔」とされる要害も、国史跡高山城であると考えているが、城の縄張りから何が読み解けるだろうか。

(2) 高山城の縄張りを読む

高山城は、高山川支流の栗山川と本城川に囲まれた、シラス台地の先端に築かれた山城である。約一二の曲輪からなる「群郭式」と呼ばれる造りで、曲輪の間を浸食谷の堀底道で結び、曲輪上には土塁を築く。城の中心部は未調査だが、麓部分の三の丸とされる範囲で発掘調査が行われ、掘立柱建物跡・竪穴建物・階段状遺構が検出されている。

出土した遺物は、中国陶磁器の青磁碗・白磁皿、染付皿のほか、タイ産褐釉陶器、国産品の土師器小皿、東播系須恵器、備前焼擂鉢、瓦質土器鉢などである。碗皿と調理具の出土は三の丸の範囲が生活空間であることを示す。時期は、一四世紀初頭のやや古手の遺物(白磁碗Ⅸ類・東播系須恵器)もあるが、主体は一五世紀～一六世紀となる[橋口 二〇〇五]。

遺物の年代観と符合するように、高山城は一六世紀後半まで利用され続け、幾度かの改修・拡張工事が施されていると考えられる。廃城年を記す記録はないが天正八年(一五八〇)に肝付氏は守護島津氏によって薩摩国阿多郡に所領替えとなるので、その頃まで使用していたであろう。

時期差に注意しながら縄張りを詳しく観察してみよう(図13)。

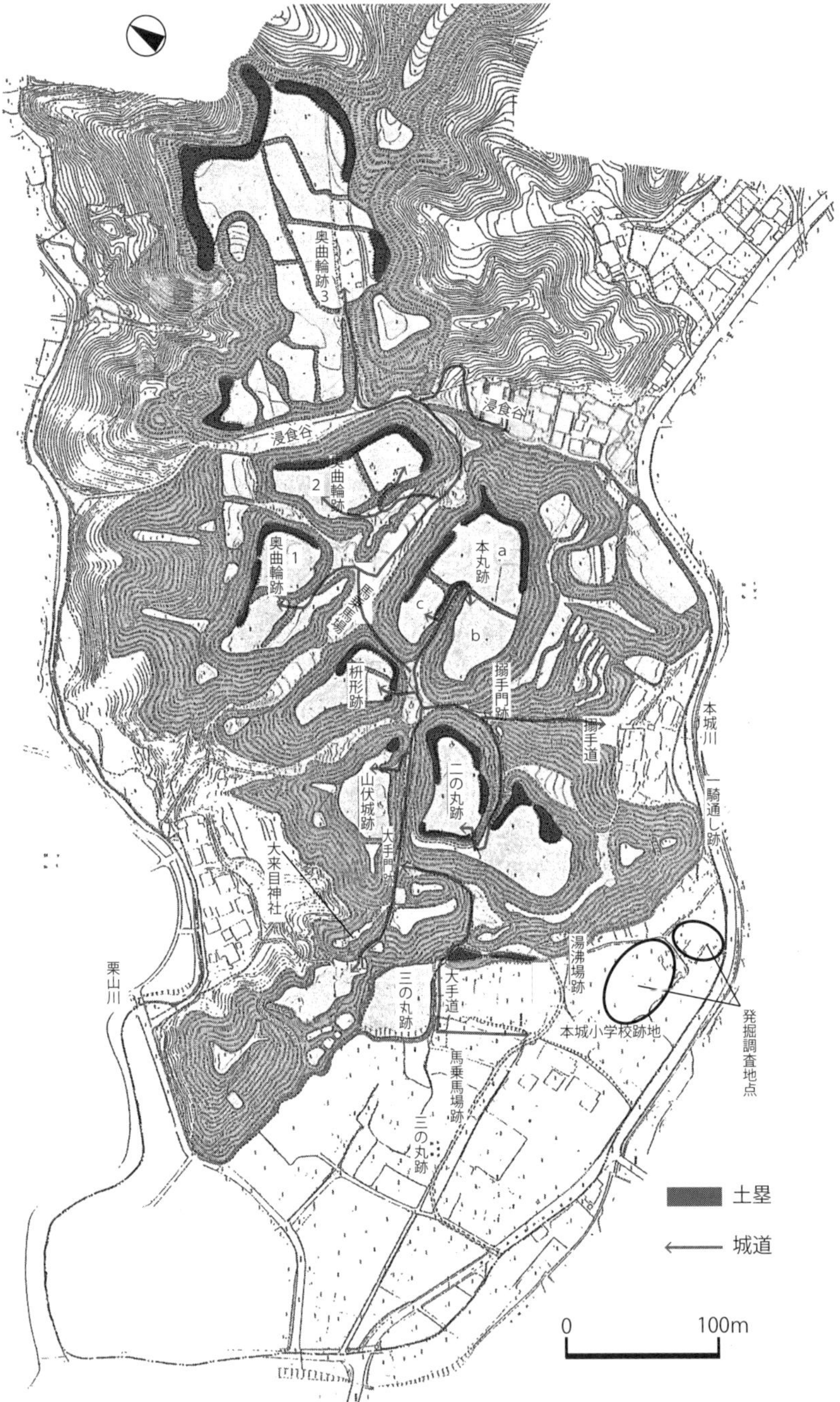

図13　高山城縄張り図（原図：三木靖に加筆。曲輪名称は「高山郷絵図」）

本丸　本丸にはほぼ直線的な堀割の坂道がつき、虎口は右折れとなって区画bに入る。本丸内は三〇センチほどの段差があり、土塁で囲んだ東側のaが主体部となる。曲輪の中を段差で区画するのは、県内の群郭式城郭にはよくみられ、志布志城・知覧城・頴娃城にもある。さらに約二メートルの高低差をもって主体部aと分かれる区画cは、堀割道沿いに平入虎口が土塁の間に設定されている。本丸内での曲輪の使い分けが予想できるし、堀割道を監視できる場所に区画b・cが配されているのも特徴である。

二の丸　ルートのとり方が迂回路を使っているのが他の曲輪と異なり、大手門跡から本丸に向かう途中で右に折れて曲輪の裾を歩かせる。迂回路を使うのは簡単に曲輪に入れないようにしているからだろう。虎口は平入でなく左折れのスタイルである。二の丸下の曲輪をあわせれば規模は本丸と同じで、搦手道と接続しているルート取りは、日常生活に使う曲輪を思わせる。主人夫妻が生活するプライベート空間は二の丸がふさわしく、本丸は政務をとる公的なスペースではないか。曲輪でもって役割分担している印象を受けるが、二段構えの二の丸造成と直線的な搦手道は戦国後期の改変か。なお城内に石垣の痕跡は確認できなかった。

枡形跡・山伏城跡　曲輪の出入り口は双方とも斜路を使った平入虎口で、二の丸とちがって大手筋からの出入りはスムースである。枡形跡のように虎口のまわりに土塁を築くのは本丸・二の丸も同じだが、高山城には土塁を全周させる曲輪がなく、東側に土塁を築く傾向にある。城域の東は国見山系に向かう尾根が続き、風が吹き下ろすのかもしれない。虎口まわり以外の土塁は風よけも兼ねるのだろう。曲輪の規模からみても居住空間になる。

奥曲輪跡　二つ並ぶ奥曲輪跡1・2は、大手から続く道と馬乗馬場跡の浸食谷を利用した二つのルートをもつ。虎口はいずれも斜路を使った同じ作りで、曲輪面積も本丸・二の丸に劣らず十分に広い。奥曲輪跡の東側にはもう一本別の浸食谷をはさんで、造成のあまい大きめの奥曲輪群3が展開する。土塁状に残る土手の規模は大きいので後世の拡張か。もしかしたら、奥曲輪跡1・2は城主の親類縁者が避難する場所で、奥曲輪群3は領民が逃げ込む場所だったか。奥曲輪群3に入るには、浸食谷を下っていくルートと馬乗馬場を経由するしかない。城内を通らずにもすむよう

写真10　高山城のフラットな堀底道

写真11　通路を狭めた大手門跡

に設計されたエリアは、藤木久志が説く領民の生命維持装置にふさわしい空間だろう[藤木 一九九七]。

城内の道と切岸　大手門跡から城内のルートは、多少のアップダウンとカーブはあるもののほぼ直線の堀底道で、まわりの壁は高さ二〇㍍近くある。浸食谷を堀として利用し、切岸でもって防御をかねる作り方である[中井 二〇一四]。本丸などの曲輪群はこの堀底道を共有しており、城内の主要道になっている。

三の丸から城内に入ると、右に折れてすぐに二股に城道が分かれる（図13に表記なし）。左手は大来目神社に向かう新しい道で、右に折れて登りきった突き当りに壁をぶつけている。そこに大手門跡がある。門跡の通路は幅が狭められ、途中には小さな曲輪もあって出入りする人を監視するのだろう。城の防御に目配りした作りであることがよくわかる。

高山城の特徴　さて高山城の特徴は、なによりも選地にある。主体部の本丸からは城内を見渡すことができても、四十九所神社を中心とした高山川流域の段丘面が全く見えないのだ。三の丸には生活空間があり、城内には土塁を用いた広い曲輪も展開しているので、居住施設として造営されているのは縄張りでも理解できるが、なぜこの場所か。城の対面には道隆寺跡がある。

「閑暇吟」は明応三年(一四九四)に高山に援軍を発した彌寝氏が築いたように記すが、島津方との合戦に備えて城攻めに耐えうる要害造りに着手したと考えられる。本来の拠点である段丘上の高山から離れた場所で守りやすく、乱取りなどから郡内住人の身を守るための広い空間が確保できる土地が高山城なのだろう。文明年間にはすでに何ほどかの施設が作られていたのかもしれないが、明応三年に島津氏の攻撃を高山城以外に拡散させたのは、まだ防御施設としては準備不足だったのかもしれない。

ところが永正三年(一五〇六)の高山城攻めは、八月六日から一〇月一二日までの長期戦である[旧記一七九五]。交戦記録が残らないのでわからないものの、約三ヶ月の籠城に耐えうる施設が備わっていたことは間違いない。水手は本城川と栗山川のいずれかであろうが、一時しのぎの避難所ではなく、政治的に重要な施設(居宅や倉庫等)を城内に常設した居住性に富んだ縄張りが準備されたのではないか。

高山城は一六世紀後半にも利用されているから、増改築と修理を受けて現状の縄張りになっているのは確かである。本丸の三分割、二の丸の二段拡張、直線的に降りる搦手道、本丸・二の丸に採用された折れのある虎口のスタイルは戦国後期の改修を思わせるが、この縄張りには、居住性を除けば、加世田城との共通点がある。

南九州型群郭式の要害アイテム三点セット ①浸食谷の堀底道、②高い切岸、③堀底道を見通す曲輪配置の三点セットだ。加世田城の堀は傾斜がきついが、高山城の堀底道はフラットで歩きやすいという違いはある。また加世田城は曲輪に土塁をほぼ築かず(自然地形にあまり手を入れない)、曲輪に入る城道は斜面に付けた「く」の字折れの細道で、高山城のような斜路と土塁をセットにした虎口もない。

こうした違いがあるのは、時期差と機能差を示すのではないか。南九州にみられる群郭式城郭は、高山城のようにほぼ同じ高さに居住空間の曲輪群を並列していることに一つの特徴がある。ここでは村田修三・八巻孝夫の両説をあわせて、この特徴を共有する城郭を「南九州型群郭式」としておくが[村田 一九八七、八巻一九九一]、この縄張りの本質は、政治的な拠点である領主の居宅・屋敷地の要害化にあると考えられる。

すなわち、政治拠点の要害化をはかった室町期の高山城と、軍事拠点に特化した南北朝期の加世田城が、いずれも要害に必要な施設として先の三点セットを採用している事実は、南九州型群郭式の成立過程を考えるよい材料になりはしないか。

今後の調査を踏まえた検証は必須だが、作業仮説の一つとして指摘したいのは、防御力を高める要害アイテム三点セットの組み合わせは、すでに南北朝期には成立しており、室町期に至って領主居宅の要害化が求められる軍事的な緊張状況が高まると、各地で南九州型群郭式の城郭が姿を表すのではないかとする想定である。

類例は多少の時期幅はあるものの、志布志城（志布志市）・知覧城（知覧町）・頴娃城（頴娃町）・亀井山城（出水市）・虎居城（さつま町）等々と数多く［上田 二〇一四］、南九州の在地に育まれた個性的な城郭文化の登場である。決して特定の大名・領主権力による「〇〇氏系城郭」ではない。

群郭式城郭は一方で領主権力のあり方とからめて「一揆的結合」と関連させた議論もあるが［齋藤 二〇一六］、残念ながら家臣層・被官層の具体像も一切不明で、一族の野崎・波見・岸良らの当主たちが高山城に集住していたとする根拠も示し難く、評価は保留せざるを得ない。

繰り返しになるが、明応段階には氏寺の道隆寺の対面に居住性のある要害が求められ、浸食谷の堀底道、高い切岸、堀底道を見通す曲輪配置の要害アイテム三点セットを備えた高山城がある程度できあがっていて、永正段階には郡内住人らの避難所も兼ねた拠点城郭として整備されたと想定できないだろうか。

一五世紀後半の文明段階に「本城」と呼ばれた城郭がどのような姿をしていたのかわからないけれど、大隅半島の発掘調査で高山城と同じ年代観を示す城郭に志布志城がある。志布志城も群郭式のスタイルをとるが、なぜ同時期なのだろう。

(3) 交易の利権争奪と港湾・川湊

志布志城（志布志市志布志町）　志布志湾に面した前川河口付近のシラス台地の先端に、内城・松尾城・高城・新城の四つの山城があり、これらの総称として「志布志城」と呼ばれている。縄張りの特徴にはふれないが、平成一五年から継続的な発掘調査が内城・矢倉跡を中心に行われている。

建物跡などの遺構もみつかっているが、特筆すべきは豊富な出土遺物である。中国陶磁器の青磁碗・白磁皿・染付碗皿のほか、陶器甕・土師器坏、小皿・三彩・彩色陶器・常滑焼・亀山焼・備前焼・瓦質土器・京都系手づくね土師器などである。古手の遺物として一三世紀前半のものもあるが、主体は一五～一六世紀である。碗皿は中国陶磁器でまかない、壺甕類は愛知県・岡山県の搬入品を利用しているが、商品にならない京都系手づくね土師器の出土は珍しい。京都から誰か来たのだろうか。一五～一六世紀代の港である志布志津が前川沿いにあるので、搬入品には事欠かないのが志布志城の特徴である。

写真12　志布志城の堀底道と垂直の切岸

　一五世紀代の対外交易路は、中国明朝の海禁政策の転換と外洋船の構造革新〔木村 二〇一九〕も連動して、琉球から九州島東岸を経由する南島路が活発に利用され始め〔柴田 二〇一七〕、時期は下るが弘治二年（一五五六）成立の『日本一鑑』にも外洋船の寄港地として「月浦津〔瞻月・肝属〕」と「志布志」が並んで記される。喫水の深い外洋船は着岸せず、沖合に碇泊するので、肝付の港は水深があって内湾の地形をもつ内之浦が候補になろう（波見説もあり）。

　外洋船が運ぶ物資は港から荷揚げした後の商行為がなければ利益を生まない。志布志には禅宗寺院の大慈寺があるので町場はあったろうが、内之浦に町場の痕跡は見えない。艀船で荷を受けた後、川舟でもって肝属川に入り、陸送に切り替え、消費地に運んだのではないか。その川湊とおぼしい遺跡が肝属川の流域にある下伊倉城だ。

下伊倉城（東串良町新川西　図14）　肝属川の河口から三・四キロ遡ったところにある下伊倉城は、肝属川の氾濫原にポ

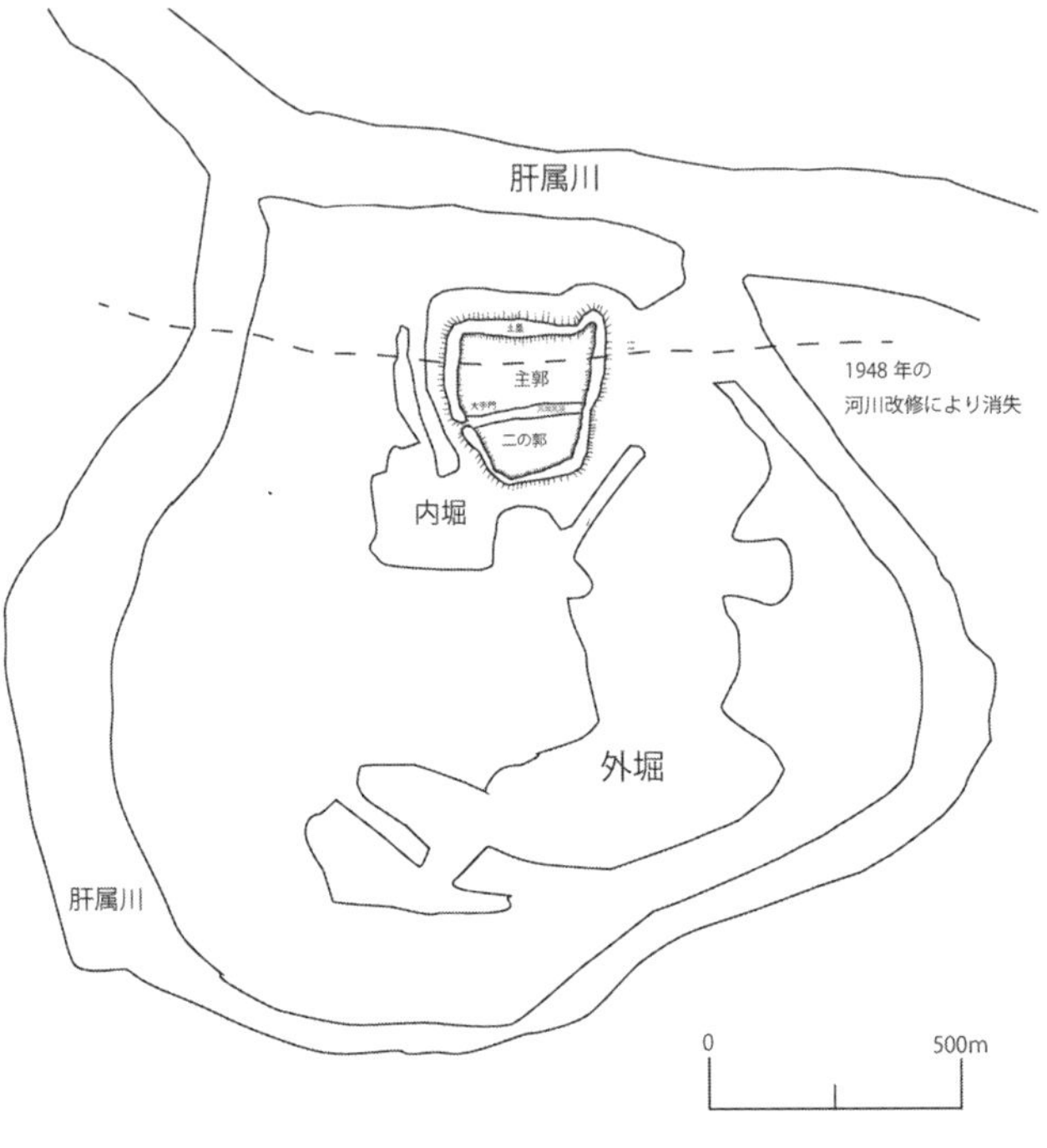

図13　下伊倉城縄張り図

ツンと浮かぶようにあって、肝属川の旧河川に囲まれ、三重の堀と土塁が方形にめぐっている。江戸期の「高山郷絵図」や戦中の米軍の航空写真でも方形区画は確認でき［大崎二〇一七、宮田一九九四］、戦後の河川改修によって大きく欠損しているものの、今も土塁・堀・曲輪は確認できる。

発掘調査は城の北側でなされ、溝状遺構・柱穴・土坑などの遺構を検出している。遺物は中国陶磁器の龍泉窯系青磁碗、白磁皿、染付碗皿のほか、瓦質土器などが出土しており、一三世紀後半〜一七世紀初頭と時期幅があるものの、主体は一六世紀代である。城跡の所在地は図4参照。

南九州では珍しい方形を指向する平地の城だが、周囲は氾濫原であって集落や耕地には不向きである。曲輪面積は一辺一〇〇メートルを越す広大なものでも、領主の居宅が営まれていたと考えるより、肝属川の川湊として河川の氾濫から逃れるための堀と土塁が方形にめぐらされ（堀は舟入を兼ねる）、曲輪内には倉庫などが置かれていたと想定できるのではないか。直線的な堀と土塁の造営は一六世紀後半に下るだろうが、一三世紀後半に及ぶ時期幅のある遺物は、長いあいだ川湊として使われていたことの痕跡かもしれない。

下伊倉城の機能が肝付郡内の川湊ならば、応永二二年（一四一五）の史料に登場する「野崎の湊」［肝付五二二］は下伊倉ではないかと妄想したくもなるが、肝付郡の三つの港湾（内之浦・岸良・波見）と川湊を室町時代に統治していたのは、高山城を本城とし河内守を名乗る当主である。この対外交易の利権は、大きな財源になったと考えられる。

大隅半島から日向灘を北上する外洋船は、志布志・内之浦のほかにも日向国飫肥院の油津・外之浦に寄港地があって、その後、豊後水道に入り、四国の太平洋側を通って大阪・京都に向かうルート（『日本一鑑』）と、瀬戸内海を抜けて京都に向かうルートも考えられる。高山城・志布志城の出土遺物には、東播磨（兵庫県）のほかに備前（岡山県）の製品があるので、瀬戸内海ルートで搬入されたのだろうか。

古代以来、南島産物の調達で活躍した志布志湾は、一五世紀代に入ると、中国・琉球・日本列島をまたぐ国際交易の渦に抱き込まれ、要港がもたらす交易利権をめぐって、激しい在地紛争が巻き起こる。「戦国期の九州南部」（新名一仁執筆）にも詳しい政治情勢が紹介されているように、この軍事的な緊張の高まりこそが、防御性に富んだ要害の拠点城郭を生み出す原動力の一つであろう。高山城と志布志城の遺物の年代観が一五世紀～一六世紀代を主体とするのも偶然ではない。住人の避難施設も兼ね備えた群郭式の拠点城郭は、在地の政治的な中核施設として一五世紀後半～一六世紀初頭の頃には姿を現し始めるとみておきたい。

おわりに

課題と宿題を山積したまま肝付氏の拠点を概観してきた。繰り返しになるが整理しておこう。

鎌倉・南北朝時代の肝付氏の拠点は、郡総鎮守四十九所神社の周辺を想定してみた。場所はわからないが、堀を構えた居宅であったのは間違いない。敷地内には中心建物のほかに雑舎・馬小屋・倉庫もあったか［五味編 二〇一九］。

この土地は沖積台地上にあって地盤が安定しており、水源の山がもたらす恵みを受けて耕地や集落が台地上に展開していたはずだ。もちろん、山野狩倉の産物もあるし、内之浦・岸良・波見といった港湾は交易品の荷揚げ地として機能していたろう。こうした条件は、室町・戦国時代になっても基本的に変わらないだろう。

南北朝内乱では、住人の避難所（弓張城）はあっても、合戦用の軍事施設は加世田城・高城石山（兼重本城）に置かれていた。郡内住人を戦災（乱取りなど）から守るように拠点から遠ざけ、敵方の侵入を防ぐに適った土地が選択されたようだ。

拠点の様相に変化が現れるのは文明年間の一五世紀後半以降で、防御施設を備えた要害の高山城が台地上の拠点から離れた奥まった場所に築かれる。居住性にも配慮した造りの群郭式城郭は「本城」となり、惣領の家族・親族なども住んでいたのだろうが、鎌倉時代以来の拠点を移したとまでは評価できない。高山城は合戦に耐えうる要害の拠点化であって、従来どおり総鎮守の周辺が生活を支える拠点の中核であり続けたと考えられる。

惣領が拠点を置いた肝付郡の郡本は、大隅国全体からみればどん詰まりの場所にある。流通・交通の結節点になるような条件下にはない。各港から荷揚げされた物資、耕地や山野の収穫物は、政所(都城盆地)や大隅国衙(桑西郡)に向かうのだろうが、物流の拠点となる常設店舗のある町屋や定期市が開かれる市庭は、肝付郡内にあったのか。総鎮守の門前あたりは市庭の候補地になるが、わからない。一六世紀代には肝属川の氾濫原に川湊(下伊倉城)を想定したものの、鎌倉時代以来の川湊・渡河点は河南の宮下(ミヤゲ＝御宅)も候補地になる。

宗教施設は皆目見当がつかないが、水源の山を聖域とする総鎮守は動かないにしても、仏教施設がどのように展開していたのか。なぞである。道隆寺が氏寺として整備されていたのは間違いないが情報に乏しい。一四世紀代の可能性がある三基の五輪塔がカギを握りそうだ。

ほぼ城跡の紹介に終始してしまい、拠点の全体像を示すには至らなかった。城郭は拠点アイテムの一つに過ぎず、郡内住人の住まいや耕地、道路や水路、町屋の有無、寺社の配置などを把握しないと、拠点の実態はわからない。全ては今後の楽しみにとっておくが、実を言うと、肝付氏の拠点がダイナミックな動きを見せるのは、永正年間以降の戦国時代なのである。

本巻の対象外になるのでさわりだけにとどめよう(図12参照)。大永四年(一五二四)、兼久子息の兼興は、島津氏の領有していた串良城(鹿屋市串良町岡崎)を破り、翌年には高山新城の築城を計画する〔旧記一九九八〕。この高山新城は、曲弓張城西部の「新城」(図11参照)が想定されているが、曲輪はあまりに狭く、総鎮守の山に避難施設を兼ねた要害を求めたのだろう。東南部の曲輪群は居宅にしようとしたかもしれないが、政治拠点としての機能は高山城が担い、新城は臨時的な施設といった使い分けが想定できる。高山城と新城は併用されていたと考えたい。

肝付氏の勢力範囲は、永禄年間（一五五八～一五六九年）になると一気に拡大する。兼興の跡を継いだ兼続は、永禄四年（一五六一）、福山廻城（霧島市）で島津家配下の廻氏を滅ぼし、島津忠将を戦死に追い込む。さらに翌年（一五六二）、日向の伊東義祐と連合し同国飫肥の島津豊州家を破るなど、肝付から志布志まで勢力範囲を広げている。兼続は志布志城を隠居所と定め、対外交易の収益拡大をねらっている。しかし、永禄一三年（一五七〇）、薩摩半島を制圧した島津氏は大隅半島に勢力を伸ばしはじめ、元亀四年（一五七三）の末吉住吉原（曽於市）の合戦、翌年の牛根入船城（垂水市）での合戦で肝付氏は島津氏に大敗する。

天正三年（一五七五）には同盟関係にあった伊東氏と切れ、島津氏の傘下に入るが、『上井覚兼日記』は、その間の事情をつぶさに語る（同年一一月一一日条）。かいつまで紹介しておくと、兼続の跡を継いだ良兼は伊東義祐の女子を妻にしていたが、男子に恵まれず死亡したため、次男兼亮を家督にすえて良兼の妻（娘とする所伝もある）と娶わせた。ところが、夫婦仲は悪く、伊東氏にくみする兼亮の方針は「家中之者迷惑」しているので、兼亮を追放して新たに兼続末子の与一（のち兼道）を家督に定め、伊東氏と義絶するというのである。この方針転換を島津氏に伝えたのは、兼続の未亡人（島津忠良女子）と良兼未亡人の女性二人であった。

島津氏優勢の状況を見定めたうえでの判断だろうが、天正四年（一五七六）に島津氏傘下となって日向の伊東攻めに従軍した後、翌年（一五七七）に伴兼道は大隅国内の所領のほとんどを没収されて高山のみ安堵された。この所領没収は島津氏との敵対関係の精算であろう。さらに天正八年（一五八〇）、兼道は本領の高山も没収されて、薩摩国阿多内の一二町だけを宛行われ（『本藩人物誌』）、大隅半島の全ての所領を失うことになる〔三木一九八五・一九八六〕。

平安時代以来、肝付郡を拠点にした肝付氏の歴史は、ここに幕を閉じることになるが、大隅半島には近代以降の乱開発から逃れた中世の城跡や石造物がいまも静かに眠っている。大隅の歴史は、興味尽きることがない。

参考文献

鎌倉幕府と九州

相田二郎　一九五八『蒙古襲来の研究　増補版』吉川弘文館(一九八二)

網野善彦　一九七三「鎌倉幕府の海賊禁圧について―鎌倉末期の海上警固を中心に」『網野善彦著作集』第六巻　岩波書店(二〇〇七)

網野善彦　一九七四『網野善彦著作集』第五巻蒙古襲来　岩波書店(二〇〇八)

新井孝重　二〇〇七『戦争の日本史7　蒙古襲来』吉川弘文館

飯田久雄　一九六九「平氏と九州」竹内理三博士還暦記念会編『荘園制と武家社会』吉川弘文館

石井　進　一九五七「幕府と国衙の一般的関係」『石井進著作集』第一巻　岩波書店(二〇〇四)

石井　進　一九五九「大宰府機構の変質と鎮西奉行の成立」『石井進著作集』第一巻　岩波書店(二〇〇四)

井上繭子　二〇〇八「博多の元寇防塁」大庭康時・佐伯弘次・菅波正人・田上勇一郎編『中世都市・博多を掘る』海鳥社

上横手雅敬　一九七六「弘安の神領興行令をめぐって」『鎌倉時代政治史研究』吉川弘文館(一九九一)

大塚紀宜　二〇一三「元寇防塁と博多湾―防塁の構造とその戦略的機能について」福岡市史編集委員会編『自然と遺跡からみた福岡の歴史』福岡市

大庭康時　二〇〇八「考古学から見た博多の展開」大庭康時・佐伯弘次・菅波正人・田上勇一郎編『中世都市・博多を掘る』海鳥社

大山喬平　一九七八「鎮西地頭の成敗権」『史林』六一―一

海津一朗　一九九四「合戦の戦力数」『日本史研究』三八八

海津一朗　一九九八『蒙古襲来　対外戦争の社会史』吉川弘文館

金澤正大　一九九一「平家追討使三河守源範頼の九州侵攻―「芦屋浦」合戦を中心に―」『政治経済史学』三〇〇

川添昭二　一九七一『注解　元寇防塁編年史料―異国警固番役史料の研究―』福岡市教育委員会

川添昭二　一九七二「鎮西惣奉行所―北条兼時・時家の鎮西下向―」『金沢文庫研究』一八―一二

川添昭二　一九七三「鎮西談議所」『九州文化史研究所紀要』一八

工藤敬一　一九七八「鎮西養和内乱試論」『荘園公領制の成立と内乱』思文閣出版(一九九二)

熊谷隆之　二〇〇二「六波羅における裁許と評定」『史林』八五―六

熊谷隆之　二〇〇三「六波羅・守護体制の構造と展開」『日本史研究』四九一

久米邦武　一八九八「九州探題」『久米邦武歴史著作集　第2巻　日本古代中世史の研究』吉川弘文館(一九八九)

黒田俊雄　一九七四『日本の歴史8　蒙古襲来』中公文庫

高銀美　二〇一二「大宰府守護所と外交」『古文書研究』七三

小林一岳　二〇〇九『日本中世の歴史4　元寇と南北朝の動乱』吉川弘文館

佐伯弘次　二〇〇三『日本の中世9　モンゴル襲来の衝撃』中央公論新社

佐藤進一　一九四三『鎌倉幕府訴訟制度の研究』岩波書店(一九九三)

佐藤進一　一九五五「鎌倉幕府政治の専制化について」『日本中世史論集』岩波書店(一九九〇)

佐藤鉄太郎　二〇一〇「鎮西探題の位置、範囲、構造、施設」『元寇後の城郭都市博多』海鳥社

釈迦堂光浩　一九九二「鎌倉初期大宰府府官について―惟宗為賢を通して―」地方史研究協議会編『異国と九州―歴史における国際交流と地域形成―』雄山閣出版

瀬野精一郎　一九七五『鎮西御家人の研究』吉川弘文館

瀬野精一郎　一九七九「鎮西探題と北条氏」『歴史の陥穽』吉川弘文館(一九八五)

高橋典幸　一九九八「武家政権と本所一円地」『鎌倉幕府軍制と御家人制』吉川弘文館(二〇〇八)

田北　学　一九四二『編年大友史料：併大分県古文書全集正和以前』富山房
田北　学　一九六三『編年大友史料：併大分県古文書全集』第3
竹内理三　一九五九「鎮西奉行についての一、二の考察」『竹内理三著作集』第八巻　角川書店（二〇〇〇）
塚本とも子　一九七七「鎌倉時代篝屋制度の研究」『ヒストリア』七六
築地貴久　二〇〇八「鎮西探題の成立と鎌倉幕府」『文学研究論集』二八
友成和弘　一九八五「鎌倉時代における鎮西統治機関についての一考察—北条兼時・時家の鎮西下向を中心に—」『金沢文庫研究』二七五
波多野晥三　一九七三「源平合戦と緒方氏の挙兵」『筑紫史論』第一輯　三光社出版
服部英雄　二〇一四『蒙古襲来』山川出版社
服部英雄　二〇一七『蒙古襲来と神風』中央公論新社
藤田俊雄　一九八一「鎌倉初期の大宰府機構について」『熊本史学』五五・五六号
藤田俊雄　一九八三「鎌倉中期文永年間の大宰府機構」九州歴史資料館編『大宰府古文化論叢』吉川弘文館
古澤直人　一九八八「鎌倉幕府法の効力—幕府法効力の本質—限界と、その変質—」『鎌倉幕府と中世国家』校倉書房（一九九一）
本田浩二郎　二〇〇八「中世博多の道路と町割り」大庭康時・佐伯弘次・菅波正人・田上勇一郎編『中世都市・博多を掘る』海鳥社
本多美穂　一九九〇「鎌倉時代の大宰府と武藤氏」九州大学国史学研究室編『古代中世史論集』吉川弘文館
水崎雄文　一九六三「治承年間における鎮西の叛乱—菊池・緒方氏の場合について」『九州史学』二四
宮田敬三　一九九八「元暦西海合戦試論—「範頼苦戦と義経出陣」論の再検討—」『立命館文学』五五四
森　茂暁　一九八八「六波羅探題の『洛中警固』」『鎌倉時代の朝幕関係』思文閣出版（一九九一）
村井章介　一九七八a「神々の戦争—鎮西広域統治機関と幕府徳政」『中世の国家と在地社会』校倉書房（二〇〇五）
村井章介　一九七八b「蒙古襲来と鎮西探題の成立」『アジアのなかの中世日本』校倉書房（一九八八）
村井章介　一九八八「補論2　鎮西探題の成立時期」『アジアのなかの中世日本』校倉書房（一九八八）
山村信榮　二〇〇八「大宰府」大庭康時・佐伯弘次・菅波正人・田上勇一郎編『中世都市・博多を掘る』海鳥社

南北朝内乱と九州

市澤　哲　二〇一一『日本中世公家政治史の研究』校倉書房
江平　望　一九七四「谷山文書『御感綸旨輩注文』私考—その作成年と諸氏の出自系譜—」『知覧文化』一一
川添昭二　一九六四『今川了俊』吉川弘文館
川添昭二　一九九四『九州の中世世界』海鳥社
川添昭二　二〇一三『菊池武光』戎光祥出版
熊本市　一九九八『新熊本市史　通史編　中世・近世』
呉座勇一　二〇一四『戦争の日本中世史』新潮社
九州歴史資料館　二〇一五『四王寺山の一三五〇年—大野城から祈りの山へ—』
瀬野精一郎　一九七五『鎮西御家人の研究』吉川弘文館
瀬野精一郎　二〇〇五『足利直冬』吉川弘文館
新名一仁　二〇一五『室町期島津氏領国の政治構造』戎光祥出版
服部英雄　一九八三「相良氏と南九州国人一揆」『歴史学研究』五一四号
三浦龍昭　二〇〇八『征西将軍府の研究』青史出版
堀川康史　二〇一六「今川了俊の探題解任と九州情勢」『史学雑誌』一二五—一二
森　茂暁　二〇〇七『戦争の日本史8　南北朝の動乱』吉川弘文館
森　茂暁　二〇〇八『増補・改訂　南北朝期公武関係史の研究』思文閣出版
吉井功兒　一九九三『建武政権期の国司と守護』近代文藝社

吉原弘道　二〇〇二「建武政権における足利尊氏の立場—元弘の乱での動向と戦後処理を中心として—」『史学雑誌』一一一—七
山内　譲　二〇一一『日本中世の港と海賊』法政大学出版会
山口隼正　一九八八『南北朝期九州守護の研究』文献出版

九州の守護大名

青木勝士　二〇一五「中世後期菊池氏による港湾都市「高瀬」統治」工藤敬一編『中世熊本の地域権力と社会』高志書院
有川宜博　一九八一「豊前猪嶽合戦について」『記録』二二
稲葉継陽　二〇一九「室町・戦国期の菊池氏権力」『菊池一族の戦いと信仰』熊本県立美術館
大分県編　一九八五『大分県史中世Ⅱ』大分県
鹿児島県　一九三九『鹿児島県史第一巻』鹿児島県
川添昭二　一九七八a「渋川満頼の博多支配及び筑前・肥前経営」『続荘園制と武家社会』吉川弘文館
川添昭二　一九七八b「九州探題の衰滅過程」『九州文化史研究所紀要』二三
川添昭二　一九九六『対外関係の史的展開』文献出版
川添昭二　二〇〇三『中世九州の政治・文化』海鳥社
木村忠夫　一九七三「大友氏の肥後支配」『熊本史学』四二
黒嶋　敏　二〇一二『中世の権力と列島』高志書院
佐伯弘次　一九七八「大内氏の筑前国支配」『九州中世史研究』一
佐伯弘次　一九九二「永享十二年少弐嘉頼赦免とその背景」地方史研究協議会編『異国と九州—歴史における国際交流と地域形成—』雄山閣出版
佐伯弘次　一九九三「室町時代における大内氏と少弐氏—蜷川家文書「大内教弘条書案」の検討—」『史淵』一三〇
佐伯弘次　二〇〇三「室町後期の博多商人道安と東アジア」『史淵』一四〇
佐伯弘次　二〇〇九「南北朝時代の博多警固番役」『史淵』一四六
関　周一　二〇一五『中世の唐物と伝来技術』吉川弘文館
新名一仁　二〇一五『室町期島津氏領国の政治構造』戎光祥出版
橋本　雄　二〇〇五『中世日本の国際関係』吉川弘文館
福島金治　一九八八『戦国大名島津氏の領国形成』吉川弘文館
本多美穂　一九八八「室町時代における少弐氏の動向—貞頼・満貞期—」『九州史学』九一
柳田快明　二〇一九『中世の阿蘇社と阿蘇氏』戎光祥出版
山口隼正　一九八九『南北朝期九州守護の研究』文献出版
吉永暢夫　一九八二「守護大名大友氏の権力構造」『九州中世史研究』三

九州の国人領主

阿蘇品保夫　一九九九『一の宮町史　自然と文化　阿蘇選書2　阿蘇社と大宮司』一の宮町
荒川良治　一九九二「室町幕府小番衆豊後田原氏の成立—その歴史過程に関する政治史的考察—」『鷹陵史学』一八号
荒川良治　一九九六「南北朝内乱と田原氏の発展—「大友田原系図」を素材にして—」『日本歴史』五八〇号
荒木和憲　二〇〇七「一五世紀宗氏権力の形成と朝鮮通交権」『中世対馬宗氏領国と朝鮮』山川出版社（初出二〇〇五年）
荒木和憲　二〇一七『対馬宗氏の中世史』吉川弘文館
石田晴男　一九八八「室町幕府・守護・国人体制と「一揆」」『歴史学研究』五八六号
石母田正　一九四六『中世的世界の形成』伊藤書店
伊藤幸司　二〇〇五「日朝関係における偽使の時代」『日韓歴史共同研究報告書　第一期・第二分科』日韓歴史共同研究委員会
伊藤幸司　二〇〇八「中世西国諸氏の系譜認識」九州史学研究会編『境界のアイデンティティ　『九州史学』創刊五〇周年記念論文集　上』岩田書院
伊藤幸司　二〇二〇「肥後相良氏と東アジア」稲葉継陽・小川弘和編『中世相良氏の展開と地域社会（仮）』戎光祥出版

稲葉継陽　二〇〇九「戦国大名領境目地域における城と村落」『日本近世社会形成史論―戦国時代論の射程』校倉書房（初出二〇〇三年）
今岡典和・川岡勉・矢田俊文　一九八五「戦国期研究の課題と展望」『日本史研究』二七八号
上村喜久子　一九六七「南北朝～室町期の領主制をめぐって―国人領主制研究の問題点を中心に―」『歴史の理論と教育』八号
大石泰史編　二〇一五『全国国衆ガイド　戦国の地元の殿様たち』星海社
大城美知信・田渕義樹　二〇〇八『柳川の歴史2　蒲池氏と田尻氏』柳川市
大塚俊司　二〇一四「戦国期肥前国の「屋形様」」青木歳幸編『佐賀学Ⅱ　佐賀の歴史・文化・環境』岩田書院
大山智美　二〇〇八「戦国期国衆の存在形態―肥後国合志氏を素材として―」『熊本史学』八九・九〇・九一合併号
岡松　仁　二〇一六「戦国の動乱」『飯塚市史　上巻』飯塚市
岡本良知　一九八七「初期洋画の育成―耶蘇会の画学舎―」『キリシタンの時代―その文化と貿易』八木書店（初出一九五二年）
小川弘和　二〇一五a「府官系武士団の展開と肥後国」工藤敬一編『中世熊本の地域権力と社会』高志書院
小川弘和　二〇一五b「中世球磨郡の形成と展開」熊本県立美術館編『日本遺産認定記念　ほとけの里と相良の名宝』展覧会図録　ほとけの里と相良の名宝展実行委員会
小川弘和　二〇一八a「中世球磨郡の在来領主と相良氏」熊本学園大学論集『総合科学』二三巻一・二号
小川弘和　二〇一八b「鎮西相良氏の惣領制と一揆」『歴史』一三〇輯
小川弘和　二〇一九「人吉相良氏と葦北郡」『日本歴史』八五九号
長　節子　二〇〇二「三浦の乱以前対馬による深処倭通交権の入手」『中世国境海域の倭と朝鮮』吉川弘文館
鹿毛敏夫　二〇一三「遣明船と相良・大内・大友氏」『日本史研究』六一〇号
鹿毛敏夫　二〇一五『アジアのなかの戦国大名　西国の群雄と経営戦略』吉川弘文館
勝俣鎮夫　一九七九「相良氏法度の一考察」『戦国法成立史論』東京大学出版会（初出一九六七年）
川岡　勉　二〇〇二「室町幕府―守護体制の権力構造―上意と衆議の関わりを中心に―」『室町幕府と守護権力』吉川弘文館（初出二〇〇〇年）
川岡　勉　二〇一九「大内氏と室町幕府」大内氏歴史文化研究会編『大内氏の世界をさぐる　室町戦国日本の覇者』勉誠出版
川添昭二　一九八三a「室町幕府奉公衆筑前麻生氏について」『九州中世史の研究』吉川弘文館（初出一九七五年）
川添昭二　一九八三b「肥前千葉氏について―鎌倉・南北朝時代―」『九州中世史の研究』（初出一九六九年）
川添昭二　二〇〇三a「宗祇の見た九州」『中世九州の政治・文化史』海鳥社
川添昭二　二〇〇三b「永正期前後の九州文芸の展開」『中世九州の政治・文化史』
川添昭二　二〇〇三c「大宰大弐大内義隆」『中世九州の政治・文化史』
川副義敦　二〇一八『戦国の肥前と龍造寺隆信』宮帯出版社
菊池浩幸　二〇〇七「室町・戦国期在地領主のイエと地域社会・国家」『歴史学研究』八三三号
菊池浩幸・清水亮・田中大喜・長谷川裕子・守田逸人　二〇〇六「中世在地領主研究の成果と課題」『歴史評論』六七四号
吉良国光　二〇一九「「盛岳文書」について」『九州史学』一八三号
工藤敬一　一九九二「肥後球磨の荘園公領制と人吉荘」『荘園公領制の成立と内乱』思文閣出版（初出一九八八年）
工藤敬一　一九九八「武士の台頭と鎌倉幕府の成立」『新熊本市史通史編第二巻中世』熊本市
黒川直則　一九六一「守護領国制と荘園体制―国人領主制の確立過程―」『日本史研究』五七号
黒川直則　一九六三「中世後期の領主制について」『日本史研究』六八号

黒田基樹　二〇一五「戦国期外様国衆論」『増補改訂　戦国大名と外様国衆』戎光祥出版（初出一九九七年）
桑田和明　二〇〇三『中世筑前国宗像氏と宗像社』岩田書院
小久保嘉紀　二〇一六「将軍偏諱の授与とその認知―相良義陽の事例から―」『九州史学』一七三号
呉座勇一　二〇一四「松浦一揆研究と社会集団論」『日本中世の領主一揆』思文閣出版（初出二〇一〇年）
五野井隆史監修　二〇一七『キリシタン大名　布教・政策・信仰の実相』宮帯出版社
佐伯市教育委員会編　一九八九『佐伯氏一族の興亡　中世の秋に拾う』
佐伯弘次　一九九四「中世後期の宗像氏と朝鮮」川添昭二・網野善彦編『中世の海人と東アジア』海鳥社
佐伯弘次　二〇一五「遣明船警固衆」村井章介・橋本雄・伊藤幸司・須田牧子・関周一編『日明関係史研究入門』勉誠出版
清水　亮　二〇〇七「鎌倉時代の惣地頭・小地頭間相論と鎌倉幕府」『鎌倉幕府御家人制の政治史的研究』校倉書房（初出二〇〇二年）
鈴木勝也　一九八四「中世後期に於ける在地領主制の構造―大隅国禰寝氏を中心にして―」『皇学館論叢』一七巻四号
鈴木勝也　一九八五「南北朝動乱期における国人領主の政治的動向―大隅国禰寝氏の場合―」『日本歴史』四四四号
瀬野精一郎　二〇一一「鎌倉幕府による鎮西特殊立法について」『鎌倉幕府と鎮西』吉川弘文館（初出一九八一年）
田中大喜　二〇〇七「在地領主結合の複合的展開と公武権力」『歴史学研究』八三三号
田中健夫　一九九一「不知火海の渡唐船」『日本歴史』五一二号
田沼　睦　二〇〇七「室町幕府と守護領国」『中世後期社会と公田体制』岩田書院（初出一九七〇年）
鶴嶋俊彦　二〇一五「文安五年相良家政変の実像」服部英雄・貴田潔編『歴史を歩く時代を歩く　とことん服部英雄』九州大学大学院比較社会文化研究院服部英雄研究室
外山幹夫　一九八三「国人領主とその動向―田原氏の場合―」『大名領国形成過程の研究―豊後大友氏の場合―』雄山閣出版
外山幹夫　一九八六「大村氏の領国支配」『中世九州社会史の研究』吉川弘文館
外山幹夫　一九八六「彼杵一揆の構造とその性格」『中世九州社会史の研究』
外山幹夫　一九八七『松浦氏と平戸貿易』国書刊行会
外山幹夫　一九九七『肥前有馬一族』新人物往来社
外山幹夫　二〇一一『中世長崎の基礎的研究』思文閣出版
鳥津亮二　二〇一五「相良為続と連歌」『日本遺産認定記念　ほとけの里と相良の名宝』展覧会図録
中西真美子　二〇二〇「仏師僧慧麟の造像活動と相良長続」『中世相良氏の展開と地域社会（仮）』
永原慶二　一九五五『日本封建社会論』東京大学出版会
永原慶二　一九九七「大名領国制の史的位置―研究史的検討―」『戦国期の政治経済構造』岩波書店（初出一九七五年）
新名一仁　二〇一五a「永享・文安の薩摩国「国一揆」―薩摩国山北国人の反島津闘争―」『室町期島津氏領国の政治構造』戎光祥出版（初出一九九九年）
新名一仁　二〇一五b「文安元年日向国南部国人一揆の意義」『室町期島津氏領国の政治構造』（初出二〇〇三年）
新名一仁　二〇一五c「日向国人樺山氏の成立過程とその特質―室町期島津氏「御一家」の由緒と家格―」『室町期島津氏領国の政治構造』（初出二〇〇三年）
新名一仁　二〇〇七「戦国の争乱―菱刈氏と島津氏の抗争―」『菱刈町郷土誌　改訂版』菱刈町
新名一仁　二〇一一「南北朝・室町期における渋谷一族と島津氏」小島摩文編『新薩摩学8　中世薩摩の雄　渋谷氏』南方新社
新名一仁　二〇一四『日向国山東河南の攻防　室町時代の伊東氏と島津氏』

鉱脈社
野口　実　一九九七「肥前千葉氏の遺産―佐賀県小城町の地域振興のために―」『鹿児島経済大学　地域総合研究』二四巻二号
橋本操六　一九八四「佐伯惟教の豊後帰参」『大分県地方史研究』一一五号
橋本　雄　二〇一五「天文・弘治年間の遣明船と種子島―大友氏遣明船団と「鉄炮伝来」―」『九州史学』一七一号
服部英雄　一九七七「戦国相良氏の三郡支配」『史学雑誌』八六編九号
服部英雄　一九八〇「戦国相良氏の誕生」『日本歴史』三八八号
服部英雄　一九八三「相良氏と南九州国人一揆」『歴史学研究』五一四号
林　匡　二〇〇五「戦国期の大隅国守護代本田氏と近衛家」『黎明館調査研究報告』一八集
林　千寿　二〇一三「八代が豊臣政権に包摂されるまでの道のり」『秀吉が八代にやって来た』展覧会図録 八代市立博物館未来の森ミュージアム
原田一敏　一九九七「文献からみた芦屋釜の考察と編年に関する基準作品について」『MUSEUM』五五〇号
平山　優　二〇一八『戦国大名と国衆』角川選書六一一
藤野　保　一九七七「竜造寺領国の形成過程と国人領主の動向」『九州文化史研究所紀要』二二号
堀本一繁　一九九八「龍造寺氏の戦国大名化と大友氏肥前支配の消長」『日本歴史』五九八
松岡久人　二〇一一「大内氏の豊前国支配」『大内氏の研究』清文堂出版（初出一九六四年）
松田毅一　一九七八『大村純忠伝　付・日葡交渉小史』教文館
松原勝也　二〇〇三「戦国期における筑後国田尻氏の動向と大友氏」『史学研究』二四一号
松原勝也　二〇〇五「天文期肥後国情勢と相良・名和・阿蘇三氏盟約―大友氏による肥後国支配との関連―」『九州史学』一四一号
丸島和洋　二〇一三『戦国大名の「外交」』講談社選書メチエ
丸山雍成　二〇〇〇「中世後期の北部九州の国人領主とその軌跡―原田氏とその支族波多江氏を中心として―」廣渡正利編『大蔵姓原田氏編年史料』文献出版（初出一九九七年）
水林　純　二〇一八「室町期の守護・国人から戦国期の領域権力へ」戦国史研究会編『戦国時代の大名と国衆』戎光祥出版
宮地輝和　二〇一二「中世日向伊東氏関係文書の基礎的研究」『九州史学』一六四号
宮島敬一　二〇〇九「肥前千葉氏の繁栄とその歴史的背景」千葉氏研究プロジェクト編『中世小城の歴史・文化と肥前千葉氏』佐賀大学地域学歴史文化研究センター
村井良介　二〇一二『戦国大名権力構造の研究』思文閣出版
矢田俊文　一九九八ａ「戦国期の権力構造」『日本中世戦国期権力構造の研究』塙書房（初出一九七九年）
矢田俊文　一九九八ｂ「戦国領主の成立」『日本中世戦国期権力構造の研究』（初出一九八二年）
柳田快明　二〇〇五「戦国期の安楽寺天満宮領肥後国富納荘について」『熊本大学文学部日本史研究室からの洞察』熊本出版文化会館
柳田快明　二〇一九『中世の阿蘇社と阿蘇氏』戎光祥出版
山田貴司　二〇一四「西国の地域権力と室町幕府―大友氏の対幕府政策（関係）史試論―」川岡勉編『中世の西国と東国　権力から探る地域的特性』戎光祥出版
山田貴司　二〇一五ａ「豊臣政権の成立が相良氏と球磨郡にもたらしたもの」『日本遺産認定記念　ほとけの里と相良の名宝』展覧会図録
山田貴司　二〇一五ｂ「天文一四年、相良長唯・為清父子の官位獲得運動―地域権力にとっての政策的位置―」『中世後期武家官位論』戎光祥出版
山田貴司　二〇二〇「中世後期における相良氏の都鄙関係」『中世相良氏の展開と地域社会（仮）』
山田　徹　二〇一五「室町時代の支配体制と列島諸地域」『日本史研究』六三一号
山田康弘　二〇〇六「戦国期栄典と大名・将軍を考える視点」『戦国史研究』

五一号
屋良健一郎　二〇一二「中世後期の種子島氏と南九州海域」『史学雑誌』一二一編一一号

少弐氏の拠点

中西義昌　二〇〇二「戦国期筑前中南部における領主権力の動向」『福岡地方史研究』40号
山村信榮　一九九二「中世大宰府の展開」他『太宰府市史考古資料編』太宰府市（共著）
山村信榮　一九九七「中世太宰府の展開」『中世都市研究四』中世都市研究会
山村信榮　二〇〇一「守護武藤少弐の館」『博多研究会誌』第9号　博多研究会
山村信榮・山本信夫　二〇〇四「発掘から見た中世の大宰府」『太宰府市史通史編Ⅱ』太宰府市
山村信榮　二〇〇五「大宰府の中世都市と寺院」『中世の都市と寺院』高志書院
山村信榮　二〇一二「中世大宰府と『一遍聖絵』の世界」『一遍聖絵を歩く―中世の風景を読む―』高志書院

大友氏の拠点　豊後府中（府内）

石井　進　一九七〇『日本中世国家史の研究』岩波書店
大友館研究会　二〇一七『大友館と府内の研究「大友家年中作法日記」を読む』東京堂出版
大分市教育委員会　二〇一四『史跡大友氏遺跡保存管理計画書』
大分県埋蔵文化財センター　二〇〇七『豊後府内7　中世大友府内町跡第20次調査区』
笠松宏至　一九九四「幕府の法と守護の法」『岩波講座　日本通史第8巻　中世2』岩波書店
渡辺澄夫　一九七七『大分の歴史（3）』大分合同新聞社
渡辺澄夫　一九八二『増訂　豊後大友氏の研究』第一法規出版
引用史料『大分県史料（9）大分諸家文書』柞原八幡宮文書／『大分県史料（26）諸家文書補遺（2）』大友家文書／『豊後国荘園公領史料集成五（上）』勝津留・荏隈郷

豊前宇都宮氏の拠点
井形　進　二〇一一「天徳寺の木造如来形座像について」
市村高男　二〇一三「中世宇都宮氏の成立と展開」『中世宇都宮氏の世界』彩流社
稲葉倉吉　一九八〇『豊前郷土史論集』
井上　聡　二〇〇六「中世京都平野の人々と暮らし」『行橋市史　中巻』
椎田町教育委員会　二〇〇五『西高塚ナカバル遺跡』
髙尾栄市　二〇一三「豊前宇都宮氏の本拠」『中世宇都宮氏の世界』彩流社
築上町教育委員会　二〇〇五『宇都宮氏城館跡』
築上町教育委員会　二〇〇六『本庄立屋敷遺跡　本庄上ノ屋敷遺跡』
築上町教育委員会　二〇〇七『本庄地区遺跡群』
則松弘明　一九九六『鎮西宇都宮氏の歴史　改訂増補版』
則松弘明　二〇一三「豊前宇都宮氏の成立と展開」『中世宇都宮氏の世界』彩流社
則松弘明　二〇一六「豊前宇都宮氏の歴史」『豊前宇都宮氏歴史資料集』築上町
西野元勝　二〇〇八『豊前の石塔を考える』おおいた石造文化研究会
福岡県教育委員会　一九九二『城井遺跡群』
宮崎圓遵　一九七二「泉湧寺の建立と宇都宮信房」『俊芿律師』法蔵館

千葉氏の拠点

芦刈町教育委員会　一九八〇『小路遺跡』芦刈町文化財調査報告書
有川宜博　一九八二「史料「岩蔵寺過去帳」」『九州中世史研究』第三集

石井　進　一九九一「「日蓮遺文紙背文書」の世界―「双紙要文」紙背文書を中心に―」『中世古文書の世界』吉川弘文館
石井　進　二〇〇三「歴史を学ぶ楽しみ」『肥前千葉氏と小京都小城―歴史資産を活かしたまちづくり―講演録』小城町教育委員会
岩松要輔　一九六八「小城の祇園会について」『小城の歴史』第一号・第二号　小城郷土史研究会
岩松要輔　一九六九「鎌倉時代における千葉氏の動向について」『小城の歴史』第四号　小城郷土史研究会
大塚俊司　二〇一一「晴気の「屋形様」」『小城の歴史』第六四号　小城郷土史研究会
小城町史編集委員会編　一九七四『小城町史』小城町
小城町教育委員会　一九八二『北浦遺跡』小城町文化財調査報告書第二集
小城町教育委員会　一九八六『岩蔵寺資料集』小城町文化財調査報告書第三集
小城市教育委員会　二〇一〇『千葉城跡　妙見遺跡』小城市文化財調査報告書第一一集
小城市教育委員会　二〇一二『本告遺跡』小城市文化財調査報告書第一七集
小城市教育委員会　二〇一五『千葉城跡』小城市文化財調査報告書第二六集
小城市教育委員会　二〇一八『滝遺跡』小城市文化財調査報告書第三八集
佐賀県教育委員会　二〇一四『佐賀県の中近世城館』第三集　佐賀県文化財調査報告書第二〇四集
川添昭二　一九八三『九州中世史の研究』吉川弘文館
佐賀県立図書館　一九六〇「千葉胤貞置文案」『佐賀縣史料集成』古文書編第五巻
佐賀県立図書館　一九六〇「千葉胤貞所領譲状」『佐賀縣史料集成』古文書編第五巻
佐賀県立図書館　二〇〇九「元茂公年譜」『佐賀県近世史料』第二編第一巻
佐賀県立図書館　二〇一四「当山舊記控」『佐賀県近世史料』第一〇編第三巻
三間山円通寺　一七八九『三間山円通寺記録』
野口　実　一九九七「東国武士西遷の文化社会的影響―肥前千葉氏美濃東氏などを中心に―」『聖徳大学研究紀要　人文学部』第八号
服部英雄　二〇〇一『二千人が七百の村で聞き取った二万の地名、しこ名』花書院
古庄秀樹　二〇〇二「古町遺跡の調査(一次～三次調査)」『調査研究報告書』第三集
松尾山光勝寺　一九七八『鎮西本山　松尾山光勝寺』
三日月町史編纂委員会編　一九八五『三日月町史』上巻　三日月町
三日月町教育委員会　一九九九『社遺跡』三日月町文化財調査報告書第一一集
三日月町教育委員会　二〇〇五『戊　赤司　赤司東　深川南　土生』三日月町文化財調査報告書第一六集
溝口彰啓　二〇一四「遠江・駿河　室町～戦国初期の城館」中井均・萩原三雄編『中世城館の考古学』高志書院
宮島敬一　二〇〇九「肥前千葉氏の繁栄とその歴史的背景」『中世小城の歴史文化と肥前千葉氏』佐賀大学地域学歴史文化研究センター
宮島敬一　二〇一一「肥前千葉氏の歴史と文化」『中世肥前千葉氏の足跡～小京都小城の源流～』小城市教育委員会
宮武正登　二〇一八「小城の城館の消長とその政治的背景」『千葉の城鍋島の城―小城武士の本拠を探る―』佐賀大学地域学歴史文化交流センター
湯浅治久　一九九七「肥前千葉氏に関する基礎的考察―地域と交流の視点から―」『千葉県史研究』第五号　千葉県文書館

飽田南郷の拠点 二本木遺跡群

熊本県教育委員会　二〇一二『二本木遺跡群(春日地区)5第6次・第14次調査―九州新幹線建設工事に伴う埋蔵文化財発掘調査報告』
熊本市　一九九八『新熊本市史　通史編　第二巻中世』
熊本市　一九九三『新熊本市史　別編第一巻　絵図・地図　上　中世近世』

熊本市教育委員会　二〇〇七『二本木遺跡群Ⅱ—二本木遺跡群第13次調査区発掘調査報告書—』
熊本市教育委員会　二〇〇九『二本木遺跡群Ⅷ—二本木遺跡群第32次調査区発掘調査報告書—』
熊本市教育委員会　二〇一〇『二本木遺跡群XI—二本木遺跡群第32次調査区・第40次調査区発掘調査報告書—』

菊池氏の拠点　北宮・隈府

青木勝士　一九九三「肥後国菊池氏の対朝交易」『戦国史研究』二六　吉川弘文館
青木勝士　一九九六「肥後菊池氏の守護町「隈府」の成立」『熊本史学』七二・七三合併号　熊本史学会
青木勝士　二〇一二「戦国期菊池氏の統治領域と「隈部老中」について」『九州史学』一六二号　九州史学研究会
青木勝士　二〇一四「室町期肥後国守護所について」『新・清州会議資料集』新・清州会議実行委員会
青木勝士　二〇一五「中世後期菊池氏による港湾都市「高瀬」統治」『中世熊本の地域権力と社会』高志書院
阿南　亨　二〇〇三「肥後国菊池における中世城館の再検討」『史学論叢』四四号　別府大学
馬渡和弘　一九九六「征西府支配の構造」『熊本史学』七二・七三合併号　熊本史学会
小川弘和　二〇一五「府官系武士団の展開と肥後国」『中世熊本の地域権力と社会』高志書院
熊本県教育委員会　二〇〇九『隈府土井ノ外遺跡』
熊本県教育委員会　二〇一四『古麓能寺遺跡』
堤　克彦　二〇一一「『朝鮮王朝実録』の中の菊池氏」『熊本史学』九三・九四合併号　熊本史学会
中村知裕　二〇〇〇「筑後における菊池氏の権力形成と大友氏の領国支配」『福岡大学大学院論集』三二　福岡大学大学院論集刊行委員会
西村和正　二〇一八「「菊池氏始祖」藤原蔵規の出自についての一考察」『熊本史学』九九号　熊本史学会
橋本　雄　二〇〇二「肥後菊池氏の対外交流と禅宗・港町」『禅文化研究所紀要』二六号　禅文化研究所
三浦龍昭　二〇〇四「南北朝期九州における南朝の動向」『大正大学大学院研究論集』二八号　大正大学
山本隆一朗　二〇一五「南北朝後期菊池氏の政治的動向」『九州史学』一七一　九州史学研究会

相良氏の拠点

青木勝士　二〇一八「戦国大名相良氏の「八代」整備」『戦国大名の土木事業』戎光祥出版
網田龍生　二〇〇三「古代荒尾産須恵器と宇城産須恵器」『先史学・考古学論究Ⅳ』龍田考古会
有木芳隆　二〇一五「中世球磨の仏像」『ほとけの里と相良の名宝』熊本県立美術館
池田こういち　二〇〇五『肥後相良一族』新人物往来社
小川弘和　二〇一五「中世球磨郡の形成と展開」『ほとけの里と相良の名宝』熊本県立美術館
乙益重隆　一九六三「球磨地方の石造美術と史跡」『熊本県文化財調査報告第四集』熊本県教育委員会
鹿毛敏夫　二〇一五「相良氏の遣明船と肥後宮原銀」『アジアのなかの戦国大名』吉川弘文館
木﨑康弘・山下義満　一九九七「熊本県灰塚遺跡における中世の居館跡」『考古学ジャーナル』№四一五　ニューサイエンス社
九州歴史資料館　一九九六『肥後人吉願成寺』九州歴史資料館
工藤敬一　一九九二『荘園公領制の成立と内乱』思文閣出版
熊本県教育委員会　一九七七『蓮花寺跡・相良頼景館跡』熊本県文化財調査

報告第二二集
熊本県教育委員会　一九八八『高城跡』熊本県文化財調査報告第九五集
熊本県教育委員会　一九九〇『山田城跡Ⅱ・Ⅲ』熊本県文化財調査報告第一一二集
熊本県教育委員会　二〇〇五『古麓城跡』熊本県文化財調査報告第二二七集
熊本県立美術館　二〇一五『ほとけの里と相良の名宝』
熊本中世史研究会　一九八〇『八代日記』青潮社
相良村誌編纂委員会　一九九五『歴代嗣誠独集覧』相良村
菖蒲和弘　一九九八「南北朝時代」『山江村誌　歴史編一』山江村
千田嘉博　一九九二「人吉城の構造」『矢黒城跡』人吉市教育委員会
田中健夫　一九九七「不知火海の渡唐船」『東アジア通交圏と国際認識』吉川弘文館
鶴嶋俊彦　一九九七「人吉庄の歴史的景観の復元」『ひとよし歴史研究』創刊号　人吉市教育委員会
鶴嶋俊彦　二〇〇〇「中世八代の城郭と城下」『南九州城郭研究』第二号　南九州城郭談話会
鶴嶋俊彦　二〇〇四「中世八代城下の構造」『中世都市研究10　港湾都市と対外交易』新人物往来社
鶴嶋俊彦　二〇一三a「原城(中世人吉城跡)第一次発掘調査報告」『ひとよし歴史研究』第一六号　人吉市教育委員会
鶴嶋俊彦　二〇一三b「肥後球磨郡の群郭式城郭の登場と展開」『平成二五年度　南九州城郭談話会・北部九州中近世城郭研究会　合同研究大会資料集』南九州城郭談話会・北部九州中近世城郭研究会
鶴嶋俊彦　二〇一四「鷹峯城再考」『中近世の領主支配と民間社会』熊本出版文化会館
鶴嶋俊彦　二〇一五「文安五年相良家政変の実像」『歴史を歩く　時代を歩く』九州大学大学院比較社会文化研究院服部英雄研究室
東京大学資料編纂所　一九一七『大日本古文書　家わけ五　相良家文書』東京大学出版会
永井孝宏　二〇一二「中世相良氏の拠点形成―「蓮花寺跡・相良頼景館跡」の再検討」『ひとよし歴史研究』第一五号　人吉市教育委員会
永井孝宏　二〇一六「東国御家人の地域開発」『中世港町論の射程』岩田書院
新名一仁　二〇〇七「中世」『菱刈町郷土誌　改訂版』菱刈町
服部英雄　一九七七「戦国相良氏の三郡支配」『史学雑誌』第八六編第九号
服部英雄　一九七八「空から見た人吉庄・交通と新田開発」『史学雑誌』第八七編八号
服部英雄　一九八〇「戦国相良氏の誕生」『日本歴史』第三八八号
服部英雄　二〇〇七『峠の歴史学』朝日新聞社
人吉市教育委員会　二〇〇一「戦国大名から近世大名へ、相良氏の足跡」
人吉市史編さん協議会　一九八一『人吉市史』第一巻
深田村教育委員会　二〇〇〇『勝福寺古塔碑群』深田村文化財調査報告第四集
文化財建造物保存技術協会　一九九六『重要文化財　青蓮寺阿弥陀堂保存修理工事報告書』青蓮寺
文化財保存計画協会　一九八五『重要文化財明導寺七重石塔保存修理工事報告書』湯前町
松本健郎　一九八〇「球磨窯跡群」『生産遺跡基本調査報告書Ⅱ』熊本県文化財調査報告第四八集　熊本県教育委員会
水野敬三郎　一九八七「鞍馬寺聖観音像について」『国際交流美術史研究会第五回シンポジアム　観音―尊像と変相―』国際交流美術史研究会
村上晃勇　二〇〇三「下原城跡発掘調査報告」『ひとよし歴史研究』第六号　人吉市教育委員会
矢﨑美盛　一九四四『様式の美学』創元社
山下義満　二〇〇一『灰塚遺跡Ⅱ』熊本県文化財調査報告第一九七集　熊本県教育委員会
湯前町・湯前町教育委員会　二〇一四『国指定重要文化財　城泉寺シンポジウム記録集』

肝付氏の拠点
上田　耕　二〇一四「南九州の城郭」『中世城館の考古学』高志書院
上村俊夫　二〇一七「志布志湾岸における古代末〜中世前期の領主間交流」『甦る大隅国の実像〜古代・中世の志布志湾西岸』東串良町教育委員会 他
大﨑　彩　二〇一七「東串良町の文化財について」東串良町教育委員会・隼人文化研究会・鹿児島地域史研究会編『よみがえる大隅国の実像〜古代・中世の志布志湾岸西岸〜』
小川弘和　二〇一六『中世的九州の形成』高志書院
川添昭二　一九六四『今川了俊』吉川弘文館
川添昭二　二〇一三『菊池武光』戎光祥出版
木村　淳　二〇一九「交易船構造の革新と琉球」『琉球の中世』高志書院
工藤敬一　一九六九『九州庄園の研究』塙書房
栗林文夫　二〇〇〇「第三編　中世」『輝北町郷土史』輝北町
郡山良光　一九六七「寄郡制成立の社会的背景―島津荘薩摩方の場合―」『鹿児島短期大学紀要』創刊号
五味文彦編　二〇一九『国宝一遍聖絵の全貌』高志書院
五味克夫　二〇一七「南九州御家人の系譜と所領支配」戎光祥出版
小山　博　二〇〇五「肝付兼重と畠山直顕」『都城市史』都城市教育委員会
齋藤慎一　二〇一五「南北朝内乱と城館」『城館と中世史料』高志書院
齋藤慎一　二〇一六『日本城郭史』吉川弘文館
狭川真一・松井一明編　二〇一二『中世石塔の考古学』高志書院
佐藤進一　一九七四『南北朝の動乱』日本の歴史9　中公文庫
佐藤進一　一九九三『鎌倉幕府訴訟制度の研究』岩波書店
柴田圭子　二〇一七「消費地遺跡からみた消費財としての貿易陶磁器」『貿易陶磁研究』№37
瀬野精一郎　一九八五『歴史の陥穽』吉川弘文館
中世学研究会　二〇一九「城と聖地―信仰の場の政治性」中世学研究会第3回シンポジウムレジュメ
中井　均　二〇一四「切岸」『中世城館の考古学』高志書院
中井均・齋藤慎一　二〇一六『歴史家の城歩き』高志書院
永山修一　二〇〇九『隼人と古代日本』同成社
橋口　亘　二〇〇五「高山城跡周辺地発掘調査出土陶磁器の様相」『高山城跡周辺地』高山町教育委員会
日隈正守　二〇一五「島津荘に関する一考察―成立期を中心に―」『鹿児島大学教育学部研究紀要人文・社会科学編鹿児島大学教育学部』66巻
藤井尚夫　一九八七「高山城」『図説中世城郭事典』第三巻　新人物往来社
藤木久志　一九九七『村と領主の戦国世界』東京大学出版会
三木　靖　一九八五「大隅国肝属郡高山城の変遷(上)」『鹿児島短期大学研究紀要』第36号　鹿児島短期大学学術研究委員会
三木　靖　一九八六「大隅国肝属郡高山城の変遷(下)」『鹿児島短期大学研究紀要』第37号　鹿児島短期大学学術研究委員会
宮田栄二　一九九四「下伊倉城跡」『鹿児島考古』第28号　鹿児島県考古学会
村田修三　一九八七「城の分布」『図説中世城郭事典』第三巻　新人物往来社
八巻孝夫　一九九一「都之城について　縄張検討による現状把握」『平成二年度遺跡発掘調査概報』都城市文化財調査報告書第一三集　都城市教育委員会

執筆者一覧

佐伯弘次　奥付上掲載
野木雄大（のぎ ゆうだい）一九八六年生れ、文化庁文化財第二課
山本隆一朗（やまもと りゅういちろう）一九八八年生れ　鳥取県立博物館
山田貴司（やまだ たかし）一九七六年生れ、熊本県立美術館
山村信榮（やまむら のぶひで）一九六三年生れ、太宰府市教育委員会
長田弘通（おさだ ひろみち）一九六二年生れ、大分市美術館
髙尾栄市（たかお えいいち）一九六二年生れ、築上町教育委員会
太田正和（おおた まさかず）一九七五年生れ、小城市教育委員会
原田範昭（はらだ のりあき）一九七〇年生れ、熊本市文化振興課
青木勝士（あおき かつし）一九六九年生れ、熊本県立大学 参事
出合宏光（であい ひろみつ）一九七一年生れ、相良村役場
濱　久年（はま ひさとし）一九六四年生れ、高志書院
横手伸太郎（よこて しんたろう）一九九一年生れ、肝付町教育委員会

【編者略歴】
大庭 康時（おおば こうじ）
1960年生れ、福岡市経済観光文化局文化財活用部埋蔵文化財課
〔主な著書論文〕
『博多の考古学』（高志書院）、『中世都市 博多を掘る』（編著・海鳥社）、「博多」（『いくつもの日本　新たな歴史へ』岩波書店）

佐伯 弘次（さえき こうじ）
1955年生れ、九州大学大学院人文科学研究院教授
〔主な著書論文〕
『モンゴル襲来の衝撃』（中央公論新社）、『対馬と海峡の中世史』（山川出版社）、「室町時代の博多商人宗金と京都・漢陽・北京」（『寧波と博多』汲古書院）

坪根 伸也（つぼね しんや）
1963年生れ、大分市教育委員会文化財課
〔主な著書論文〕
「大友館跡の変遷と府内周辺の方形館」（『戦国大名大友氏と豊後府内』高志書院）、「守護城下町を守るムラ―豊後府内の事例から―」（『西国城館論集Ⅰ』中国・四国地区城館調査検討会）、「中・近世移行期の施錠具と真鍮生産にみる外来技術導入をめぐる諸問題」（『国立歴史民俗博物館研究報告』第210集　国立歴史民俗博物館）

九州の中世Ⅱ
武士の拠点 鎌倉・室町時代

2020年3月10日第1刷発行

編　者　大庭康時・佐伯弘次・坪根伸也
発行者　濱　久年
発行所　高志書院

〒101-0051 東京都千代田区神田神保町2-28-201
TEL03(5275)5591　FAX03(5275)5592
振替口座　00140-5-170436
http://www.koshi-s.jp

印刷・製本／亜細亜印刷株式会社　カバー装丁／Bow Wow
ISBN978-4-86215-203-9